迪化街マップ

周辺図 P13A3

JN059309
龍心藥行(漢方薬)
幸福堂(いちご大福)
沐温(シンギングボウル)
大盜陳(ドリンクスタンド)
ここが迪化街の入口です
南京西路
六月初一(エッグロール)
琇楽堂 JOYFUL ART GALLERY(アートギャラリー)
工事中
工事中
古典美(チャイナ服)
静慧(ドライフルーツ)
セブンイレブン
空き
金倫行(鍵屋)

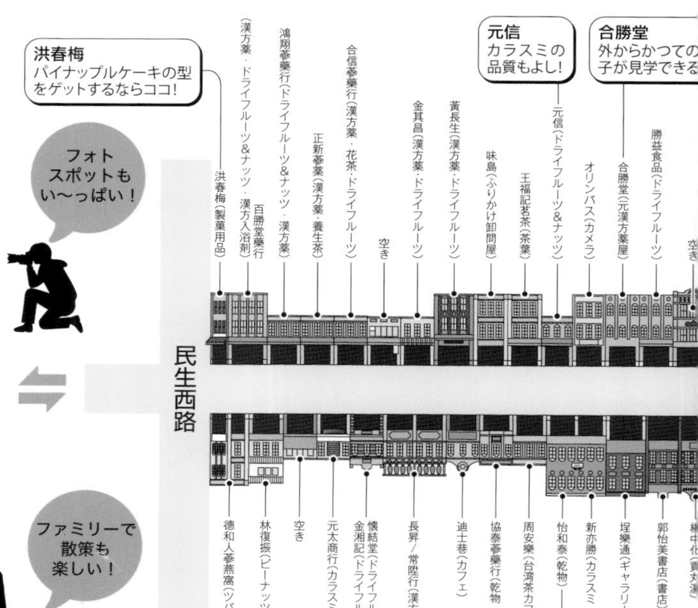

洪春梅
パイナップルケーキの型をゲットするならココ!
元信
カラスミの品質もよし!
合勝堂
フォトスポットもい〜っぱい!
洪春梅(製菓用品)
百勝堂藥行(漢方薬・ドライフルーツ&ナッツ・漢方入浴剤)
鴻翔蔘藥行(ドライフルーツ&ナッツ・漢方薬)
正新蔘藥(漢方薬・養生茶)
合信蔘藥行(漢方薬・花茶・ドライフルーツ)
空き
金其昌(漢方薬・ドライフルーツ)
黃長生(漢方薬・ドライフルーツ)
味島(ふりかけ卸問屋)
王福記茗茶(茶葉)
元信(ドライフルーツ&ナッツ)
オリンバス(カメラ)
合勝堂(元漢方薬屋)
勝益食品(ドライフルーツ)
空き
民生西路
ファミリーで散策も楽しい!
德和人蔘燕窩(ツバメの巣)
林復振(ピーナッツ・乾物・カラスミ)
空き
元太商行(カラスミ・干しエビ)
懐結堂(ドライフルーツ)/金湘記(ドライフルーツ&ナッツ)
長昇/常陸行(漢方・干しエビ・フカヒレ)
迪士巷(カフェ)
協泰蔘藥行(乾物・乾物)
周安樂(台湾茶カフェ)
怡和泰(乾物)
新亦勝(カラスミ・燕の巣)
埕樂通(ギャラリー)
郭怡美書店(書店)
林復振
迪化街の歴史を見つめてきたと言っても過言でないほどの老舗
長昇/常陸行
地元民が通う漢方屋さん
怡和泰+新亦勝

MRT士林駅へ
珍煮丹 大北店（タピオカドリンク）
春陽茶事（ドリンク）
大北路
建發號（豆花）
海友十全排骨（薬膳スープ）
涼家湘麵（涼麵）
士林碳烤杏鮑菇（焼きエリンギ）
斌。大腸包小腸（台湾風ホットドッグ）
士林阿亮麵線（台湾風そうめん）
慈誠宮
王記青草茶（ハーブドリンク）
小東街
原上海生煎包（底焼き肉まん）
郵便局
福州世祖胡椒餅（こしょう餅）
大東路
大南路
飛來發按摩休閒會館（マッサージ）
好朋友（涼麵）
小南街
千手観音廟
士林市場
（改装中）
2024年6月リニューアル予定
安平街
辛發亭（スノーアイス）
陽明戲院
少年街
蜜酥雞排（フライドチキン）
郭家葱油餅（ネギ餅）
王記青蛙下蛋（タピオカドリンク）
大上海生煎包（底焼き肉まん）
ガソリンスタンド
文林路
KFC
大東路
飛來發（マッサージ）
基河路
中山北路五段
家鄉碳烤香雞排（フライドチキン）
王子起士馬鈴薯（チーズポテト）
MRT淡水信義線
N
50m
基河路
剣潭駅
士林夜市map
舗が多い

饒河街夜市map
松山慈祐宮
ゲート
福州世祖胡椒餅（こしょう餅）
口叩品麻辣臭豆腐（臭豆腐）
金蛋爆漿玉子燒（だし捲き玉子）
施老闆麻辣臭豆腐（臭豆腐）
下港名彭豆腐（臭豆腐）
陳董藥燉排骨・屋台（薬膳スープ）
雪在燒（アイスクレープ）
東發號（麺線・とろみスープ）
麻糬寶寶（餅）
松山長老教會
松河街
饒河街
饒河街221巷
八德路四段709巷
鄉淳布丁豆花（豆花）
甘泉豆花（豆花）
鳥掛（鳥占い）
阿國滷味（台湾風ごった煮）
陳董藥燉排骨・八徳店（薬膳スープ）
紀老師挽臉（産毛取り・マッサージ）
加賀魷魚大王（イカ炒め）
巷口亭豆花（豆花）
八德路四段
虎林街
MRT松山駅
台湾鐵路
松山駅
松山路
順來十全排骨（薬膳スープ）
豪大大雞排（フライドチキン）
MRT雙連駅へ
古花味豆花（豆花）
民生西路
夜市出入口
賴雞蛋蚵仔煎（カキオムレツ）
豬肝榮仔（豚レバー）
東鮮石蚵（カキ料理）
鬍鬚張魯肉飯（魯肉飯）
阿婆飯糰（台湾風おにぎり）
蓮飲料吧（ドリンク）
大昌沙拉船（サラダドッグ）
圓環邊蚵仔煎（カキオムレツ）
古早味糖葫蘆（トマト飴）
方家雞肉飯（鶏肉飯）
重慶北路二段73巷1弄
鴨頭正二代（カレーライス）
重慶北路二段73巷
鴻記（焼きそば入りネギ餅巻き）
里長伯・屋台（臭豆腐）
劉芋仔蛋黃芋餅（揚げタロイモ）
童年木瓜牛奶（パパイヤミルク）
ファミリーマート
ここから北にグルメ屋台が集中
重慶北路二段57巷
馥陽鍋貼水餃（餃子）
里長伯（臭豆腐）
平陽街
重慶北路二段
寧夏路
ゲーム屋台が多いエリア
香連（鉄板焼）
炒羊肉（ヤギ肉炒め）
セブンイレブン
夜市出入口
南京西路
台北圓環
MRT中山駅へ
寧夏夜市map
ゲーム屋台が多い
ファッション屋台が多い
グルメ屋台・店舗が多い

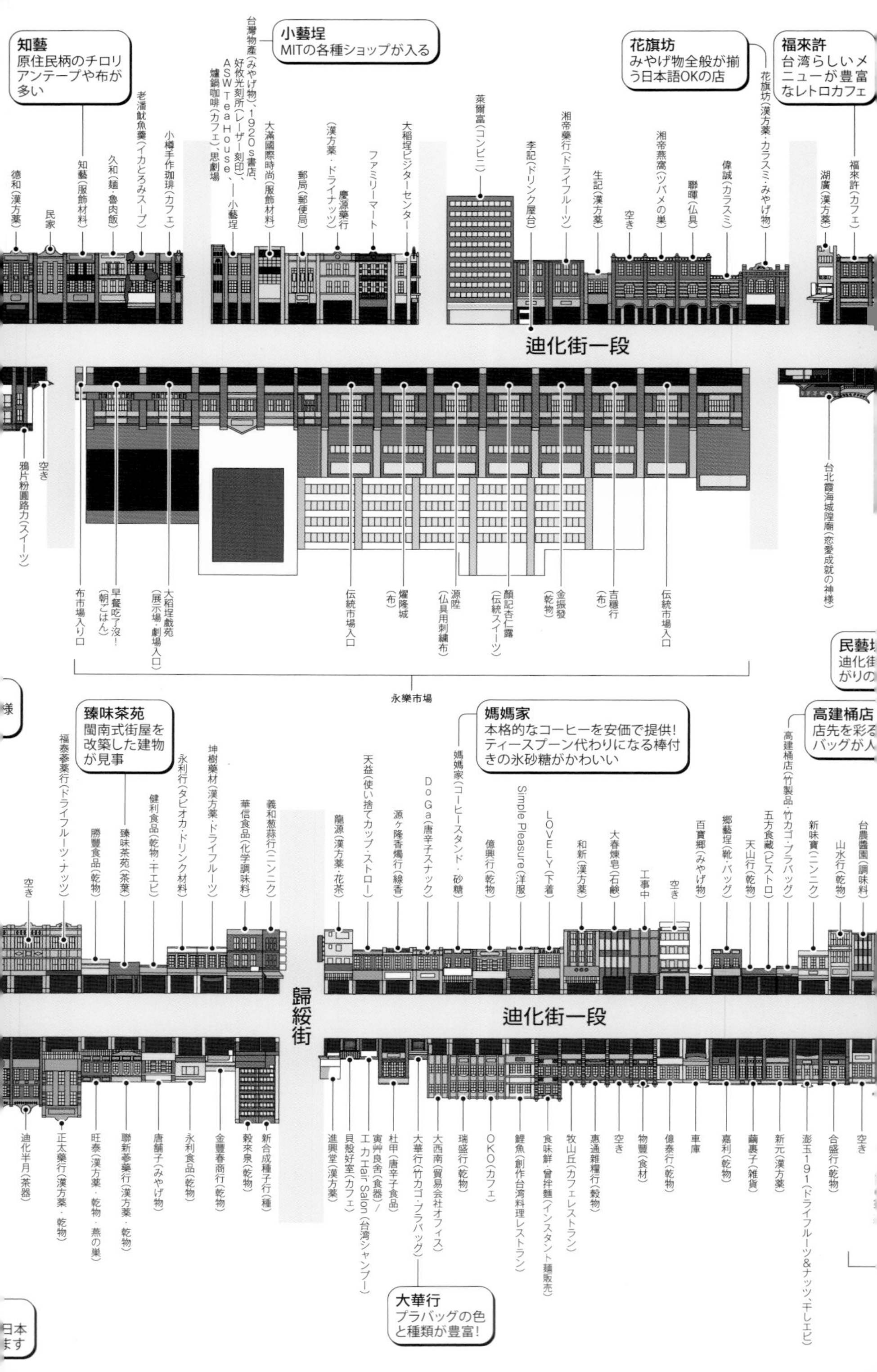

知藝
原住民柄のチロリアンテープや布が多い
小藝埕
MITの各種ショップが入る
花旗坊
みやげ物全般が揃う日本語OKの店
福來許
台湾らしいメニューが豊富なレトロカフェ
德和(漢方薬)
民家
知藝(服飾材料)
久和(麺・魯肉飯)
老潘魷魚羹(イカとろみスープ)
小樽手作珈琲(カフェ)
台灣物産(みやげ物)、1920s書店、好攸光刻所(レーザー刻印)、ASW Tea House、爐鍋咖啡(カフェ)、思劇場 ― 小藝埕
大滿國際時尚(服飾材料)
郵局(郵便局)
慶源藥行(漢方薬・ドライナッツ)
ファミリーマート
大稻埕ビジターセンター
萊爾富(コンビニ)
李記(ドリンク屋台)
湘帝藥行(ドライフルーツ)
生記(漢方薬)
空き
湘帝燕窩(ツバメの巣)
聯暉(仏具)
偉誠(カラスミ)
花旗坊(漢方薬・カラスミ・みやげ物)
湖廣(漢方薬)
福來許(カフェ)
迪化街一段
空き
鴉片粉圓路力(スイーツ)
布市場入り口
早餐吃了沒!(朝ごはん)
大稻埕戲苑(展示場・劇場入口)
伝統市場入口
燿隆城(布)
源陞(仏具用刺繍布)
顏記杏仁露(伝統スイーツ)
金振發(乾物)
吉穩行(布)
伝統市場入口
永樂市場
台北霞海城隍廟(恋愛成就の神様)
臻味茶苑
閩南式街屋を改築した建物が見事
媽媽家
本格的なコーヒーを安価で提供!ティースプーン代わりになる棒付きの氷砂糖がかわいい
高建桶店
空き
福泰參藥行(ドライフルーツ・ナッツ)
勝豐食品(乾物)
臻味茶苑(茶葉)
健利食品(乾物・エビ)
永利行(タピオカ・ドリンク材料)
坤樹藥材(漢方薬・ドライフルーツ)
華信食品(化学調味料)
義和葱蒜行(ニンニク)
龍源(漢方薬・花茶)
天益(使い捨てカップ・ストロー)
源ヶ隆香燭行(線香)
DoGa(唐辛子スナック)
媽媽家(コーヒースタンド・砂糖)
億興行(乾物)
Simple Pleasure(洋服)
LOVELY(下着)
和新(漢方薬)
大春煉皂(石鹸)
工事中
空き
百寶鄉(みやげ物)
鄉藝埕(靴・バッグ)
天山行(乾物)
五方食藏(ビストロ)
高建桶店(竹製品・竹カゴ・ブラバッグ)
新味寶(ニンニク)
山水行(乾物)
台農農園(調味料)
歸綏街
迪化街一段
迪化半月(茶器)
正太藥行(漢方薬・乾物)
旺泰(漢方薬・乾物・燕の巣)
聯新蔘藥行(漢方薬・乾物)
唐舖子(みやげ物)
永利食品(乾物)
金豐春商行(乾物)
穀來泉(乾物)
新合成種子行(種)
進興堂(漢方薬)
貝殻好室(カフェ)
寅艸良舍(食器)/工力Hair Salon(台湾シャンプー)
杜甲(唐辛子食品)
大華行(竹カゴ・ブラバッグ)
大西南(貿易会社オフィス)
瑞盛行(乾物)
OKO(カフェ)
鯉魚(創作台湾料理レストラン)
食味鮮・曾拌麵(インスタント麺販売)
牧山丘(カフェレストラン)
惠通雜糧行(穀物)
空き
物豐(食材)
億泰行(乾物)
車庫
嘉利(乾物)
繭裏子(雑貨)
新元(漢方薬)
澎玉191(ドライフルーツ&ナッツ、干しエビ)
合盛行(乾物)
空き
大華行
ブラバッグの色と種類が豊富!

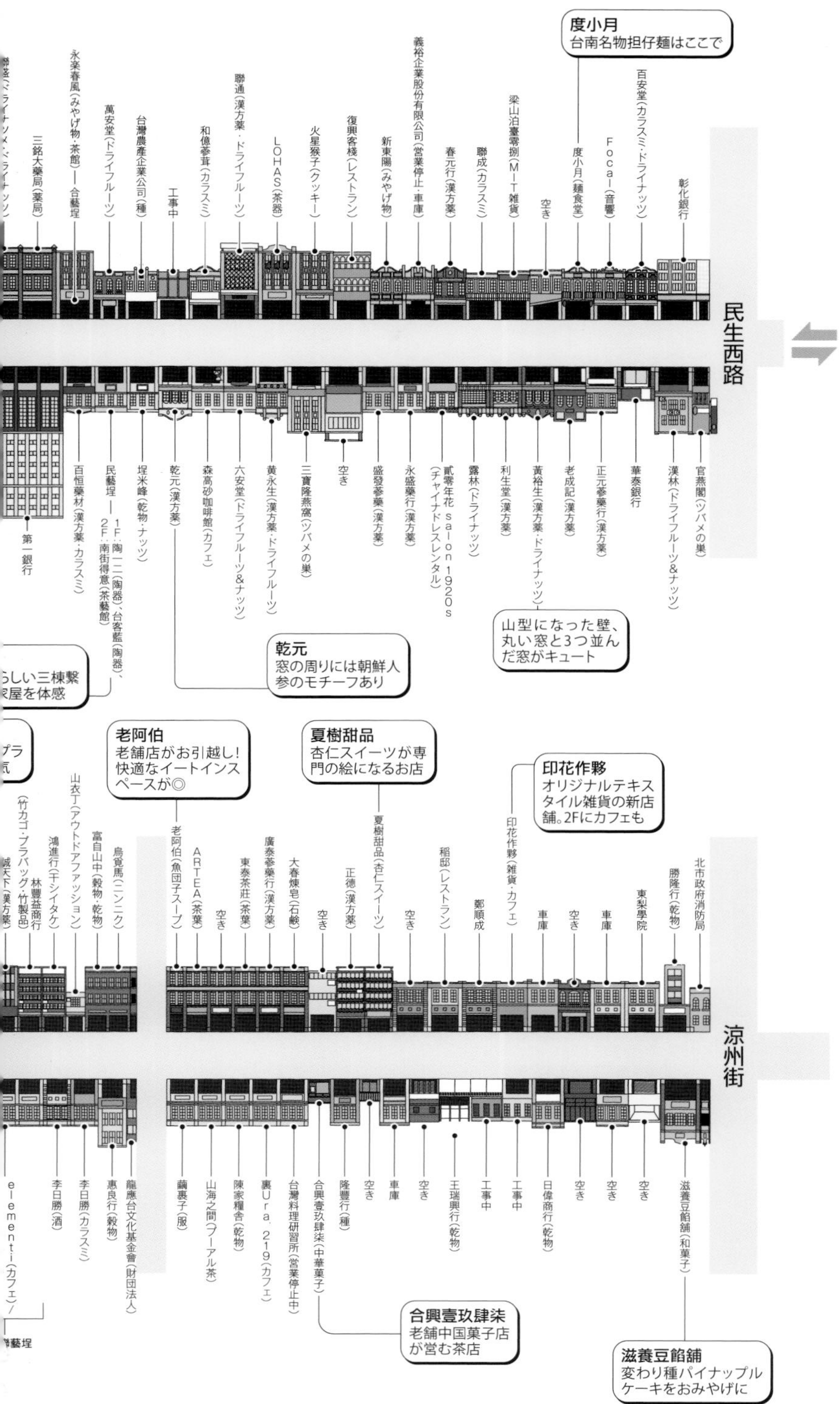
度小月
台南名物担仔麺はここで
三銘大藥局(薬局)
永楽春風(みやげ物・茶館)— 合藝埕
萬安堂(ドライフルーツ)
台灣農産企業公司(種)
工事中
和億參茸(カラスミ)
聯通(漢方薬・ドライフルーツ)
LOHAS(茶器)
火星猴子(クッキー)
復興客棧(レストラン)
新東陽(みやげ物)
義裕企業股份有限公司(営業停止・車庫)
春元行(漢方薬)
聯成(カラスミ)
梁山泊臺零捌(MIT雑貨)
空き
度小月(麺食堂)
Focal(音響)
百安堂(カラスミ・ドライナッツ)
彰化銀行
民生西路
第一銀行
百恒藥材(漢方薬・カラスミ)
民藝埕 — 1F:陶一二(陶器)、台客藍(陶器)、2F:南街得意(茶藝館)
埕米峰(乾物・ナッツ)
乾元(漢方薬)
森高砂咖啡館(カフェ)
六安堂(ドライフルーツ&ナッツ)
黄永生(漢方薬・ドライフルーツ)
三寶隆燕窩(ツバメの巣)
空き
盛發參藥(漢方薬)
永盛藥行(漢方薬)
貳零年花 salon 1920s(チャイナドレスレンタル)
露林(ドライナッツ)
利生堂(漢方薬)
黄裕生(漢方薬・ドライナッツ)
老成記(漢方薬)
正元參藥行(漢方薬)
華泰銀行
漢林(ドライフルーツ&ナッツ)
官燕閣(ツバメの巣)
山型になった壁、丸い窓と3つ並んだ窓がキュート
らしい三棟繋
家屋を体感
乾元
窓の周りには朝鮮人参のモチーフあり
老阿伯
老舗店がお引越し!快適なイートインスペースが◎
夏樹甜品
杏仁スイーツが専門の絵になるお店
印花作夥
オリジナルテキスタイル雑貨の新店舗。2Fにカフェも
林豐益商行(竹カゴ・ブラバッグ・竹製品)
鴻進行(干シイタケ)
山衣丁(アウトドアファッション)
富自山中(穀物・乾物)
烏覓馬(ニンニク)
老阿伯(魚団子スープ)
ARTEA(茶葉)
空き
東泰茶荘(茶葉)
廣泰蔘藥行(漢方薬)
大春煉皂(石鹸)
空き
正德(漢方薬)
夏樹甜品(杏仁スイーツ)
空き
稻邸(レストラン)
鄭順成
印花作夥(雑貨・カフェ)
車庫
空き
車庫
東梨學院
勝隆行(乾物)
北市政府消防局
涼州街
element i(カフェ)/
李日勝(酒)
李日勝(カラスミ)
惠良行(穀物)
龍應台文化基金會(財団法人)
蘋裏子(服)
山海之間(プーアル茶)
陳家糧舍(乾物)
裏Ura.219(カフェ)
台灣料理研習所(営業停止中)
合興壹玖肆柒(中華菓子)
隆豐行(種)
空き
車庫
空き
王瑞興行(乾物)
工事中
工事中
日偉商行(乾物)
空き
空き
空き
滋養豆餡舖(和菓子)
合興壹玖肆柒
老舗中国菓子店が営む茶店
滋養豆餡舖
変わり種パイナップルケーキをおみやげに

台北 夜市 攻略 マップ

その他の夜市	交通	時間	休み
Ⓐ 南機場夜市	板南線龍山寺駅から徒歩17分	17時ごろ〜24時ごろ	無休
Ⓑ 師大夜市	松山新店線台電大樓から徒歩4分	17時ごろ〜24時ごろ	無休
Ⓒ 艋舺 夜市	板南線龍山寺駅1から徒歩10分	16時ごろ〜24時ごろ	無休
Ⓓ 遼寧街夜市	文湖線・松山新店線南京復興駅徒歩5分	17時ごろ〜24時ごろ	無休

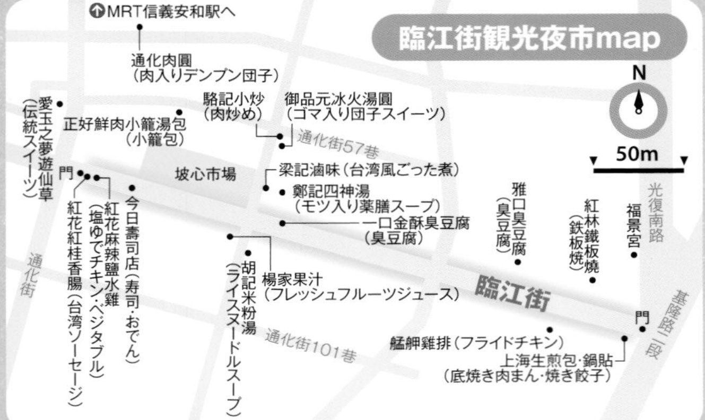

紅焼牛肉麺牛雑湯（牛肉麺）
ゲート
楊排骨酥麺（パイコー麺）

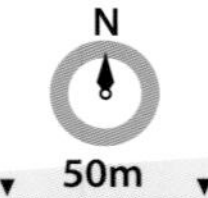

ダウンロード
方法は
袋とじへ!

せかたび
台北
Taipei

完全Map

S ショップ	C カフェ	E エンタメ
R レストラン	N ナイトスポット	CV コンビニ
H ホテル	B エステ・スパ	学校

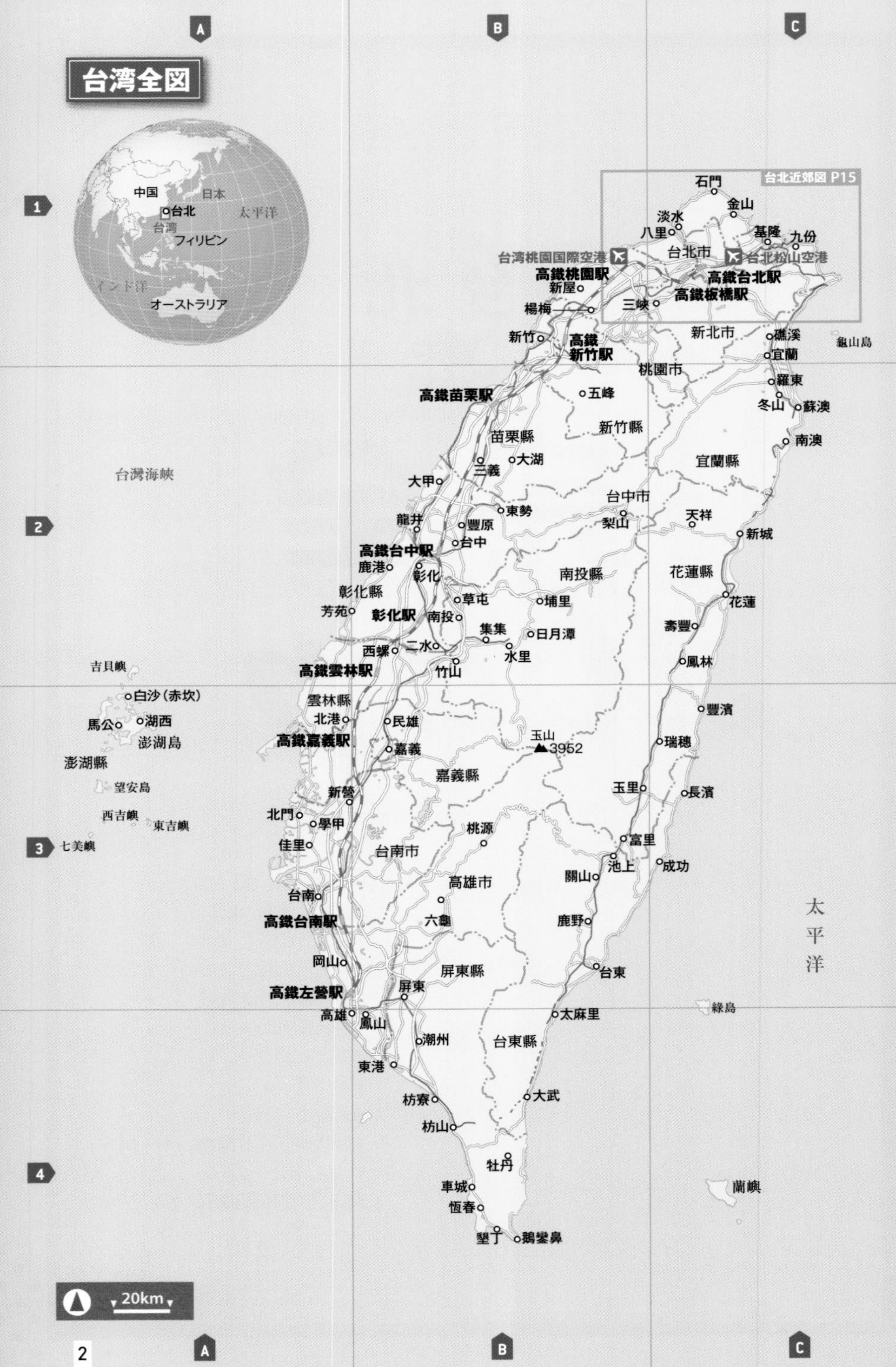

台湾全図
A
B
C
1
2
3
4
中国
日本
台北
太平洋
台湾
フィリピン
インド洋
オーストラリア
台北近郊図 P15
石門
金山
淡水
八里
基隆
九份
台湾桃園国際空港
台北市
台北松山空港
高鐵桃園駅
新屋
高鐵台北駅
高鐵板橋駅
楊梅
三峡
新竹
高鐵
新竹駅
新北市
礁溪
宜蘭
龜山島
桃園市
羅東
冬山
蘇澳
高鐵苗栗駅
五峰
新竹縣
南澳
苗栗縣
大湖
三義
宜蘭縣
台灣海峽
大甲
台中市
東勢
天祥
龍井
豊原
梨山
新城
台中
高鐵台中駅
鹿港
彰化
南投縣
花蓮縣
彰化縣
草屯
埔里
花蓮
芳苑
彰化駅
南投
集集
日月潭
壽豐
西螺
二水
水里
吉貝嶼
高鐵雲林駅
竹山
鳳林
白沙（赤崁）
雲林縣
馬公
湖西
北港
民雄
豐濱
澎湖島
高鐵嘉義駅
玉山
3952
瑞穗
嘉義
澎湖縣
嘉義縣
望安島
新營
玉里
長濱
西吉嶼
東吉嶼
北門
學甲
桃源
富里
七美嶼
佳里
台南市
池上
成功
關山
高雄市
台南
高鐵台南駅
六龜
鹿野
太
平
洋
岡山
屏東縣
台東
高鐵左營駅
屏東
綠島
高雄
鳳山
太麻里
潮州
台東縣
東港
枋寮
大武
枋山
牡丹
蘭嶼
車城
恆春
墾丁
鵝鑾鼻
20km

台北広域図
A
B
C
新北投駅
新北投 P205
北投駅
The TOP 屋頂上 P112
北投區
士林區
金蓬萊遵古台菜餐廳 P98
MRT淡水信義線
至善園 P53
天下為公牌坊 P53
多寶閣 P52
故宮晶華 P53
國立故宮博物院 P50
P110 小猫花園
芝山駅
郭元益糕餅博物館士林館 P153
士林駅
豐盛號 士林店 P81
花蔵雪 P77
士林夜市 P46
P75 辛發亭
P77 花蔵雪
劍潭駅
The Grand Hotel
圓山大飯店 P210
劍南路駅
台北マリオット P213
内湖區
文徳駅
大湖公園駅
忠烈祠 P65
美麗華百楽園 P113
基隆河
中山高速公路
圓山駅
台北市街図1 P4-5
台北市街図2 P6-7
台北松山空港
大橋頭駅
民權西路駅
松山機場駅
三重區
中山區
大同區
台北市
松山區
饒河街觀光夜市 P120
淡水河
MRT桃園機場線
中山駅
松江
南京駅
南京復興駅
松山駅
南港駅
MRT松山新店線
MRT板南線
忠孝
新生駅
台北車站
静心苑 P63
西門駅
忠孝
復興駅
國父紀念館駅
永春駅
南港區
龍山寺駅
中正紀念堂駅
象山駅
P74
東門駅
大安駅
台北101/
世貿駅
象山 P113
萬華區
中正區
古亭駅
大安區
台北市街図3 P8-9
台北市街図4 P10-11
信義區
頂溪駅
公館駅
福爾摩沙高速公路
台北聯絡道
MRT文湖線
公館 P15
永和區
萬芳醫院駅
台北市立動物園
動物園駅
景安駅
南勢角駅
MRT環状線
中和區
深坑區
文山區
十四張駅
大坪林駅
七張駅
誠品生活 新店 P127
猫空 P202
猫空
新北市
新店區
小碧潭駅
図はP15B1~2参照
1km
新店駅
1
2
3
4

台北市街図1
P4～5
P6～7
P8～9
P10～11
新北市
三重區
名華
台北橋駅
中興
三重路
和平街
福德南路
福和街
中央南路
文化南路
新北環河快速道路
環河北路
環河南路
淡水河
台北大橋
MRT中和新蘆線
MRT桃園機場線
忠孝大橋
環河南北快速道路
環河北路二段
民族西路
大同公園
延平國小
(附幼)
太子宮
昌吉街
揆化公園
伊寧街
大橋國小
(附幼)
稻江商職
福德廟
大橋市場
大橋頭駅
民權國中
(附補校)
蘭州國小
協天宮
樹德公園
蘭州市場
蘭州公園
大同國小
(附幼)
民權西路
醒心宮
永樂國小
(附幼)
太平國小
(附幼)
大稻埕慈聖宮
德惠公園
雙蓮國小
(附幼)
涼州街
東吳
保安街
大同分局
カルフール
大稻埕
辜宅
大稻埕公園
歸綏街
歸綏公園
靜修國中
靜修女中
忠和公園
啟文
大稻埕碼頭
民生西路
中華電信
李炳輝足
體養生館
P149
朝陽公園
台北市
大同區
雙連市場
蓬萊國小
(附幼)
永昌街
永樂市場
西寧北路
迪化街
延平北路
重慶北路
南京西路
賓王
華大
彰化
銀寶
甘谷街
延平河濱公園
大同老街
全國林
姓宗廟
和旺
凱悅
長安西路
福君
シティイン
台北駅3館
忠孝國中
臺北市
聯合醫院
中興院區
海關博物館
塔城公園
台北醫院
城區分院
迎賓
台北後站商圈
獅城
台鐵地下化
台北地下街
Y區(地下)
鄭州路
玉泉公園
北門駅
迪化街 P13
台灣總督府
交通局
鐵道部
鐵路警察局
刑警隊
忠孝西路二段
市民大道一段
桃園機場線
台北車站
(ツーリストサービスセンター)
觀光案内所
台北車站
(高鐵台
P180
承恩門
(北門)
鐵路警察局
北平西路
MRT板南線
忠孝西路一段
MRT松山新店線
台北
警光會館
國稅局
總局
萬華
運動中心
台北市
萬華區
福星國小(附幼)
台北撫臺
街洋樓
交大台
北校區
新驛旅店
福泰桔子商旅
金財神
伊樂園
開封街二段
站前地下街
Z區(地下)
K區
地下街
板
台北
周辺図はP3A2～B3参照
200m

丸林魯肉飯 P83
三葉足体養身館 P149
リビエラホテル P213
山桜恋男女養生屋 P149
欣葉 P99
ansleep P146
好食多涮涮屋 P100
雙城街夜市 P121
サンルート台北 P213
黃記魯肉飯 P82
民權西路駅
中山國小駅
アロフト台北中山（中山雅樂軒酒店）
ザ・ランディスタイペイ P213
活泉足体養身世界 行天宮店 P148
全聯 中山松江店 P139
美麗餐廳 P98
行天宮 P55
行天宮駅
黒岩古早味黒砂糖剉冰 P75
SHELTER 別所 P104
サントス（三徳大飯店）
MAJI MAJI 集食行樂
台北馬偕紀念醫院（国際医療中心）
台北アンバサダーホテル
雙連駅
JCBプラザ・台北 マイパスデスク
amba 台北中山ホテル
リージェント台北
ロイヤル・ニッコー
KAVALAN WHISKY P116 BAR
Buckskin Beerhouse P115 柏克金啤酒餐
老四川 P100
養心茶樓蔬食飲茶 P87
薇閣數位影像館 P155
千里行足體養生會館 P149
松江南京駅
中山駅
オークラプレステージ台北
My灶 P89
梁記嘉義雞肉飯 P89
wang masters 王老師 P148
33區熱炒 P118
台北コスモス
善導寺駅へ
圓山駅へ
台北市中山區
台北市中正區
MRT松山新店線
MRT淡水信義線
民族東路
民權東路二段
民生東路二段
南京東路二段
長安東路一段
市民大道二段
中山北路二段
新生北路三段
松江路

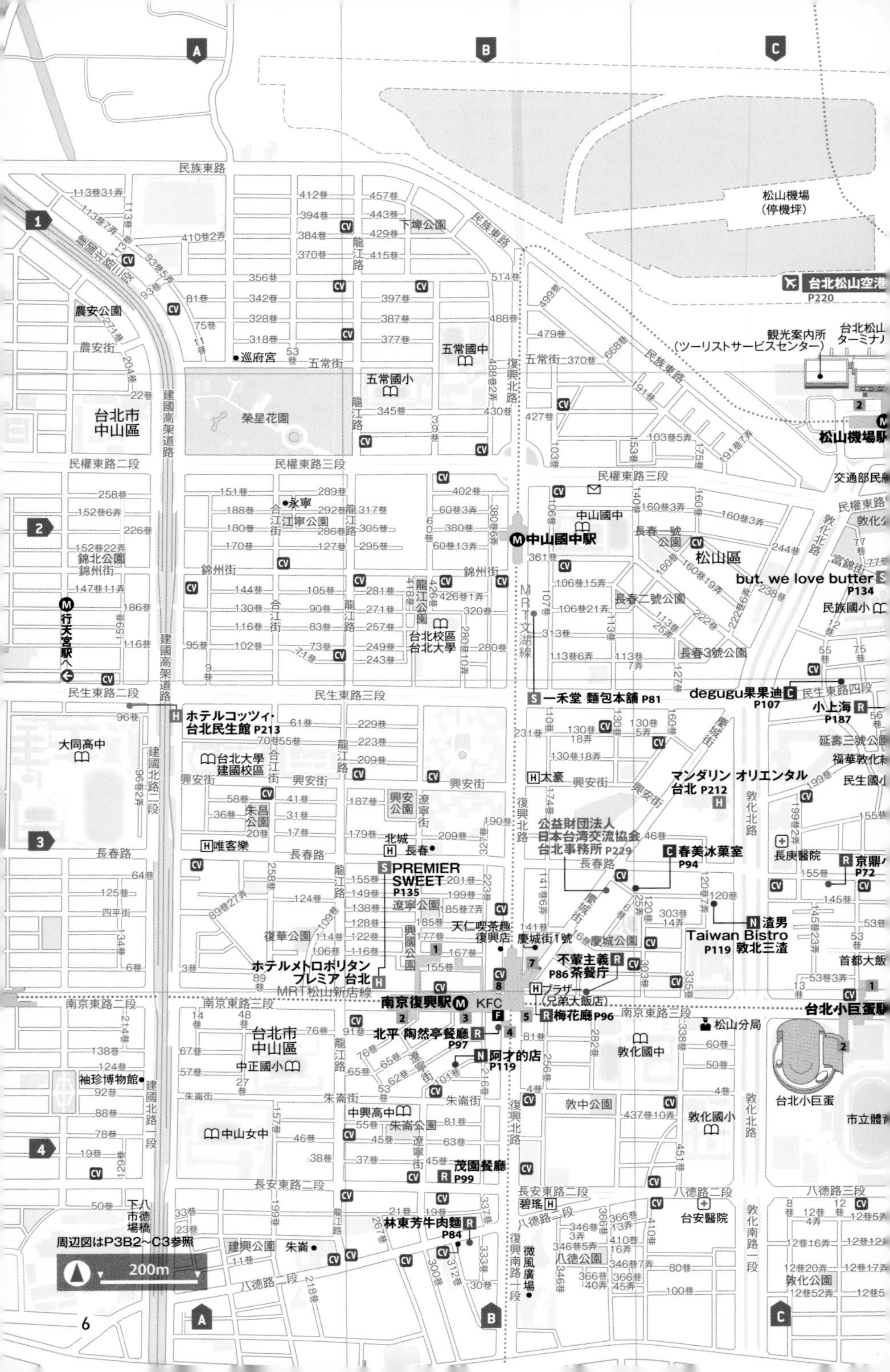
松山機場
(停機坪)
台北松山空港
P220
観光案内所
(ツーリストサービスセンター)
松山機場駅
民族東路
台北市
中山區
榮星花園
五常國中
五常國小
農安公園
錦北公園
行天宮駅へ
民權東路二段
民權東路三段
中山國中駅
松山區
but. we love butter
P134
長春二號公園
長春3號公園
台北校區
台北大學
民生東路二段
民生東路三段
民生東路四段
一禾堂 麵包本舗 P81
degugu果果迪
P107
小上海
P187
ホテルコッツィ・
台北民生館 P213
大同高中
台北大學
建國校區
マンダリン オリエンタル
台北 P212
公益財団法人
日本台湾交流協会
台北事務所 P229
春美冰菓室
P94
唯客樂
北城
長春
PREMIER
SWEET
P135
京鼎小館
P72
渣男
Taiwan Bistro
P119 敦北三渣
天仁喫茶趣
復興店
慶城街1號
不葷主義
P86 茶餐廳
ホテルメトロポリタン
プレミア 台北
MRT松山新店線
南京復興駅
KFC
プラザー
(兄弟大飯店)
梅花廳 P96
南京東路二段
南京東路三段
北平 陶然亭餐廳
P97
阿才的店
P119
松山分局
台北小巨蛋駅
台北小巨蛋
敦化國中
中正國小
袖珍博物館
中山女中
中興高中
敦中公園
敦化國小
茂園餐廳
P99
長安東路二段
碧瑤
八德路二段
八德路三段
台安醫院
林東芳牛肉麵
P84
建興公園
朱崙
微風廣場
八德公園
敦化公園
周辺図はP3B2〜C3参照
200m

台北市街図2
P4～5
P6～7
P8～9
P10～11
富錦樹咖啡店 FUJIN TREE CAFE P189
富錦樹355選物店 FUJIN TREE 355 P188
放放堂 P188
de'A P188
如意坊文藝茶館 P186
琅茶本舗 Wolf Tea Shop ＋Gallery P186
民生炒飯專賣店 P187
微熱山丘 P134
泉發蜂蜜 P130
開門茶堂 P189
P187 有時候紅豆 民生店
富錦樹 台菜 香檳 P189
ALL DAY Roasting Company P189
P79 屏東任家涼麵
Dayliliy P187
陳家涼麵 P79
10平方文具概念館 P128
佳徳糕餅 P135
6星集按摩會館(南京會館) P149
郭元益南京店
鼎王麻辣鍋 台北光復店
南京三民駅
MRT松山新店線
航警局台北分局
民權公園
民生公園
民權國小
三民國小
民生國中
介壽國中
健康國小
西松高中
西松國小
中崙高中
國軍松山醫院
博仁綜合醫院
松山醫院
培靈醫院
台北市松山區
台北市區監理所
京華城
台北偶戲館
復盛公園
國家鐵道博物館（台北機廠）
信義區
興雅國小（附幼）
撫遠公園
三民公園
富民公園
新東公園
鵬程公園
健康公園
寶清公園
吉祥公園
西松公園
安平公園
長春公園
婦聯公園
新中公園
富錦一號公園
富錦二號公園
富錦三號公園
延壽一號公園
寧安公園
吉仁公園
復源公園
保安大隊
東社
世貿
雅柏
東華
喬美
育達高商
民權大橋
民權東路四段
民權東路五段
民生東路四段
民生東路五段
南京東路四段
南京東路五段
八德路三段
八德路四段
市民大道五段
台鐵地下化
延壽街
富錦街
健康路
光復北路
光復南路
新中街
三民路
新東街
撫遠街
塔悠路
寶清街
東興路
吉祥路
東寧路
基隆路一段
環東大道
延吉街
寧安街
美仁里
興雅國小
匯豐巷
蕭園飯店

台北市街図3
P4～5
P6～7
P8～9
P10～11
李氏手工房 P128
桃園機場線台北車站
台北車站
(高鐵台北駅)
北平西路
洛陽停車場
台北警官會館
采宏牛肉麵
P84
臺北北門郵局
P179
交大台北校區
楊排骨酥麵
P184
福星國小(附幼)
LaReine Taipei
P153
新驛旅店
金財神
来呷甜甜品
P77
P185 賽門甜不拉
伊樂園
東龍
西門
來來
ソラリア西鉄ホテル P213
劉山東牛肉麺 P181
花華
Hoyii 北車站 P181
八方雲集 懷寧店
P91
新光三越 台北站前店
西門町意舍
天天利 美食坊
P83
ジャストスリープ 西門
P213
城美
二十輪旅店
電影主題公園
昆明中醫院區
鴨肉扁 P184
玉林雞腿大王
P184
健保署
台北聯合門診中心(健保大樓)
豪景
P151
元氣養生會館
紅菱閣
台北市警局
點水樓 懷寧店
台灣省城隍廟
南陽公園
馬辣頂級麻辣鴛鴦火鍋 西門店
P101
頭等艙 飯店
猛舺雞排
P184
幸福堂
P108
中山堂
P179
國立臺灣博物館 古生物館
P178
璞麗商旅
天后宮
P183
蜂大咖啡
永安棧
點石齋印章店
愛客發商旅
王記府城肉粽 西門店
P185
阿宗麵線 P185
國立臺灣博物館 本館
P178
台大醫
台大醫院北護分院
西門駅
日常野草
P183
P182
台北護理健康大學城區部
小格格鞋坊
P183
西門紅樓
極品軒
P97
二二八和平公園
P66
華麗
16工房
P182
FE21' 遠東百貨
觀光案内所(ツーリストサービスセンター)
警備隊
新仕界
金夜
臺灣銀行 總行 P178
台北二二八紀念館
清水巖祖師廟
國軍英雄館
長宿舍台電社
總統府
P178
華冠
李炳輝足體養生館 西門店
凱達格蘭大道
富園
介壽公園
外交
樺林乾麵
P85
老松公園
東吳大學推廣部(城中校區)
文化大學推廣教育部延平分部
台灣高等法院
北一女中
中央氣象局
龍山寺
老松國小(附幼)
家樂福 桂林店
P139
國立中央圖書
法務部最高法院
弘道國中
地藏王廟
GARDEN SPA
P151
タイペイ・ガーデン
台北市立大學 博愛校區
MRT板南線
MRT淡水信義線
中古品街
新富町文化市場
入出境管理局
龍山國中
和平院區
小南門駅
市立大學附小(附幼)
麗正門
龍山寺駅
集義宮
南門國小
南門國中
嚴家淦故居
台北自由之家
MRT松山新店線
愛國西路
台北市中正區
國庫署
菸酒公売局
中紀念堂
立法院 台北會館
台灣博 南門園
艋舺大道
台北植物園
台北教師會館
萬華區
欽差行臺
植物林本館
二二八國家紀念館
郵政博物館
牯嶺街小劇場
龍山寺 P15
南海路
和平西路二段
國語實小
建國中學
貴都
忠義國小
農委会動植物防檢局
南機場夜市 P121
中華民国経済
永昌公園
古亭國中
螢橋國小(附幼)
和平西路二段
汀州路二段
水源路
中華路二段
環河南北快速道路
西寧南路
中華路一段
重慶南路一段
延平南路
博愛路
貴陽街二段
長沙街一段
桂林路
西園路
康定路
昆明街
萬大路
國興路
青年路
莒光路

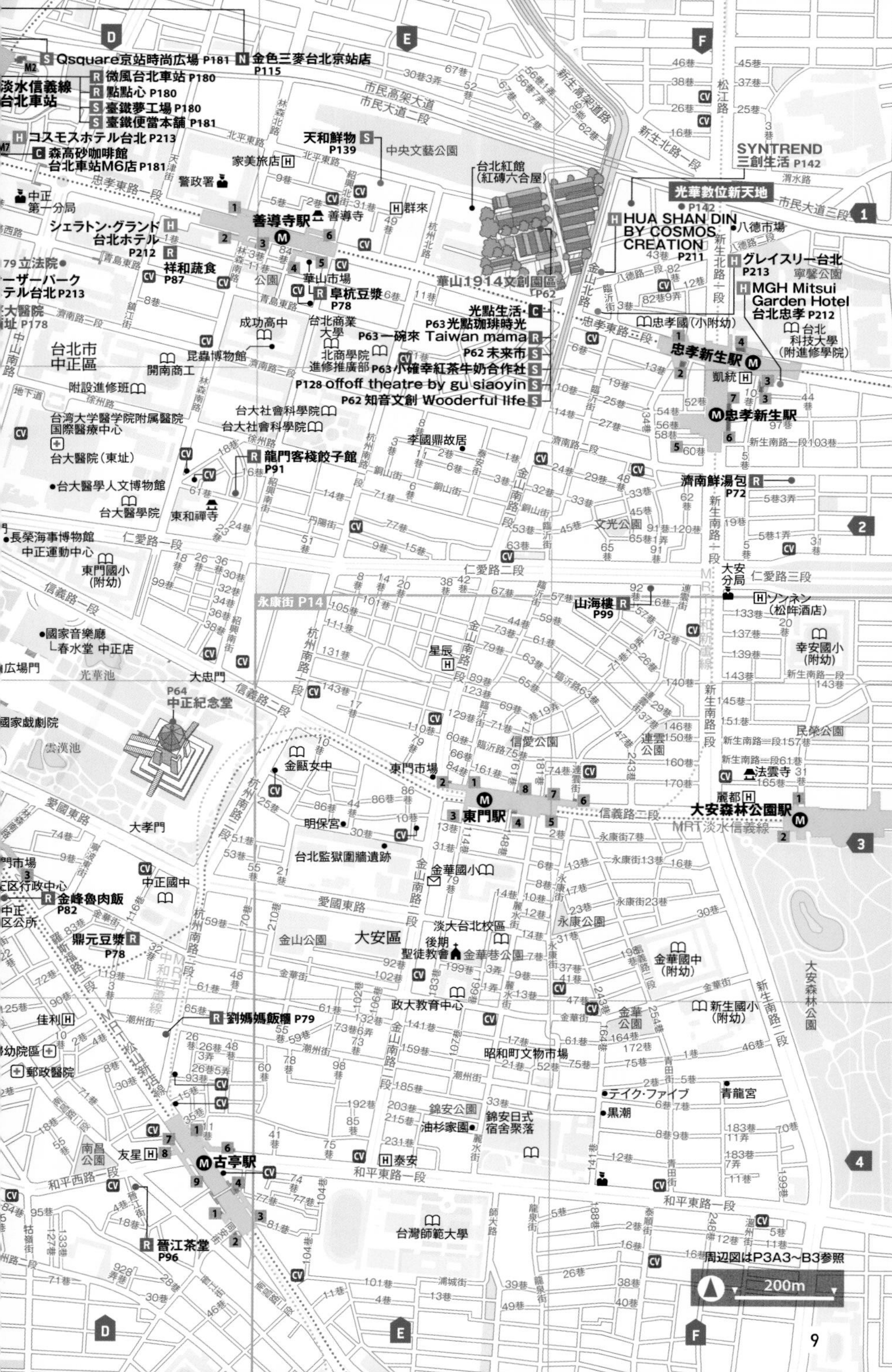

D
E
F
Qsquare京站時尚広場 P181
金色三麥台北京站店 P115
微風台北車站 P180
點點心 P180
臺鐵夢工場 P180
臺鐵便當本舗 P181
淡水信義線
台北車站
コスモスホテル台北 P213
森高砂咖啡館
台北車站M6店 P181
天和鮮物 P139
中央文藝公園
家美旅店
警政署
忠孝東路一段
中正第一分局
善導寺駅
善導寺
群來
シェラトン・グランド台北ホテル P212
祥和蔬食 P87
華山市場
阜杭豆漿 P78
台北紅館（紅磚六合屋）
華山1914文創園區 P62
光點生活・P63光點珈琲時光
P63一碗來 Taiwan mama
P62未來市
P63小確幸紅茶牛奶合作社
P128 offoff theatre by gu siaoyin
P62知音文創 Wooderful life
SYNTREND 三創生活 P142
光華數位新天地 P142
HUA SHAN DIN BY COSMOS CREATION P211
八徳市場
グレイスリー台北 P213
MGH Mitsui Garden Hotel 台北忠孝 P212
忠孝國(小附幼)
台北科技大學（附進修學院）
忠孝新生駅
凱統
市民大道三段
市民高架大道
市民大道二段
新生高架道路
新生北路一段
松江路
成功高中
台北商業大學
北商學院進修推廣部
台北市中正區
昆蟲博物館
開南商工
附設進修班
台大社會科學院
台湾大學醫学院附属醫院国際醫療中心
台大醫院（東址）
台大醫學人文博物館
台大醫學院
龍門客桟餃子館 P91
東和禪寺
李國鼎故居
濟南路一段
濟南鮮湯包 P72
文光公園
長榮海事博物館
中正運動中心
東門國小（附幼）
仁愛路一段
仁愛路二段
仁愛路三段
信義路一段
信義路二段
永康街 P14
大安分局
ソンネン（松恰酒店）
山海樓 P99
國家音樂廳
春水堂 中正店
星辰
幸安國小（附幼）
光華池
大忠門
P64 中正紀念堂
國家戲劇院
雲漢池
信愛公園
連雲公園
民榮公園
金甌女中
東門市場
東門駅
法雲寺
麗都
大安森林公園駅
MRT淡水信義線
明保宮
台北監獄圍牆遺跡
大孝門
愛國東路
中正國中
金峰魯肉飯 P82
鼎元豆漿 P78
金華國小
永康公園
金山公園
大安區
淡大台北校區
後期聖徒教會
金華巷公園
金華國中（附幼）
政大教育中心
新生國小（附幼）
大安森林公園
劉媽媽飯糰 P79
佳利
金華公園
昭和町文物市場
テイク・ファイブ
青龍宮
黒潮
錦安公園
錦安日式宿舍聚落
油杉家園
南昌公園
友星
古亭駅
泰安
和平東路一段
和平西路一段
台灣師範大學
晉江茶堂 P96
周辺図はP3A3～B3参照
200m
1
2
3
4
9

南京復興駅へ
朱崙
台北啤酒文化園區
八德橋下市場
八德路二段
P84 林東芳牛肉麵
N Mimique秘密客 P116
微風廣場
台安醫院
陳記百果園 P92
陸光小館
福成宮
P171
村子口
vacanza accessory
敦化公園
敦化南路一段
H ミラマー・ガーデン台北 P213
台鐵地下化
懷生國小
市民大道四段
市民大道
庄頭豆花担
P101 12MINI
遠東SOGO忠孝館
麦吉machi machi P107
糖村Sugar &Spice P135
QUEEN SHOP 敦南門市 P171
扶旺号復興店 P170
和昌茶荘 P133
A room model P171
Le GUSTA
統領廣場
寧馨公園
大安區
公園東喬合
誠安公園
瑠公圳公園
名店城頂好
忠孝東路三段
忠孝東路四段
MRT板南線
忠孝復興駅
忠孝敦化駅
ESPRIT
P73 點水樓
九份行きバス停
懐生國中
P91 姜太太包子店
D Town by A Train P117
chochoco P173
敦南店
果然匯 P86
瑞頌RENASCENCE P151
假日玉市
民輝公園
復興實驗高級中學
星巴克咖啡 龍門門市 P115
台北商務飯店
XIANG DUCK 享鴨 P172
忠南飯館 P88
CHA CHA THÉ P170
仁愛路三段
仁愛路四段
H フーロン P212
亞州大厦
幸安國小(附幼)
仁愛院區
ハワードプラザホテル台北 P212
附中公園
假日花市
延平中學
仁愛公園
仁愛國中
仁愛國小
東豐街
豪城
東豐公園
客家文化會館
台北市大安區
民榮公園
德安公園
師大附中
安祥公園
和安公園
仁慈公園
多朗明哥
大安森林公園駅
大安駅
マディソン台北ホテル P213
台北怡亨酒店
信義路三段
信義路四段
假日畫廊
健保署聯合門診
P119 饞食坊
天仁喫茶趣ToGo信義店 P108
東方工商
大安高工
平安公園
馥敦
四維公園
大安森林公園
龍圖公園
大安國中
建安國小
居安公園
立人國中小學
龍陣二號公園
開平餐飲學校
安東公園
水月草堂
新龍公園
龍陣一號公園
頂好
Wellcome超市
シャングリ・ラ ファーイースタン 台北 P212
瑞安公園
龍生公園
科技大樓駅
北成功郵便局
鳳雛公園
EZ5音樂餐廳 P117
全安公園
群賢公園
史大華精緻麵食館 P84
和平東路二段
和平東路三段
國北教大實小(附幼)
國立台北教育大學
周辺図はP3B3~C3参照
200m

台北市街図4
P4～5
P6～7
P8～9
P10～11
信義區
大安區
國父紀念館駅
市政府駅
台北101/世貿駅
象山駅
信義安和駅
六張犁駅
Right Ice Cream 來特冰淇淋 P95
eslite hotel P210
P61 誠品生活松菸店
三徑就荒 P103
台北W飯店AWAY P151 紓壓艙
紫艶酒吧 YEN Bar P113
P60 松山文創園區
Smile 微笑蜜樂 P61
P61 hof
P60 松菸風格店家
雨田先生 手沖飲品吧 P107
GE CREEK 琉河 延吉本店 P87
騒豆花 P93
洪瑞珍 P81
長白小館 P101
肉大人 Mr. Meat P172
PUREBREAD BAKERY P80
某某。甜點 P173
東區粉圓 P94
餃子樂 P177
統一時代百貨 台北店 P174
P212 ダブリュー
微風信義 P174
莫爾頓牛排館 P45
BELLAVITA 寶麗廣場 P174
啜飲室 Landmark 信義店 P115
ル・メリディアン ホテル台北 P212
新光三越 台北信義新天地 P174
微風松高 P174
掌門精釀啤酒 P114
豐味果品 P93
春水堂 P108
光復市場 P177
ATT 4FUN P174
Home Hotel Xinyi P210
グランド ハイアット 台北 P212
古芸香邸Ayurveda SPA P150
小林海產 P118
微風南山 P174
Second Floor 微風南山店 P177
sparkle P150
晶璽商旅
台北101 P56
台北101購物中心 P57
饗 A Joy P112
四四南村（信義公民會館）P176
好丘 P176
吳寶春麥方店 P81
愛玉之夢遊仙草 P95
石家割包 P90
臨江街觀光夜市（通化街夜市）P121
明月湯包 P72
國父紀念館
台北ドーム
台北市政府
台北世界貿易中心
台北世貿展覽一館
國際會議中心
中山公園
翠湖
翠亨亭
光復國小
信義國小
信義國中
三興國小
台北醫學大學
北醫附設醫院
仁康醫院
國泰醫院
秀傳醫院
延吉公園
復源公園
三興公園
臨江公園
通化公園
崇德公園
中興公園
景新公園
景平公園
景勤一號公園
景勤二號公園
黎雙公園
三張里公園
中強公園
國家鐵道博物館（台北機廠）
京華城
台北偶戲館
興雅國小（附幼）
松山高中
順安宮
世貿國際商旅
刑事警政署
財政部稅制委員會（資料中心）
交通部觀光局
台北市消防局
台北市議會
交通局地政處
市府廣場
台北探索館
觀光傳播局
都市發展局
環保局
文化局
市民綠地廣場
世貿三館（貿易發展協會）
南山大樓
稽徵所
信義分局
富裕自由商旅
國聯
香城
三聖宮
聖靈宮
東興宮
福興宮
喬治高職第一校區
喬治高職第二校區
台北市信義區
市民大道
市民大道高架道路
忠孝東路四段
忠孝東路五段
仁愛路四段
信義路四段
信義路五段
光復南路
基隆路一段
基隆路二段
松高路
松壽路
松仁路
松智路
松德路
吳興街
臨江街
通化街
延吉街
MRT板南線
MRT淡水信義線

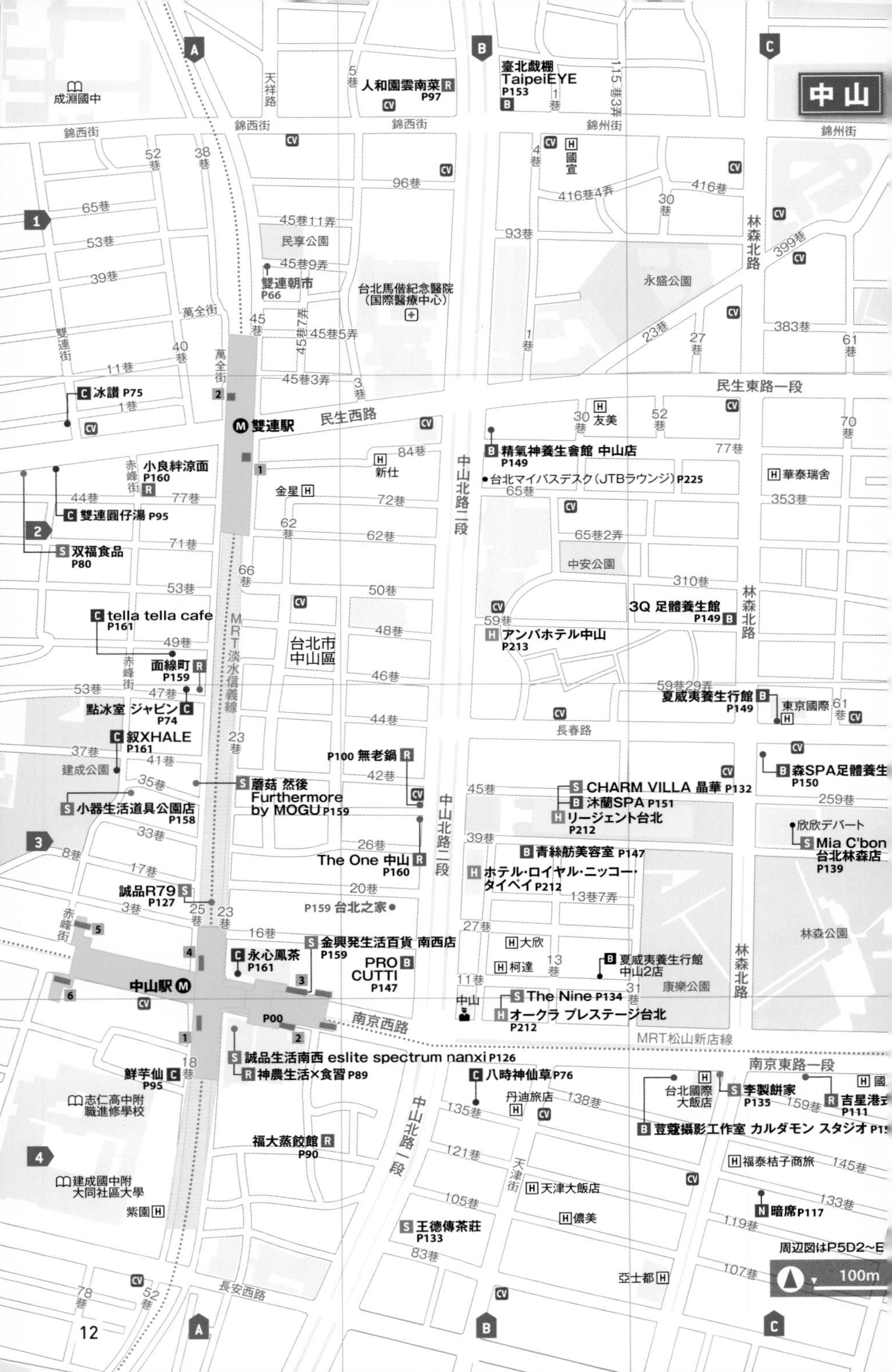

中山
成淵國中
錦西街
天祥路
人和園雲南菜 R P97
臺北戯棚 TaipeiEYE P153
錦州街
國宣
416巷4弄
416巷
96巷
65巷
53巷
39巷
45巷11弄
民享公園
45巷9弄
雙連朝市 P66
台北馬偕紀念醫院（国際醫療中心）
93巷
永盛公園
林森北路
399巷
23巷
383巷
萬全街
雙連街
11巷
45巷5弄
45巷3弄
民生東路一段
民生西路
C 冰讃 P75
雙連駅
友美
B 精氣神養生會館 中山店 P149
台北マイバスデスク（JTBラウンジ）P225
華泰瑞舍
77巷
353巷
84巷
新仕
金星
72巷
62巷
小良絆涼面 P160
赤峰街
44巷
77巷
C 雙連圓仔湯 P95
S 双福食品 P80
71巷
53巷
中山北路二段
65巷
65巷2弄
中安公園
310巷
50巷
C tella tella cafe P161
MRT淡水信義線
3Q 足體養生館 P149 B
H アンバホテル中山 P213
48巷
49巷
面線町 R P159
台北市中山區
46巷
59巷29弄
夏威夷養生行館 B P149
東京國際
53巷
47巷
點冰室 ジャビン C P74
44巷
長春路
C 叙XHALE P161
37巷
41巷
建成公園
P100 無老鍋 R
S 磨菇 然後 Furthermore by MOGU P159
42巷
S CHARM VILLA 晶華 P132
B 沐蘭SPA P151
H リージェント台北 P212
B 森SPA足體養生 P150
259巷
欣欣デパート
S Mia C'bon 台北林森店 P139
35巷
S 小器生活道具公園店 P158
33巷
26巷
The One 中山 R P160
45巷
39巷
B 青絲舫美容室 P147
H ホテル・ロイヤル・ニッコー・タイペイ P212
8巷
17巷
誠品R79 S P127
20巷
13巷7弄
P159 台北之家
林森公園
3巷
16巷
S 金興発生活百貨 南西店 P159
C 永心鳳茶 P161
PRO CUTTI B P147
27巷
大欣
柯達
B 夏威夷養生行館 中山2店
康樂公園
中山駅
S The Nine P134
H オークラ プレステージ台北 P212
P00
南京西路
MRT松山新店線
S 誠品生活南西 eslite spectrum nanxi P126
R 神農生活×食習 P89
南京東路一段
鮮芋仙 C P95
C 八時神仙草 P76
丹迪旅店
138巷
135巷
台北國際大飯店
S 李製餅家 P135
159巷
R 吉星港式 P111
B 荳蔻攝影工作室 カルダモン スタジオ
志仁高中附職進修學校
福大蒸餃館 R P90
121巷
天津街
福泰桔子商旅
145巷
中山北路一段
天津大飯店
建成國中附大同社區大學
紫園
105巷
儂美
N 暗席 P117
133巷
119巷
S 王德傳茶莊 P133
83巷
周辺図はP5D2～E
亞士都
107巷
100m
長安西路
78巷
52巷

迪化街
大橋頭駅
民權西路駅へ
稲舎URS329 P165
醒心宮
李亭香餅店 P136
滋養豆餡舗 Lin's Wagashi Confectionery P135
P164 ARTEA
印花作夥-
29 印花樂大稻埕店
P165 COFE
夏樹甜品 P95
大稻程辜宅
聯藝埕
P162 高建桶店
P164 杜甲A-Ma
大稻埕公園
太平國小（附幼）
永樂國小（附幼）
大稻埕慈聖宮 P163
東吳
林華泰茶行 P133
德鄰公園
雙蓮國小（附幼）
蔣渭水紀念公園
大同分局
靜修女中
迪化果汁 P163
AKA Café P105
元信蔘藥行 P58
意麵王 P85
歸綏公園
台北市大同區
雙連駅へ
鬍鬚張魯肉飯 P83
市立圖書館建成分館
蓬萊國小（附幼）
阿川蚵仔麵線 P84
窩窩 P104
地衣荒物 P165
加福奇士蛋糕專門店 P137
十字軒 P136
朝陽公園
寧夏夜市 P120
民藝埕 P59
台北霞海城隍廟 P59
P59 陶一二
P59 南街得意
原味魯肉飯 P162
有記名茶 P132
WANG TEA LAB×有記 P106
大稻埕ビジターセンター P155
老竹子三發包子 P91
林合發油飯店 P78
永樂市場 P58
森 WOSOM｜ASW P59
P59 小藝埕
生元藥行 P131
P129 你好我好
介良裡布行 P163
富順
賓王
華大
彰化
草原派対 P164
金仙魚丸店 P82
舒心源養生會館(南西店)
天喜迷你火鍋 P101
日新國小（附幼）
中山駅へ
OrigInn Space P211
銀寶
cookinn Taiwan P152 旅人料理教室
全國林姓宗廟
日星鑄字行 P129
大同老街
福君
忠孝國中
台北市聯合醫院中興院區
魔法寫真 Magic-s Photography & Style P154
脆皮鮮奶甜甜圈 P95
新驛旅店
海關博物館
塔城公園
台北醫院城區分院
迎賓
獅城
Flip Flop Hostel Garden (夾腳拖的家 長安122) P211
Star Hostel Taipei Main Station P211
北門駅
台灣總督府交通局鐵道部
台北車站
MRT中和新蘆線
MRT松山新店線
MRT桃園機場線
環河北路一段
環河南北快速道路
迪化街一段
延平北路二段
延平北路一段
重慶北路二段
重慶北路一段
民生西路
南京西路
長安西路
承德路一段
寧夏路
市民大道一段
鄭州路
100m
図はP4B2～C4参照

永康街
忠孝新生駅へ
MRT中和新蘆線
古亭駅へ
中正紀念堂へ
MRT淡水信義線
小隠茶庵 東門店 P102
星振
金山南路一段
信愛公園
臨沂街
GREEN&SAFE 東門店 P139
小茶栽堂 P136
Cosmed 康是美 P141
東門
信義永康街口
鼎泰豐 新生店 P70
新生南路一段157巷
新生南路一段61巷
新生南路一段
信義路二段
信義路三段
ダンディホテル 大安森林公園店 P213
大安森林公園
麗都
多郎
仁愛路三段
杭州小籠湯包 P73
盛園絲瓜小籠湯包 P73
台湾
P85 永康牛肉麵
P168 來好
茶籽堂 永康街概念店 P131
台北監獄圍牆遺跡
P167 東門餃子館
天津蔥抓餅 P90
Bao gift P169
P167 京盛宇 永康概念店
O'right歐茶德 台北永康體驗店 P131
郵政總局
P130 阿原永康間
思慕昔 P74
金華國小
沁園
愛國東路
永康街
永康公園
後期聖徒教會
50嵐 P107
淡江大學城區部
麗水街
榕錦時光生活園區 P167
P77 金鶏母
H Gallery Hair P147
金華國中
布調 P129
國立政治大學
金華街
成真咖啡 台北永康店 P166
P88 六品小館
雲彩軒 永康店 P169
金華公園
新生國小
大安森林公園
P169 串門子茶館
P130 薑心比心
大隱酒食 P89
潮州街
品墨良行 P169
P166 好公道的店 金鶏園
遊山茶訪 P168
貳房苑 Livingreen P105
手天品社區食坊 P137
青田七六 P105
錦安公園
國立臺灣師範大學
青田街
新生南路二段
泰安
和平東路一段
中華郵政
國立台灣師範大學
師大路
龍泉街
小慢 P103
泰順街
溫州街
和平東路二段
浦城街
師大路39巷
泰順路38巷
泰順公園
13巷異國美食街
師大三角公園
殷海光故居
P103 紫藤廬
公館 P15
新生南路三段
龍安國小
雲和街
Kakigori Toshihiko P76
公務人力発展中心図書館
辛亥一號公園
辛亥路二段
建國高架道路
古莊公園
新民國小
羅斯福路三段
辛亥路一段
台北富邦
晉江街
龍泉市場
台電大樓駅
古亭國小
リーユアン 儷園飯店
周辺図はP9E2~F4参照
100m
MRT松山新店線
公館駅へ

台北近郊図
5km
台灣海峡
石門區
三芝區
天籟リゾート & スパ P214
金山區
淡水區
淡水 P207
野柳地質公園
陽明山國家公園
萬里區
台北広域図 P3
八里區
基隆
基隆市
九份 P16
金瓜石
MRT桃園機場線
林口區
五股區
蘆洲區
台北市
台北松山空港
台鐵西部幹線
台鐵東部幹線
瑞芳區
猴硐 P200
三重區
泰山區
汐止區
貢寮區
蘆竹區
高鐵
龜山區
板橋區
桃園區
新莊區
十分 P16
永和區
平溪區
中壢區
中和區
深坑區
雙溪區
樹林區
鶯歌區
桃園市八德區
土城區
石碇區
楽天桃園棒球場 P110
平鎮區
新店區
三峡區
ヴォランド・ウーライ P214
新北市
坪林區
宜蘭縣
太平洋
大溪區
公館
師大夜市 P121
雲和街
泰順街
溫州街
龍安國小
新民國小
建國高架道路
古風公園
大學公園
龍泉街
古亭國小(附幼)
台電大樓駅
辛亥路一段
辛亥路二段
新生南路三段
溫州綠地公園
溫州公園
羅斯福路三段
伯大尼美國學校
國立臺灣大學
汀州路三段
三軍總醫院 汀洲分院
雪腐 公館店 P76
南華高中
公館駅
銘傳國小(附幼)
台大水源校區
思源街
自來水園區
自來水博物館
台北市中正區
汀州路三段
図はP3B3参照
200m
龍山寺
內江街
長沙公園
長沙街二段
警備隊
隆昌街
西昌街
清水巖祖師廟
西門駅へ
貴陽街二段
華冠
永富冰淇淋 P185
西園路一段
康定路
永福街
老松公園
華西公園
桂林路
珍果水果室 P92
台北市萬華區
萬華分局
華西街
老松國小(附幼)
龍山寺 P54
地藏王廟
P55 青草巷
廣州街
剝皮寮 P55
艋舺夜市 P121
三六圓仔店 P55
艋舺公園
周記肉粥店 P79
三水街
福州元祖胡椒餅 P90
昆明街
龍山寺駅
MRT板南線
和平西路三段
龍山寺算命街
P156 芷羚論命
芷羚論命
洛預軒
集義宮
大理街
星巴克咖啡 艋舺門市 P55
艋舺大道
萬大路
興寧街
周辺図はP8A2～3参照
100m

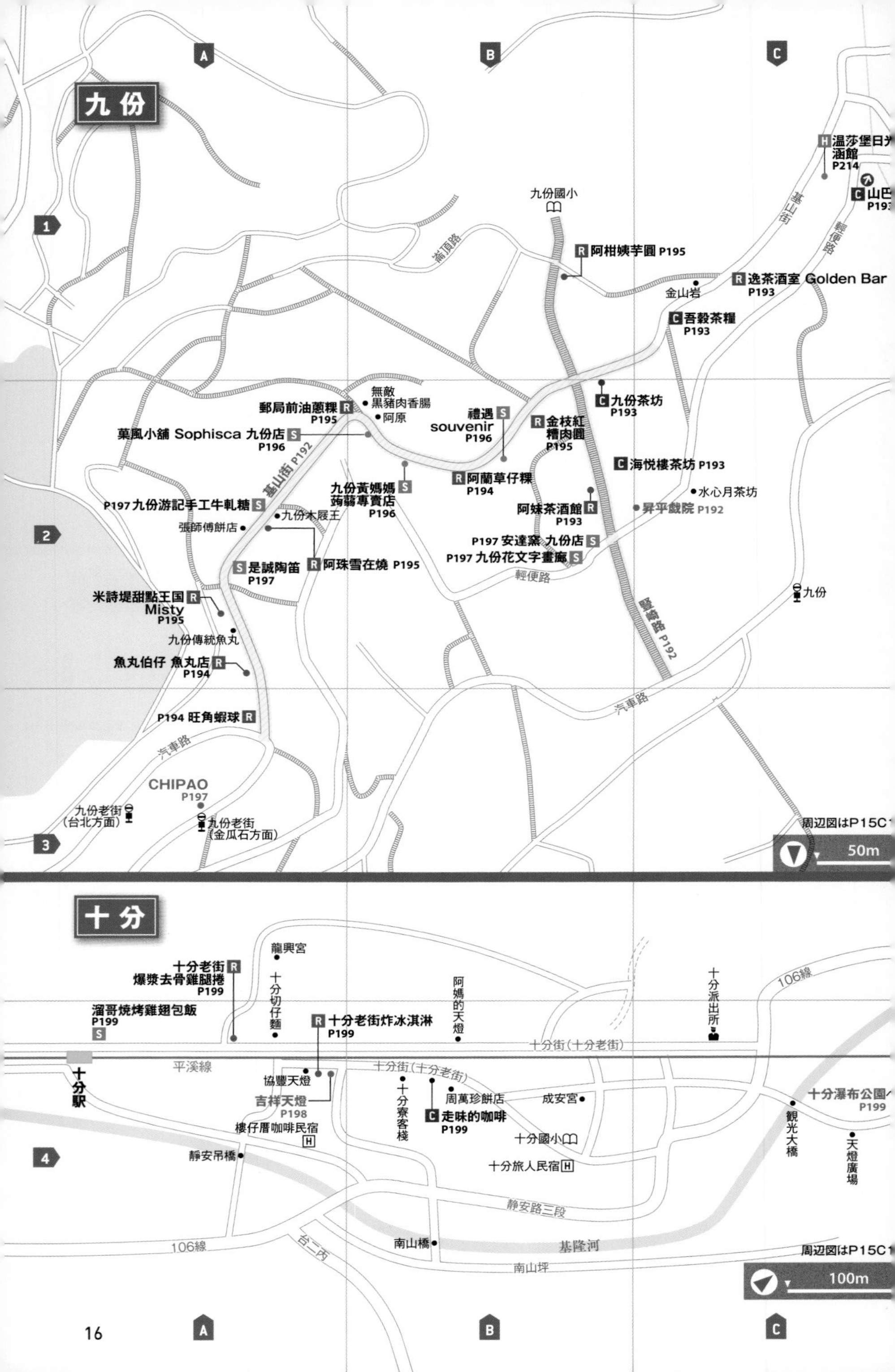
九份
阿柑姨芋圓 P195
逸茶酒室 Golden Bar P193
吾穀茶糧 P193
溫莎堡日光涵館 P214
山巴 P193
九份國小
豎崎路 P192
基山街
輕便路
金山岩
郵局前油蔥粿 P195
無敵黒豬肉香腸
阿原
菓風小舖 Sophisca 九份店 P196
禮遇 souvenir P196
金枝紅糟肉圓 P195
九份茶坊 P193
海悦樓茶坊 P193
水心月茶坊
昇平戲院 P192
基山街 P192
九份黃媽媽蒟蒻專賣店 P196
阿蘭草仔粿 P194
阿妹茶酒館 P193
P197 九份游記手工牛軋糖
九份木屐王
張師傅餅店
是誠陶笛 P197
阿珠雪在燒 P195
P197 安達窯 九份店
P197 九份花文字畫廊
米詩堤甜點王国 Misty P195
九份傳統魚丸
魚丸伯仔 魚丸店 P194
P194 旺角蝦球
汽車路
CHIPAO P197
九份老街(台北方面)
九份老街(金瓜石方面)
九份
周辺図はP15C1
50m
十分
龍興宮
十分老街爆漿去骨雞腿捲 P199
溜哥燒烤雞翅包飯 P199
十分切仔麵
十分老街炸冰淇淋 P199
阿媽的天燈
十分派出所
106線
十分街(十分老街)
平溪線
十分駅
協豐天燈
吉祥天燈 P198
十分街(十分老街)
十分寮客棧
周萬珍餅店
成安宮
走味的咖啡 P199
十分國小
十分旅人民宿
樓仔厝咖啡民宿
靜安吊橋
十分瀑布公園 P199
觀光大橋
天燈廣場
靜安路三段
基隆河
台二丙
106線
南山橋
南山坪
周辺図はP15C1
100m

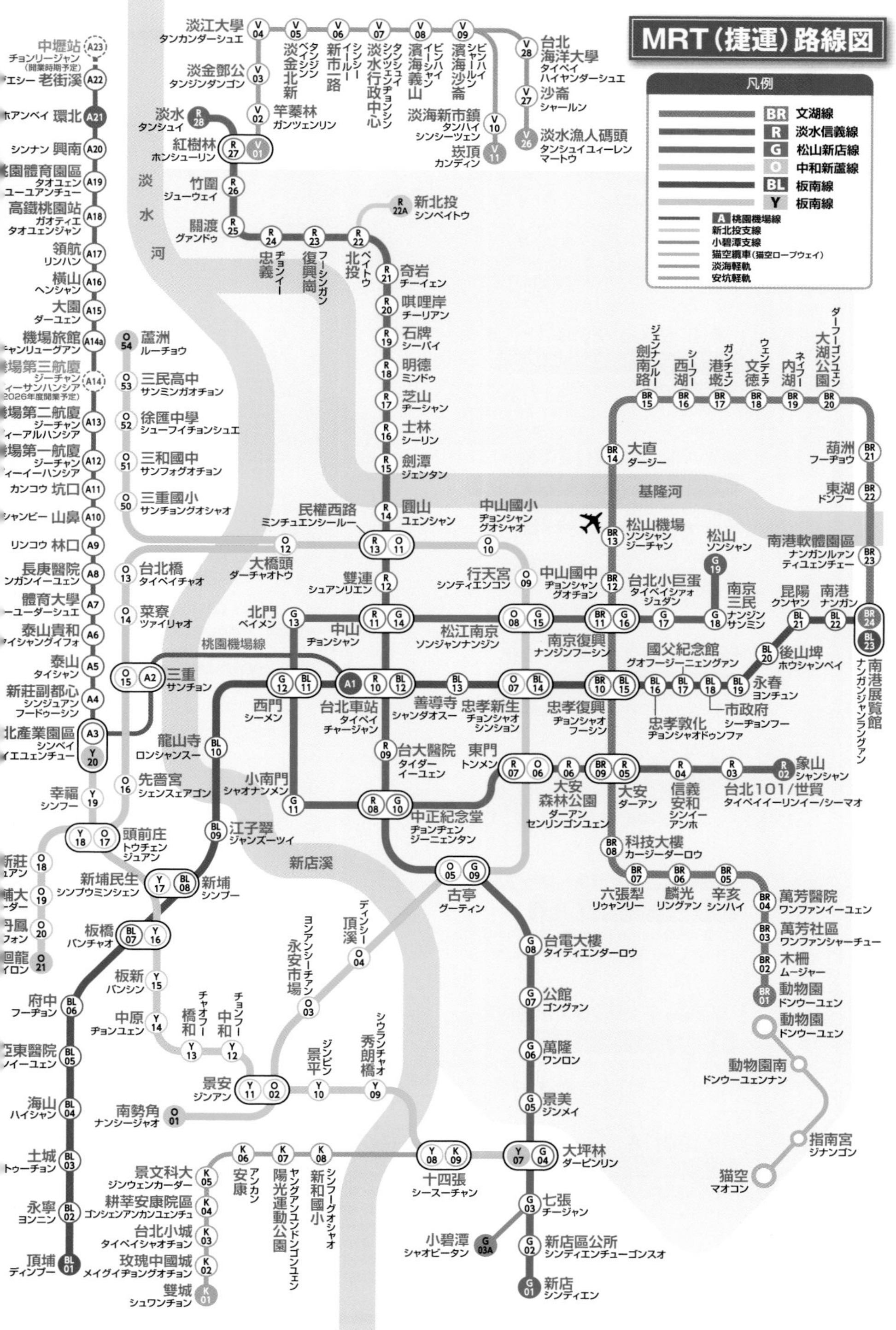
MRT（捷運）路線図
凡例
BR 文湖線
R 淡水信義線
G 松山新店線
O 中和新蘆線
BL 板南線
Y 板南線
A 桃園機場線
新北投支線
小碧潭支線
猫空纜車（猫空ロープウェイ）
淡海輕軌
安坑輕軌
淡江大學 タンカンダーシュエ
淡金鄧公 タンジンダンゴン
竿蓁林 ガンツェンリン
淡金北新 タンジンベイシン
新市一路 シンシーイールー
淡水行政中心 タンシュイシンジョンジョンシン
濱海義山 ビンハイイーシャン
濱海沙崙 ビンハイシャールン
淡海新市鎮 タンハイシンシーツェン
崁頂 カンディン
台北海洋大學 タイペイハイヤンダーシュエ
沙崙 シャールン
淡水漁人碼頭 タンシュイユィーレンマートウ
淡水 タンシュイ
紅樹林 ホンシューリン
竹圍 ジューウェイ
關渡 グァンドゥ
忠義 ヂョンイー
復興崗 フーシンガン
北投 ベイトウ
新北投 シンベイトウ
奇岩 チーイェン
唭哩岸 チーリアン
石牌 シーパイ
明德 ミンドゥ
芝山 ヂーシャン
士林 シーリン
劍潭 ジェンタン
圓山 ユェンシャン
民權西路 ミンチュエンシールー
中山國小 ヂョンシャングオシャオ
雙連 シュアンリエン
行天宮 シンティエンゴン
中山國中 ヂョンシャングオチョン
大橋頭 ダーチャオトウ
北門 ベイメン
中山 ヂョンシャン
松江南京 ソンジャンナンジン
南京復興 ナンジンフーシン
台北小巨蛋 タイペイシアオジュダン
南京三民 ナンジンサンミン
松山 ソンシャン
松山機場 ソンシャンジーチャン
大直 ダージー
劍南路 ジェンナンルー
西湖 シーフー
港墘 ガンチェン
文德 ウェンデァ
內湖 ネイフー
大湖公園 ダーフーゴンユェン
葫洲 フーヂョウ
東湖 ドンフー
南港軟體園區 ナンガンルァンティユェンチェー
昆陽 クンヤン
南港 ナンガン
南港展覽館 ナンガンジャンラングァン
後山埤 ホウシャンペイ
永春 ヨンチュン
市政府 シーヂョンフー
國父紀念館 グオフージーニェングァン
忠孝敦化 ヂョンシャオドゥンファ
忠孝復興 ヂョンシャオフーシン
忠孝新生 ヂョンシャオシンション
善導寺 シャンダオスー
台北車站 タイペイチャージャン
桃園機場線
西門 シーメン
龍山寺 ロンシャンスー
小南門 シャオナンメン
台大醫院 タイダーイーユェン
東門 トンメン
大安森林公園 ダーアンセンリンゴンユェン
大安 ダーアン
信義安和 シンイーアンホ
台北101／世貿 タイペイイーリンイー／シーマオ
象山 シャンシャン
中正紀念堂 ヂョンヂェンジーニェンタン
科技大樓 カージーダーロウ
六張犁 リゥヤンリー
麟光 リングァン
辛亥 シンハイ
萬芳醫院 ワンファンイーユェン
萬芳社區 ワンファンシャーチュー
木柵 ムージャー
動物園 ドンウーユェン
動物園南 ドンウーユェンナン
指南宮 ジナンゴン
猫空 マオコン
基隆河
淡水河
新店溪
古亭 グーティン
台電大樓 タイディエンダーロウ
公館 ゴングァン
萬隆 ワンロン
景美 ジンメイ
大坪林 ダーピンリン
七張 チージャン
新店區公所 シンディエンチューゴンスオ
新店 シンディエン
小碧潭 シャオビータン
十四張 シースーチャン
頂溪 ディンシー
永安市場 ヨンアンシーチァン
景安 ジンアン
南勢角 ナンシージャオ
景平 ジンピン
秀朗橋 シウランチャオ
中和 ヂョンフー
橋和 チャオフー
中原 ヂョンユェン
板新 バンシン
板橋 バンチャオ
新埔民生 シンプウミンシェン
新埔 シンプー
江子翠 ジャンズーツイ
頭前庄 トウチェンジュアン
幸福 シンフー
先嗇宮 シェンスェアゴン
三重 サンチョン
菜寮 ツァイリャオ
台北橋 タイペイチャオ
三重國小 サンチョングオシャオ
三和國中 サンフォグオチョン
徐匯中學 シューフイチョンシュエ
三民高中 サンミンガオチョン
蘆洲 ルーチョウ
景文科大 ジンウェンカーダー
耕莘安康院區 ゴンシェンアンカンユェンチュ
台北小城 タイペイシャオチョン
玫瑰中國城 メイグイヂョングオチョン
雙城 シュワンチョン
安康 アンカン
陽光運動公園 ヤングアンユンドンゴンユエン
新和國小 シンフーグオシャオ
府中 フーヂョン
海山 ハイシャン
土城 トゥーチョン
永寧 ヨンニン
頂埔 ディンプー
中壢站 チョンリージャン（開業時期予定）
老街溪
環北
興南 シンナン
桃園體育園區 タオユェンユーユアンチュー
高鐵桃園站 ガオティエタオユエンジャン
領航 リンハン
橫山 ヘンシャン
大園 ダーユェン
機場旅館
機場第三航廈 ジーチャン（2026年度開業予定）
機場第二航廈 ジーチャン
機場第一航廈 ジーチャン
坑口 カンコウ
山鼻 シャンビー
林口 リンコウ
長庚醫院
體育大學
泰山貴和
泰山 タイシャン
新莊副都心 シンジュアンフードゥーシン
新北產業園區 シンベイ

せかたび、

こんな本！

はじめて台北を訪れる人も、新しい発見をしたいリピーターも
「せかたび」一冊あれば、充実した旅になること間違いなし！

01 "本当に使える"モデルコース集

➡王道+テーマ別でアレンジ自在

はじめてなら王道コース(→P30)、リピーターならテーマ別コース(→P36)をチェック！

02 観光スポットは星付きで紹介

➡行くべき観光スポットがすぐわかる！

限られた時間でも、見るべきものは逃したくない！ 下の★を参考に行き先を検討。

★★★…絶対行くべき
★★…時間があれば行きたい
★…興味があれば行きたい

03 「定番」「オススメ」をマーク化

➡行くべきところがひと目でわかる

レストランやショップは、人気の定番店はもちろん、特徴のある編集部オススメ店も。

…台北を代表する有名店

オススメ！…編集部のオススメ店

04 詳細折りこみイラストマップ付

➡注目エリアを"見て"楽しむ

表紙裏の折りこみMAPに注目！ 街のメインストリートから、話題のローカルエリアまで。

05 「まとめ」インデックスが超便利

➡掲載スポットを一覧・比較

巻末には本誌掲載スポットをリスト化(→P230)。物件データや地図位置も確認。

06 電子書籍付き

➡スマホにダウンロードでも持ち歩ける

本書の電子書籍版が無料でダウンロードできる！ スマホで持ち歩けば街歩きに便利。

ダウンロードの仕方は
袋とじをチェック！

〔マークの見方〕

- 交…**交通**　駅や広場など、街歩きの基点となる場所などからのアクセス方法と所要時間の目安
- 住…**所在地**
- ☎…**電話番号**　現地の番号を市外局番から掲載
- 時…**営業・開館時間**　時期により変更の可能性あり
- 休…**定休日**
- 料…**料金**　大人1名分を表示。ホテルの場合は、1泊1室あたりの室料
  時期や季節により変動あり。
- URL…**Webサイト**　http://は省略

●本誌掲載の記事やデータは、特記のない限り2024年3月現在のものです。その後の移転、閉店、料金改定などにより、記載の内容が変更になることや、臨時休業等で利用できない場合があります。
●各種データを含めた掲載内容の正確性には万全を期しておりますが、おでかけの際には電話などで事前に確認・予約されることをおすすめいたします。また、各種料金には別途サービス税などが加算される場合があります。
●本書に掲載された内容による損害等は、弊社では補償致しかねますので、あらかじめご了承くださいますようお願いいたします。
●休みは曜日ごとに決まっている定休日のみを記載しています。年末年始、春節などの国の祝祭日は省略しています。特に台湾では、春節の時期には、飲食店、観光施設の多くが休みとなりますので、ご注意ください。

せかたび
台北
Taipei

啟程美好之旅!
チーチェンメイハオジーリュー　素敵な旅を!

Contents

台北郊外九份の賢崎路は、情緒ある茶藝館が並ぶ

TAIPEI

リラックス&体験

街歩き

少し遠くへ

ホテル

旅のきほん

世界がひろがる！ Column

Mapで図解!

行くべきエリアを

どこか懐かしい古い町並みから最先端エリアまで多様な顔を見せる台北。
新しさとノスタルジックが交錯するエリアの特徴を知っておこう!

中山・赤峰街

● チョンシャン・チーフォンジエ

台北の銀座 観光の拠点

高級ホテルや一流ブランド店が並ぶ中山北路と、ローカルな裏路地、赤峰街で構成されるエリア。ショッピング&カフェ巡りが楽しめる。

迪化街

●ディーファジエ

レトロな町並みで雑貨探し

レトロな街並みが魅力の台北最大の問屋街。19世紀末の建物をリノベーションしたショップやカフェが人気で、老舗も多く集まっている。

永康街

●ヨンカンジエ

小籠包もマンゴーかき氷もここ!

東門駅前のエリア。ローカルグルメの名店やモダンなカフェ、MIT雑貨や茶器を扱うショップが集まる。南に位置する青田街、龍泉街とあわせて、「康青龍」とも称される。

西門

●シーメン

台北の原宿 トレンド発信地

約100年前に造られたレンガ造りの西洋建築、西門紅樓を中心にアパレル店や小吃店が並ぶ。週末にはフリーマーケットも開催。

チェック!

\ZOOM UP!

★Taipei Area Map★

超大事なことだけまとめ

通貨とレート

NT$1＝約4.74円 (2024年4月現在)
台湾の通貨はニュータイワンドル(新台幣)

時差

-1時間 日本が正午なら台湾は午前11時。サマータイム制は導入していない。

物価の目安

- ▢ミネラルウォーター(500ml) NT$20～
- ▢タクシー初乗りNT$85～
- ▢ビール(500ml缶) NT$37～

日本からのフライト

3～4時間

富錦街

●フージンジエ

緑の並木道におしゃれショップ

台北松山空港の南側の街。戦後、米軍の居住地区として整備されたエリアにおしゃれなショップやカフェが並び、人気の街となった。

東區

●ドンチュー

新しい商業施設や注目グルメをチェック!

地元の若者に人気のエリア。縦横に走る路地にセンスのよいアパレルショップやカフェ、バーが並び、友人連れやカップルで賑わう。

台北101周辺

●タイペイイーリンイー

デパートや大型商業施設多し

碁盤目状に大通りが走る新市街。台北101を中心にデパートや高級ホテルが集中するほか、歴史・文化が息づく四四南村もこのエリアにある。

ひと目で確認！

一日まるごと遊び尽くす！

台北のみどころ＆体験

エネルギッシュな夜市でお祭り気分を味わい、台湾の歴史や文化を感じる……。ワクワクドキドキの観光スポットを巡って、台北の魅力にはまっちゃおう!

夜市

毎日お祭り状態の夜市は屋台料理やゲームがいっぱい。何度訪れても心躍る♥

屋台から漂ってくるいい匂い♪

阿姨盐水雞

ココで!

士林夜市→P46

台北101

台湾のランドマークは縁起のいいビル。見て、上って……運気を上げよう！

ココで!

台北101→P56

國立故宮博物院

世界四大美術館･博物館のひとつ。おみやげもユニークでレストランも楽しめる！

大迫力の芸術空間

ココで!

國立故宮博物院→P50

龍山寺

台北イチのパワースポット！ 恋にお金に健康に、たくさんの願いを叶えよう。

ココで!

龍山寺→P54

台北霞海城隍廟

恋する乙女必見。縁結びの神様、月下老人にお祈りして恋愛成就を願おう。

ココで!

台北霞海城隍廟→P59

迪化街

台湾らしさてんこ盛りのレトロタウン。お散歩して新たな魅力を発見しよう。

ココで!

迪化街→P58

松山文創園區

元タバコ工場をリノベーション。緑豊かな都会のオアシス的スポット。

ココで!

松山文創園區→P60

華山1914文創園區

街の中心部にあり、ローカルと観光客でいつも賑わう。注目のショップも多数。

ココで!

華山1914文創園區→P62

衛兵交代式

一糸乱れぬ動きに思わず見入っちゃう！ あ、イケメン発見！

ココで!

中正紀念堂→P64

台湾式居酒屋

ワイワイガヤガヤ盛り上がりたいなら熱炒へ。仲間と一緒にカンパーイ！

ココで!

熱炒→P118

台湾シャンプー

最近はヘアアレンジが進化中！ セルフィーする手が止まらなくなるはず。

ココで!

台湾シャンプー→P146

1 國立故宮博物院

2 台北101

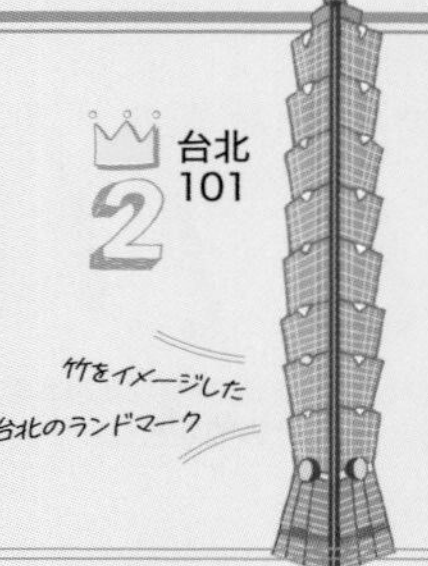

3 龍山寺

足つぼマッサージ

イタ気持ちいい！ 世界一ともいわれるクォリティーだから、毎日だって癒されたい。

足つぼマッサージ→P148

変身写真

自分でない自分に目覚める!? 奇跡の一枚を撮るならリーズナブルな台湾で！

変身写真館→P154

文鳥占い

台湾の占いは怖いほどよく当たると評判。悩んでいる人は試してみる価値アリ！

文鳥占い→P156

台湾野球観戦

チアを中心に盛り上がる台湾式の応援スタイルに、はまる人続出！

台湾野球→P122

茶藝館

日常から切り離されたような独特な雰囲気の中で台湾茶を味わう幸せ。

茶藝館→P102

太極拳

台湾らしい朝活といえばやっぱり太極拳！飛び入り参加も大歓迎～♪

二二八和平公園→P66

九份

石段とそれを照らす赤い提灯の光……。映画の中から飛び出してきたみたい！

九份→P192

十分

願いを書き込んで火をつけてから空へ放とう！ 幻想的な時間にうっとり。

十分→P198

猴硐

猫に会える町。猫のオブジェや、猫カフェでの写真をSNSにアップ！

猴硐→P200

猫空

ロープウェイで上がれば、そこは森の中に茶藝館が点在する別世界。

猫空→P202

新北投

日本にも負けないほどの温泉天国でゆったりしよう！ 日頃の疲れよ、さようなら。

新北投→P204

淡水

MRTで行ける海辺の街。夕日の時間帯に訪れたい地元のデートスポット。

淡水→P206

ひと目で確認！

ローカルごはんから最新グルメまで

台北のおいしいもの

グルメ大国台湾。あれこれ食べたいけれど時間も胃袋も限りがある。
本当に食べたいものを逃さぬように、代表的な台北グルメをチェックしておこう。

小籠包
薄皮から飛び出すうまみたっぷりの肉汁。食べ歩いて自分好みの店を探そう。

ココで！
鼎泰豐 新生店→P70

マンゴーかき氷
台湾マンゴーのおいしさに大感動間違いなし！ かき氷にしたらうまさ倍増♥

ココで！
思慕昔→P74

魯肉飯
煮込んだ豚肉を白飯にオン！ Simple is bestな料理が台湾人のソウルフード。

豚肉がとろとろ～♪

ココで！
金仙魚丸店→P82

牛肉麺
牛肉のうまみがたっぷり詰まったスープと麺が絡みあう、台湾国民食は必食！

やわらか牛肉×もっちり麺

ココで！
林東芳牛肉麵→P84

火鍋
激辛鍋にひとり鍋、酸菜白肉……バリエーション豊富な火鍋は夏でも大人気！

ココで！
好食多涮涮屋→P101

客家料理
移住生活で得た知恵が詰まった料理は濃い味付けでご飯がすすむ。

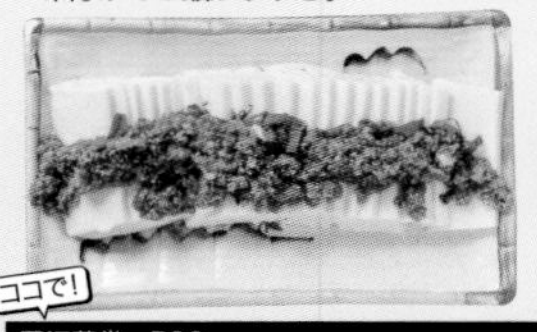

ココで！
晋江茶堂→P96

南国フルーツ
心ときめくトロピカルフルーツを食べて、美と健康を手に入れよう。

ココで！
珍果水果室→P92

ローカル食堂
地元民が普段使いしている店はコスパ抜群！ 雰囲気、味ともに大満足♪

ココで！
梁記嘉義雞肉飯→P89

ベジフード
ベジタリアンフード先進地台湾で、バラエティ豊かな料理を楽しもう！

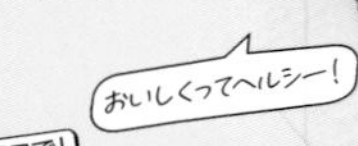

おいしくってヘルシー！

ココで！
果然匯→P86

ドウファ
本場台湾で豆腐プリンを食べれば、そのおいしさに開眼すること間違いなし！

ココで！
春美冰菓室→P94

進化系かき氷
おいしいだけじゃ物足りない！ かわいくて絵になるかき氷が台湾らしい♥

キュート＆ラブリー♡

ココで！
八時神仙草→P76

映え系リノベカフェ
どこを切り取っても映えるカフェが人気。台湾人のセンスのよさに脱帽しちゃう。

ココで！
SHELTER 別所→P104

迷ったらコレBest 3

1 小籠包

薄い皮を破ると
スープがあふれ出す

2 マンゴーかき氷

台北スイーツの
王様的存在！

3 魯肉飯

ご飯にオン！

タピオカミルクティー

本場台湾のタピオカミルクティーはいわずもがな。タピオカスイーツも見逃すな！

魅惑のもちもち食感

ココで！ 春水堂→P108

おしゃれドリンク

飲むのがもったいないくらいキュートなドリンクは旅の記念に。

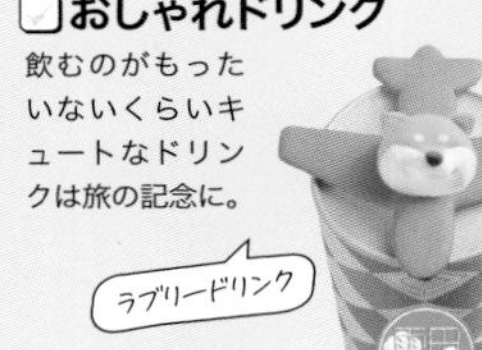

ラブリードリンク

ココで！ 雨田先生 手沖飲品吧→P107

クラフトビール

台湾でもブームのクラフトビールは実力派揃い。自分好みのビールを見つけて。

ココで！ 掌門精釀啤酒→P114

北京ダック

目の前で繰り出されるカッティングパフォーマンス。目で、口で満喫しよう。

ココで！ XIANG DUCK 享鴨→P172

中国系朝ごはん

豆乳、おこわ、おにぎりに冷麺……。朝からガッツリ食べるのが台湾流。

ココで！ 阜杭豆漿→P78

割包

蒸しパンに肉や香草などの具をはさんだ小吃。ふわふわの生地がたまらない！

ココで！ 石家割包→P90

世界チャンピオンパン

ここ数年めきめきと評価をあげている台湾のパン屋さん。その実力をお試しあれ。

ココで！ 呉寶春麥方店→P81

レトロサンドイッチ

昔ながらのシンプルなサンドイッチは台湾人定番の朝ごはん！

ココで！ 双福食品→P80

スパイシーで
ビールによく合う！

胡椒餅

胡椒がピリリと利いた餡、特製窯で焼き上げるパリッとした皮が絶妙にマッチ！

ココで！ 福州元祖胡椒餅→P90

蔥抓餅

空気を含ませて焼く、ふわふわ食感がやみつきに。小腹が空いたら食べてみよう。

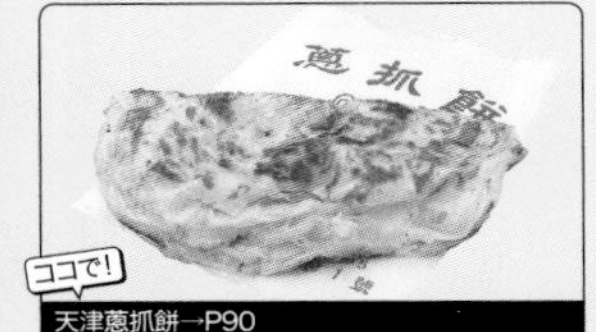

ココで！ 天津蔥抓餅→P90

蚵仔煎

屋台料理の代表格。弾力のある食感、ぷりぷりのカキに舌鼓！

ココで！ 圓環邊蚵仔煎→P121

台湾料理

現地でぜひ食べておきたいローカル料理をチェック！

ココで！ 金蓬萊遵古台菜餐廳→P98

ひと目で確認！

オーガニックコスメからグルメまで！

台北のおかいもの

乾物、調味料、おやつにタピオカ……。上質な自然派商品もお得にゲット！
プチプラだけじゃない、台湾のクールなデザイングッズも持ち帰ろう。

MIT雑貨

MIT(Made In Taiwan)商品で台湾のデザイン力に開眼すること間違いなし！

ココで！
10平方文具概念館→P128

唐辛子&花椒

ピリリと辛い唐辛子、しびれる花椒。辛党なら手に入れたい調味料が揃う。

高級ラー油は風味が違う！
大紅袍
辣油

ココで！
杜甲A-Ma→P164

ドライフルーツ

カラフルで目にもおいしいドライフルーツ。南国フルーツを手軽に日本でも。

ココで！
元信蔘藥行→P58

パイナップルケーキ

おみやげの人気&定番ナンバー1。種類豊富でどれを選ぼうか迷っちゃう。

ココで！
微熱山丘→P134

チャイナシューズ

繊細な刺繍が魅力のチャイナシューズ。豊富にある種類の中からお気に入りを。

ココで！
富錦樹355選物店 FUJIN TREE 355→P188

活字

繁体字の活字を鋳造販売するお店が台北に。文字の温もりに癒される。

ココで！
日星鑄字行→P129

台湾茶

芳醇な味わいに心もリラックスできる台湾茶。自分好みのお茶を探そう！

ココで！
王德傳茶莊→P133

ハチミツコスメ

食べるだけじゃもったいない!? ハチミツを使った各種商品は使い心地最高。

ココで！
泉發蜂蜜CHYUAN FA HONEY民生二店→P130

自然派コスメ

その実力を知ったら、お気に入りになること間違いなし。

ココで！
O'right歐萊德台北永康信義體驗店→P131

台湾伝統菓子

素朴でお茶に合うのが特徴。食べるとほっとひと息つけますよ。

ココで！
加福奇士蛋糕專門店→P137

1 パイナップルケーキ

2 MIT雑貨

3 台湾茶

台湾産チョコレート

台湾南部の屏東でとれたカカオから作られるチョコレートは激ウマ！

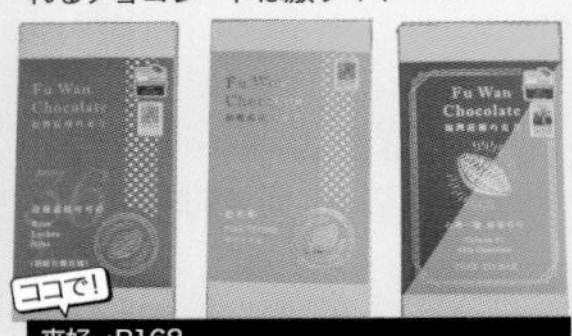

ココで！ 來好→P168

台湾アパレル

おしゃれ女子が絶対チェックしたいのは日本未上陸の台湾デザインの服。

ココで！ Le GUSTA→P171

スーパーのグルメみやげ

地元の人が普段使いしているスーパーで中国系調味料やおやつをゲット！

ココで！ スーパーマーケット→P138

アクセサリー

プチプラアクセから精巧なものまで……。センスがキラリと光ります。

ココで！ vancanza accessory→P171

ヌガー

知る人ぞ知る、はまると抜けられないお菓子。台湾みやげの新定番となるか。

ココで！ 糖村Sugar & Spice→P137

美容シートパック

ドラッグストアみやげの決定版。効き目抜群だから、まとめ買いするが吉！

ココで！ Cosmed 康是美→P141

帆布バッグ

丈夫な帆布で作られたバッグはシンプルなデザインで、日常使いにもぴったり。

ココで！ 蘑菇 然後Furthermore by MOGU→P159

台湾の原住民グッズ

台湾の原住民文化が息づく、独特の色使いとデザインのアイテムはファンも多数。

ココで！ 你好我好→P129

誠品生活

日本にも進出している話題の大型複合セレクトショップを、本場の台北で体験！

ココで！ 誠品生活→P126

ビール

缶ビールに瓶ビール。限定販売品も多いから、いつ来てもビールはチェック！

ココで！ コンビニ→P140

きのこチップス

シイタケやエリンギのスナックは塩加減が抜群で、止まらぬうまさ！

ココで！ 神農生活×食習→P89

黒松沙士

"台湾コーラ"は湿布の味!? 3回くらい飲むとそのおいしさに目覚めるかも。

ココで！ コンビニ→P140

Perfect モデルコース

2泊3日

Day 1

中山・康青龍～士林夜市で 本場で食べたい超定番グルメ

美食天国台湾！ 初日は迷わず有名なスポットで人気のグルメを食べ尽くそう。世界に誇る小籠包に、ジューシーなマンゴーてんこ盛りのかき氷。本場でしか食べられない手の込んだ台湾料理も一度は食べたい。日が落ちたら屋台が並ぶ士林夜市でB級グルメを食べ歩こう。

台湾かき氷の代名詞、思慕昔には絶対行きたい！

進化系かき氷も多彩です →P76

士林夜市では射的なども楽しめる →P46

活気ある屋台の様子が食欲を刺激！ →P48

漢方スープなど体にいい店もあります →P49

士林夜市にはフルーツを販売するお店も！

山海樓では台湾の絶品宴会料理を！→P99

12:00 ニーハオ！ 桃園国際空港

朝発ならお昼ごろには到着。
出発日も目いっぱい楽しもう。

桃園空港MRT約40分+MRT5〜10分 →P221

14:00 必食の小籠包で遅めランチ

台湾初の食事は定番グルメの小籠包をチョイスしよう。→P70

Choice!
- ●康青龍：鼎泰豐新生店 →P70
  有名ガイド高評価のグルメを堪能
- ●松山：京鼎小館 →P72
  烏龍茶小籠包で台湾らしさを感じて
- ●東區：點水樓 →P73
  SNS映えのカラフル小籠包にトライ

徒歩約5分orMRT5〜10分

15:30 おやつはマンゴーかき氷で決まり

台湾の南国フルーツをかき氷とともに思う存分楽しもう。→P74

Choice!
- ●康青龍：思慕昔 →P74
  マンゴーかき氷の代表格
- ●中山：冰讚 →P75
  マンゴーの季節だけ営業の店
- ●龍山寺：龍都冰菓專業家 →P74
  著名人にも愛される行列必至の人気店

あふれる肉汁に
幸せ気分100%!!!
→P70

MRT7〜16分orタクシー約35分

17:30 台湾料理を満喫

庶民派グルメもいいけれど、本格的な台湾料理もお見逃しなく。→P98

Choice!
- ●天母：金蓬萊遵古台菜餐廳
  有名ガイド1つ星店 →P98
- ●中山：欣葉
  元祖台湾料理の名店 →P99
- ●華山：山海樓
  正統派台湾料理 →P99

釣って、食べて、
エビ釣りって
超楽しい♪

MRT4〜15分orタクシー約25分

毎日お祭り気分を
味わえる士林夜市
→P46

20:00 士林夜市で食べ歩き

台北一の規模を誇る夜市へ繰り出そう。
多くの屋台が並び、B級グルメの宝庫。
買物やゲームも楽しめる。
台北の夜はまだまだ終わらない！→P46

★ 台北のテッパンを全制覇！★ Perfect

2泊3日

モデルコース Day 2

龍山寺 ~ 迪化街 ~ 台北101/信義 ~ 九份 で 台北のレトロ&モダンを体感！

台湾の魅力のひとつは新旧がうまく融合していること。昔ながらの街並みを歩いてノスタルジックな気分に浸ったら、超高層ビルの台北101から街を見下ろそう。夜はお待ちかね九份へ。おとぎ話のような風景の中をそぞろ歩ける。レトロとモダンが交錯する今の台湾がここに。

バロック様式などの古い建物が残る迪化街

龍山寺では荘厳な雰囲気に悠久の時を感じて

迪化街には老舗の問屋が多く風情がある→P162

並んででも食べたい阜杭豆漿の鹹豆漿→P78

パワースポットの龍山寺でお参りしよう→P54

四四南村からは台北101が見え、レトロ×モダンが融合 →P176

赤提灯と階段街がレトロな雰囲気たっぷり！

台湾シャンプーで映え写真もばっちり →P146

8:00 台湾流朝ごはんでパワー注入

外食文化が発達している台湾は、街中に朝ごはん屋さんが。台湾ならではの味に挑戦してみよう。 →P78

↓ MRT5〜15分

9:00 龍山寺参りで運気アップ

信仰厚い台湾ローカルに交じって参拝を。幸運をゲットしよう。 →P54

↓ MRT5〜20分

10:00 レトロタウン迪化街を散策

茶葉店や乾物店が並ぶ問屋街は、昔ながらの雰囲気が素敵。食事と買物を楽しもう。 →P58／162

↓ MRT17〜21分

13:00 台湾一の高層ビル台北101へ

展望台から台北の街を見下ろそう。ビル内のモールや周辺のデパートで買物も。 →P56

↓ MRT16〜18分

15:00 台湾シャンプーor足つぼマッサージでスッキリ

気持ちいいだけでなくSNS映えも狙えちゃう台湾シャンプーか定番の足裏マッサージで気軽なリフレッシュ。 →P146／148

Choice!
- ●中山：PRO CUTTI →P147
  しっかりとした泡でおもしろ髪型に変身！
- ●中山：青絲舫美容院 →P147
  こぢんまりとしたアットホームな美容院
- ●中山：三葉足体養身館 →P149
  気配り上手なオーナーがおもてなし

↑ MRT＋バス70〜100分

17:30 ノスタルジックな九份へ

夕暮れ時になると提灯の明かりが幻想的。老街で買物や食事、茶藝館で台湾茶を満喫しよう。 →P192

↓ バス＋MRT70〜100分

21:00 夜景の美しいダイニングバーへ

グラスを傾けながらナイトビューに魅せられて。 →P112

Choice!
- ●陽明山：The Top 屋頂上 →P112
  オープンエアの南国風空間
- ●台北101/信義：紫艷酒吧 YEN Bar →P113
  W Taipeiのスタイリッシュバー

2泊3日

Day 3

雙連～中正紀念堂～康青龍で 癒しの台北で最後の思い出

旅の終盤は癒しを求めて台北の街なか散策へ。カラフルで賑やかな朝市で元気をもらったら、壮大な中正紀念堂へ。衛兵交代式の時間に合わせて訪れよう。台湾らしいおみやげをチェックしたら、最後のランチを茶藝館でゆったりと楽しみたい。空港には余裕をもって到着しよう。

かわいいグッズがたくさん →P169

プチプラのシノワズリアイテムも見逃せない！ →P169

Bao giftで見つけたレトロな巾着にキュン！

日常に持ち込みたいかわいさ →P168

キュートなアクセサリーをおみやげに →P169

ゆっくり
お茶とお菓子を
どうぞ

08:00 **雙連朝市をぶらぶら**

活気あふれる伝統市場を散策すれば、
ローカルの笑顔に出合うはず。→P66

↓ MRT16〜18分

9:00 **中正紀念堂の衛兵交代式を見学**

蔣介石像を守る兵隊さんたちの交代式を見学。
イケメンたちの華麗な手さばきにうっとり。→P64

↓ 徒歩約10分

10:30 **康青龍でMIT雑貨ゲット**

路地裏の店でかわいいMIT雑貨を探してみよう。
休憩はお洒落なカフェで。→P168

Choice!

●康青龍：Bao gift
手頃な価格のチャイナ風雑貨がよりどりみどり →P169

●康青龍：雲彩軒 永康店
プチギフトにも最適な小物系が大充実 →P169

↓ 徒歩5〜15分

日本統治時代の建物を利用した紫藤廬 →P103

13:00 **茶藝館でのんびりランチ**

食事も楽しめる茶藝館でまったりランチ。→P102

Choice!

●康青龍：紫藤廬 →P103
戸建て庭付きで雰囲気よし

●東門駅：小隠茶庵 東門店 →P102
若者たちの人気を集める茶藝館

↓ MRT＋徒歩約60分

15:00 **台北松山空港へ**

ホテルで荷物をピックアップしたら空港へ。
台北松山空港からは羽田空港（東京国際空港）への空港便が出ている。→P221

スケールの
大きさに
びっくり!!!

多くの人で朝から賑わう雙連朝市 →P66

テーマ別 …… Short Short

モデルコース

テーマ別の旅なら
もっと台北を知れるはず。
半日ほどで回れるモデルコースだから、
気になるコースを組み合わせて
いろいろ巡ってみるのもおすすめ。

←八角形の西門紅樓はかつて八角堂とよばれていた

↓個性的なアートがいっぱい！

リノベスポットを巡るコース

台北には日本統治時代の建物が今なお残され、リノベーションして大切に使い続けられている。歴史に思いを馳せながら、レトロなスポットを巡ってみよう。

TIME 6時間

11:00 MRT西門駅

Start

▼ 徒歩約1分

11:05 ❶ 西門紅樓

築100年を超える古跡。MITグッズの店が並ぶ16工房もある。➡P182

▼ MRT+徒歩約25分

12:30 ❷ 青田七六

元台北帝大（現台湾大学）教員宿舎の日本家屋がリノベされた居心地よいカフェに。➡P105

▼ MRT+徒歩約20分

14:30 ❸ 華山1914文創園區

日本統治時代の酒造工場跡地。
おしゃれなカフェやショップが。➡P62

▼ MRT+徒歩約30分

16：00 ❹ 四四南村

中国大陸からやってきた軍人さんたちの住居跡。
園内にはかつての暮らしが分かる展示や
カフェ＆雑貨店、好丘がある。➡P176

Goal

←四四南村内にある好丘はMIT雑貨の山。みやげ探しに超使える

↑選りすぐりの最新&定番MITグッズが並ぶ

↓芝のある広場で風に吹かれてのんびりするのもよい

フォトジェニックがいっぱいコース

思わず写真を撮りたくなっちゃう、グルメやスポットがいっぱいの台北。SNSでシェアしたら、いいね！がいっぱいもらえちゃうかも！

TIME 5時間

10:30 MRT西門駅

Start

▼ 徒歩約10分

10:40 ❶ 西門グラフィティアート

ウォールアートやシャッターアートが点在。
巨大なストリートアートをカメラでパシャリ★ ➡P182

▼ MRT+徒歩約25分

11:30 ❷ 點水樓

蓋を開けたらカラフルな小籠包とご対面。
急いで写真に収めたらアツアツのうちに召し上がれ。➡P73

▼ 徒歩約20分

13:30 ❸ 雨田先生 手沖飲品吧

キュートすぎるドリンクがラインナップされたジューススタンド。
犬＆猫好きなら要チェック。➡P107

▼ 徒歩約11分

14:00 ❹ Right Ice Cream 來特冰淇淋

色鮮やかな伝統スイーツをパクリ。
優しい味わいにもメロメロ〜♪ ➡P95

↓わんこがドリンクのお風呂に入ってみたい！

▼ 徒歩約３分

15:00 ❺ 松菸風格店家

最新MIT雑貨がずらりと並ぶ店内はどこを切り取ってもかわいい。➡P60

Goal

↑點水樓の小籠包は色鮮やかで、味わいもいろいろ

➡松菸風格店家には最先端のショップが多数！

↑欣葉の料理には伝統の中に洗練された味がある

↓中正紀念堂のスケールが大きすぎて驚き！

歴史&伝統にふれるコース

悠久の歴史と受け継がれてきた伝統の重みを感じよう。龍山寺の建築美は一見の価値あり。台湾を代表する観光スポットを回り、伝統の味を堪能しよう。

TIME 5時間

9:30 MRT龍山寺駅

Start

▼ 徒歩約3分

9:35 ❶龍山寺

台北最古とされる寺廟で長い歴史を感じよう。参拝すれば運気アップも間違いなし。(➜ P54)

▼ MRT約12分

10:30 ❷中正紀念堂

11時からの衛兵交代式を見学しよう。敷地内の公園や展示、ショップのチェックもお忘れなく。(➜ P64)

▼ MRT+徒歩約25分

12:00 ❸欣葉

老舗台湾料理店で昔と変わらぬ味を堪能しよう。(➜ P99)

▼ MRT約15分

14:00 ❹迪化街

Goal

レトロな建物が続くオールドストリートを散策。茶葉やカラスミ、ドライフルーツをゲットして。(➜ P58・162)

↑縦長の看板が続く街並みが台湾らしい

↓欣葉の名物、紅蟳米糕(カニおこわ)をぜひ！

↓昼夜多くの参拝客が訪れる龍山寺

棚から生薬を取り出して調合にいそしむ生元薬行のスタッフ

目指せ東方美人コース

東洋医学の考えが根付く台湾できれいを手に入れよう。台湾の非肉食料理"素食"のランチをいただき、漢方薬やコスメをゲット。シメはお茶香るエステで気分は天国。

TIME 6時間

12:00 MRT南京復興駅

Start

▼ 徒歩すぐ

12:00 ❶不葷主義茶餐廳

台中発の素食料理の専門店。味や素材にこだわるのはもちろん、料理の見た目や内観もおしゃれ。(➜ P86)

↓お手頃価格のフェイスマスクは爆買しておきたい

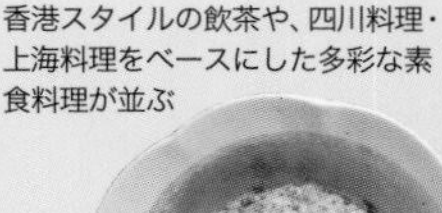

▼ MRT+徒歩約25分

13:30 ❷Cosmed 康是美

話題スポットが目白押しの永康街を散策しがてら、ドラッグストアでお手頃価格のコスメを購入。(➜P141)

▼ MRT+徒歩約30分

15:00 ❸生元薬行

漢方薬の診察が受けられる漢方薬局へ。その場で漢方薬が手に入る。(➜P131)

↓漢方パックは生元薬行の人気商品

▼ 徒歩約20分

16:30 ❹沐蘭SPA

Goal

リージェントホテル台北の最上階にあるSPAへ。東方美人茶香る台湾らしいエステを体験しよう。(➜P151)

↑沐蘭SPAではぜいたくすぎる空間が広がる

香港スタイルの飲茶や、四川料理・上海料理をベースにした多彩な素食料理が並ぶ

↑➜不葷主義茶餐廳洗練された店内で食事を楽しもう

テーマ別 Short Short

モデルコース

➡ミニどんぶりの魯肉飯は安うま♪

⬅魚のつみれや肉団子入りスープも味わい深い

➡赤レンガ×緑のヤシの木が南国チック

⬅近年くっきりと姿を現した北門を見学

ローカルグルメ食べ歩きコース

美食大国台湾は胃袋がいくつあっても足りない！ テッパンのおいしさ魯肉飯、B級グルメの蔥抓餅、おやつは伝統スイーツの豆花。台湾ソウルフードの牛肉麵も必食。

TIME 3時間

13:30 MRT北門駅

Start

▼ 徒歩8分

13:40 ❶金仙魚丸店

遅めのランチをさくっと食べよう。蝦捲飯が有名だけど魯肉飯も美味！（➡P82）

▼ MRT+徒歩約20分

14:30 ❷天津蔥抓餅

行列のできるB級グルメ、蔥抓餅は並んででも食べたい味。（➡P90）

▼ MRT+徒歩約20分

15:00 ❸東區粉圓

おやつは伝統スイーツの豆花で決まり。豊富な種類のトッピングから好みで選ぼう。（➡P94）

▼ MRT+徒歩約25分

16:00 ❹采宏牛肉麵

Goal

早めの夕食は牛肉麵で。小サイズもあるからお腹の空き具合でオーダーを。（➡P84）

⬅牛肉たっぷり、麺ももちもちでおいしい～！

⬇東區粉圓のスイーツでほっこり♪

⬇行列必至の人気店は並んででも食べたい

日本統治時代の建築散歩コース

博愛特区とよばれる台北駅南側は、今も昔も政治の中枢エリア。日本統治時代に建てられた建物も多く、レトロな雰囲気。当時の面影を辿ってみよう。

TIME 3時間

9:00 MRT北門駅

Start

▼ 徒歩約3分

9:05 ❶承恩門（北門）

清の時代に建造された台北城の正門。中華建築らしいたたずまいを見せている。（➡P179）

▼ 徒歩約3分

9:15 ❷臺北北門郵局

エジプト・ギリシャ風の大きな支柱が特徴的。今も郵便局として機能している。手紙を送ってみる？（➡P179）

▼ 徒歩約11分

9:45 ❸臺灣銀行 總行（現中央銀行）

重厚な造りの銀行。日本のTVドラマにも登場したこともある。（➡P178）

▼ 徒歩約7分

10:00 ❹中山堂

多様な文化イベントが開かれるホール。館内にはレストランや茶藝館も。（➡P179）

▼ 徒歩約8分

10:30 ❺總統府

日本統治時代は台湾総督府。現在は台湾の政治の中枢として機能。（➡P178）

⬆休憩もできるレトロな中山堂

▼ 徒歩約5分

10:40 ❻國立臺灣博物館

1908年建造の、台湾で最も歴史のある博物館。常設展のほか、各種展示が行なわれている。（➡P178）

▼ 徒歩約3分

11:50 ❼臺大醫院 西址

ルネッサンス様式の建物は建築家近藤十郎が設計した。今でも病院として使われている。（➡P178）

Goal

⬇國立臺灣博物館は子どもも大人も楽しめるスポット

⬇臺大醫院は歴史的風情が漂う

↑来好なら素敵なグッズが見つかる

↑かわいい小物はみやげにぴったり♪

MIT雑貨屋さん巡りコース

おみやげにぴったりなのが、台湾のアーティストたちが作る個性的なMITグッズ。どれも手仕事の温かみを感じるものばかり。お気に入りをみつけよう。

TIME 5時間

←レトロな絵柄がキュートな布調のバッグ

Start

11:00 MRT東門駅

▼ 徒歩約7分

11:10 ❶ 布調

布袋戯（人形劇）用の人形を作る工房。
伝統の花布をアレンジした布小物も多数。(➡P129)

▼ 徒歩約5分

11:30 ❷ 來好

オーナーの鋭敏なアンテナで集められたさまざまなMITグッズが揃う雑貨店。(➡P168)

▼ MRT+徒歩約20分

12:15 ❸ 未来市

華山1914文創園區内にあるセレクトショップ。
MITグッズ多数。軽食もいただける。(➡P62)

▼ MRT+徒歩約35分

13:30 ❹ 印花作夥-印花樂大稻埕店

オリジナルテキスタイルの小物が並ぶ。
本店周辺には支店が2つある。併せて訪れよう。(➡P129)

▼ タクシー約20分

15:00 ❺ 富錦樹355選物店 FUJIN TREE 355/富錦樹咖啡店 FUJIN TREE CAFÉ

センスのよい商品が揃うセレクトショップ。
隣の系列カフェでお茶も楽しみたい。(➡P188・189)

Goal

↓台湾らしい柄のシューズは買い

↑趣きのある花器を旅の記念に

↓散策のシメはフォトジェニックなケーキでお腹いっぱいに

↑タピオカ×パンケーキの夢のコラボ☆

➡黒糖ベースのタピオカ入りドリンクは絶品♪

スイーツ食べまくりコース

台湾フルーツも、定番のタピオカも、マンゴーかき氷だってみ〜んな食べたい。だから今日はスイーツ尽くしの半日コース。ダイエットは旅を終えてから。

TIME 5時間

Start

11:00 MRT忠孝敦化駅

▼ 徒歩約8分

11:10 ❶ 陳記百果園

季節のフルーツがたっぷりのオートミール×ヨーグルトでブランチ。(➡P92)

▼ 徒歩15分

12:00 ❷ 騷豆花

伝統スイーツと豆花がドッキング。かわいい見た目も◎ (➡P93)

▼ MRT＋徒歩約25分

13:00 ❸ 思慕昔

有名店のマンゴーかき氷は必食。(➡P74)

▼ MRT＋徒歩約25分

14:00 ❹ 敘XHALE

おしゃれな赤峰街にあるカフェで、
タピオカパンケーキを味わおう。(➡P161)

▼ MRT＋徒歩約16分

15:00 ❺ 幸福堂

毎日店頭で手作りする黒糖タピオカは
モチモチの食感！(➡P108)

Goal

↑新鮮なマンゴーをたっぷり味わって！

↑台湾の定番スイーツ騒豆花

←↑陳記百果園には新鮮な南国フルーツがいっぱい

パッキング上手で
楽しい旅を♪

★荷物のすべて★

スーツケースサイズ

空港から台北市内への移動に公共交通機関を使う場合は、段差などを考慮して小さめサイズを。航空会社ごとの個数・重量制限など詳細はP216参照。

せっかくの台北旅行。
存分に楽しむためのパッキング術をご紹介！
屋外と室内で温度差があったり、
道がガタガタだったりするので
事前の準備で快適に乗り切ろう。

行きのパッキング

おみやげが増えることを想定して、荷物は必要最低限に抑えよう。大抵のものはセブンイレブンやファミリーマートなどで現地調達できる。

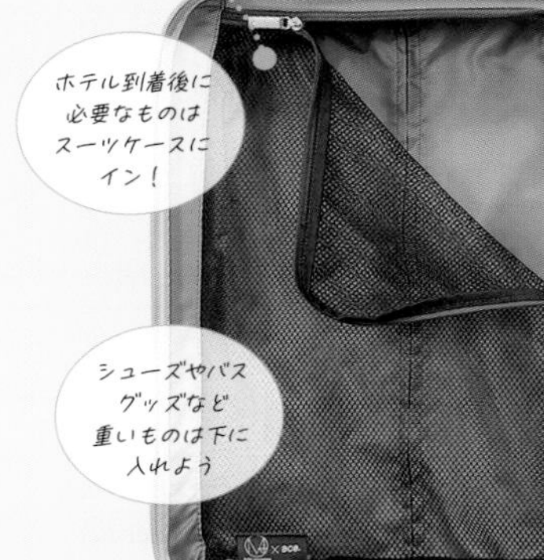

ホテル到着後に
必要なものは
スーツケースに
イン！
シューズやバス
グッズなど
重いものは下に
入れよう

★衣類

春 3～5月
快適な気候で晴れた日の日中は半袖でもOK。朝晩の温度差があるので薄手の羽織物を用意しよう。

夏 6～8月
かなりの暑さなので帽子はマスト。スコールや台風に備えて雨具も必須。室内は冷房が強いので上着を忘れずに。

秋 9～11月
9月は残暑が厳しく台風の影響もあるので夏場と同じ対策を。10・11月は朝晩の温度差に備えて薄手の羽織物を用意しよう。

冬 12～2月
雨が多く湿度も高いので体感温度がぐっと下がる。重ね着ができる上着を数枚用意しておくと安心。

＋
オールシーズンあると便利

羽織物
年中冷房が入っている台湾ではマストアイテム。ホテルやレストランで大活躍

サングラス
台湾の日差しは想像以上に厳しい。特に夏場は紫外線対策としても有効

帽子
紫外線と熱中症両方の対策として使える。折りたためるタイプが便利

★コスメ

台湾は亜熱帯と熱帯気候。夏だけでなく、通年紫外線が強いのでしっかりと日焼け対策をしよう。

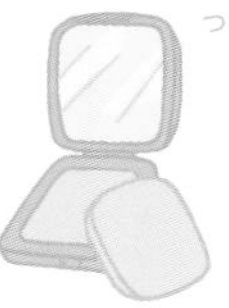

汗で化粧が崩れやすい。日焼け止めもSPF値の高いものをこまめに塗り直そう。

台湾の人はあまりメイクをする習慣がないのでナチュラルメイクでも乗り切れる。

★シューズ

場所によっては道の舗装状況がよくなかったり、突然のスコールに見舞われたりするので、2パターンあると安心！

歩きやすいスニーカーが重宝する。高級店でもビーチサンダルでなければ入店可。

雨が強いときは足元がずぶ濡れになる。暑さ対策も兼ねてサンダルが役に立つ。

意外と気づかない！あると便利なもの

□折りたたみ傘	一年中突然の雨が襲ってくるので携帯したい
□ティッシュペーパー	トイレに配備されてないことも多々あり
□ウェットティッシュ	除菌タイプが◎。レストランやトイレで重宝
□筆記用具	筆談の漢字で通じることも多々あり
□エコバッグ	スーパーやコンビニのレジ袋はほぼ有料
□マスク	時期によっては空気が汚れていることも
□延長コード	ホテルのコンセントの数が少ない場合に
□携帯スリッパ	ホテルでは用意がないことも多い

帰りのパッキング

スペース確保も兼ねて、おみやげに買ったビン類を衣類で包むと緩衝材になって◎。美容シートパックなどの箱入り商品は開封して隙間へ。

おみやげをいっぱい入れたいなら、行きは半分空けておくといい！

★スーツケースに入れる食品

瓶詰めの食料品は衣類や新聞紙で包み、ケース内で動かない、割れないように緩衝材などで梱包。匂いの強い調味料などはジッパー付きビニール袋に入れるとベター。

お茶は軽くて真空パックタイプが多いので扱いやすいが、包装用の箱や缶が意外にかさばるので注意。

調味料は頑丈な瓶が多く、比較的割れにくい。セレクトショップではネットキャップをつけてくれることも。

★手荷物のこと

手荷物で機内に持ち込めるもの一覧。機内で快適に過ごすために必ずチェック！

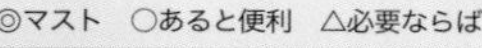

◎マスト　○あると便利　△必要ならば

◎	パスポート
◎	航空券(または引換券)
◎	旅行関連書類(日程表、予約関連書類など)
◎	お金(日本円・現地通貨)
◎	クレジットカード
◎	海外旅行保険の控え
◎	スマートフォン(スマートフォン充電器)
○	カメラ(予備バッテリー、SDカード)
○	筆記用具
○	ガイドブック
○	上着
○	マスク
○	耳栓
○	ポケットWi-Fi(またはSIMカード)
○	歯ブラシ、歯磨き粉
○	モバイルバッテリー(預け入れNG)
△	化粧水
△	コンタクトケース、保存液
△	パソコン・タブレットなど

※液体物は100mℓ以下の個々の容器に入れて1ℓ以下のジッパー付き袋に入れること

★パックなどのコスメもスーツケースへ

台湾はフェイスパックがプチプラで種類が豊富。「買一送一」(→P124)のキャンペーンも多いのでおみやげに。

箱から出して色々な種類を組み合わせてプレゼントすると喜ばれる

★おみやげには種類豊富なインスタント麺！

人気のおみやげだが、レトルトの肉が入ったものは日本への持ち込みが基本的に不可なので気をつけよう。

本格派はカップ入り、省スペース派なら袋入りタイプをチョイス

ホテルにたいていあるもの・ないもの

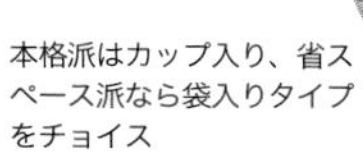

ある
- ❏バスタオル
- ❏シャンプー・石けん
- ❏歯ブラシ・歯磨き粉
- ❏ドライヤー

ない
- ❏パジャマ
- ❏洗顔料・メイク落とし
- ❏変圧器、アダプター

※ホテルのランクにより異なる

写真提供：エース株式会社

旅ドキを一発検索

★シーズンカレンダー★

気軽に行ける台北だから、現地で開催されるイベントや
美食のシーズンを狙うのもアリ！

旅の目的となるBIGイベント

台北101のカウントダウン花火

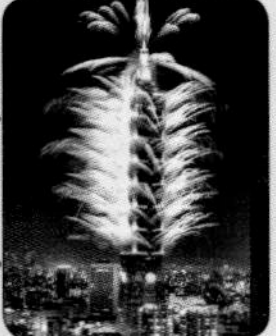

12月31日の、台北101のカウントダウン花火は毎年恒例。高さ500mを超える超高層ビルを覆い尽くすように舞い上がる花火は迫力満点。周辺は場所取りの人で大混雑となる。國父紀念館や四四南村、MRT象山駅前からも見られる。

元宵節のランタン

代表的なのは新北市の「平溪天燈節」(→P198)。台北市内でも毎年、花燈が会場内に所狭しと飾られる「台北燈節」が行われる。

端午節

春節に続く三大節句。台湾各地で開催されるドラゴンボートレースを観賞したり、家族揃ってちまきを食べたりする。

中秋節

三大節句のひとつ。月見をしながら月餅やブンタンを食べるため、老舗の中華菓子店は月餅を買い求める人たちで混雑する。ここ数年、中秋節にも「平溪天燈節」が開催されており、元宵節に比べて人出が少ないので狙い目。

観光のベストシーズンは3〜5月、10〜11月

雨の少ない春と秋がおすすめ。5月上旬〜6月は本格的な梅雨、8〜9月は台風直撃の時期で、折りたたみ傘やレインコートが必須となる。

冬は思っている以上に寒い！

気温だけを見ると日本よりもかなり温暖に思えるが、冬場の朝晩などは冷えこむこともある。薄手の上着を数枚用意して重ね着すると安心。

初夏はたけのこがおいしい♪

台湾はタケノコの種類が豊富。なかでも5〜6月が旬の、竹筍のサラダはピカイチ。甘い台湾マヨネーズとも好相性。熱炒や小吃店で食べられる。

フレッシュマンゴーは夏季限定！

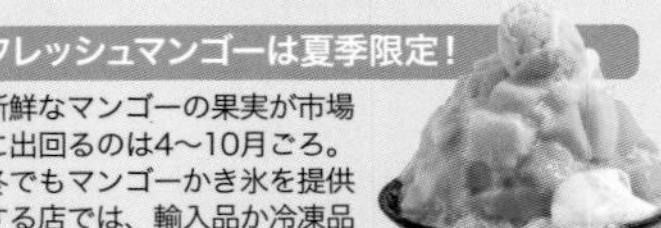

新鮮なマンゴーの果実が市場に出回るのは4〜10月ごろ。冬でもマンゴーかき氷を提供する店では、輸入品か冷凍品を使用している。

狙い目のバーゲンは10月

台湾のビッグセールは年2回(→P124)だが、狙い目は10月を中心に行われる秋の周年慶。高級化粧品や輸入ブランド品も安く購入できる。

月	祝日・イベント	平均降水量(mm)	平均気温(℃)	日の出 日の入り(台北)
1月	●1月1日 開国記念日 …各地で龍や獅子の舞が披露される。 ●1月29日 春節★ ※連休期間は1/28〜2/2	93.8mm 59.7mm	東京 5.4℃ 台北 16.6℃	出 6:41 入 17:26
2月	2月12日 元宵節★ …平溪天燈節や燈會など、各地でランタンフェスティバルが開催される。 ●2月28日 和平紀念日 ※連休期間は2/28〜3/2	129.4mm 56.5mm	6.1℃ 17.2℃	出 6:28 入 17:48
3月		157.8mm 116.0mm	9.4℃ 19.0℃	出 6:03 入 18:03
4月	●4月4日 児童節 ●4月5日 清明節 ※連休期間は4/4〜7 4月12日前後 保生大帝誕生祭★ …医療の神様、保生大帝の誕生を祝う台北三大祭りのひとつ。保安宮で行われる。	151.4mm 133.7mm	14.3℃ 22.5℃	出 5:32 入 18:16
5月	5月1日 労働節 …メーデー。労働者のみ休み。	245.2mm 139.7mm	18.8℃ 25.8℃	出 5:09 入 18:31
6月	●6月10日 端午節★ ※連休期間は6/8〜10 6月18日 霞海城隍誕生祭★ …霞海城隍廟で盛大な神輿パレードが行われる。台北三大祭りのひとつ。	354.6mm 167.8mm	21.9℃ 28.3℃	出 5:04 入 18:45
7月		214.2mm 156.2mm	25.7℃ 30.1℃	出 5:13 入 18:46
8月	8月18日 中元節★ …各地の霊廟で催しあり。	336.5mm 154.7mm	26.9℃ 29.7℃	出 5:28 入 18:28
9月	●9月17日 中秋節★ 9月28日 教師節（孔子節） …学問の神様とされる儒教の祖、孔子の誕生祭。孔子廟では伝統音楽や舞踊の披露も。	336.8mm 224.9mm	23.3℃ 27.8℃	出 5:40 入 17:58
10月	●10月1日 国慶節 ※連休期間は10/1〜7	162.6mm 234.8mm	18.0℃ 24.7℃	出 5:52 入 17:27
11月	11月20〜22日 艋舺青山王祭典★ …民間信仰の神様、青山王の誕生を祝う、台北三大祭りのひとつ。艋舺青山宮とその周辺で神輿パレードあり。	89.3mm 96.3mm	12.5℃ 22.0℃	出 6:10 入 17:06
12月	12月31日 跨年 …各都市で年越しライブを開催。台北101の花火が風物詩に。	96.9mm 57.9mm	7.7℃ 18.2℃	出 6:31 入 17:07

●が祝日。★は旧暦によって毎年変動
（掲載は2024年6月〜2025年5月のもの）

※気温・降水量は、東京は理科年表の平年値、台北は台湾中央氣象局の統計に拠る1991〜2020年の平均値

TAIPEI

観る

Sightseeing

Contents

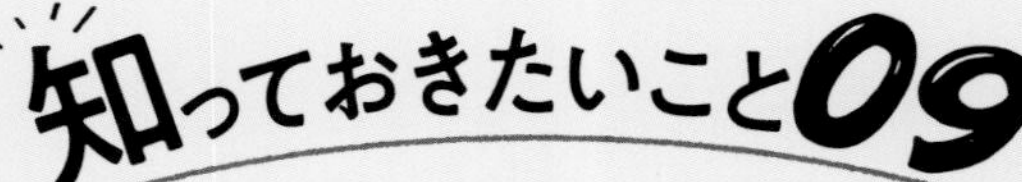

知っておきたいこと09

#観る

外せない今が旬＆人気観光スポットの裏技を伝授。
これさえ知っておけば、より観光が楽しくなること間違いなし！

01 耳より

台湾のお寺にお参り。基本的な手順をおさえよう

台湾の寺廟の参拝方法は日本とは異なる。寺廟により若干の違いはあるが、基本は以下の手順。今回は多くの人が訪れる龍山寺(→P54)を例に紹介。日本と作法は違えど、何より大切なのは心を込めて祈ること。そうすれば願いは必ず叶うはず。ローカルの作法をまねながら参拝してみよう。

❶ 右手の龍門から入る

門の敷居を踏まないように左足から入ろう

❷ 三宝仏に3回礼拝

神様に名前と生年月日、現住所を伝える。三体の仏像に3回礼拝

❸ 正殿の御本尊のもとへ

圓通宝殿（正殿）のご本尊、観世音菩薩にお参りを

❹ 後殿に参拝

本殿の右側から後殿へ。右側、中央、左側の順にお参りする

02 耳より

台湾式おみくじを引いてみよう！

簡単にお告げをもらえないのが台湾のおみくじ。神様のOKが出るまで、願い事の言い回しを変えながら何度でも挑戦しよう。「筊」は境内にあり自由に使える。「みくじ箋」も無料で引くことができる。

❶ 筊を投げる

心の中で願いを唱えながら「筊」を2つ投げる。表裏が出ればOK。3回まで挑戦できる

❷ みくじ棒を引く

みくじ棒を上下に振り、飛び出した1本の番号を確認。再度①を行ないOKがでたら③へ

❸ 出た番号のみくじ箋を取る

引き出しから該当番号のみくじ箋を取る。スタッフが日本語で解説してくれる場合もある

03

お守りもゲット

寺廟にお参りしたらゲットしたいのがお守り。お願い事に合わせて選ぼう。

龍山寺のお守りの種類はなんと50種類以上。お香入りのものなどもある

04 耳より

台湾の神様いろいろ

多神教である道教の教えが根づく台湾では寺廟にも多くの神様が祭られている。観光客も多く訪れる龍山寺では10を超える神様が。これが「ご利益のデパート」とよばれる所以。あらゆる願いを叶えてくれそうな強力なパワースポットだ。お目当ての神様目指して参拝しよう。

月下老人
恋愛成就と良縁の神様

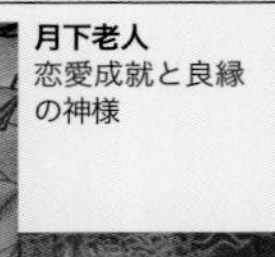

文昌帝君
学問の神様。合格祈願なら

05 耳より

台湾観光で外せない“文創”って

文化＆創造のこと。近年、官民をあげてクリエイティブに富んだ産業作りに乗り出している。歴史的スポットはリノベーションされ、モダンなカフェやレストラン、雑貨、服飾、音楽、アートなどとコラボ。新たな風を吹き込んでいる。

06

國立故宮博物院の回り方

・空いてるのは開館直後とランチタイム

世界四大博物館のひとつだけに常に世界中の観光客でにぎわっている。じっくり見学したいなら開館後一番乗りを目指すべし。食事どきも比較的空いている。

・Webサイトは日本語対応あり

Webサイトには所蔵物が3Dで鑑賞できる「3D文物鑑賞」というページがあり、日本語での詳しい解説も掲載されている。予習にぴったりなので活用しよう。

・白菜と角煮は人気者なので出張多し

大人気の秘宝、翡玉白菜と肉形石はほかの美術館・博物館に貸し出し中ということも多々ある。事前に公式Webサイトで展示室をチェックしておこう。

07

台北101の撮影スポット一覧

街の遠景と一緒に

象山

台北101の裏手に鎮座する小高い山からは、空に突き上げるビルがくっきり。歩いて30〜40分、ハイキング気分で楽しもう。

→P113

リノベ物件とコラボ

四四南村

昔ながらの面影残る軍人村の向こうに超近代的な台北101がそびえる。この新旧の交錯がたまらなくフォトジェニック！

→P176

食事をしながら

莫爾頓牛排館

窓の外の台北101を見ながら、アメリカンスタイルのステーキを食べよう。特別なディナーは台北らしい絶景とともに。

MAP：P11F2 図Ⓜ板南線市政府駅から徒歩3分 住忠孝東路五段68號45F ☎02-2723-7000 ⏲11時30分〜22時(金・土曜は〜23時) 休なし

08

台北101はファストパスで行列回避

台北一のビルの展望台には世界中から多くの観光客が訪れる。そのため行列は必至。だがファストパスを使えば待ち時間ゼロも夢じゃない。料金は通常の倍だが、貴重な時間を有効活用できる。賢く利用してストレスゼロに！

エレベーターまでの専用レーンがあるファストパスNT$1200

09

見たことがあるか!? 台北名物バイクの滝

MRTが発達した今もバイクは市民の大切な足。川向こうの台北市郊外からバイクで通勤&通学する人が使う橋は、朝ともなるとバイクであふれかえる。MRT大橋頭付近の延平北路二段×民權西路交差点南側がそのスポット。朝のラッシュアワー8時前後がピークだ。

10

チャンスは10〜3月の夕方特別な衛兵交代式

衛兵交代式は要チェックの観光スポット。でもちょっと待って。冬期(10/1〜3/31)に中正紀念堂へ行くなら17時の衛兵交代式がオススメ。というのも交代終了後に国旗降納の儀式があるのだ。館内だけでなく、広場まで行進するのでシャッターチャンスもたくさん。

【編集MEMO】

コレだけはいいたい！

寺廟の周りはB級グルメの宝庫。お手頃プライスで食べられるおいしいものがい〜っぱい。老舗店も多し。

選ばれし者だけが像を守る衛兵になるのは皆が知る事実。イケメンをじっくり拝めるチャンス。カッコよすぎ！

國立故宮博物院は予習が賢く回るカギ。公式サイトが充実しているので、家にいながらお宝情報ゲット!

ライターM

アジアンな熱気感じる巨大夜市へ潜入！

ワンダーランド士林夜市（シーリンイエシー）へGO！

台北5大みどころ 1

Read me!

台北の夜市のなかでも最大規模なのがここ。ゲームやB級グルメはもちろん、プチプラおみやげ探しまで楽しめる。街全体が縁日のような楽しさ。お祭り気分を味わおう。

何でも揃う！ ハイブリッド夜市

士林夜市 ●シーリンイエシー ★★★

道教の廟、慈誠宮の門前に屋台が集まったのが発祥といわれる。17時を過ぎると、基河路と文林路、大北路に囲まれた大きな三角形の内側が夜市となる。

圓山/士林 MAP：P3B2 図Ⓜ淡水信義線劍潭駅から徒歩5分 住基河路101號(士林市場) ☎02-2882-0340 ⏲15時～翌1時ごろ 休なし

観光のポイント

混雑は不可避。特に週末はオフピークがない。敷地が広く後戻りがしにくいため、気になる屋台があったら迷わず立ち寄ろう。大きな荷物はMRT駅構内のロッカーに預けておくと安心(NT$10/1時間)。

注意点

⚠両替所はないので、少額紙幣、小銭を用意しておく。
⚠トイレはないところが多いので、駅などで済ませておこう。
⚠はぐれたときの待合せ場所を決めておくと安心。
⚠スリや置き引きには要注意。油断は禁物！

いい匂い！目の前で作られるB級グルメの数々

でかでかサイズのチキンにトライしよう！

豪快な料理を前におなかの虫も騒ぎ出す！

⬆狭い道はとくに混雑。早めに攻略するとよい

士林市場
Shilin Market

⬅色柄選べるコンパクト手鏡

➡鍵を中にしまえる客家花布キーリングも！

安カワみやげ探しも！

ユーモアあふれる雑貨など、台湾らしいプチプラみやげ見つかる。士林市場1階のアーケードや大東路あたりが狙い目。

エンタメ屋台に挑戦！

士林市場内や基河路沿いにはゲーム屋台がたくさん。輪投げやパチンコなど、どれも素朴でだれでも楽しめるもの。ほとんどの店員は簡単な日本語が可能。最近はクレーンゲームも多い。

マージャンビンゴ

裏返しのマージャン牌をランダムに15枚選び、同じマークがついたマスに置くゲーム。5回約NT$100。

射的

本格的エアガンで風船を撃つのが台湾流。回転する風船を狙うと高得点! 1回NT$100～。

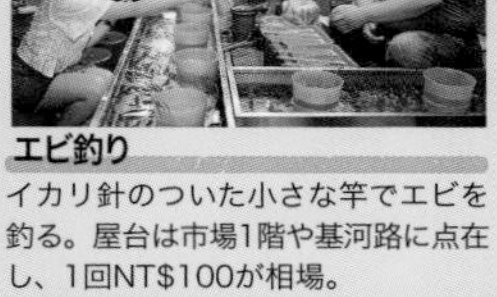

エビ釣り

イカリ針のついた小さな竿でエビを釣る。屋台は市場1階や基河路に点在し、1回NT$100が相場。

Night Market

台北5大みどころ1 士林夜市

夜市名物B級グルメを攻略！

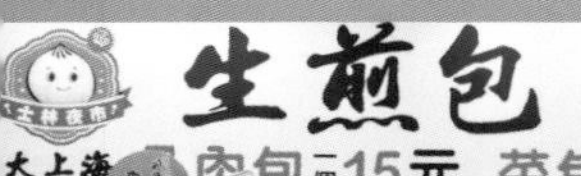

Read me!

夜市はリーズナブルで激ウマなB級グルメの宝庫。なかでも士林夜市には外せない屋台が目白押し！ 気になる屋台をハシゴして、満腹になるまで食べまくろう。

食べ歩きにピッタリなサイズ

各NT$16

大上海生煎包の生煎包

肉包は豚肉、菜包はキャベツ入りの焼きまんじゅう

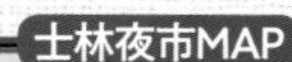

士林夜市内にいくつかあるよ！

NT$50

愛玉加檸檬

愛玉ゼリーの食感とレモンの香りがさわやかなドリンク。さっぱりと喉を潤してくれる

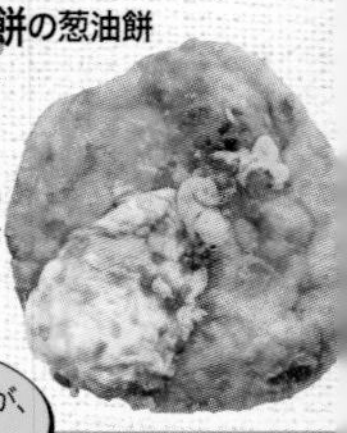

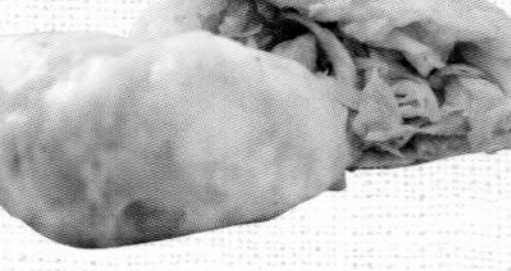

NT$30

郭家葱油餅の葱油餅

ネギ入りの平焼き。ソースがよくしみている。NT$10で玉子追加がオススメ

いつも行列だが、回転は早い

NT$100

豪大大雞排の豪大脆皮雞排

士林名物の巨大クリスピーチキン。「小辣」なら辛さも控えめ

士林夜市MAP

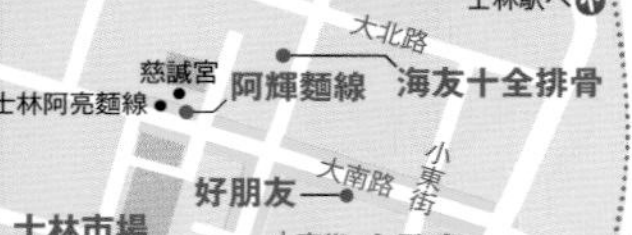

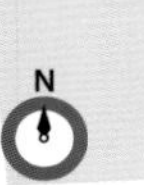

NT$90

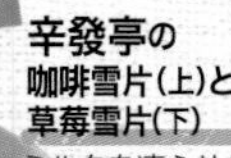

NT$80

辛發亭の咖啡雪片(上)と草莓雪片(下)

ミルクを凍らせた氷を薄く削る雪片冰の元祖。口に入れた瞬間雪のように溶ける

綜合NT$40(小) NT$70(大)

阿輝麵線の麺線

温かい台湾のとろみそうめん。イカ、モツ、パクチー入り

NT$60

丞祖胡椒餅の胡椒餅

先祖代々受け継いだ窯で作る定番。香ばしい皮と、豚肉と野菜のあんは相性抜群

阿姨塩水雞
ざるに入れて店
の人に渡すだけ

NT$55(小) NT$70(大)

NT$110

海友十全排骨の十全薬燉排骨

約15種の漢方素材を10時間以上煮込むスープ。乾麺線や魯肉飯各30元とともにどうぞ

好朋友の涼麺

有名グルメガイドにも選ばれた台湾冷やし麺。にんにくが効いた濃厚なゴマだれと麻辣の辛さが◎

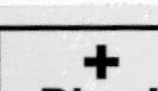

NT$10〜

阿姨塩水雞の塩水雞

塩漬けにしたチキン、野菜、果物をお好みで。写真の量でNT$180

NT$45

好朋友の味增湯+卵

涼麺には味噌汁を合わせるのが定番！カツオだしが利いた甘みがある味噌汁には、卵追加が台湾流。

+Plus! 屋台でよく見るお店をPICK UP

同じ漢字圏とはいえ、なんだかよく分からない食べ物もちらほら。主な名前と内容を簡単に押さえておこう！

麺線

温かいとろみスープのそうめん。レンゲで食べる

刈包

豚肉、酸菜などの具を挟んだ台湾バーガー

芋仔

タロイモ団子を揚げたスイーツ。

滷味

好きな具材を選んで渡すと、煮込んでくれる

花生捲冰淇淋

ピーナッツやアイス、パクチーを包んだクレープ

Museum

歴代皇帝のコレクションが集結！

世界の至宝！ 國立故宮博物院

グオリーグーゴンボーウーユェン

台北5大みどころ 2

Read me!

世界四大博物館のひとつといわれる國立故宮博物院には、中国歴代皇帝の至宝が収蔵されている。広大な館内を効率よく回るには、必見作品を予め押さえておくのがよい。

↑山々を背景に立つ3階建ての本館。時が止まったかのような雰囲気

中国美術＆芸術の総本山

國立故宮博物院 ●グオリーグーゴンボーウーユェン ★★★

→人気作品が集中する3階から見て回るのが一番効率がよい

歴代皇帝が暮らした北京の紫禁城の文物をはじめ、世界一の中国美術工芸コレクション約69万点を収蔵。そのうち約2万点をテーマや時代ごとに分類して展示している。展示作品は3～6カ月ごとに入れ換わる。

圓山／士林 MAP：P3B1 交Ⓜ淡水信義線士林駅から車で10分、またはバスで15分（故宮博物院正面広場前下車）※本数は少ないが本館地下1階出入口前に着くバス（紅30）もある 住至善路二段221號 ☎02-2881-2021 ⏰9～17時※チケット販売時間は8時50分～16時30分 休なし 料NT$350 URL www.npm.gov.tw/?l=3

國立故宮博物院MAP

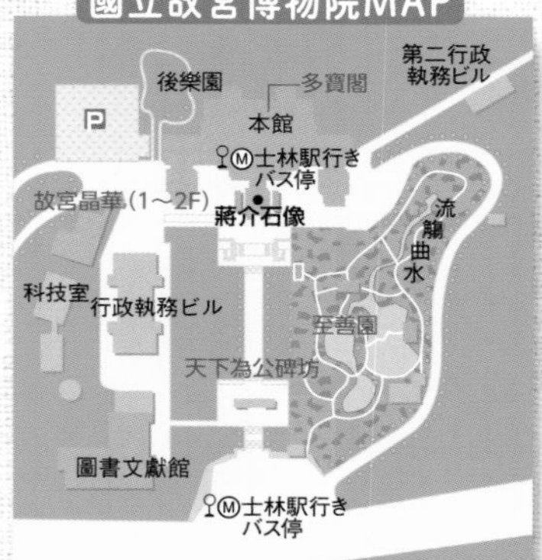

観光のポイント

館内は非常に広いので、入場前に入口付近で無料の館内ガイドマップを入手しよう。1階専用カウンターでは日本語音声ガイドのレンタルもあり（レンタル料NT$150。パスポートが必要）。

↑館内図付きの日本語パンフレットは必ず入手しよう

↓音声ガイドの貸出しはチケットカウンターの左側で

注意点

⚠有名作品は巡回展に貸し出されることも。展示状況は公式サイトで。⚠一部作品は写真・動画撮影が可能だが自撮り棒や三脚、フラッシュは使用禁止。

⚠飲食物やA3サイズ以上の大きな荷物は展示エリア入場前に1階手荷物一時預かり所へ。

⚠ペット（盲導犬を除く）、おもちゃなどの館内への持ち込みは不可。

⚠敷地内飲食店以外での飲食・喫煙は禁止。床への座り込みも禁止。

⚠展示エリアへの再入場を希望する場合は、出入口でスタンプをもらおう。

必見はこの2作品！！

鑑賞には最低でも3～4時間ほしいところだが、なかでも必見なのがこの２つ。故宮博物院を代表する展示品をじっくり鑑賞しよう。

皮
生々しい毛穴までも造形。厚みもあり存在感がリアル

三層のバラ肉
層ごとに色が異なる石の表面に彩色して照りをプラス

肉形石 ●ロウシンシー　高さ…6.6cm　幅…7.9cm

東坡肉（豚の角煮）にそっくりな見た目だが、素材は玉髄類の一種である碧石（ジャスパー）。三層に分かれた石の風合いを生かして、職人が上から下へと色の濃淡を変えて染めている。豚肉のゼラチン質など、本物のような質感が見事に表現されている。

イナゴ
多産の象徴。子宝祈願の意味を込めて彫られている

キリギリス
繁栄力が強いため、子孫繁栄を願ってあしらわれている

白菜
妃の清廉潔白を表現。白い部分は新鮮な芯が細かく表現されている

翠玉白菜 ●ツイユィバイツァイ　高さ…18.7cm

故宮の代表作といわれる翠玉巧彫の最高傑作。天然の翡翠から彫り上げた世界一優美な白菜は、清朝第11代皇帝・光緒帝の妃であった瑾妃の、紫禁城内の寝室に飾られていた。清らかさを象徴し、多産を願う妃の嫁入り道具だったのではないかと推測されている。

こちらの至宝も要チェック！！

玉人與熊
●ユィレンユーション

黒白二色の天然翡翠から人と熊を彫った、遊び心ある作品。愛らしい表情で踊っているようにも、力比べをしているようにも受け取れる。

展示室205　汝窯 青瓷 無紋水仙盆
●ルーヤオ チンツーウーウェン シュイシェンパン

70点しか現存しないという北宋代の官窯、汝窯の青磁器。館内に収蔵された同じ窯の21作品のうち、無傷なのはこの作品のみ。

雕橄欖核舟
●ティアオガンランフージョウ

紫禁城内の工房、造辦処で活動した民間工芸家・陳祖章がオリーブの種から作った船の模型。精巧な造りは備え付けのルーペで確認を。

展示室305　宗周鐘
●ツォンゾウチョン

胡鐘ともよばれる祭祀用の楽器。青銅製。122文字もの銘文が刻まれており、天子が製作した現存する器物の中で最も重要なものとされている。

展示室305　毛公鼎 ●マオゴンディン

西周（BC1046～BC771）晩期の青銅製の祭礼器。内側には西周・宣王が叔父である毛公を褒め称える銘文が500文字刻まれている。

展示室106　雕象牙透花人物套球
●ティアオシャンヤートウファアーレンウータオチョウ

精巧な彫刻が施された象牙の球体。内部は少なくとも17層に分かれ、各層が回る仕組み。一本の象牙から彫られたというが、その制作方法は不明。

展示室201　三彩馬球仕女俑
●サンツァイマチウシンウーヨン

黄・緑・褐色の釉薬を同時に用いて、深みのある色を実現。唐代に低火度焼成で作られた三彩陶。後に「唐三彩」とよばれた。

展示室101　青銅鎏金釋迦牟尼佛坐像
●チントンリゥジンシージャーモウニーフォーツオシャン

仏像の多くが釈迦、弥勒菩薩、観音菩薩だった中国北朝仏教。雄壮さから沈静な趣へと変化した当時の風格が今に伝わる。

展示室301　青花穿蓮龍紋天球瓶
●チンファチュアンリアンロンウェンティエンチウピン

制作された明代には、陶磁器は皇室が使う器とされていた。成化の豆彩、嘉万の五彩、永宣の青花などと並ぶ官窯の作品。

※展示エリアは定期的に変更しているため、鑑賞の際は館内ガイドマップを参照ください。　写真：國立故宮博物院収蔵品

台北5大みどころ2 國立故宮博物院 ミュージアムショップは必訪!

Read me!

お宝を鑑賞した後は館内のミュージアムショップ、多寶閣へ行ってみよう。見たばかりの所蔵品がユニークで楽しいデザインとなって並んでいる。おみやげに最適だ。

多彩な至宝グッズに驚き！

多寶閣 ●ドゥオーバオガー

収蔵作品にちなんだ珍しいものを中心に、文房具類から日用品、本格的な伝統工芸品まで約4000種類が揃う。混雑しがちだが、開館直後や閉館間際は比較的空いている。

MAP：P3B1
㊐9～19時(金・土曜は～21時30分)
㊡なし

NT$80
翠玉白菜色紙便條
翠玉白菜柄が絶妙にかわいい折り紙

NT$100
越南青花瓷和紙膠帶
ベトナムの青花磁柄の上品なマスキングテープ

NT$3480
小乾隆・茶器(花柄黃)
人のシルエットをかたどったおしゃれな茶器

NT$319
仙萼長春紙製ランチョンマット(6種各3枚)
食卓が一気に華やぐ6つの柄の紙製ランチョンマット

NT$420
梅花仕女エコバッグ
「元人画梅花仕女 軸」をモチーフにしたエコバッグ

NT$590
超微型積木 翠玉白菜
超ミニサイズのブロックで、あの白菜のお宝を再現

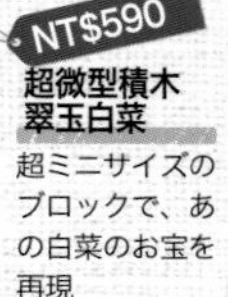

NT$460
留窯ミニ文化財マグネット
北宋時代の碗と瓶をモチーフにしたマグネット

NT$130
文物橡皮擦
全部揃えたくなる！ 細部まで再現された消しゴム

あのお宝が料理でも！

創作中国料理

お宝鑑賞とショッピングを存分に楽しんだら、最後は院内のレストランへ。ここだけでしか味わえない料理を楽しもう。

翠玉白菜

台湾中部でとれた娃娃菜の中心部分だけを使ったスープ煮込み。白菜にのったキリギリスとイナゴはサクラエビで表現し、翠玉白菜をリアルに再現。

肉形石

しょうゆ、砂糖、ねぎなどで調味された煮汁で約2時間じっくりと煮込んだ豚の角煮。冷ました後に包丁で形を整え、本物の肉形石に近付けている。

NT$3800

多寶閣甜點集

中国各地を代表する伝統菓子のアソート（季節によって内容が変更）。宝物そっくりの見た目に、どれから食べようか迷ってしまいそう！

創作中華をリッチに味わう **故宮晶華** ●グーゴンジンファ

収蔵作品そっくりのメニューや器で、目でも舌でも楽しめる食事を提供している高級レストラン。橋本夕紀夫氏がデザインしたモダンな空間も評判。

MAP：P3B1 ⌚11時30分～14時30分（土・日曜、祝日は11～15時）、17時30分～21時30分 休月曜

Plus! 故宮敷地内のスポットをPICK UP!

敷地内には中国文化の壮大さが伝わるスポットが点在。フォトジェニックな写真が撮れる！

写真撮影はマスト！

天下為公牌坊
●ティエンシアウェイゴンパイファン

敷地の入口近くに屹立する大きなアーチ型の石門。孫文が好んだ経書『礼記』の一節「天下為公（天下をもって公となす）」が中央部分に刻まれている。

散策にぴったりの穴場

至善園
●ヂーシャンユェン

5687坪もの広さがある中国式庭園。2階建ての楼閣・松風閣など伝統的な建物や像、小川や池が配された風光明媚な景観が楽しめる

⌚8～17時 休月曜 料無料

←門と本館を背景に記念撮影を

→池の周囲の回廊を散歩しよう

Longshan Temple

ご利益いろいろ♪ 最強の開運スポット

龍山寺でパワーチャージ!

台北5大みどころ 3

Read me!

複数の神様が祭られていることで知られる台北で最も長い歴史をもつ廟。ご利益を求めて訪れる人で日夜ごった返す。周辺には多くの商店が並び門前町の風情も楽しめる。

↑前殿と正殿には仏像、後殿には道教や民間信仰の神像が祭られている

↓夜間の幻想的なライトアップもチェック!

いろんな神様が大集合**龍山寺**●ロンシャンスー ★★★

西門/龍山寺 MAP:P15C3

1738年に創建された台北最古の寺院。四進三院の建築様式で、国の二級古跡に指定されている。

ご利益は恋愛をはじめ、仕事や学業、健康に厄除けなど。

図Ⓜ板南線龍山寺駅から徒歩5分

住廣州街211號

☎02-2302-5162

🕑6～22時 休なし

料拝観無料

➡三宝仏には3回拝礼。心を込めて祈ろう

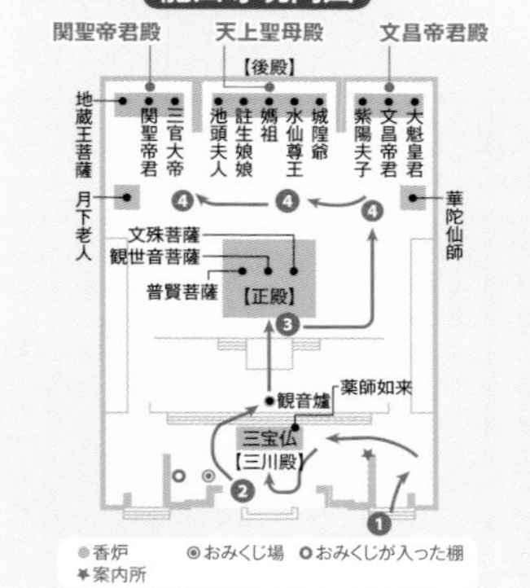

観光のポイント

100以上の神様が祭られており、願い事に合わせて、具体的な願掛けをするのが鉄則。相手がいる場合は、その名前や住所も一緒に伝えよう。拝礼が終わったら、台湾式おみくじ(→P44)もチェック。

注意点

⚠正面向かって右側の「龍門」から入り、左手の「虎門」から出る。一方通行なのを忘れずに。

⚠入口の龍門で敷居を踏むのはNG。敷居はまたぎ、左足から入ること。

⚠入口のすぐ左側にある日本語の「龍山寺参拝ガイド」を手に入れ、慣習に沿って、作法に乗っ取った参拝を。

⚠正殿の前に前殿に並ぶ三体の仏像に3回拝礼する。その際、神様に自分の名前と生年月日、現住所を伝えること。

龍山寺周辺おすすめスポット

龍山寺周辺には老舗の伝統料理店や散策時の人気スポットが点在。レトロな雰囲気と下町グルメを楽しんで。

ノスタルジーあふれる歴史地区

剥皮寮 ●ボーピーリャオ ★

清朝時代の建物が残る歴史保存地区。大陸から運搬した木材から皮を剥がし、加工していた場所だったため、この名がついた。建物内には歴史を伝える資料展示も。

MAP：P15C3

図Ⓜ板南線龍山寺駅から徒歩5分 住康定路173巷 ☎02-2302-6595 ⏲9〜18時 休月曜※事務所のみ。建物は見学自由

↑レンガの壁に描かれたグラフィティアートは絶好のフォトスポット！

←剥皮寮の歴史を学べる貴重な文化エリア。参拝後に足をのばしてみよう

↓モチモチの食感と落花生の味わい、昔ながらの素朴な味を楽しんで

台湾風の青汁でパワーチャージ

青草巷 ●チンツァオシェン ★★

細くて短い通りの両脇には、漢方薬の材料として使われる薬草を扱う店が並ぶ。店頭では薬草を使ったハーブドリンクが試せる。一杯飲んで元気になろう。

西門／龍山寺 **MAP：P15C3**

図Ⓜ板南線龍山寺駅から徒歩5分 住西昌街224巷 ⏲8〜22時（店により異なる）休なし

→苦〜い苦茶や意外と飲みやすい青草茶などトライして

↓青々とした薬草や乾燥させたものなど各種取り扱う

代々受け継がれるお餅スイーツ

三六圓仔店 ●サンリウユエンズディエン

祖母の代から続く懐かしい味のお餅が名物。看板はチーズ入りの黄金麻糬NT$60や焼蜜麻糬NT$55。ピーナッツがどっさり入った花生湯NT$60も人気。

西門／龍山寺 **MAP：P15C4**

図Ⓜ板南線龍山寺駅から徒歩1分 住三水街92號 ☎02-2306-3765 ⏲9〜21時 休なし

レトロモダンなおしゃれスタバ

星巴克咖啡 艋舺門市 ●シンバーカーカーフェイ モンジャーメンシー

台北市の史跡にも指定されている建物をリノベーションし利用しているスターバックス。台湾の伝統様式に、日本や西洋のスタイルを取り入れた設計のこの建物は、元々日本統治時代に名士、林さんの邸宅として建設された。台湾のスターバックスならではのメニューだけでなく、限定アイテムもゲットしたい。

西門／龍山寺 **MAP：P15B4**

図Ⓜ板南線龍山寺駅から徒歩5分 住西園路一段306巷24號&26號 ☎02-2302-8643 ⏲7時〜21時30分（土・日曜は7時30分〜）休なし

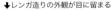

↓レンガ造りの外観が目に留まる

→建物は元店舗兼住宅。建物の特徴を伝える映像室もある

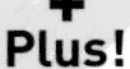

パワースポットをPICK UP!

パワースポットがたくさんある台北。台湾で参拝者数ナンバーワンの行天宮もぜひチェック！

『三国志』の英雄をお参り

行天宮 ●シンティエンコン

『三国志』に登場する蜀の将軍・関羽を主神とする道教寺院。商売繁盛の神様として信仰を集める。台湾式のお祓い「収驚」が毎日11時20分〜18時30分（変更の場合あり）に、無料で行われている。

行天宮駅 **MAP：P5F2**

図Ⓜ中和新蘆線行天宮駅から徒歩5分 住民権東路二段109號 ☎02-2502-7924 ⏲7時30分〜22時30分 休なし 料無料

→正殿には関羽ほか五聖恩主が祭られる

金運アップも夢じゃない!?

台北101の展望台に上ろう!

タイペイイーリンイー

Read me!

台北5大みどころ 4

地上101階、地下5階の台北101は台湾一の高さを誇る高層ビル。街が一望できる展望台をはじめ、食事や買物が楽しめるモールもある。エンタメの魅力がぎっしり。

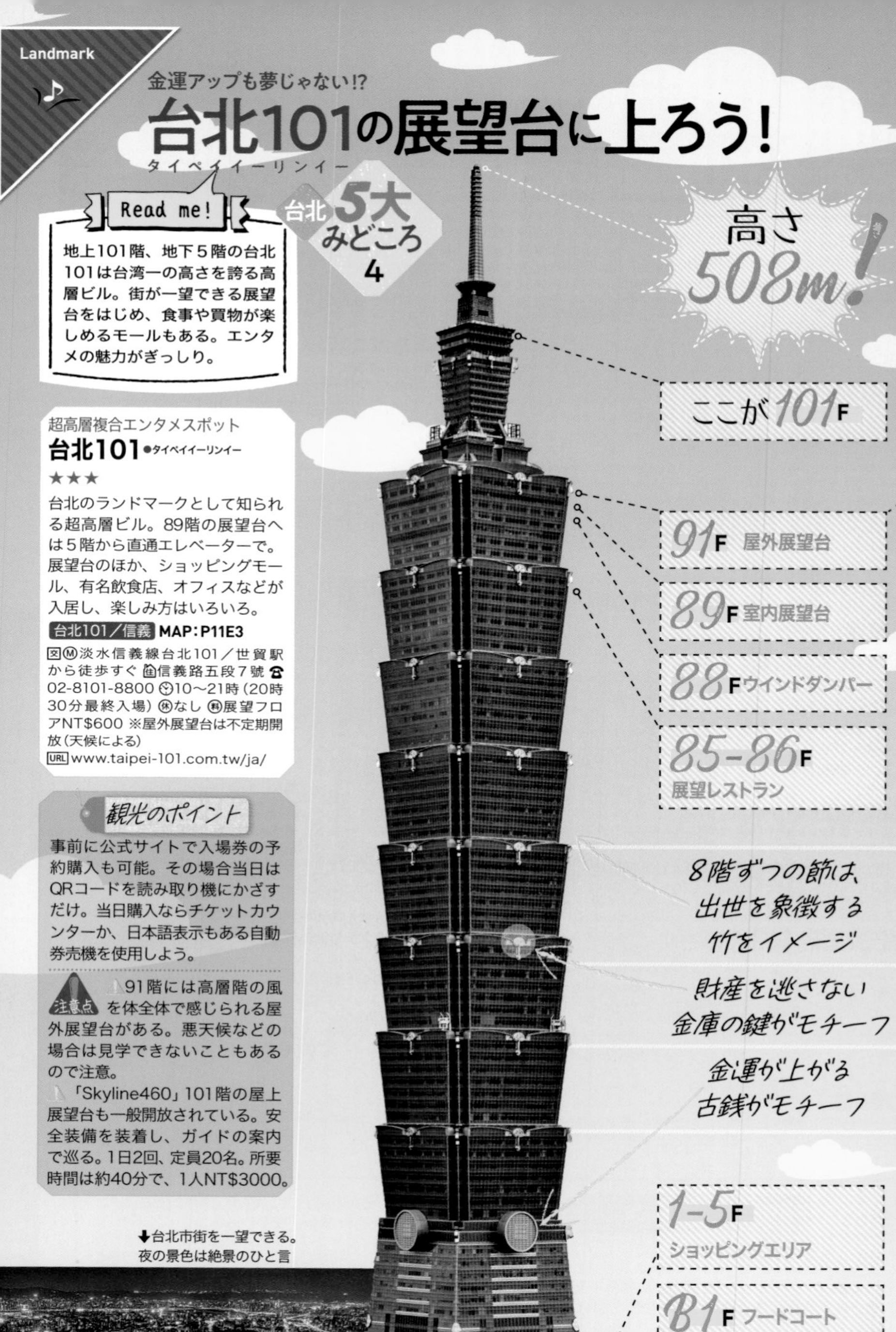

超高層複合エンタメスポット

台北101 ●タイペイイーリンイー

★★★

台北のランドマークとして知られる超高層ビル。89階の展望台へは5階から直通エレベーターで。展望台のほか、ショッピングモール、有名飲食店、オフィスなどが入居し、楽しみ方はいろいろ。

台北101／信義 MAP：P11E3

図Ⓜ淡水信義線台北101／世貿駅から徒歩すぐ 住信義路五段7號 ☎02-8101-8800 ⏲10～21時（20時30分最終入場）休なし 料展望フロアNT$600 ※屋外展望台は不定期開放（天候による）

URL www.taipei-101.com.tw/ja/

観光のポイント

事前に公式サイトで入場券の予約購入も可能。その場合当日はQRコードを読み取り機にかざすだけ。当日購入ならチケットカウンターか、日本語表示もある自動券売機を使用しよう。

注意点 91階には高層階の風を体全体で感じられる屋外展望台がある。悪天候などの場合は見学できないこともあるので注意。

「Skyline460」101階の屋上展望台も一般開放されている。安全装備を装着し、ガイドの案内で巡る。1日2回、定員20名。所要時間は約40分で、1人NT$3000。

↓台北市街を一望できる。夜の景色は絶景のひと言

展望台へ上がってみよう!

360度の大パノラマを楽しめる展望台は必訪。スリル満点の、ガラス張りの床や屋外展望も!

1 地上入口から入る

信義路五段と松智路の通りに面したところに、タワーへの入口がある。松智路側の赤い看板を目印に。

2 5階でチケットを購入

台北101モール5階にある専用カウンターで入場券を購入。クレジットカードでの支払いも可能。

速くないですか!?

3 エレベーターで上へ

89階まで直通のエレベーターを利用。カウンター後方にある電光掲示板に受付番号が表示されたら列に並ぼう。

↓館内にはアートオブジェもあり楽しめる

4 室内展望台で景色を堪能

地上382mの展望台エリアへ。全面ガラス張りで眼下に広がる360度の眺めを楽しめる。

遠くまでいい眺めです!

地上460mの天空歩道を歩けるSkyline460にもぜひ挑戦を!

5 屋外展望台へ

室内展望台から階段で91階へ。晴れて風のない日には柵越しに景色を一望でき、開放感たっぷり。

↑絶景を心ゆくまで眺めよう

6 ウインドダンパーを見学

87～92階の吹き抜け部分にある660tの巨大な球体が、強風による揺れ防止対策のウインドダンパーだ。

Plus! 買物スポットをPICK UP!

展望台からの眺めを堪能した後は、低層階でショッピングを満喫しよう。

目移り必至! ショッピングゾーン

台北101購物中心

●タイペイイーリンイーゴウウーヂョンシン

台北101/信義 MAP:P11E3

地下1階から5階にまたがる巨大ショッピングモール。幅広い店が揃い、買物が楽しめる。

⏲11時～21時30分(金・土曜、祝日は～22時)※店舗により異なる ㊡なし

↓ハイブランドの店もある

↑開放的なフロア。気持ちよく買物ができる

Retro Town

新旧文化が交差する問屋街をぶらり♪

迪化街レトロタウン歩き

ディーファジエ

台北5大みどころ5

Read me!

19世紀末に生まれた商店街が起源の台湾一古い問屋街。茶葉や乾物・漢方、布地を扱う店が多い。近年ではおしゃれな雑貨店やカフェも増え、散策がいっそう楽しい。

➡目抜き通りには乾物などを扱う問屋が軒を連ねる

街の歩き方

通りの両側に問屋が並ぶ迪化街一段をメインに歩こう。タクシーでのアクセスなら永樂市場で降りて北へ。注目店の多い民生西路の北側エリアへもお見逃しなく。→P162

⬆カラフルな建物や看板が並び、絵になる

迪化街屈指のお買物スポット

永樂市場 ●ヨンラシーチャン

2階にぎっしり並んでいるのは約100軒の布問屋。人気の客家花布も売られており、好きな布を選び、巾着などのオーダーメイドも可能(3日〜1週間程度かかる)。

迪化街 MAP:P13A3

図Ⓜ松山新店線北門駅から徒歩8分
住迪化街一段21號 ⏱8〜16時(1階)、9〜18時(2・3階) 休月曜(1階)、日曜(2・3階)

生地を選び、店頭サンプルと同じものを作ってもらおう。値段は店により異なる

花布専門店には鮮やか生地がたくさん!

店頭には数々のドライフルーツがずらり

ドライフルーツのまとめ買いに

元信蔘藥行 ●ユェンシンシェンヤオハン

質のよい乾物が買えると、現地マダムの間で評判の店。ドライフルーツやナッツの品揃えが豊富で、特に人気なのは台湾産アップルマンゴー。

迪化街 MAP:P13A2

図Ⓜ松山新店線北門駅から徒歩12分
住迪化街一段140號
☎02-2552-8915 ⏱9時30分〜19時(土・日曜は〜18時30分) 休なし

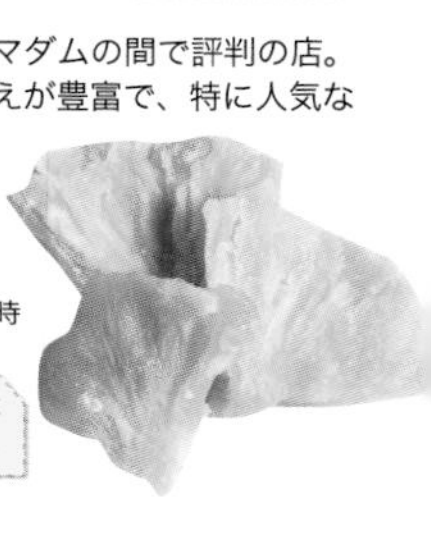

台湾鳳梨乾(ドライパイナップル)は台湾茶と高相性! NT$190(300g)

日本統治時代の町家風建築
民藝埕 ●ミンイーチョン
★★

1913年、日本統治時代に建てられた奥に長い、三進式の建物を改築してオープン。建物内のカフェやショップは、古い東洋の民芸をテーマとしている。

迪化街 MAP：P13A3

図Ⓜ松山新店線北門駅から徒歩10分
㊟迪化街一段67號 ☎02-2552-1367
⏲10～19時(店により異なる) ㊡なし

↑→往時の町屋風の建物は内部も情緒たっぷり

1F 陶一二 ●タオイーアル
おみやげに最適な台湾陶器の数々

客家をテーマにしたブランド「台客藍」を中心に、急須や調味料入れセットなど、使い勝手のよい茶器や食器が揃う。ユニークなデザインも人気。

☎02-2552-1367(民藝埕)
⏲10～19時 ㊡なし

↓「囍」の文字が入った茶器。急須NT$1800、カップNT$600(1つ)

←セイロに入った小籠包の形をした調味料入れセットNT$1485

2F 南街得意 ●ナンジエトーイー
往時の風情が残る空間でひと息

迪化街を見下ろす2階にある隠れ家的一軒。店内はおしゃれな街なかカフェの趣だが、お茶は上質な本格茶葉を使用したものばかり。

☎02-2552-1367(民藝埕)
⏲10時30分～18時30分
㊡なし

←9種類の茶菓子も付いている、東方美人茶NT$280

↓元々は香港の薬局ワトソンズとして建てられた

リノベブームの先駆け的存在
小藝埕 ●シャオイーチョン
★★

進化系リノベビルを手がける世代群が最初にオープンさせた商業施設。雑貨店やレトロカフェが入居。建物は歴史的建造物に指定されている。

迪化街 MAP：P13A3

図Ⓜ松山新店線北門駅から徒歩8分 ㊟迪化街一段34號、34-1號、32巷1號
☎02-2552-1321 ⏲10～19時(店により異なる) ㊡なし

自慢の阿里山コーヒーをじっくり味わおう

1F 沃森 WOSOM|ASW ●ウォーセン WOSOM|ASW
クラシックなティーサロン

日月潭産など、上質な台湾産紅茶を揃え、手作り菓子や軽食とともに楽しめる。おすすめは3種類から選べるアフタヌーンティーセット(NT$360～)。

☎02-2555-9913 ⏲11～19時(茶酒館は水～日曜19時30分～翌0時30分) ㊡不定休

↑レトロな空間でのんびり
→アフタヌーンティーセットNT$360～。

+Plus! ご利益スポットをPICK UP!

迪化街へ来たならば、恋愛成就の神様を祭る良縁スポットへも足を運んで！

恋愛成就ならば迷わずここへ
台北霞海城隍廟 ●タイペイシャーハイチェンファンミャオ
★★★

恋愛の神様、月下老人が祭られていて、良縁を結んでくれるとのウワサ。願掛けする人やお礼参りをする人で常に賑わっている。

迪化街 MAP：P13A3

図Ⓜ松山新店線北門駅から徒歩10分
㊟迪化街一段61號 ☎02-2558-0346
⏲7～19時 ㊡なし ㊕拝観無料

↓月下老人のほかにも多くの神様が。煌びやかさは圧巻！

↑問屋街の一角にあるので要チェック

Songshan

新しい文化・芸術が花開く！

トレンド発信地 松山文創園區（ソンシャンウェンチュアンユェンチュー）

Read me!

古きよき文化を見直し新たなムーブメントを創り出す文化創意の機運が高い台湾。その象徴的な場所が松山文創園區だ。クリエイティブなショップで最先端の台湾を探そう。

台北リノベスポット 1

Recommend Point!

当時の面影を残す建造物と最新のトレンドが見事に融合！

たばこ工場を流行の発信基地に

松山文創園區 ●ソンシャンウェンチュアンユェンチュー ★★★

⬆倉庫や工場など当時の建物をそのままに、内部を改装している

1937年に建設されたたばこ工場跡地をリノベーション。デザイン系ミュージアムからレトロなカフェまで、どの店の空間もノスタルジックな雰囲気を残しつつもモダンに昇華。展覧会など芸術活動も行われている。

台北101／信義 MAP：P11E1

図Ⓜ板南線市政府駅から徒歩7分 住光復南路133號
☎02-2765-1388（代） ⏲8〜22時（インフォメーションセンターは9〜18時） 休なし※各施設のデータで記載の無いものは松山文創園區に準ずる

⬅天井が高く無機質な空間は工場の跡地らしい趣

⬆並ぶ商品はどれも独創的なものばかり。お茶の試飲ができる店もある

⬅建物内にはエッジの効いた最先端のショップが多数！

台湾らしいデザインみやげを買おう

松菸風格店家 ●ソンイェンフォンガーディエンジャー

たばこ工場跡地のノスタルジックな建物内には、最新のMIT（メイドイン台湾）アイテムがずらり。地元のクリエイターたちが手掛けた生活雑貨やバッグ、アクセサリーが手に入る。

台北101／信義 MAP：P11E1

☎02-2765-1388#158 ⏲11〜19時 休第5火曜

➡緑いっぱいの店内にはイートインスペースも。フルーツミルフィーユは全4種

人気菓子店の新ブランド

Smille 微笑蜜樂 ●スマイル ウェイシャオミラ

ニューウェーブ系パイナップルケーキが人気の「微熱山丘」の新ブランド。フルーツミルフィーユのほか、店舗限定のドリンクも楽しめる

台北101／信義 MAP：P11E1

☎02-2765-3683 ⏲11～19時 ㊡なし

⬆3Fにはエスリテ・カフェがある

⬆書店スペースは従来の1.5倍に拡大した

➡日本人建築家伊藤豊雄氏の設計

2024年1月リニューアルオープン！

誠品生活松菸 ●チェンピンシェンフォソンイェン

旬なMIT雑貨や食品類のほか充実しているのが書店スペース。24時間営業しており、書籍数は従来の3倍に拡大した。カフェやレストランもある。

台北101／信義 MAP：P11E1

☎02-6636-5888
⏲11～22時（3F書店は24時間営業、eslite café10～24時）
㊡なし

⬆白を基調としたシックな店内

質のよい生活雑貨を厳選！

hof ●ホーフ

台湾発のライフスタイル雑誌が展開するセレクトショップ。シンプルながら質のよい生活雑貨を中心に厳選された商品が並ぶ。店内にはコーヒーバーもあり、オリジナルのコーヒーを扱っている。

台北101／信義 MAP：P11E1

⏲11～19時（土・日曜は10時～、コーヒーバーは～18時）㊡火曜

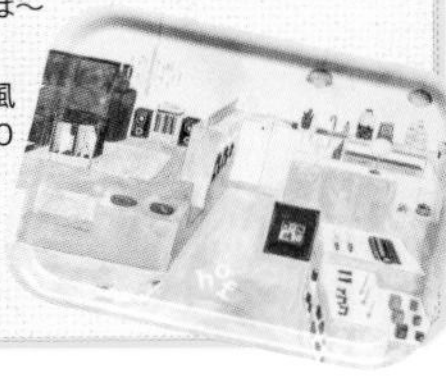
➡hofの店内を水彩画風に描いたトレーNT$980

⬅オリジナルのコーデュロイトートバッグNT$1280

くつろぎ度満点のカルチャースポット

レトロモダンな華山1914文創園區

ファシャンイージョウイースーウェンチュアンユェンチュー

台北リノベスポット2

Read me!

日本統治時代の酒造工場跡地をリノベーションした文化発信基地。新旧が融合する空間には感度の高いさまざまな店が並ぶ。緑も多く、憩いの場としても人気が高い。

Recommend Point!

工場跡地一帯がすべて文化発信基地。レトロな外観が映える！

台湾の文創の機運はここから

華山1914文創園區

●ファシャンイージョウイースーウェンチュアンユェンチュー ★★★

⬆広々とした園内を散歩するのも楽しい

芸術イベント空間からライブハウス、飲食店まで揃う台湾カルチャーの発信拠点。建物は1914年建造の日本統治時代の酒造工場を改装したもの。趣ある館内は必見。

華山 MAP:P9E1

交Ⓜ中和新蘆線·板南線忠孝新生駅から徒歩5分

住八德路一段1號 ☎02-2358-1914 ⏲店舗により異なる 休なし

⬆創作意欲に満ちた雑貨が数多く見つかる

木の温もりを存分に感じて

知音文創 Wooderful life

●ヂーインウェンチュアン　ウッダフル ライフ

MAP:P9E1

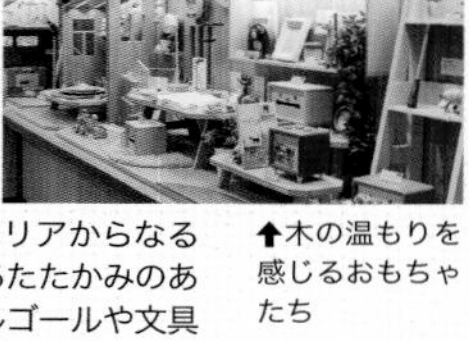

⬆木の温もりを感じるおもちゃたち

商品エリア、カフェ・DIYエリアからなるおもちゃの国。自社設計のあたたかみのある木製おもちゃを中心にオルゴールや文具などがいっぱい！

住八德路一段1號中4B館 ☎02-2341-6905

⏲11～21時(DIYエリア～20時) 休なし

アジア発のいいモノをセレクト

未来市●ウェイライシー　MAP:P9E1

台湾を中心にアジアの33ブランドが約80坪の空間に集結。実店舗をもたないブランドも出店しており、ほかではお目にかかれない新鋭の台湾グッズに出合える。

住八德路一段1號中2館 ☎02-2395-5178 ⏲11～21時

休なし(カフェは月・木曜)

⬆陶器の産地・鶯歌の器。写真後方の器は平皿NT$380、カップNT$390、茶碗は2つセットでNT$1200

⬅カフェ併設。お茶をしながらのんびりショッピング！

↑打ちっ放しのコンクリート壁がクール

台湾の家庭料理を北欧風カフェで

一碗來　Taiwan mama

●イーワンライ タイワン ママ

清潔かつスタイリッシュな空間で台湾伝統の家庭料理がいただける。無添加素材を少なめの油で調理するなど健康にも配慮。

MAP：P9E1

㊓八德路一段1號4D-2館 ☎02-3322-4949
⏲11時～21時(20時LO) ㊡なし

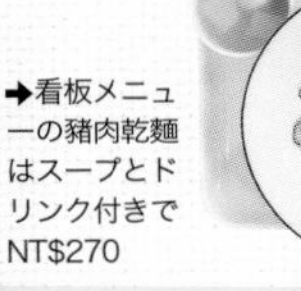

→看板メニューの豬肉乾麵はスープとドリンク付きでNT$270

↑牛肉麵はドリンク付きでNT$300。食材の産地が明確だから安心

↑快適空間で心地よい時間を

街歩きのワンストップに便利

光點生活・光點珈琲時光

●グアンディエンシェンフォ・グアンディエンカーフェイシーグアン

シアター併設のショップ&カフェ。ショップでは映画やアートをモチーフにした商品、カフェではコーヒーやクラフトビールを販売中。

MAP：P9E1

㊓八德路一段1號 中6館
☎ 02-2394-0670(カフェ)、02-2394-0680(ショップ)
⏲11時30分～19時30分(ショップは～19時)
㊡なし

←Sienna方口金包NT$5500

←階段下のこぢんまりとした空間で営業

濃厚ミルクティーでほっとひと息

小確幸紅茶牛奶合作社　MAP：P9E1

●シャオチュエシンホンチャーニゥナイハーズオサー

高品質の牛乳、高大牛奶とアッサム紅茶を使ったミルクティー専門店。牛乳の量を好みで選べるのが特徴。濃いめでほどよい甘さにファン多し。

㊓八德路一段1號千層野臺
☎ 02-3322-1612
⏲11時～19時30分(土・日曜～20時)
㊡なし

←ミルクティーは牛乳の量によって価格が変わる。(中)NT$60～100

Plus! カフェスポットをPICK UP!

日本家屋をそのまま活かした雰囲気を楽しむのなら、こちらのカフェもおすすめ！

レトロ感あふれる2棟の木造建築

静心苑 ●チンシンユェン

日本統治時代建造の松山療養所所長宿舎とスタッフ宿舎を改修して無料公開。レトロな雰囲気の木造建築で、館内には展示施設やカフェがある。

MAP：P3C3

㊋Ⓜ板南線昆陽駅から徒歩3分
㊓昆陽街164號／185號 ☎02-2653-0033
⏲11～21時(2号館は13～17時) ㊡火曜 ㊕無料

↑旧スタッフ宿舎(2館)。建物の装飾細部も必見

↑カフェは予約がベター

→菊島風茹茶NT$120

みどころのトリは、かっこいいイケメン♥

凛々しい衛兵交代式を見学！

Read me!

台北で観光客が衛兵交代式を見られるのは3カ所。いずれも陸、空、海軍から選抜された精鋭たちが衛兵の任務に就く。式での一糸乱れぬ動きに惚れ惚れしてしまいそう！

↑蒋介石に見守られながら、圧巻のパフォーマンス

↑公園内には植物がたくさん植えられている

初代総統の功績を記念した建築物

中正紀念堂 ●ヂョンヂェンジーニェンタン

★★★

巨大な白亜の建築物は、中華民国の初代総統、蒋介石(1887～1975年)の功績を記念して建設された。広大な記念公園は約25万㎡もあり、蒋介石像を安置する中正紀念堂のほか、中国式庭園や植物園がある。

中正紀念堂 **MAP：P9D3**

㊋Ⓜ淡水信義線・松山新店線中正紀念堂駅から徒歩すぐ
㊟中山南路21號 ☎02-2343-1100 ⏲9～18時 ㊡なし
㊎無料

How to 衛兵交代

Schedule
毎日9～17時の1時間ごとの正時に行われる

1 蒋介石像に向かって左側のエレベーターから出てくる

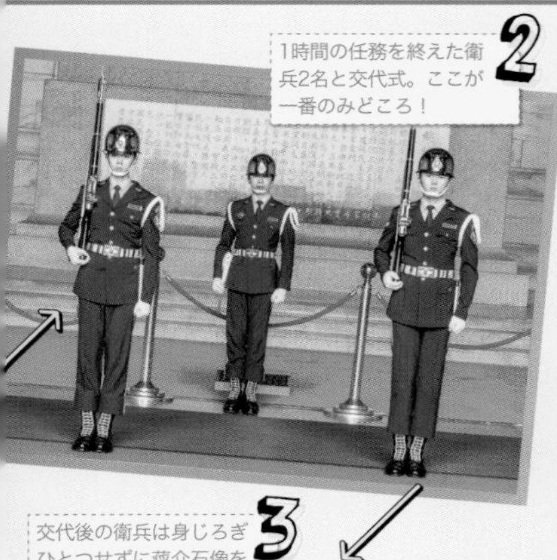

2 1時間の任務を終えた衛兵2名と交代式。ここが一番のみどころ！

3 交代後の衛兵は身じろぎひとつせずに蒋介石像を守る

4 行進しながらエレベーターに乗り込むレアな姿も見られる

神聖な地で雄姿を見学 忠烈祠●チョンリエツー ★★

辛亥革命から現在までに殉死した33万人の英霊を祭る台湾当局管轄の祭祀場。基隆河北川の山裾に広がる広大な敷地には、大殿、山門、大門牌楼が一直線に並んでいる。毎正時に行われる衛兵の一糸乱れぬ行進は一見の価値アリ！

圓山／士林 MAP：P3B2

交 Ⓜ淡水信義線圓山駅から車で7分
住 北安路139號 ☎ 02-2885-4162
時 9～17時 休 なし 料 無料

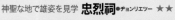

↑大殿は北京の紫禁城のある太和殿を模している

How to 衛兵交代

Schedule 毎日9～17時の1時間ごとの正時に行われる

1 大門牌楼を出発し、広場の真ん中を一直線に行進する（中央が隊長）

2 行進の途中で向きを変え、銃剣をバトンのように回すセレモニーがある

3 大殿に到着後、位牌に敬礼。続いて交代式を行い、2名の衛兵が交代

4 再び5名の隊列で中央広場に戻り、大門牌楼を守る衛兵2名が交代する

衛兵交代トリビア

凛々しい衛兵の制服はこうなっている！ 衛兵交代のときには制服にもご注目

肩には「三軍儀隊」のワッペン。三軍は陸・海・空軍を指す

身長
身長170cm以上。比較的スラリとした細身

銃剣
銃剣の重さは約6kg

靴
特注の軍靴。行進の際「カシャン」と金属的な音を響かせる

空軍
制服の色はブルー

陸軍
制服の色は深緑色

海軍
制服の色はネイビー

リアルな人々の暮らしが見える

元気みなぎる! 台湾式朝活

台北での健康的な生活を支えているのが、朝の時間の有効活用。
季節感のある市場散策や公園でのエクササイズなど、エナジーが満ちる朝活を始めよう！

どれを買おうか迷う〜

朝市

台湾は夜市の印象が強いが、早朝から多くの人が行き交う賑やかな朝市もある。生鮮食料品はもちろん、生活雑貨や衣類などなんでもアリ！ 賢い台北主婦が御用達にするのもうなずける。

↓ストリートの中ほどには学問の神様、文昌宮がある

↑遊歩道沿いにマーケットが並ぶ。新鮮な南国フルーツがいっぱい

➡テイクアウトグルメも充実。行列グルメの台湾風生春巻き、潤餅NT$35

⬅一部の店舗ではカットフルーツを販売している

雙連朝市

●シュアンリェンチャオシー

文昌宮を中心に南北約300m続く朝市には、野菜、果物、魚、肉、衣類、雑貨……あらゆる屋台がズラリ。食べ歩きや店のおばちゃんとのふれ合いも楽しい。

中山 MAP：P12A1

交Ⓜ淡水信義線雙連駅から徒歩すぐ
住民生西路45巷付近
⏲7時～14時30分ごろ 休なし

⬅ゆ〜っくりとした全身運動が健康増進に効果的

じわじわと額に汗が出てきます！

二二八和平公園

●アールアールバーハーピンゴンユェン

台大醫院駅前の公園。台北車站駅にもほど近いことから多くの人が訪れる。ハトやリスの姿も見受けられ、ほのぼのムード。園内に博物館「台北二二八紀念館」も。

台北駅 MAP：P8C2

交Ⓜ淡水信義線台大醫院駅から徒歩すぐ
住懐寧街109號 ☎02-2389-7228
⏲入園自由 休なし 料無料

老いも若きも、だれでもできるよ！

太極拳

日本の朝がラジオ体操ならば、台湾はゆったりとした動きの太極拳。朝の公園には早くから多くの人が思い思いの時間を過ごしている。飛び入り参加ももちろんウェルカム！

TAIPEI

Contents

知っておきたいこと12

#おいしいもの

台湾にはお腹を満たしてくれる幸せが待っている。
12のコツを頭に入れれば、さらにハッピーになれるはず！

01 耳より 得

鼎泰豐の攻略法はコレだ！

大人気のため待つことは必至。だが公式サイトを活用すれば待ち時間や呼出し番号がわかり時間の有効活用も可能だ。また支店ならカード決済もOK。土・日曜の朝なら限定メニュー小籠湯包NT$380（20個）もおすすめ。これはスープにつけて食べる小籠包。

公式サイト：
www.dintaifung.tw/Queue/?type=3

02 耳より

朝は朝食専門店で決まり

外食文化が根づいている台湾では、朝食も外で済ませる人が多い。そのため街中には朝食専門店があふれている。中国風のお粥や豆乳、洋風のサンドイッチやハンバーガー、パスタなど多彩なラインナップ。朝はホテルを飛び出して台湾らしい朝ごはんにトライが正解。

←鹹豆醬はしょっぱい豆乳。スープみたい

→「三明治」はサンドイッチのこと。種類は豊富

03 耳より 得

安くてうまい庶民の味、駅弁

駅弁は列車の外でも楽しめる。安くて、おいしくて、ボリューム満点だからふだんの食事に利用する台湾ローカルも多い。その証拠に台北駅構内をのぞいてみれば、駅のベンチで食べている人がたくさん。街なかには駅弁を売る店まで。電車の旅をしないあなたもおひとつどう？

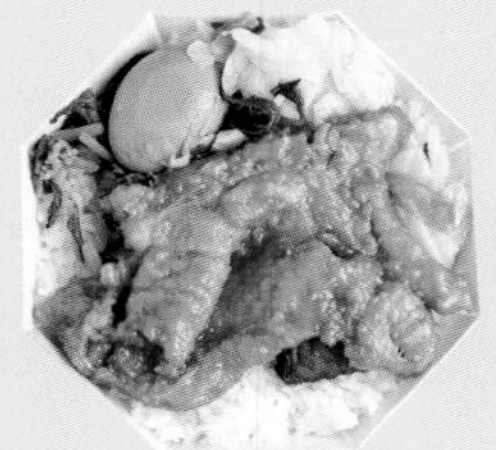

定番はポークソテーの臺鐵排骨便當（八角）NT$80。おかずもご飯の上にたっぷり

04 ！

フルーツには旬があります！

フルーツ大国の台湾だが、食べられる時期はいろいろ。夏は有名なマンゴー（4〜10月ごろ）、ライチ（4〜7月ごろ）、パッションフルーツ（6〜10月ごろ）など。棗子（ザオズ／12〜3月ごろ）や蓮霧（レンブ／12〜5月）など冬に出回る台湾ならではのフルーツも。※時期は目安

かき氷にフレッシュな生マンゴーがトッピングされる時期は店により差がある

05 耳より

台湾かき氷の氷の種類

台湾はかき氷のバリエーションが豊か。いわゆる水を凍らせた氷を削った「挫冰」、ミルクやフルーツエキスなどを凍らせて削った「雪花冰」。さらに変形なら「泡泡冰」。こちらは削った氷にシロップを加え混ぜ合わせたものでシャーベットみたい。トッピングもいろいろだから楽しい！

ベリーのエキスとミルクを凍らせて削ったミルキーな雪花冰。なめらかな口どけ

06 耳より

火鍋のおいしい食べ方

鍋のダシも豊富ならば具材も各種揃うのが台湾の火鍋。楽しみ方もいろいろで、ひとりで味わうひとり鍋から2種のダシが一度に楽しめる鴛鴦鍋（3種はベンツ鍋）、具材が好きなだけ選べるバイキング鍋と多彩。タレは各種薬味を好みで混ぜ合わせてDIYするのが台湾流だ。

麻辣火鍋のダシ追加時にはサービスで鴨血や豆腐も追加できることが多い

07

台湾の食事のマナー ここが違う

台湾人は食事中あまりアルコールを飲まない。酔っ払っている姿は恥ずかしいと思う人も多いのだ。食べ残しの骨などはテーブルの上に置いてもよいが、麺はすすらずレンゲを使って上品に食べる。とはいえルールは厳しくない。お腹いっぱい食べるのが何よりも大切だ。

食を大事にする台湾の人は客人にたくさん食べてもらうのが喜び

08 耳より 得

人気レストランは予約がベター

台湾では有名レストランだけでなく、人気のお店は予約するのが一般的だ。予約がないと長時間待つばかりか入れないことも。小さなカフェでもWebサイトやSNSから予約を受け付けてくれる。言葉が心配な場合はホテルのフロントやコンシェルジュにお願いしよう。

日本語予約可のWebサイトも増えている。英語で電話予約ならほぼ問題ない

09 耳より

おいしい野菜あれこれ

市場やスーパーに行くと、日本ではなかなかお目にかかれない野菜に出くわすこともしばしば。特に地方のレストランを中心に、メニューでも見かけることがあるかもしれない。その代表的なものが川七、水蓮菜、龍鬚菜。どれも食べやすい味だから挑戦してみよう。

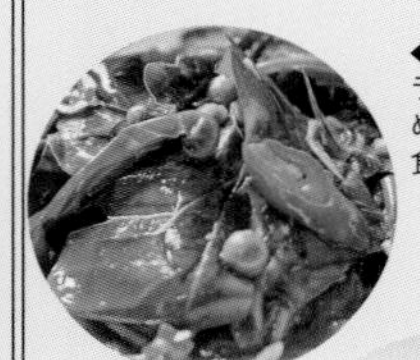

←川七：ミネラルいっぱい。ぬめっとした食感が特徴

→水蓮菜：長い茎状。しゃきしゃきした歯ごたえがいい

←龍鬚菜：くるくるとした巻状のつるがある。おひたしに

10 耳より

エッグタルトは台湾式とマカオ式があります

ペストリー生地にエッグカスタードを流して焼き上げたお菓子は、マカオで生まれ香港で広まり、台湾でも人気になったがそれぞれに違いがある。マカオでは生地はパイ風が一般的。一方台湾ではクッキー風だ。香港ではそのどちらも食べられているとか。比べてみよう。

台湾KFCではパイ風が食べられる

11 耳より 得

ひとりごはんはデパートのフードコートへ

ひとり旅が増えてきた昨今、困るのが食事。大勢で食事をとることの多い台湾では、ちょっといいものは(小吃店除く)みんなでワイワイが一般的だからだ。そんなときおすすめなのが各種料理が並ぶデパートやモールのフードコート。気軽にサクッと食べられる。

主にデパートやモールの地下フロアに位置することが多い

12 耳より NEW

クラフトビールが増えてます

ここ近年、内外のアルコール業界を賑わしているのが台湾産のクラフトビールだ。台湾各地には続々とブルワリーがオープンし、各社趣向を凝らした味を生み出している。なかには国際ビアコンテストで入賞したビールも。とりわけ台湾らしさを感じるテイストは人気が高い。

←瓶や缶はスーパーにも。おみやげにいかが

↑タップバーも増加中。フレッシュな味を満喫

【編集MEMO】

コレだけはいいたい！

たま〜に路上で出くわす神出鬼没な焼き芋屋台。これがなぜだか無性にウマイ！ 運よく出合えたら試してみて。

人気の「馬辣頂級麻辣鴛鴦火鍋」(→P101)は、冬はもちろん夏もおすすめ。生マンゴーが食べ放題だったりするかも！

台湾はFacebookで情報を発信するお店がいっぱい。臨時休業、お得サービスがないかまずはチェックすべし！

ライターI

Din Tai Fung

台湾を代表する名店は、もはや観光地

小籠包は、やっぱり鼎泰豐（ディンタイフォン）で！

Read me!

小籠包を台湾グルメの代表格として押し上げた立役者といえば「鼎泰豐」。薄皮からあふれだす餡と肉汁が奏でるハーモニーに心は踊り出す。もう箸が止まらない！

酢3：醤油1のタレと、細切りショウガを加えて召し上がれ！

NT$250(10個)

小籠包

必ず注文したい鉄板メニュー。餡は豚肉、三星ネギなど10種の素材で作る

Recommended Point!

世界各地に支店をもつが、本場の味は格別！

定番

言わずと知れた小籠包の名店

鼎泰豐 新生店

●ディンタイフォン シンシェンディエン

米紙で「世界十大レストラン」に選出されたこともある台湾屈指の超有名店。多い日には看板の小籠包を1000セイロ以上販売することも！

康青龍 MAP：P14B1

図Ⓜ淡水信義線・中和新蘆線東門駅から徒歩3分 住信義路二段277號 ☎02-2395-2395 ⏲11時~20時30分（土・日曜、祝日は10時30分～）休4月に1日不定休あり ※整理券の発券は、ウェイティングが多い時には早めに終了する場合がある

餡

皮との黄金バランスを考え、16gと厳格に決められている

スープ

豚のもも肉から出た肉汁と、他の具材のうまみが合わさった奥深い味

皮

1枚5ｇで、中の餡が透けて見えるほど薄い。ヒダの数は18

おいしいもの

小籠包

←店内は常に満席の状態。開店直後が狙い目

↑小籠包は職人たちが慣れた手つきで作っていく

こちらもオススメ！

NT$370(10個)

蝦仁燒賣
セイロの中で花開いたような可愛らしさ！

NT$280

排骨蛋炒飯
フライドポークがボリューム満点な一品

NT$210(8個)

紅油抄手
エビ入りワンタンを辛いネギダレで味付け

NT$230

空心菜
夏限定。鮮やかな緑が食欲をそそる炒め物

NT$270

蝦仁蛋炒飯
絶妙な塩味とお米のパラパラさ加減が秀逸

How to オーダー

1 受付で整理券をゲット。人数を伝えて番号とオーダーシートをもらおう。

2 待ち時間に二次元コードから食べたいものを注文しよう。

3 モニターに番号が表示され、アナウンスされたら順番がきた合図なので受付へ。

4 小籠包はアツアツを食べよう。おいしい食べ方はスタッフが教えてくれる。

5 お会計は伝票を持ってレジカウンターまで。おみやげの販売もあり。

お気に入りの一軒を探したい

台北のウマイ小籠包を制覇！

材料はシンプルながら奥深い小籠包の世界。店ごとに個性が異なり、ユニークな変わり種を提供するところも。いろいろ食べ歩いてお気に入りのお店を探してみよう。

NT$230(10個)

小籠包Ⓑ
新鮮な豚ひき肉餡を素早く包んで蒸し上げた正統派

NT$140(8個)

明月湯包Ⓒ
うまみとキレを兼ね備えたスープは唯一無二の味わい

NT$210(8個)

圓籠鮮湯包Ⓐ
豚肉の餡は濃いめ。スープの量も段違いに多い

Ⓐグルメをうならせる薄皮小籠包

濟南鮮湯包

●ジーナンシェンタンバオ

スープが透けて見えるほどの薄皮で包まれた小籠包で人気が爆発、繁盛店に。シルキーな舌ざわりの皮は、職人の高い技術力がなせるワザ！

東區 MAP：P9F2
図Ⓜ中和新蘆線・板南線忠孝新生駅から徒歩４分 住濟南路三段20號
☎02-8773-7596
⏲11時20分～14時30分、17～21時
休なし

Ⓑ名店での修業が生み出した逸品

京鼎小館

オススメ！

●ジンディンシャオグァン

名店、鼎泰豐(→P70)で修業した3兄弟が経営する、京鼎樓の系列店。皮に茶葉を練り込んだ烏龍茶小籠包NT$270(10個)などが人気。

松山 MAP：P6C3
図Ⓜ松山新店線台北小巨蛋駅から徒歩5分
住敦化北路155巷13號 ☎02-2546-7711
⏲10時30分～14時、17～21時(土・日曜、祝日は9時30分～LO20時30分)
休月曜

Ⓒ名シェフが手がけるこだわり小籠包

明月湯包

定番

●ミンユエタンバオ

名門ホテル出身シェフが手がける小籠包は化学調味料不使用。冷めても絶品とローカルの支持も高い。小籠包のサイズはやや大きめでボリュームも満点。

台北101／信義 MAP：P11D4
図Ⓜ文湖線六張犁駅から徒歩11分 住通化街171巷40號1F ☎02-2733-8770
⏲11～14時、17～21時
休なし

NT$260(8個)

蟹黃湯包Ⓔ
小籠包の中にカニのうまみがたっぷり凝縮。濃厚な味わい

NT$180(8個)

小籠湯包Ⓔ
皮は薄く、ネギが香るスープがたっぷり。黒胡椒がアクセント

NT$250(10個)

小籠包Ⓓ
極薄な皮に、しっかり味付けされた豚肉餡の肉汁がたっぷり

NT$180(8個)

絲瓜小籠湯包Ⓕ
さっぱりとした餡は台湾産ヘチマと豚肉、エビ入り

NT$380

天然蔬果原汁七彩小籠包Ⓓ
ひと皿で7つの味を楽しめるカラフルな小籠包

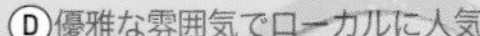

Ⓓ優雅な雰囲気でローカルに人気

點水樓

●ディエンシュイロウ

台湾人が選ぶ人気小籠包投票で1位に輝いた実績をもつ。薄皮の小籠包の餡には、特選の台湾黒豚を使用している。あふれる肉汁も絶品。

東區 MAP：P10B2

㊋Ⓜ文湖線・板南線忠孝復興駅から徒歩1分 ㊟忠孝東路三段300號 太平洋SOGO百貨復興館11F
☎02-8772-5089
⏲11～22時(21時LO)
㊡なし

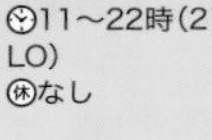

Ⓔ地元客と一緒にワイワイ食べたい

杭州小籠湯包

●ハンゾウシャオロンタンバオ

カジュアルな雰囲気とお手頃価格でありながら、高級店にも引けを取らない味と地元で人気。常連客も多く、店内はいつも活気づいている。

康青龍 MAP：P14A1

㊋Ⓜ淡水信義線・中和新蘆線東門駅から徒歩7分 ㊟杭州南路二段17號
☎02-2393-1757
⏲11時～14時30分、16時30分～21時
㊡なし

Ⓕヘルシー小籠包は女性客に人気

盛園絲瓜小籠湯包

●センユェンスーグアシャオロンタンバオ

店名に冠した絲瓜(ヘチマ)入り小籠包が看板商品。素材を生かすため、味付けは控えめ。女性好みのモダンなインテリアも好評だ。

康青龍 MAP：P14A1

㊋Ⓜ淡水信義線・中和新蘆線東門駅から徒歩7分 ㊟杭州南路二段25巷1號
☎02-2358-2253
⏲11時～14時30分、16時30分～21時30分
㊡なし

Shaved Ice

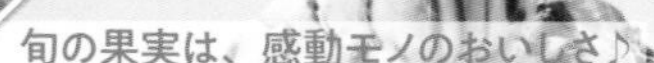

旬の果実は、感動モノのおいしさ♪

"映える"マンゴーかき氷に夢中！

Read me!

食べたら自然と笑顔になれちゃう魅惑のデザート、マンゴーかき氷。かわいいビジュアルと、とろけるおいしさをSNSでシェアしたら、だれもがハッピーになれるはず！

フルーツかき氷＆スムージーが充実

思慕昔

●スムーシー

永康街の中心部という好立地にある人気店。オープンテラスのお店はいつも多くのお客で賑わっている。マンゴーカラーが目印

NT$250

超級雪酪芒果雪花冰

マンゴーミルク味のかき氷は口どけなめらか

康青龍 MAP：P14B1

図Ⓜ淡水信義線・中和新蘆線東門駅から徒歩2分 住永康街15號 ☎0908-059-121 ⏲10時30分～22時(金・土曜は～22時30分) 休なし

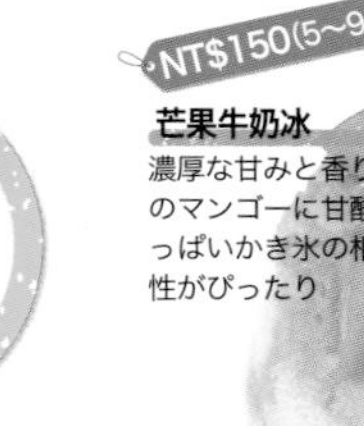

NT$150(5～9月頃限定)

芒果牛奶冰

濃厚な甘みと香りのマンゴーに甘酸っぱいかき氷の相性がぴったり

行列必至の人気かき氷店

龍都冰菓専業家

●ロンドゥビングオジュアンイエジア

新鮮なフルーツのジュースやかき氷を求めて午後には行列ができる名物店。11月からの秋冬限定スイーツもおすすめ。

西門／龍山寺駅 MAP：P3A3

図Ⓜ板南線龍山寺駅から徒歩4分 住和平西路三段192號 ☎02-2308-2227 ⏲11時30分～22時 休水曜(祝日の場合翌日休)

NT$250(4～7月頃限定)

夏日老京都

抹茶のほろ苦さとマンゴーの甘さが相性抜群

日台融合のかき氷

點冰室 ジャビン

●ディエンピンシー ジャビン

「台湾の材料をメインに日本目線で作る台湾スイーツ」がコンセプト。かき氷のほか、映えるフルーツサンドにも注目。

中山 MAP：P12A3

図Ⓜ淡水信義線・松山新店線中山駅から徒歩4分 住承德路二段53巷33號 ☎0907-495-158 ⏲14～20時 休水曜

行列のできる期間限定のかき氷

オススメ！

冰讃
●ビンザン

マンゴーが旬の時期だけオープンするレトロな雰囲気の店は、いつも大賑わい。懐かしい味わいのプリントッピングにもトライ！

中山 MAP：P12A2

図Ⓜ淡水信義線雙連駅から徒歩3分 住雙連街2號 ☎02-2550-6769 ⓒ4月中旬～10月末の11～21時 休11～4月上旬

NT$180（4月中旬～10月末限定）
芒果雪花冰
濃厚な味わいのマンゴーをふんだんにのせて

NT$200
雙拼水果雪花冰
マンゴーとスイカに練乳をかけて。濃厚な味わい

NT$160（4～8月頃限定）
新鮮芒果雪片
ミルク味の氷とマンゴーの組合わせを堪能

ローカルから長年愛される名店

辛發亭
●シンファーティン

タロイモや仙草ゼリーなど台湾ならではの食材を使用したスイーツも人気。士林夜市エリアにあり、夜市巡りの休憩タイムにおすすめ。

圓山／士林 MAP：P3B2

図Ⓜ淡水信義線劍潭駅から徒歩5分 住安平街1號 ☎02-2882-0206 ⓒ14～23時（冬期15時～） 休なし

NT$160
芒果牛奶冰（5～9月限定）
黒糖氷に練乳が素朴な甘さ。氷の中にもマンゴーが！

地元で愛される伝統的なかき氷

オススメ！

黒岩古早味黒砂糖剉冰
●ヘイイェングーザオウェイヘイシャータンツォビン

黒糖氷を削って作るかき氷は、どこか懐かしい味わいでリピーターが多い。大きめにカットされたマンゴーが載るかき氷が一番人気。

↑スイーツ男子の姿も見かける店内

行天宮駅 MAP：P5F2

図Ⓜ中和新蘆線行天宮駅から徒歩5分 住錦州街195號 ☎02-2536-2122 ⓒ12時～21時30分 休不定休

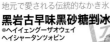

Shaved ice

個性豊かなのが台湾ならでは！

ぜーんぶ食べたい 進化系かき氷

Read me!

見て楽しい、食べて味わい豊かな台湾のかき氷。台湾茶や南国フルーツなど台湾の特産品をふんだんに使っているから台湾らしさも味わえる。ユニークな味を満喫しよう。

NT$149
抹茶嫩仙草雪花盛盤 Ⓐ
ふわふわの仙草かき氷に抹茶がマッチ

NT$280
燒冰芒果 Ⓔ
バーナーでクレームブリュレを焦がした新感覚のマンゴーかき氷

NT$280
芋香蒙布朗 Ⓒ
なめらかクリーミーなタロイモモンブランのかき氷

NT$270
椰子草莓 Ⓒ
フレッシュなイチゴソースにココナッツを合わせたさわやか系

NT$250
焙茶拿鐵脆片 Ⓒ
濃厚ほうじ茶とマスカルポーネの相性抜群

オススメ！

Ⓐ新感覚の仙草スイーツ店

八時神仙草

●パーシーシェンシエンツァオ

仙草スイーツを扱うお店。仙草といっても苦みを抑えたさわやかな風味と香りはまるで別の食べ物。中山エリアにありモダンかつレトロな雰囲気はひと休みにぴったり。

中山 MAP：P12B4

図Ⓜ淡水信義線・松山新店線中山駅から徒歩3分 住中山北路一段135巷5號 ⏲12時30分～21時（20時30分以降はテイクアウトのみ） 休なし

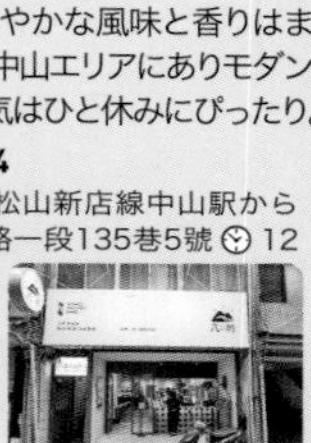

Ⓑ絹のような口どけを堪能

MR.雪腐 公館店

●ミスターシュエフー ゴングァンディエン

ひらひらとリボンのように薄く削られたかき氷は、驚くほどなめらかな舌ざわり。旬の果物の果汁から作られ、素材そのものの味わいを楽しめる。

公館駅 MAP：P15A3

図Ⓜ松山新店線公館駅から徒歩8分 住羅斯福路三段244巷21號 ☎02-2363-5200 ⏲12～20時 休なし

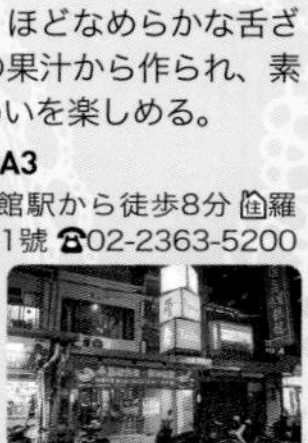

Ⓒ実力派パティシエの創作かき氷

Kakigori Toshihiko

●カキゴオリトシヒコ

日本の製菓学校を卒業した台湾人のオーナーが腕を振るうかき氷の人気店。季節によってそれぞれ違うメニューを展開し、見た目にもこだわったかき氷はどれも納得の味。

古亭駅 MAP：P14A4

図Ⓜ松山新店線・中和新蘆線古亭駅から徒歩4分 住金門街2-2號 ☎なし ⏲13～20時 休月曜

オススメ

NT$140
珍珠奶茶Ⓕ
上質な茶葉を使用したタピオカたっぷりの雪花冰

NT$180
莓大莓小Ⓑ
イチゴとブルーベリー、ヨーグルトMIXの雪花冰

NT$160
西瓜小涼球Ⓕ
台湾産スイカを使用したさっぱりとした甘さの雪花冰(夏季限定)

NT$240(左)
NT$290(右)
珍珠奶茶刨冰(左)
珍珠奶茶濃蜜糖鬆餅(右)Ⓔ
もちもちとしたタピオカの食感が楽しいかき氷(左)ワッフルなどかき氷以外のスイーツも絶品!(右)

NT$120
蜜芋麻糬燒雪冰Ⓓ
雪のようなふわふわのかき氷に、熱々のお餅を載せ、練乳をかけたかき氷

Ⓓ台湾伝統かき氷が絶品

来呷甜甜品
●ライガーティエンティエンピン

宜蘭出身のオーナーが手作りする昔ながらの台湾スイーツが評判のお店。どれも甘さ控えめで食べやすく、ふわふわで口当たり抜群のかき氷は必食。

台北駅 **MAP:P8B1**

図Ⓜ淡水信義線・板南線台北車站から徒歩8分 住延平南路11號 ☎02-5596-4288 時13時～20時30分(売り切れ次第閉店) 休火曜(6～8月は無休)

Ⓔ新しいけれど懐かしいスイーツ

金雞母
●ジンジームー

オススメ!

台湾風の手作りスイーツが人気のカフェ。創作性あふれるメニューはどれも映えるものばかり。あったかスイーツにも力を入れている。

康青龍 **MAP:P14B2**

図Ⓜ淡水信義・中和新蘆線東門駅から徒歩5分 住麗水街7巷11號 ☎02-2393-9990 時12時30分～20時30分 休不定休

Ⓕフォトジェニックなかき氷が揃う

花蔵雪
●ファツァンシュエ

士林夜市エリア内にある人気店。日本や台湾の厳選素材を使用したなめらか食感の雪花冰が味わえる。夜市で歩き疲れた後のひと休みにオススメの店。

圓山/士林 **MAP:P3B2**

図Ⓜ淡水信義線剣潭駅から徒歩5分 住大北路27號 ☎02-2883-3807 時13～21時 休不定休

Breakfast

おいしい朝食で、カラダが目覚める！

台湾スタイルの定番朝ごはん

Read me!

グルメ天国台湾は朝食のラインナップも充実。あっさりと豆漿(豆乳)、さらっとお粥、がっつりと飯糰(おにぎり)……。その日の気分と体調に合わせてチョイスしよう。

NT$60
薄餅夾油條
薄味なので豆乳につけて食べたい油條(揚げパン)入りのカリカリ薄焼き餅

NT$30
甜豆漿
温かい「熱」、冷たい「冰」を選べる、豆の香りが広がる薄甘口の豆乳

鹹豆漿 NT$40
干しエビや油條がトッピングされた塩味。おぼろ豆腐のようにやや固まる

蛋餅 NT$40
玉子を包んだ台湾風クレープ。しょうゆを少したらすとおいしさ倍増！

甜豆漿 NT$30
豆の香りが広がる薄甘口。温かい「熱」、冷たい「冰」がある

薄餅來油條 NT$60
カリカリの薄焼き餅に油條をサンド。かなりの薄味

NT$40
蛋餅
しょうゆをたらすとおいしい、ネギ入りの玉子焼きを包んだ台湾風クレープ

NT$40
鹹豆漿
揚げパン、干しエビなどが入ったおぼろ豆腐のようなやさしい食感

伝統的な作り方を守る朝ごはん

阜杭豆漿
●フーハンドウジャン

1958年創業。華山市場2階のフードコート内にありながら、地元のファンで連日行列ができる朝ごはん専門店。石窯と炭火で焼く焼餅類も豊富。

華山 **MAP：P9E1**

図Ⓜ板南線善導寺駅から徒歩3分 住忠孝東路一段108號2F ☎02-2392-2175 ⏲5時30分～12時30分(なくなり次第終了) 休月曜

台湾伝統スタイルの名店

鼎元豆漿
●ディンユェンドウジャン

地元の人が絶えず行列を作る台湾朝ごはんの老舗で、注文が入ってから皮を伸ばす粉もの料理が自慢。テイクアウトできるのもうれしい。

中正紀念堂 **MAP：P9D3**

図Ⓜ淡水信義線・松山新店線中正紀念堂駅から徒歩5分 住金華街30-1號 ☎02-2351-8527 ⏲4時30分～11時30分 休なし

NT$20
甜豆漿(ホット)
地元流に油條を浸して食べてみて

NT$120(8個)
小籠湯包
専門店顔負けの薄皮の中に肉汁がたっぷりなのに、超リーズナブル！

NT$40+15
燒餅夾油條+加蛋
薄焼き玉子を追加ではさむのがツウな食べ方

NT$25(1個)
芋頭糕
タロイモやひき肉、米粉を蒸し固めたほっこり味の小吃

NT$280
セットB
油飯+煮玉子2個+フライドチキンが入る、大満足の台湾弁当

レトロタウンきっての行列店

林合發油飯店
●リンハーファーヨウファンディエン

永樂市場内の油飯(台湾風おこわ)の専門店。ボリューム満点のお弁当目当てに連日行列が絶えない。売り切れ次第閉店なのでお早目に。

迪化街 **MAP：P13A3**

図Ⓜ松山新店線北門駅から徒歩10分 住迪化街一段21號 永樂市場 1F ☎02-2559-2888 ⏲7時30分～12時(売り切れ次第終了) 休不定休

↑客が見守るなか、手早く箱詰めされていく

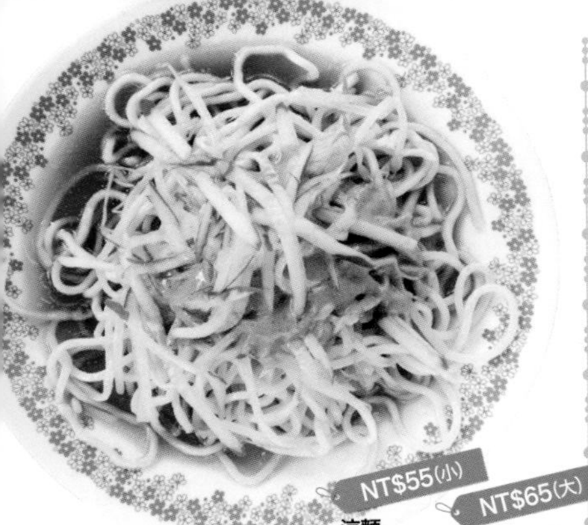

NT$55(小) NT$65(大)

涼麵

しょうゆベースのさっぱりタレが決め手。お好みで焦がしラー油を加えて

ヤミツキになるツルツル麺

屏東任家涼麵

●ピンドンレンジャーリャンミェン

台湾南部の屏東で創業、50年以上続く老舗の涼麵店。ダシの利いたしょうゆの秘伝ダレが決め手で、あっという間に完食してしまう。

松山 **MAP：P7F2**

図Ⓜ松山新店線南京三民駅から徒歩18分 住富錦街535號 ☎02-2749-4326 ⏲7時30分～14時30分、16時30分～20時30分(土曜は夜営業なし) 休日曜

屋台から始まった絶品麺

陳家涼麵

●チェンジャーリャンミェン

地元では知らない人はいないほどの名店。看板メニューの涼麵は茹でた麺の上に細切りキュウリと特製タレがかかっただけのシンプルスタイル。

松山 **MAP：P7E3**

図Ⓜ松山新店線南京三民駅から徒歩6分 住南京東路五段123巷29號 ☎02-2766-0171 ⏲6時～13時30分 休日曜

NT$45(小) NT$55(大)

涼麵

さっぱりした麺には、味噌ベースのスープ、味噌加貢丸加蛋(三合一湯)NT$45を組み合わせるのが地元流

⬇ビニール袋に入れてもらって食べ歩きが台湾流

NT$55

招牌紫米飯團

サクサクの油條とシャキシャキとした酸菜の食感が楽しいおにぎり

NT$80

起士海陸總匯飯糰

もち米使用で腹もち◎。中には肉鬆(肉でんぶ)や油條、豚肉などが入っている

いつでも握りたてを素早く提供！

劉媽媽飯糰

●リゥマーマーファントゥアン

注文を受けてから店員さんが握ってくれる、アツアツの具だくさんおにぎり専門店。お供にはヘルシーな黒豆漿NT＄25(小)が合う。

中正紀念堂 **MAP：P9D4**

図Ⓜ松山新店線・中和新蘆線古亭駅から徒歩6分 住杭州南路二段88號 ☎02-3393-6915 ⏲5時～11時30分 休月曜

食材にこだわりのある老舗

周記肉粥店

●ジョウジーロウジョウディエン

すべての料理の食材にこだわり、新鮮な素材の味を生かす味付けが特徴。1956年の創業当時から変わらない味を守る肉粥が看板メニュー。

西門／龍山寺 **MAP：P15C3**

図Ⓜ板南線龍山寺駅から徒歩5分 住廣州街104號 ☎02-2302-5588 ⏲6時～16時15分 休不定休

NT$60

茭白筍

茹でたマコモダケ。甘い台湾のマヨネーズで食べる

NT$80(2人分)

雞肉

厳選された上質な鶏を茹でたシンプルな料理

NT$15

鹹粥

店名にもなっている肉粥は、豚骨からとったダシとしょうゆのあっさり味

Bakery

ごはんもいいけど、やっぱりパンが好き♥

実力派ベーカリー&レトロ三明治

Read me!

台湾のサンドイッチ(三明治)はトースト系からふわふわ系まで種類が豊富でボリューム満点。惣菜のパンと一緒にテイクアウトして、公園など野外で食べてみて！

在台外国人御用達のパン屋さん

PUREBREAD BAKERY

●ピュアブレッドベーカリー

自家製の発酵種でつくる、ヨーロッパの伝統的なパンが人気のベーカリー。添加物を一切使わない、本場さながらの小麦粉の香りとうまみ、そして発酵種の酸味を噛みしめて。

東區 MAP:P11D2

図Ⓜ板南線國父記念館駅から徒歩4分 住光復南路308巷21號1F ☎なし ⏰10～21時 休なし

オススメ

↑墨西哥辣椒酸麵團NT$130は自慢のサワードウ

↓ペカンのクロワッサン胡桃楓糖可頌NT$170

↑爽やかなシナモンロール香橙肉桂捲NT$80

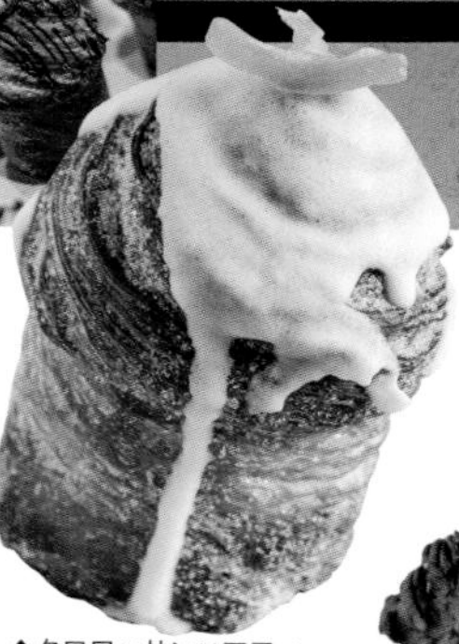

↑クロワッサン×マフィンの可頌馬芬NT$100

変わらぬおいしさ続くレトロパン

双福食品

●シュアンフーシーピン

オススメ

1945年創業の老舗ベーカリー。看板商品は昔ながらのサンドイッチで、自家製マヨネーズの軽い味わいが後を引く。ほかにも台湾らしさを感じるパンも人気。焼きたてなら16時半ごろが狙い目だ。

中山 MAP:P12A2

図Ⓜ淡水信義線雙連駅から徒歩3分 住民生西路150號 ☎02-2558-9018 ⏰9～23時 休なし

↑宜蘭産ネギパンなど台湾ならではの商品が並ぶ

↑薄焼き玉子とハムのサンドイッチNT$18は必食

←起司肉鬆NT$30はパイの中に肉でんぶが

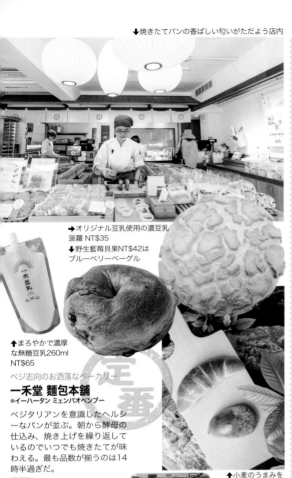

⬇焼きたてパンの香ばしい匂いがただよう店内

➡オリジナル豆乳使用の濃豆乳菠蘿 NT$35

⬇野生藍莓貝果NT$42はブルーベリーベーグル

⬆まろやかで濃厚な無糖豆乳260ml NT$65

⬆小麦のうまみを感じるパンが揃う

ベジ志向のお洒落なベーカリー

一禾堂 麵包本舗

●イーハータン ミェンバオベンプー

ベジタリアンを意識したヘルシーなパンが並ぶ。朝から酵母の仕込み、焼き上げを繰り返しているのでいつでも焼きたてが味わえる。最も品数が揃うのは14時半過ぎだ。

松山 MAP：P6B2

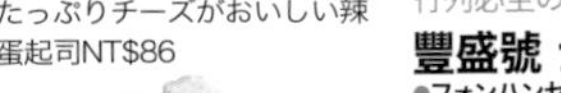

図Ⓜ文湖線中山國中駅から徒歩3分 ⓐ復興北路323號1F ☎02-2545-0096 ⓒ11時～20時30分 ㊡なし

⬇ピリ辛味の豚肉ソテーと玉子焼き、たっぷりチーズがおいしい辣醬肉蛋起司NT$86

⬅豐盛三明治NT$115。豚肉ソテー、キャベツなど具だくさん！

行列必至のボリューミーサンド

豐盛號 士林店

●フォンハンセオ シーリンディエン

パンは台湾南部の人気製パン店も経営するオーナーの実家から毎日直送。炭火で軽く炙ったトーストに、手作りソースと厳選素材をはさんだサンドイッチが人気。

圓山／士林 MAP：P3B1

図Ⓜ淡水信義線士林駅から徒歩3分 ⓐ中正路223巷4號 ☎02-2880-1388 ⓒ6時30分～13時（土・日曜は～14時）㊡なし

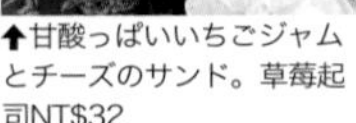

⬆甘酸っぱいいちごジャムとチーズのサンド。草莓起司NT$32

➡名物の招牌起司NT$28。懐かしい味のするチーズと薄焼き玉子のサンド

台中発の絶品ふわふわパン

洪瑞珍

●ホンレイジェン

味、値段、接客のすべてにおいて評判が高い人気店。軽フワ食感が自慢のサンドイッチはもちろん、話題のヌガーサンドや中国菓子もおすすめ。

東區 MAP：P11D2

図Ⓜ板南線忠孝敦化駅から徒歩3分 ⓐ忠孝東路四段218-2、3號（阿波羅大廈）☎02-2778-5959 ⓒ10～20時（土曜は～19時30分）㊡なし

⬆酒釀桂圓NT$370。2008年に世界大会1位に輝いたパン。芳醇な香りが特徴

➡荔枝玫瑰NT$370。ライチ酒とバラの上品な味わい

世界チャンピオンのパンは必食！

呉寶春麥方店

●ウーバオチュンパンディエン

かつてパンの国際大会でチャンピオンとなった呉寶春氏のフラッグシップストア。毎日70種類ほどの焼きたてパンが並ぶほか、隣のイートインスペースではここ限定のメニューもある。

台北101／信義 MAP：P11F3

図Ⓜ淡水信義線象山駅から徒歩2分 ⓐ信義路五段124、126號 ☎02-2723-5520 ⓒ10時30分～20時 ㊡不定休

Lu Rou Fan

トロトロ食感×甘辛味がたまらないっ♥

台湾のソウルフード魯肉飯

Read me!

魯肉飯(滷肉飯)は細かく切った豚肉をじっくり煮込んで白飯の上に載せたもの。どの店でも小ぶりの碗で提供されるがボリュームは満点、台湾を代表するパワーフード。

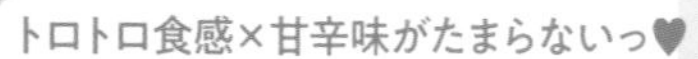

NT$60
蝦捲
エビのすり身やクワイを入れた練り物を豚の網脂で巻き揚げる

NT$60
綜合湯
エビと魚のつみれが入ったスープ。あっさりした優しい味わい

NT$30
魯肉飯(小)
甘辛く煮込まれ、とろけるほどやわらかな豚の脂身でご飯がすすむ!

オススメ

迪化街で魯肉飯なら迷わずココ!

金仙魚丸店

●ジンシェンユーワンディエン

台南名物の「蝦捲」が看板メニュー。永樂市場のすぐ横という便利な立地もうれしい。ごはんどきには地元の人で行列ができることも。

迪化街 MAP:P13A3

図Ⓜ松山新店線北門駅から徒歩10分 住南京西路233巷19號 ☎02-2559-4392 ⏰7～19時 休水曜

格安で食べられる庶民の台所

金峰魯肉飯

●ジンフォンルーロウファン

南門市場の近くにある庶民派食堂。だれでも気軽に食べてほしいという店主の想いで、リーズナブルな値段設定に。種類が豊富なスープもおすすめ。

中正紀念堂 MAP:P9D3

図Ⓜ淡水信義線・松山新店線中正紀念堂駅から徒歩2分 住羅斯福路一段10-1號 ☎02-2396-0808 ⏰11時～翌1時 休月曜

定番

NT$35+15
魯肉飯(小)+滷蛋
どこか懐かしさを覚える、甘く濃いめの味付け

NT$60
肉羹湯
肉のうまみが凝縮したアツアツスープ。魯肉飯との相性も抜群

NT$35
魯肉飯(小)
豚トロの肉そぼろは八角の香りが際立つ。甘めのタレもグッド!

NT$60
控肉飯
甘辛いプリプリ食感の三枚肉で、白飯が止まらない!

オススメ!

屋台並みのお手軽価格!

黄記魯肉飯

●ホァンジールーロウファン

有名レストランのシェフだった母親が開いた店で、現在は2代目店主が切り盛り。魯白菜や地元の人に人気の蹄膀肉などの副菜も人気。

中山 MAP:P5E2

図Ⓜ中和新蘆線中山國小駅から徒歩3分
住中山北路二段183巷28號
☎02-2595-8396 ⏰11時30分～20時30分 休月曜

NT$55+15
滷肉飯(大)+加蛋
半熟の目玉焼きは+NT$15。しょうゆベースのタレで煮込んだ肉にからめて！

NT$60
蘿蔔糕
カリカリとモチモチの食感が楽しい、台湾式大根餅

NT$70
蚵仔煎
大粒カキが入ったカキオムレツは、B級屋台グルメの代表格

半熟玉子載せ滷肉飯が人気

天天利美食坊

●ティエンティエンリーメイシーファン

そぼろ肉の載った滷肉飯と、とろーり半熟玉子の絶妙なハーモニーにノックアウト寸前。副菜も豊富で、台湾B級グルメがひととおり試せる。

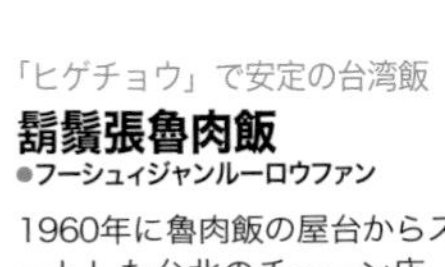

西門／龍山寺 **MAP：P8B1**
図Ⓜ松山新店線・板南線西門駅から徒歩4分 ㊓漢中街32巷1號 ☎02-2375-6299 ⏲10時30分～22時30分 ㊡月曜

NT$37
魯肉飯(小)
豚肉は肩肉を使用。数種の漢方薬入りの秘伝のタレで煮込んでいる

NT$30
炒青菜
コッテリした魯肉飯のおともにピッタリの青菜炒め

NT$35
番茄炒蛋
酸味の利いたトマトと玉子の炒め物

魯肉飯一筋50年以上の味

丸林魯肉飯

●ワンリンルーロウファン

1977年創業。オーナーは幼いころから魯肉飯の屋台で腕を磨いた人物。魯肉飯以外はビュッフェ形式で、1階には毎日20種以上の小菜が並ぶ。

中山 **MAP：P5E1**
図Ⓜ淡水信義線圓山駅から徒歩10分 ㊓民族東路32號 ☎02-2597-7971 ⏲10時30分～20時30分 ㊡なし

「ヒゲチョウ」で安定の台湾飯

鬍鬚張魯肉飯

●フーシュィジャンルーロウファン

1960年に魯肉飯の屋台からスタートした台北のチェーン店。魯肉飯のそぼろを煮込む間15分ごとに混ぜて、余分な脂を取り除きトロトロに仕上げる。

迪化街 **MAP：P13C2**
図Ⓜ淡水信義線雙連駅から徒歩15分 ㊓寧夏路64號 ☎02-2558-9489 ⏲10時30分～翌0時30分 ㊡なし

NT$39(小)
雞肉飯
あっさり派にはゆでた鶏肉をトッピングしたこちらがおすすめ

NT$39
魯肉飯(小)
豚のあご下肉を秘伝のタレで5時間以上煮込んだコッテリ系

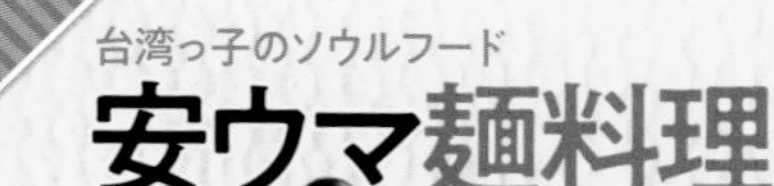

台湾っ子のソウルフード

安ウマ麺料理

Read me!

麺料理は庶民派グルメのテッパン。麺の素材や太さ、具材やスープがバラエティー豊かだから食べるたびに異なるおいしさが。毎食食べても飽きない麺の世界を堪能しよう。

NT$260(小)

紅焼半筋半肉麵 Ⓑ
牛骨と漢方、野菜を煮込んだうまみあふれるスープが細麺によく合う

NT$70

綜合麵線 Ⓐ
カキと豚のホルモン入り。ぷりっぷりなカキに舌鼓!

NT$55

餛飩意麵 Ⓗ
あっさりしたスープにしっかり味付けされたワンタンがマッチ

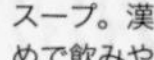

NT$210(小)

牛肉麵 Ⓒ
濃厚でコクたっぷりの牛骨スープ。漢方の配合が控えめで飲みやすい

NT$130

抄手拌麵 Ⓑ
黒こしょうと刻みタマネギがアクセントの、酸味が利いた汁なしワンタン麺

Ⓐ
具だくさんがうれしい!

阿川蚵仔麵線

●アーチュアンオーアーミェンシン

あっさり味の麺にカキやホルモンが惜しげもなくどっさり載っていて地元の人に人気。早朝オープンなので朝ごはんにもオススメ。

迪化街

MAP:P13C2

図Ⓜ淡水信義線雙連駅から徒歩6分 住民生西路198-17號 ☎02-2552-3962 ⏲7～17時 休日曜

Ⓑ
食べ飽きない秘伝のスープ

史大華精緻麵食館

●シーターファチンツーミェンシーグァン

味わいを追求した料理の数々は、まさに台湾の母の味。昼食に愛用するビジネスマンが絶えない名店。

大安

MAP:P10C4

図Ⓜ文湖線六張犁駅から徒歩5分 住和平東路三段67巷4號 ☎02-8732-8168 ⏲11時30分～14時30分、17～21時 休日曜

Ⓒ
特製牛骨スープにファンが集う

林東芳牛肉麵

●リンドンファンニュウロウミェン

創業40年の老舗店で行列必至の人気店。60時間煮込んだまろやかな牛骨スープに、特製ラー油を入れて好みの辛さに調節できる。

東區

MAP:P6B4

図Ⓜ文湖線・松山新店線南京復興駅から徒歩10分 住八德路二段322號 ☎02-2752-2556 ⏲11時～翌3時 休なし

Ⓓ
有名グルメガイドの人気店

采宏牛肉麵

●ツァイホンニュウロウミェン

サイズだけでなく、牛肉の部位(肉&スジ・モツ・ミックス)や麺の太さも選べる牛肉麺が看板メニュー。庶民的な価格なのもうれしい。

西門/龍山寺

MAP:P8B1

図Ⓜ松山新店線・板南線北門駅から徒歩5分 住西寧南路27號 ☎02-2371-2747 ⏲24時間営業 休なし

NT$100(小)

牛肉麵 D
ほどよく八角が香る看板メニュー。太い麺(寛麵)に変更も可能

NT$280(小)

清燉牛肉麵 E
牛肉のうまみやコクがストレートに伝わる塩味スープの牛肉麺も絶品

NT$280(小)

紅燒牛肉麵 E
ピリ辛しょうゆスープとストレート麺の相性◎。具は牛肉と牛スジの2種類

NT$50

擔仔麵 F
台南の名物麺。小麦のストレート麺にエビの頭からとったスープが美味

NT$40+15

乾麵(小)+半熟蛋 G
しょうゆとラードの秘伝ダレで和えた麺。+NT $15で玉子を付けるのが◎

NT$30

乾意麵 H
甜麵醬とスパイスソースなどで作る特製ダレを麺とよく絡ませよう

E
昔ながらの味を守る老舗店
永康牛肉麵
●ヨンカンニュウロウミェン

1963年に屋台からスタートし、現在では街を代表する名店へと成長。昔ながらの牛肉麺の味が地元の人に支持されリピーター多数。

康青龍
MAP: P14A1

図Ⓜ淡水信義線・中和新蘆線東門駅から徒歩5分 住金山南路二段31巷17號 ☎02-2351-1051 ⏰11時～20時40分 休なし

F
100年続く台南の擔仔麵
度小月
●ドゥーシャオユエ

100年以上の歴史をもつ台南の名物料理・擔仔麵の老舗の台北支店。擔仔麵は汁麺(汁あり)と乾麵(汁なし)の2種類から選べる。

東區
MAP: P10C2

図Ⓜ板南線忠孝敦化駅から徒歩3分 住忠孝東路四段216巷8弄12號 ☎02-2773-1244 ⏰11時～21時45分(日曜は～21時30分) 休なし

G
路地裏の知る人ぞ知る名店
樺林乾麵
●ファリンガンミェン

創業50年以上という老舗で、地元の常連客がひっきりなしに訪れる。シンプルな麺には自家製ラー油を足してピリ辛にするのが通。

西門/龍山寺
MAP: P8B2

図Ⓜ松山新店線・板南線西門駅から徒歩6分 住中華路一段91巷15號 ☎02-2331-6371 ⏰7時30分～14時 休土・日曜

H
1日1000食を売り上げる人気店
意麵王
●イーミェンワン

1938年に屋台の麺店として創業。日本統治時代から変わらないシンプルでも深みある味わいが、地元の常連客に愛されている。

迪化街
MAP: P13B2

図Ⓜ淡水信義線雙連駅から徒歩15分 住歸綏街202號 ☎02-2553-0538 ⏰10時30分～20時 休水曜

Vegetarian Food

奥が深い！ 台湾式ベジタリアン

身体が喜ぶ素食にトライ！

Read me!

宗教上の理由だけでなく、健康志向の高まりからチョイスする人も多い台湾のベジタリアン料理「素食」。至る所に専門店があり、近年はおしゃれなお店も増えている。

↑白を基調とした店内の至る所に蓮のモチーフが使われている

素食飲茶を
おしゃれに楽しむ

不葷主義茶餐廳

●ブーフンジューイーチャーツァンティン

台中店に続き2023年に台北にオープン。明るい白を基調とした木のぬくもり感じる店内でいただけるのは、見た目にもおしゃれな素食料理の数々。新感覚の素食を味わえる。

松山 **MAP：P6B3**

図Ⓜ文湖線・松山新店線南京復興駅からすぐ 住南京東路三段275號2F ☎02-2545-9977 ⏰11時30分～15時、17時30分～21時30分 休なし

入り口で見守る
観音菩薩像

←店名の「不葷主義」は非肉食主義という意味

↑糖醋雞丁NT$320。ベジタリアンミートに特製の甘酢ソースを絡める

←松露炒飯NT$350。トリュフがかぐわしい炒飯

↑奶黃流沙包NT$120。厳選玉子の卵黄とバターの風味豊かな餡を包んだ

→老罈酸菜魚NT$480。山芋とヒョウタケを魚に見立てた

↓フルーツたっぷりのドリンクでビタミンチャージ!

麺をプラスすればボリュームUP！ 薄味なのでカレー粉やゴマ味噌の調味料でアレンジを

↑フォトジェニックな壁一面に並ぶ葉物野菜！ マコモダケや水蓮など台湾らしい素材もある ↗屋台の定番グルメをカフェ風のおしゃれな店内で

野菜がずらりと並ぶ滷味専門店

VEGE CREEK 蔬河 延吉本店

●ベジ クリーク シューハー イェンジーベンディエン

陳列棚に並ぶ約40種類の野菜と麺類をスーパーでの買物感覚でチョイス。レジへ持っていくと漢方スープで料理してくれる。

台北101／信義 **MAP：P11D1**

図Ⓜ板南線國父紀念館駅から徒歩4分 ㊟延吉街129巷2號 ☎02-2778-1967 ⏲11時30分～14時、17～20時 ㊡なし

↑会計後にその場で調理。店内には漢方の香りがふわりと漂う

台北初のベジタリアン飲茶店

養心茶樓蔬食飲茶

●ヤンシンチャロウシューシーインチャー

有名ホテル出身の料理長が肉・海鮮不使用の飲茶を考案。野菜や大豆を使ったヘルシーな点心は、味だけでなく見た目にもこだわりを感じる。

中山 **MAP：P5F3**

図Ⓜ中和新蘆線・松山新店線松江南京駅から徒歩1分 ㊟松江路128號2F ☎02-2542-8828 ⏲11時30分～21時30分（土・日曜、祝日は11時～）㊡なし

↓客席は220席と多い。地元の人の割合が高い

NT$148
① 蟲草花腸粉

NT$280
② 脆米XO炒糕

NT$138
③ 黒金芝麻包

ベジタリアン以外の人でも素食が楽しめるようにシェフが腕を振るう

NT$450(M)
① 清蒸臭豆腐

NT$320
② 松露松柏長青

NT$280
③ 宮保素雞丁

NT$300
④ 紅糟素花肉

主に四川料理を中心としたメニューが並ぶ

本格四川料理をヘルシーに！

祥和蔬食

●シャンハー シューシー

オーナーがベジタリアンの娘のために開いた、台北で唯一の四川風ベジタリアンの店。本場の味付けが売りで、舌の肥えた美食家たちもお気に入り。

華山 **MAP：P9D1**

図Ⓜ板南線善導寺駅から徒歩2分 ㊟鎮江街1巷1號 ☎02-2357-0377 ⏲11～14時、17～21時 ㊡なし

↑コスパと味、両方抜群のヘルシー料理をどうぞ

Local Restaurant

地元の人たちとワイワイ食べる

コスパ抜群のローカル食堂

Read me!

肩肘張らずに食べにいける庶民的な食堂は旅行中の強い味方。地元の人が通い詰める店はどこもおいしくて、コスパも抜群。家庭的な味と雰囲気を楽しもう。

NT$180

麻婆豆腐

人気メニュー。花椒たっぷりの辛い麻婆豆腐は本場四川の味

白飯は食べ放題で、スープもサービスするよ！

店主の黃立平さん

いつも満員御礼！
安くてうまい外省人料理

忠南飯館

●チョンナンファングァン

開店と同時に客が押し寄せ、テイクアウト注文の電話が止まない人気店。どれも納得のうまさで価格も一品NT$180～と良心的。

東區 MAP：P10A2

図Ⓜ文湖線・板南線忠孝復興駅から徒歩11分 住仁愛路三段88號 ☎02-2706-1256 ⏲11～14時、17時～20時30分 休なし

↑高級住宅街にポツリと現れる創業64年の庶民派食堂

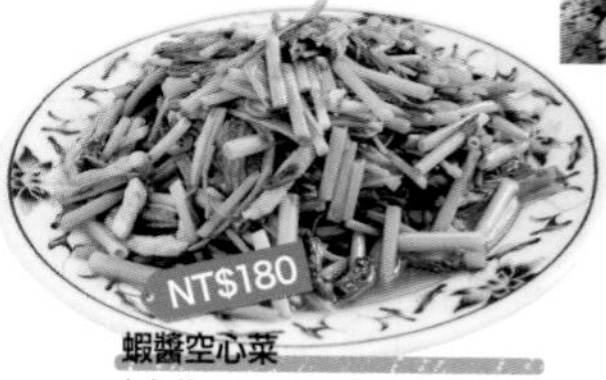

NT$180

蝦醬空心菜

空心菜のシャキシャキ感とエビペーストの独特な香りが病みつきに

NT$240

泡菜回鍋肉

自家製台湾キムチで炒めた回鍋肉は酸味たっぷりで唯一無二の絶品

NT$240

蝦仁烘蛋

エビ入りオムレツ。特製唐辛子ソースと食べるとうまさ倍増！

NT$250

豆干炒肉絲

干し豆腐と牛肉の千切り炒め。しょうゆベースでシンプルだが秀逸な味

NT$310

砂鍋獅子頭

揚げた後に煮込んだ豚肉団子はふわふわ。滋味あふれるスープと一緒に

↑近所の定食屋さんのような雰囲気で落ち着く

永康街の端っこに名店あり！

六品小館

●リゥピンシャオグァン

外省人のオーナーが開いた眷村菜店。36年の歩みのなかで台湾料理も加わり、中国全域の家庭料理が楽しめる。丁寧な手仕事が光る料理にファン多し。

康青龍 MAP：P14A2

図Ⓜ淡水信義線・中和新蘆線東門駅から徒歩6分 住金華街199巷3弄8號 ☎02-2393-0104 ⏲11時30分～13時30分(土・日曜～14時)、17時30分～20時40分 休なし

←ごく普通の店構えだが、出てくる料理はどれも美味！

⬆店内は改装工事を経てクリーンな趣に

嘉義の味を台北で気軽に楽しむ

梁記嘉義雞肉飯
●リャンジージャーイージーロウファン

台湾南部・嘉義のご当地グルメ、雞肉飯をセットで提供。セットはご飯料理に選べるおかず3種、玉子料理がついている。

中山 MAP：P5F4

図Ⓜ松山新店線・中和新蘆線松江南京駅から徒歩5分 ⓐ松江路90巷19號 ☎02-2563-4671 ⓞ10時～14時30分、16時30分～20時 ㊡土・日曜

NT$130

雞魯套餐

雞魯飯のセット。雞魯飯は、雞肉飯と魯肉飯が同時に味わえる。おかず単品はNT$50～

⬅約50年愛され続ける老舗雞肉飯店。大人は1人1セット注文要

⬆インダストリアル風のシンプルなインテリアが印象的

食事と買物が同時に楽しめる

神農生活×食習
●シェンノンシェンフォ シーシー

台湾の食材をふんだんに使った定食を提供するカフェレストラン。併設するショップでは、実際に店で使用する食材や調味料などが購入できる。

中山 MAP：P12A4

図Ⓜ淡水信義線・松山新店線中山駅から徒歩1分 ⓐ誠品生活 南西(→P126) 4F ☎02-2563-0818 ⓞ11～22時(金・土曜は～22時30分) ㊡なし

⬆定食は季節ごとに変わるメイン9種からひとつを選ぶ。写真は宜蘭西魯獅子頭NT$400

台湾家庭料理をみんなでシェア！

大隠酒食
●ターインジゥシー

木造2階建ての古い日本家屋を店に改装し、懐かしさを感じる空間。手間ひまかけた煮込み料理が多く、量もあるのでシェアして食べるのが◎。

康青龍 MAP：P14B2

図Ⓜ淡水信義線・中和新蘆線東門駅から徒歩10分 ⓐ永康街65號 ☎02-2343-2275 ⓞ17時～23時30分 ㊡月曜

⬆故郷に帰ってきたかのような居心地のよさ

⬅午魚一夜干NT$380。午魚の一夜干し。自家製タレをかけてどうぞ

こだわり抜いた絶品食材

My灶
●マイザオ

路地裏にある隠れ家的レストラン。グルメなオーナーのベンさんが厳選した食材を丁寧に調理した、とっておきの台湾料理をいただける。

中山 MAP：P5F4

図Ⓜ松山新店線松江南京駅から徒歩1分 ⓐ松江路100巷9-1號 ☎02-2522-2697 ⓞ11時30分～14時(13時30分LO)、17時30分～21時30分(20時30分LO) ㊡なし

⬅菜埔肉加腸NT$880。奥行きのある味わいの豚バラ肉、干し大根、モツの煮物

⬅甘い味付けの滷肉飯NT$90

小籠包 かき氷 朝ごはん 昼ごはん おやつ 夜ごはん カフェ

Takeout Food

安くて、おいしい！ 台北のオススメグルメたち

小腹を満たすお手軽粉もの

Read me!

台湾には肉まんや水餃子など、おやつやおつまみ感覚で食べる屋台料理が豊富。地元では「小吃(シャオチー)」とよばれる、台湾ならではのB級グルメに挑戦しよう！

NT$90

蒸餃 Ⓐ

小籠包のように中からスープがあふれる蒸し餃子。野菜もたっぷりで◎

⬆スタッフが注文に合わせて休む暇なく餃子を包み続ける

Ⓐ オススメ!

いつも作りたてだからうまい

福大蒸餃館

●フーダーゼンジャオグァン

山東省出身の主人が営む蒸し餃子店。作り置きなしで鮮度の高いモチモチ餃子が味わえる。酸辣湯や炸醤麵を合わせて注文する人が多い。連日行列の人気店。

中山

MAP: P12A4

図Ⓜ淡水信義線・松山新店線中山駅から徒歩2分 住中山北路一段140巷11號 ☎02-2541-3195 ⏲11時30分～20時30分 休日曜

Ⓑ

昔ながらの味を守る老舗店

福州元祖胡椒餅

●フージョウユェンズーフージャオピン

胡椒餅のテイクアウトのみを販売している。大きな窯で焼いたカリカリ食感がたまらない。龍山寺駅近くの細い路地裏にある行列の絶えない名店。

西門／龍山寺

MAP: P15C4

図Ⓜ板南線龍山寺駅から徒歩3分 住和平西路三段89巷2弄5號 ☎02-2308-3075 ⏲10時～18時30分 休なし

Ⓒ

驚くほどふわふわ食感の蔥抓餅

天津蔥抓餅

●ティエンシンツォンジュアピン

連日できている屋台の前の行列が目印。ふわふわの蔥抓餅は、空気を含ませて焼くのがポイント。オリジナルブレンドのしょうゆが食欲をそそる。

康青龍

MAP: P14B1

図Ⓜ淡水信義線・中和新蘆線東門駅から徒歩2分 住永康街6巷1號 ☎02-2321-3768 ⏲9～22時 休なし

Ⓓ

三代続く割包の人気店

石家割包

●シージャーグァバオ

夜市内へ引越した割包(台湾バーガー)の人気店。イートインスペースもある。具材はジューシーな豚肉と台湾産ピーナッツ、パクチーや酸菜がたっぷり。

台北101／信義

MAP: P11D4

図Ⓜ淡水信義線信義安和駅から徒歩8分 住臨江街104號 ☎02-2709-5972 ⏲10時30分～翌0時30分 休なし

蔥抓餅Ⓒ
ネギをたっぷり入れた小麦粉の生地。パリふわ食感が◎

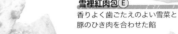

NT$22
雪裡紅肉包Ⓔ
香りよく歯ごたえのよい雪菜と豚のひき肉を合わせた餡

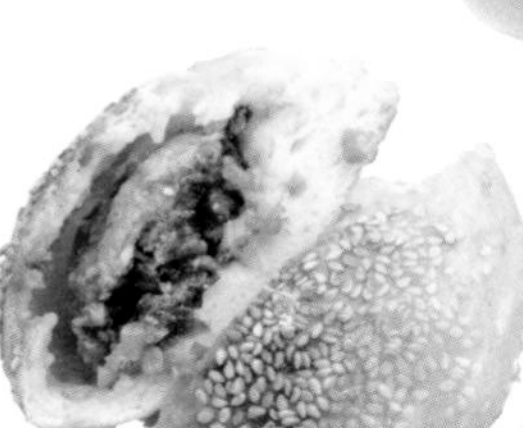

NT$55
胡椒餅Ⓑ
コショウが利いてスパイシーなネギ入り肉餡がクセになる

NT$22
招牌鮮肉包Ⓔ
豚ひき肉の餡がギッシリ！ 小ぶりで食べやすい肉まん

各NT$65
総合割包（上）
赤肉割包（右）
焢肉割包（左）Ⓓ
一番人気の総合割包は、豚の前脚の部位を使った赤肉と、脂ののった焢肉の両方が楽しめる

猪肉水餃Ⓕ
豚肉と白菜の水餃子。もちもちの皮に包まれ食べごたえ抜群

クリームチーズ巻き

NT$35
タケノコ肉まんⒼ
ふわふわの食感がシアワセ♥
袋詰めされていても1個から購入できる

1個 NT$6.6
韓式辣味鍋貼Ⓗ
パリパリ食感がおいしいキムチ味餃子。店のスタッフにも人気

オススメ！

Ⓔ たっぷり具材の中華まん
姜太太包子店
●ジャンタイタイバオズディエン

シンプルな鮮肉包やニラ入りの韮菜肉包、キャベツ入りの高麗菜包など全6種の中華まん各NT$22。1日5000個以上を売り上げるという人気ぶり。

東區
MAP: P10B2

図Ⓜ文湖線・板南線忠孝復興駅から徒歩1分 住復興南路一段180號 ☎02-2781-6606 時6時30分～19時(土曜は～18時) 休日曜

Ⓕ 年季の入った木造店舗で水餃子
龍門客棧餃子館
●ロンメンカーザンジャオヅグァン

ノスタルジックな雰囲気漂う、創業50年の老舗。リーズナブルなメニューが人気で、開店と同時に行列ができることも。料理のテイクアウトも可能。

華山
MAP: P9D2

図Ⓜ板南線善導寺駅から徒歩9分 住林森南路61巷19號 ☎02-2351-0729 時17～22時 休第1・2・4月曜

Ⓖ 小腹がすいたときの強い味方
老竹子三發包子
●ラオズーズサンファーバオズ

永樂市場1階にある老舗まんじゅう店。スイーツ系から総菜系まで、常時40種類以上の味を用意。写真付き日本語メニューがあるので注文も安心。

迪化街
MAP: P13A3

図Ⓜ松山新店線北門駅から徒歩9分 住迪化街一段21號1F(永樂市場1431) ☎02-2559-6322 時10～18時 休月曜

Ⓗ 1個から注文できる餃子
八方雲集 懐寧店
●バーファンユンジー フアイニンディエン

台湾全土に820店舗以上展開する鍋貼(焼き餃子)のチェーン店。キムチ味やカレー味などの変わり種メニューは店のスタッフのお墨付き！

台北駅
MAP: P8C1

図Ⓜ板南線・淡水信義線台北車站から徒歩10分 住懐寧街24號 ☎02-2375-6060 時10時30分～21時30分 休なし

Fresh Fruits

もぎたてフレッシュな果実をがぶりっ♥

南国フルーツで美肌&デトックス

Read me!

台湾の美と健康の秘密のひとつは種類豊富な果物。おやつはもちろん、晩ご飯のシメにもよさそうな新鮮フルーツを使ったスイーツで、素肌美人を目指しましょ！

フルーツ盛合せ綜合NT$60もオススメ

↑カウンター席の前には、目にも鮮やかなフルーツのディスプレイ

NT$120
芒果牛奶冰
4～10月限定のマンゴーかき氷は破格のお値段

NT$320
水果抱抱(ダブル)
季節の果物7～8種とお好みのアイスを載せたかき氷

NT$260
芒果抱抱(シングル)
ミルクかき氷に大ぶりなカットマンゴーと手作りマンゴーアイスをON

↓オートミールにヨーグルトと9種の季節の果物を載せた水果優格沙拉 NT$280

地元で愛され続けて50年

珍果水果室

オススメ!

●ジェングオシュイグオシー

3代続く老舗のフルーツ専門店。毎日市場で買いつける新鮮フルーツを手頃な値段で楽しめる。定番のパパイヤミルク木瓜牛奶もおすすめ。グラスもレトロでかわいい。

西門／龍山寺 MAP：P15B3

図Ⓜ板南線龍山寺駅から徒歩8分 ⌂華西街113號 ☎02-2304-5578、02-2308-9390 ⏲12～24時 休不定休

←華西路と桂林路の交差点にあるレトロな看板が目印

果物の目利きは台湾有数！

陳記百果園

定番

●チェンジーバイグォユェン

創業約30年、地元の人から旅行客まで幅広く愛されるフルーツパーラー。世界中から選りすぐりの最高級フルーツを仕入れる。マンゴーは時期によって品種を替え、ほぼ通年店頭に並ぶ。

東區 MAP：P10C1

図Ⓜ文湖線・板南線忠孝復興駅から徒歩10分 ⌂敦化南路一段100巷7弄2號 ☎02-2772-2010 ⏲8～19時(土曜～17時) 休日曜

←色つやのいい厳選されたフルーツがずらり！

NT$130

芒果西瓜豆花

マンゴーとスイカ、タピオカの具に練乳シロップで仕上げた

昔ながらの手作り豆花

定番 騒豆花

●サオドウファ

日本でも人気の豆花専門店。豊かな風味と香ばしさが特長の豆花は、伝統的な製法を用いて有機大豆から毎朝手作り。旬の果物を載せた限定品もおすすめ。

台北101／信義 **MAP：P11D1**

図Ⓜ板南線國父紀念館駅から徒歩3分 ㊟延吉路131巷26號 ☎02-8771-8901 ⏲12時30分～21時30分 ㊡日曜

⬆温かみのあるたたずまいが街なかに溶け込む

⬇食感の違いが楽しめる定番の騒豆花NT$50。ピーナッツと黒糖シロップをかけて

➡紅粉佳人NT$150。ドラゴンフルーツを使ったスムージー。スッキリした甘み。

高品質フルーツを堪能！

豊味果品

●フォンウェイグオピン

提携農家が作る安心で高品質の台湾フルーツが手軽に味わえるフルーツショップ＆パーラー。おみやげとしても最適なドライフルーツや手作りジャムなども販売。

台北101／信義

MAP：P11D2

図Ⓜ板南線國父記念館駅から徒歩7分 ㊟光復南路417-3號
☎02-2557-6763
⏲10～19時 ㊡なし

⬅ビビットな色で見つけやすい

NT$180

芒果冰沙

ぜいたくにマンゴーが入ったスムージー

⬆まるでマーケットのような内観

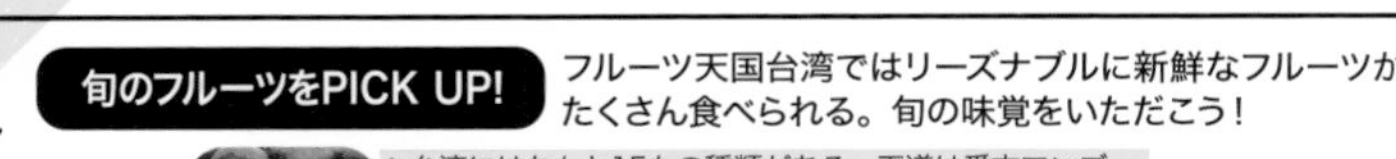

＋Plus! **旬のフルーツをPICK UP!**

フルーツ天国台湾ではリーズナブルに新鮮なフルーツがたくさん食べられる。旬の味覚をいただこう！

マンゴー（芒果）	4月～10月ごろ	⬅台湾にはなんと15もの種類がある。王道は愛文マンゴー。
ライチ（茘枝）	4月～7月ごろ	
パッションフルーツ（百香果）	6月～10月ごろ	
ザオズ（棗子）	12月～3月ごろ	⬅梨とりんごの中間のような味わい
レンブ（蓮霧）	12月～5月ごろ	⬅シャキシャキとした食感にさわやかな甘み

1月 2月 3月 4月 5月 6月 7月 8月 9月 10月 11月 12月

Traditional Desserts

やさしい口当たりでヘルシー！

もちぷる食感の伝統スイーツ

Read me!

ふわふわ食感の甘味や身体にやさしい食材を使ったスイーツは、台湾で古くから愛される懐かしい味わい。自分好みにトッピングがアレンジできるものも多い。

珍珠・豆花

NT$150

珍珠奶茶冰

ミルクティー味の氷に2種類のタピオカと黒ゴマパンナコッタをトッピング

↑白を基調にした店内は清潔感あり

オススメ！

ほどよい甘さでリピートしたくなる店

春美冰菓室

●チュンメイビングオシー

ほっと落ち着く台湾伝統の味わいを大切に残しつつ、甘さを控えめにして提供。健康的で食べ飽きないスイーツは子どもからお年寄りまで幅広い年齢層に支持されている。

松山 **MAP：P6C3**

図Ⓜ文湖線・松山新店線南京復興駅から徒歩4分 住敦化北路120巷54號 ☎02-2712-9186 ⏲12～21時 休なし

↑有機大豆で作った手作り豆花も人気。自家製の小豆や黒糖粉粿を添えて

粉圓・豆花

←冰豆花NT$70。お好みで3種類のトッピングを選ぶ

↓綜合粉圓冰NT$70は粉圓にスタッフおすすめ3種盛り

↑ガラスケースの中のトッピングを見ながら指差しでオーダー

↑種類豊富なトッピング。イチオシはモチモチ感が絶妙なタピオカ

定番

定番中の定番！外さない伝統スイーツ

東區粉圓

●ドンチュフェンユェン

屋台から出発した店はこの地で創業35年を迎える。全28種類のトッピングはすべて無添加で、その日の朝に作ったばかりだからとびきりフレッシュ！ いつも賑わう人気店。

台北101/信義 **MAP：P11D2**

図Ⓜ板南線忠孝敦化駅から徒歩4分 住忠孝東路四段216巷38號 ☎02-2777-2057 ⏲11～23時 休なし

散策途中のおやつにいかが?

脆皮鮮奶甜甜圈

●ツイピーシェンナイティエンティエンチュエン

台北駅裏にある行列必至のドーナツ専門店。ほかでは味わうことができない独特なサクサク食感は一度食べるとハマること間違いなし。

台北駅 **MAP:P13C4**

図Ⓜ淡水信義線・板南線台北車站から徒歩5分 住華陰街183號 ☎02-2550-9914 ⏲11時～19時15分 休なし

ドーナツ

上:原味 NT$25。粉砂糖がたっぷりかかったサクサク食感の名物ドーナツ　下:クリームの甘さの中にレーズンの酸味が加わった葡萄奶酥NT$25

粉粿

綜合粉粿NT$90

仲良し親子の手作りアイス

Right Ice Cream 來特冰淇淋

●ライトアイスクリーム ライターピンチーリン

オススメ!

台湾の素材を生かした優しい味わいのアイスクリームが老若男女問わず人気。夏季に登場するカラフルな粉粿を載せたかき氷も絶品!

台北101/信義 **MAP:P11E1**

図Ⓜ板南線國父紀念館駅から徒歩9分 住八德路四段36巷54號 ☎02-2762-2008 ⏲13～22時 休火曜

地元のリピーター多数

愛玉之夢遊仙草

●アイユージーモンヨウシェンツァオ

自家製仙草ゼリーと愛玉ゼリーの専門店。トッピングもできるので、オリジナル注文も可能。天然原料を用いて作られるので安心。

台北101/信義

MAP:P11D3

図Ⓜ淡水信義線信義安和駅から徒歩8分 住通化街56號 ☎02-2706-1257 ⏲12時～翌3時 休なし

仙草ゼリー

↑ほろ苦い仙草ゼリーにタピオカや芋圓をあわせた仙草綜合冰NT$60

上:花生・芋塊・湯圓NT$95。やわらかピーナッツがクセになるタロイモと白玉入りスープ　下:紅豆・蓮子・白木耳・湯圓NT$100。蓮の実、白キクラゲ、白玉入りのぜんざい

スープ系

50種類以上のメニューからチョイス

雙連圓仔湯

●シュアンリェンユェンズタン

小豆や蓮の実、緑豆などヘルシーな素材を組合わせたメニューが豊富。創業から70年以上台湾伝統の甘味を作り続ける。

中山 **MAP:P12A2**

図Ⓜ淡水信義線雙連駅から徒歩3分 住民生西路136號 ☎02-2559-7595 ⏲10時30分～21時30分 休月曜

身体にやさしい台湾スイーツ

鮮芋仙

●シェンユィシエン

芋圓、仙草、豆花など、伝統的な製法で手作りする無添加台湾スイーツ店。いまや世界中に店舗を広げている。トッピングの種類が多いのもうれしい。

中山

MAP:P12A4

図Ⓜ淡水信義線・松山新店線中山駅から徒歩2分 住南京西路18巷6弄1-1號 ☎02-2550-8990 ⏲12～22時 休なし

上:仙草自由選NT$55～。トッピングはタピオカ、ハト麦、サツマイモ　下:燒仙草自由選NT$50～。温かい仙草スープ。タピオカや芋圓を載せるのがおすすめ。※冬限定

仙草ゼリー

上:原味杏仁豆腐NT$80は究極のやわらかさ!杏仁ミルクをかけて　下:杏仁ミルクと甘さひかえめの小豆がマッチ。紅豆杏仁豆腐NT$90

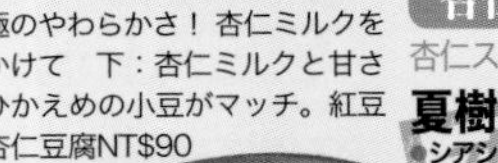

杏仁豆腐

杏仁スイーツパラダイス!

夏樹甜品

●シアシューティエンピン

オススメ!

手作り杏仁スイーツの専門店。杏仁豆腐や杏仁ミルク氷、杏仁豆花や杏仁入りドリンクなど、杏仁好きにはたまらないラインナップ。

迪化街 **MAP:P13A2**

図Ⓜ中和新蘆線大橋頭駅から徒歩10分 住迪化街一段240號 ☎02-2553-6580 ⏲10時30分～18時30分 休なし

Chinese Cuisine

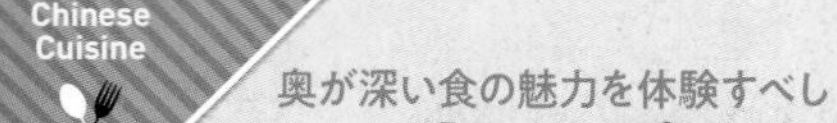

奥が深い食の魅力を体験すべし！

一度は食べたい！ 本格中国料理

Read me!

ひと口サイズの点心から北京ダック、とろっとろの東坡肉まで、中国発祥の料理はバラエティー豊か。広大な大地と長い歴史が育んだ食文化を、ここ台湾で味わってみよう。

↑客家花布を随所にちりばめた趣ある店内
➡食後には擂茶NT$120、餅NT$50を

台北で本格客家料理をどうぞ

客家料理

晋江茶堂
●ジンジャンチャータン

台湾客家の郷、新竹・北埔にあるレストランの台北店。客家料理といえば濃く油っこい味付けが特徴だが、台北風に味付けはあっさり、油も少なめヘルシーに仕上げている。

中正紀念堂 MAP：P9D4
㊋Ⓜ松山新店線・中和新蘆線古亭駅から徒歩3分 ㊟晋江街1號 ☎02-8369-1785 ⏲10～14時、16時30分～21時 ㊡不定休

NT$160
豆酥芙蓉
玉子豆腐の上に大豆のそぼろをトッピング。看板メニューのひとつ

NT$250
客家小炒
干し豆腐、イカ、豚肉などを濃い目のしょうゆ味で炒めた客家伝統料理

NT$25
豬油拌飯
ラードとしょうゆダレかけご飯。おかわりしたくなくなるおいしさ

➡今では珍しい昔ながらのワゴンでサーブ

本格飲茶

昔ながらのワゴン式飲茶

梅花廳
●メイファティン

台北の飲茶レストランの代名詞ともいえる、1979年オープンの老舗広東料理レストラン。現在は数少ない、ワゴンで点心をサーブするスタイルが人気。

松山 MAP：P6B3
㊋Ⓜ文湖線・松山新店線南京復興駅から徒歩1分 ㊟南京東路三段255號2F(兄弟大飯店内) ☎02-2712-3456(内線2188) ⏲10時～21時30分 ㊡なし ※週末は予約不可

NT$95(3個)
廣東蘿蔔糕
伝統製法で作られた大根餅は広東風の干し肉やエビが入って美味

NT$95(3個)
香酥芝麻球
さっくり＆もっちりの異なる食感が楽しいゴマ団子はシメのデザートに

北京ダック

グルメガイドに選ばれた美食店

北平 陶然亭餐廳

●ペイピン タオランティンツァンティン

目の前で鴨をさばく本格的な北京ダックを、お手頃価格で味わえる。鴨をネギや甜麺醤と一緒に包む一般的な食べ方以外の食べ方にも挑戦できる。人気店なので予約がベター。

松山 **MAP:P6B4**

図Ⓜ文湖線・松山新店線南京復興駅から徒歩2分 住復興北路86號2F ☎02-2778-7805 ⏰11～14時、17～21時 休なし

テーブルで切り分ける様子も楽しんで

NT$1600
北平烤鴨
皮だけでなく肉も味わえるのがうれしい。食感の違いを楽しみたい

➡エビとささげ豆の揚げ団子、豇豆釀百花 NT$368

NT$228
涼拌結頭菜
カブとトマトの和え物。パクチー入りのさっぱりしたひと品

⬇鶏だしが利いたスープ 雞油豌豆(小) NT$118

雲南料理

野菜のうまみを引き出す本格雲南料理

人和園雲南餐廳

●レンハーユェンユンナンツァイ

台湾好きの間ではよく知られた中国雲南料理の名店。新鮮な野菜を使った手の込んだ料理はどれもおいしい。広々としていて明るい店内は居心地もよい。

中山 **MAP:P12B1**

図Ⓜ民權西路駅から徒歩6分 住中山北路二段112號2F ☎02-2536-4459 ⏰11時30分～14時、17時30分～21時 休なし

上海料理

うまみが凝縮した東坡肉は必食

極品軒

●ジーピンシュエン

高級感のある上海料理の人気店。メニューでは「烤方」と表記される東坡肉(トンポーロウ)は、蒸し2時間、茹で6時間の下ごしらえで余分な脂を取り除いた逸品。

台北駅 **MAP:P8C1**

図Ⓜ松山新店線・板南線西門駅から徒歩5分 住衡陽路18號 ☎02-2388-5880 ⏰11時30分～14時、17時30分～21時 休なし

NT$668
烤方(小)
トロトロのトンポーロウを白い蒸しパンにはさんでバーガー仕立てに

⬅野菜たっぷりの焼き餅、蔬菜鍋餅NT$458 ⬇トンポーロウと菜飯の相性が抜群の東坡肉菜飯(小)NT$998

Taiwanese Cuisine

グルメ格付けガイドの星付き店も！

地元で愛される台湾料理

Read me!

台湾料理はその地域でとれる海の幸・山の幸をふんだんに使うのが特徴。素材のうまみを最大限生かし、どこか懐かしさも感じさせる家庭的で素朴な味わいを堪能して！

↑円卓が多いが、少人数でもOK！人気店なので必ず事前予約を

日本語対応が可能なスタッフもいるので安心です！

創業以来約70年の老舗
台湾が誇る伝統美食

金蓬萊遵古台菜餐廳

●ジンポンライズングータイツァイツァンティン

数ある台湾料理の中でも、酒家菜とよばれる高級宴席料理を提供する有名店。親しみやすくも上品な店内と、行き届いたサービスが魅力。本物の台湾料理を食べたいならここへ。

天母 MAP：P3B1

図Ⓜ淡水信義線芝山駅から車で10分 住天母東路101號 ☎02-2871-1517 ⏲11時30分～14時（土・日曜は～15時）、17時30分～21時（土・日曜は～21時30分）休火曜

オススメ！

NT$250
香炸芋條
塩漬け卵黄の入った甘いタロイモコロッケ

NT$250（小） NT$350（大）
草山地瓜葉
サツマイモの葉炒め。薄味なので箸休めにも

NT$620（小）
烏魚子炒飯
カラスミ入りで絶品。小サイズで3人前

NT$300
蓬萊排骨酥
スペアリブは創業以来の人気メニュー

下町で愛される続ける母の味

美麗餐廳

●メイリーツァンティン

1994年創業、母の味を受け継ぐ台湾料理店。地元の人気店だったが、2018年に世界的に有名な格付けガイドのローカルレストラン部門に掲載され、さらに予約困難な名店に。

行天宮駅 MAP：P5F1

図Ⓜ中和新盧線行天宮駅から徒歩5分 住農安街261號 ☎02-2509-7881 ⏲18～22時 休火曜

←平日の夜でも地元の人たちで満席に。予約は必須

NT$350
絲瓜煎餅
ヘチマ、エビ、葱入りのモチモチお好み焼風料理

NT$1900～前後（時価）
紅蟳冬粉（大）
ノコギリガザミと春雨の煮込み（小サイズはNT$900前後（時価）

懐かしい味でもてなす老舗店

欣葉
●シンイエ

1977年創業。ローカルから台湾内外の客まで、リピーターの多い台北を代表するレストラン。地元産の食材を厳選しふんだんに用いた料理は、繊細かつ上品な味わい。

中山 **MAP：P5E1**

図Ⓜ中和新蘆線中山國小駅から徒歩7分 住雙城街34-1號 ☎02-2596-3255 ⏰11時～21時30分 休なし ※サービス料別途10%

↑欣葉滷肉NT$330(3個)。トロトロの豚バラ肉の角煮は白飯と相性最高

↑揚げエビのパイナップルマヨネーズ和え、鳳梨蝦球など必食の台湾料理が多い

NT$1080(4人分)

紅蟳米糕

ワタリガニをもち米と一緒にセイロで蒸した、濃厚なミソが詰まった名物のカニおこわ

美しい建物で味わう豪華宴会料理

山海樓
●サンハイロウ

酒家菜というぜいたくな宴会料理が栄えた1930年代。その時代の台湾料理の技と味を蘇らせることに成功。値段は張るがそれに値する満足感を味わえる。

華山 **MAP：P9F2**

図Ⓜ中和新蘆線・板南線忠孝新生駅から徒歩7分 住仁愛路二段94號 ☎02-2351-3345 ⏰12時～14時30分、18～22時(21時LO) 休なし

←酒家菜の名店・蓬莱閣のシェフ直伝の春巻き扁魚春捲NT$880

↑ユウガオとニンジンの十字編みがキュート！ 蒲瓜封NT$980（春限定メニュー）

↑エビ、カラスミなど豊富な食材で花を表現。太平町玫瑰蝦NT$680

NT$1680(小) NT$2380(大)

山海豪華拼盤

山海樓の精神が詰め込まれた看板メニュー6品を網羅。台湾料理の奥深さを知ることができる

アットホームな味をお値打ち価格で

茂園餐廳
●マオユェンツァンティン

家庭的なメニューを中心に、お手頃価格の食事が楽しめる。注文に迷ったら、新鮮な食材が並ぶショーケースから気になるものを選んでみて。食事どきには地元の人で満席に。

松山 **MAP：P6B4**

図Ⓜ文湖線・松山新店線南京復興駅から徒歩7分 住長安東路二段185號 ☎02-2752-8587 ⏰11時30分～14時、17時30分～21時30分(20時30分LO) 休月曜

↓白菜滷NT$300(小)。白菜のほかにも、シイタケ・エノキ・干しエビなど具だくさん！

←炸花枝丸NT$40(1個)。ブツ切りイカも練り込まれた大きなイカ団子。塩コショウで食べよう

NT$280(小)

豬腳/大腸雙拼

コラーゲンたっぷりの豚足とプリプリのモツは、地元の人にも大人気のローカルフード

Hot Pot

味に、スタイルに、個性が光る

バリエ豊富！ 火鍋トレンド最前線

Read me!

台湾では季節問わず一年中鍋料理が大人気。鍋を半分に区切った鴛鴦鍋だけでなく、最近はおひとり様ＯＫのひとり鍋や好きな具材を自分で調達するセルフ式など実に多彩！

SNS映え鍋

↓リアルな犬型スープは溶かすのを躊躇しそう

NT$1699～

2人鍋セット

ミルク鍋は予約制で動物モチーフも。キュートすぎる～♥

驚く仕掛けがいっぱいの火鍋

好食多涮涮屋

●ハオシードォシュアンシュアン

お肉たっぷりでボリューム満点なセットメニューが人気な火鍋店。麻辣鍋や昆布鍋など選べるスープの種類も豊富。豪華なお肉の盛り付けなどSNS映えする。

中山 **MAP：P5E1**

図Ⓜ中和新蘆線中山國小駅から徒歩6分 住雙城街19巷5號 ☎02-2585-7222 ⏰11時30分～15時、17時30分～22時（土・日曜は11時～15時30分、17～22時）休なし

↑週末は地元の人で賑わうので予約がベター

鴛鴦鍋

人数×NT$150

1テーブルミニマムチャージNT$850、サービス料別

鴛鴦鍋

仕切り付きの鍋に紅湯「絶選麻辣鍋」と白湯「養生白味鍋」が入った欲張り鍋

真夜中でも楽しめる激辛鍋

老四川

●ラオスーチュワン

格式高い優雅な内装の店内で火鍋を堪能できる。辛みの中に奥深さがある赤いスープと、豚骨やネギのうまみが詰まった白湯を味わえる。鴨血と豆腐は無料で追加できる。

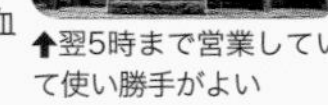

↑翌5時まで営業していて使い勝手がよい

中山 **MAP：P5E3**

図Ⓜ松山新店線・中和新蘆線松江南京駅から徒歩9分 住南京東路二段45號 ☎02-2522-3333 ⏰11時30分～翌5時 休なし

鴛鴦鍋

人数×NT$189

テーブルチャージNT$200

鴛鴦鍋

紅湯（無老辣香鍋）＋白湯（冰淇淋豆腐鍋）のおすすめ2色鍋

超人気店の姉妹店

無老鍋

●ウーラオグオ

台湾で大ブレイクした人気火鍋店「鼎王」が展開する新感覚の火鍋店。漢方や薬膳の素材を生かしたコラーゲンたっぷりの鍋は、美肌効果ありと評判。食事時は行列必至の人気店。

↑コラーゲンたっぷりの鴛鴦鍋は、女性の支持も厚い

オススメ！

中山 **MAP：P12B3**

図Ⓜ淡水信義線・松山新店線中山駅から徒歩5分 住中山北路二段36-1號 ☎02-2581-6238 ⏰10時30分～翌2時 休なし

新感覚のおしゃれなひとり鍋！

12MINI

●シーアールミニ

台湾で人気のひとり鍋店「石二鍋」の姉妹ブランドとしてオープンした新発想の鍋版ファストフード。すでに煮込まれた状態でひとり鍋が提供され、気軽においしい鍋が楽しめる。

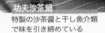

東區 MAP：P10B1

図Ⓜ板南線・文湖線忠孝復興駅から徒歩5分 住忠孝東路四段49巷4弄6號 ☎02-8773-8912 ⏱11～23時 休なし

↓テイクアウトもOK！ドリンクも人気

ひとり鍋

NT$160

功夫沙茶鍋

特製の沙茶醤と干し魚介類で味を引き締めている

食べ放題でお財布にやさしい

馬辣頂級麻辣鴛鴦火鍋 西門店

●マーラーディンジーマーラーユエンヤンフォーグオ シーメンディエン

肉類に海鮮、野菜や練り物、ビールにジュース、フルーツ、アイス……。ありとあらゆるものが食べ放題＆飲み放題で、子どもから大人まで幅広い層に人気。

西門／龍山寺

MAP：P8B1

図Ⓜ板南線・松山新店線西門駅から徒歩5分 住西寧南路157號2F ☎02-2314-6528 ⏱11時30分～翌2時(最終入店翌0時) 休なし 料食べ放題＆飲み放題NT$878（平日昼食はNT$798）

鴛鴦鍋

馬辣麻辣鍋＋花雕雞

スープは5種から2つをチョイス。写真は激辛スパイシーな麻辣鍋とマイルドな花雕雞

←中国風の店内は広々！ みんなでワイワイ鍋をつつこう

白肉鍋

NT$1180

酸菜白肉火鍋(2人前)

豚バラ肉と酸菜、魚介系スープがセットになった火鍋

名物白肉火鍋にファン多し！

長白小館

●チャンバイシャオグァン

1973年創業の酸菜白肉火鍋の専門店。カニ、エビ、カツオ節などからダシを取った白湯スープに豚バラ肉を合わせて。白菜漬けの酸味と豚の甘い脂が絶妙！

台北101／信義

MAP：P11D2

図Ⓜ板南線國父紀念館駅から徒歩5分 住光復南路240巷53號 ☎02-2751-3525 ⏱11時30分～14時、17～21時 休月曜、8月

➡地元客にも人気なので予約がベター

ひとり気ままに熱々の石焼鍋

天喜迷你火鍋

●ティエンシーミーニーフォグオ

1981年創業のひとり鍋店。具材を中薬などで炒めてから煮る石焼鍋が名物で、客の9割が注文する。追加料金で具材の追加も可。各種調味料で好みのタレを作って食べるのが台湾流！

迪化街 MAP：P13B3

図Ⓜ淡水信義線・松山新店線中山駅から徒歩8分 住南京西路306號 ☎02-2558-6781 ⏱11時30分～20時 休火曜

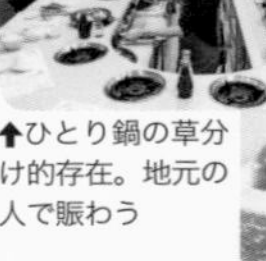

↑ひとり鍋の草分け的存在。地元の人で賑わう

ひとり鍋

NT$260

石頭火鍋(牛)

野菜もたっぷり！がっつり派はサーロイン(写真左)を追加しよう

小籠包 かき氷 朝ごはん 昼ごはん おやつ 夜ごはん カフェ

五感で楽しむ、至福のティーサロン

茶藝館でほっこり寛ぎタイム

Read me!

香り高い台湾茶をその場でいれて楽しめるのが茶藝館。落ち着いた空間でゆっくり味わうお茶は格別。さらに食事を楽しめる店もあり、ランチスポットとしても利用できる。

NT$200

茶拼食盤

迷ったら季節の茶菓子3種セットを。サービス料別途10%、ミニマムチャージ1人NT$380、制限時間110分

➡オーナーの陳衣安さんは元インテリアコーディネーター。若い人にもっと台湾茶を知ってほしいとお店をはじめたそう

⬇白壁と木枠の窓、年代物の家具などレトロなインテリアに心が和む

台北っ子の心をつかむレトロな空間

小隠茶庵 東門店

●シャオインチャーアン トンメンディエン

若者たちの人気を集めるおしゃれな茶藝館。レトロ調のフォトジェニックなインテリアに囲まれて、20種ほど揃う台湾茶やお菓子を気軽に味わえる。公式サイトで事前予約が必要。

康青龍 **MAP：P14A1**

図Ⓜ淡水信義線・中和新蘆線東門駅から徒歩4分 住杭州南路一段143巷12-1號 ☎02-2343-5859 ⏲11〜20時 休なし

←文化の香りが漂う建物は古跡にも指定されている

NT$350
梨山初暁
台湾一の海抜の梨山で栽培された高山烏龍茶は、甘みが強く味わい豊か

文芸家が集った、風格漂うサロン

紫藤廬
●ズータンルー

定番

1920年代の日本統治時代の建物を利用した茶藝館。60年代には文芸家たちが集まる文化サロンの役割を果たし、1981年から茶藝館としてスタート。茶葉の種類は台北随一の品揃え。

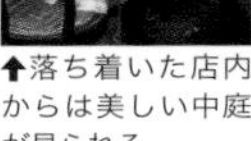

↑落ち着いた店内からは美しい中庭が見られる

→現代作家や画家たちが集まった風雅な建物が特徴

康青龍 **MAP:P14C3**

図Ⓜ松山新店線公館駅から徒歩15分 住新生南路三段16巷1號 ☎02-2363-7375 ⏲11時30分～18時30分(金～日曜は11時～19時30分) 休火曜
※予約制。来店の際は電話にて要予約

オーナーのセンスが光る茶器とお茶

小慢
●シャオマン

日本家屋のような建物を入ると、オーナーが選んだ茶器類が並ぶギャラリーのような空間が。珍しい台湾の自然生態茶や厳選されたお茶請けを味わえる。

康青龍 **MAP:P14B3**

図Ⓜ松山新店線・中和新蘆線古亭駅から徒歩10分 住泰順街16巷39號 ☎02-2365-0017 ⏲13～18時 休月・火曜
※現金のみ。予約制

NT$700
小慢特選
2種類のお茶から選択できる、お茶と茶菓子のセット

NT$500
凍頂烏龍茶(青茶)
気品があり、フルーティな香り高いお茶。スタッフが人数分のお茶を丁寧にいれてくれる

←白い壁にウッディな家具を多用したインテリア

くつろぎの空間で本格茶藝を体験

オススメ!

三徑就荒
●サンチンジウファアン

著名なインテリアコーディネーターが手がけた空間で、台湾茶が楽しめる。茶葉の種類と濃さを表す数字の説明が付き、初心者でもセレクトしやすい。

↑おしゃれで落ち着いた雰囲気の外観。茶葉の販売も

台北101/信義 **MAP:P11E1**

図Ⓜ板南線市政府駅から徒歩10分 住忠孝東路四段553巷46弄15號 ☎02-2746-6929 ⏲12～20時(土・日曜は11時～) 休なし

Photogenic Cafe

どこを撮ってもかわいくなくちゃ！

今行きたいのは"映える"カフェ

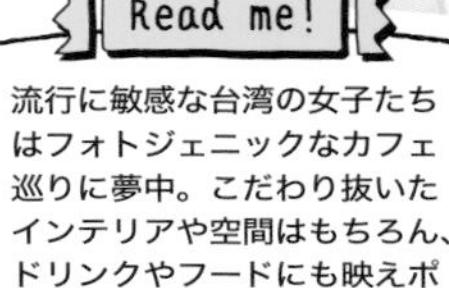

Read me!

流行に敏感な台湾の女子たちはフォトジェニックなカフェ巡りに夢中。こだわり抜いたインテリアや空間はもちろん、ドリンクやフードにも映えポイントが満載！

Recommended Point!
レトロムード満点な店内が素敵！

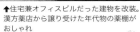

↑住宅兼オフィスビルだった建物を改装。漢方薬店から譲り受けた年代物の薬棚がおしゃれ

↓台湾や香港で探し集めたヴィンテージ物が並ぶ

↑ホットの絲襪奶茶NT$140は甘くないミルクティー。好みで甘さ調整を

↑油で焼き揚げる香港スタイルのフレンチトースト西多士NT$180

↑レモンがしっかり香るアイスレモンティー港式檸檬茶NT$180

日本統治時代の面影を残す

窩窩 WOOO

●ウォーウォー

鎮座する古い薬棚に元漢方薬店かと思えば、実は貿易会社だったとか。ノスタルジックなエリアに合わせた内装が素敵。メニューは香港カフェスタイルの飲食が中心。

迪化街 MAP：P13A2

図Ⓜ松山新店線北門駅から徒歩13分 住民生西路404號 ☎02-2555-2056 ⏲12～19時 休月・火曜

Recommended Point!
店内とテラス席ではまったく違う印象

時間を忘れる都会のオアシス

SHELTER 別所

●シェルター ビエスオ

交通の多いエリアの裏路地にある静かなカフェ。食材は国産にこだわり、季節によってメニューも少し変わる。座席間がゆったりしており、周りに気兼ねなくのんびり過ごせる。

中山 MAP：P5D1

図Ⓜ淡水信義線・中和新蘆線民權西路駅から徒歩2分 住承德路三段51巷18號 ☎02-2599-1811 ⏲11～23時 休なし

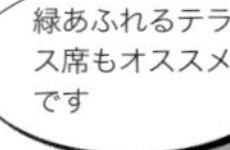

緑あふれるテラス席もオススメです

↑レコードなどを展示し、ヴィンテージ感のある店内

←シェフ特製の別所秘制肉燥飯盤 NT$280はスパイシーな味わい

→レモンの蜂蜜漬けが乗った小農檸檬起司蛋糕NT$170(1カット)

←地鶏と唐辛子の漬物を使ったにゅう麺、剝皮辣椒雞麵線NT$288

→高級カラスミをたっぷり使ったサラダ、炙燒烏魚子鮮蝦沙拉NT$380

↑緑に囲まれる生活をテーマに植物があふれる

↑レトロとモダンを調和させたインテリア

秘密の庭のようなリノベカフェ

貳房苑 Livingreen

●アールファンユェン リビングリーン

デザインオフィスが手掛けるカフェで、1・2階はカフェ、3階はオフィス。日本統治時代の建物をリノベーションしている。台湾産の食材を使った創作料理やスイーツが楽しめる。

康青龍 MAP：P14A2

図Ⓜ松山新店線・中和新蘆線古亭駅から徒歩5分 住潮州街76號 ☎02-2391-2866 ⏲11時30分～19時30分 休月・火曜

Recommended Point♪
自家製スイーツや台湾茶でティーブレイク

↑日月潭紅茶を使ったティラミスNT$280(手前)

↓古い日本家屋の雰囲気が今なお残る

Recommended Point♪
台湾で古きよき日本文化を感じてみよう

→台東産有機玄米ジェラートCOFFEE＆MINT$150

青田街の古民家でまったり

青田七六

●チンティエンチーリゥ

日本人の大学教授が暮らした1931年建造の木造家屋を再利用。戦後は中国出身の地質学者、馬教授の住居となり、店内にはゆかりの品々が残る。人気メニューは水餃NT$120(8個)など。

康青龍 MAP：P14B2

図Ⓜ淡水信義線・中和新蘆線東門駅から徒歩15分 住青田街7巷6號 ☎02-2391-6676 ⏲11時30分～14時、14時30分～17時、17時30分～21時 休第1月曜

↓東方美人茶ポットでNT$900(＋茶水費1人NT$200)

大正ロマンあふれる店内

AKA Café

●アカ カフェ

かつての富豪の邸宅を改築して雰囲気抜群の一軒。小さな看板横のブザーを押すとスタッフが出迎えてくれるのも特別感があってうれしい。完全予約制で、予約は公式サイトから。

迪化街 MAP：P13A2

図Ⓜ中和新蘆線大橋頭駅から徒歩10分 住民樂街66號後棟 ☎02-2557-1220 ⏲11～19時※90分制 休火曜

↑ホットラテNT$260。自身のテーブル上の飲食物を除き撮影は禁止

Recommended Point♪
日本統治時代の邸宅をリノベし雰囲気抜群！

→カウンター席、ロフト風の畳席など、客席タイプもさまざま

↓緑が心地よいテラス席。建物は3年の月日をかけて改築

新感覚のお茶から映えドリンクまで！
マストトライのおしゃれドリンク

Read me!

台湾の街なかにはテイクアウトOKのドリンク専門店がいっぱい。どれも飲むのが惜しくなるほどかわいいものばかり。いろいろな味を試して、お気に入りを見つけよう！

⬇文山包種茶をブレンドした金種烏龍NT$200

NT$160～
窒素系ドリンク
お茶に窒素ガスを加え、ビールのようななめらかな喉越しが楽しめる

独自のいれ方で楽しむ台湾茶
WANG TEA LAB×有記
●ワン ティー ラボ×ヨウジー

老舗茶葉店が営むティーラウンジ。ブレンドした茶葉をコーヒー風にドリップやマシンでの抽出、ビール風に炭酸を加えるなど、オリジナルのいれ方で楽しませてくれる。

迪化街 MAP：P13B3
図Ⓜ淡水信義線・板南線台北車站から徒歩11分 住重慶北路二段64巷24號 ☎02-2558-5551 時10～19時 休木曜 ※サービス料別途10%、1ドリンクオーダー制、制限時間90分

新感覚×おしゃれ

➡1890年創業の茶葉店の隣に2020年に開業した

NT$240
山茶
緑茶をベースにグァバなどをブレンドしたさわやかな一杯

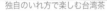

⬆キンモクセイやオレンジピールが入ったセイロンティー、焔茶NT$280

美容と体にイイ！ おいしい漢方茶
仙島 SENTO
●シェンタオ セントー

生薬を取り入れた天然由来のブレンド茶が楽しめる。羅漢果糖を使用した自然な甘みはのど越しまろやかで美と健康に期待大。カロリーや糖質が気になる人にもおすすめ。

中山 MAP：P5D1
図Ⓜ淡水信義線・中和新蘆線民權西路駅から徒歩7分 住承德路三段90巷2號 ☎02-2595-3757 時12時30分～19時30分（土・日曜は11時30分～）休月・火曜※ミニマムチャージNT$180/人

⬅花椒や八角などが入りスパイシーな味わいの暖陽茶NT$210

⬆特別感漂う入口から「仙島」へ上陸！

⬅チョコレートの苦みにはちみつの甘みが隠れた烏伏膏NT$150

台湾茶×台湾果物mix

degugu果果迪

●デグググオグオティー

台湾茶葉と台湾フルーツを合わせたドリンクが人気。オーダーを受けてから1杯ずつ作るので新鮮な味が楽しめる。

富錦街 MAP:P6C3

図Ⓜ文湖線中山國中駅から徒歩13分 住民生東路四段65號 ☎02-2502-8551 ⏲10時～19時30分(土曜は11時30分～19時30分、日曜は11時30分～17時) 休なし

⬆店内にはカウンター席もある

NT$85(M)
草莓鮮奶
冬季限定のイチゴミルク。夏季はマンゴーが登場予定!

NT$70(L)
多肉水果茶
季節のフルーツをふんだんに使ったフレッシュな特製フルーツティー

NT$69(M)
貳莓冰茶
ブルーベリー&イチゴと日月潭紅茶をミックスしたヘルシードリンク

NT$95
烤糰子麵茶 芝鐵觀音
麵茶と団子、鉄観音のクリームチーズティー

NT$70
芝士日月潭 紅茶
香り高い紅茶にチーズが混じり合う味わいがたまらない

NT$105
芝士草莓
塩気のあるチーズと甘酸っぱいイチゴの相性に感動

いっそう引き立つチーズの風味

麦吉machi machi

●マイチーマチ マチ

台湾ならではの健康食、麵茶にまぶされた串団子と焙煎の利いた鉄観音茶にチーズティーが相性抜群!

東區 MAP:P10C1

図Ⓜ文湖線・板南線忠孝復興駅から徒歩7分 住大安路一段51巷16號 ☎02-2752-5069 ⏲12～21時 休なし

➡ドアの向こうに何があるか入ってみたくなる

カラフル×キュート

NT$205～
飛機
飛行機型のクッキーにマシュマロをオン!旅行をイメージしたドリンク

NT$188～
玫瑰鮮奶茶(ホット/アイス)
紅茶にバラの香りのシロップを加え、バラの形をしたメレンゲをトッピング

柴犬チャイがSNSで話題に

雨田先生 手沖飲品吧

●ユーティエンシエンシェンショウチョンインピンバー

柴犬マシュマロや花形メレンゲを載せたドリンクが人気で、連日行列が絶えない。元記者という店主の名前の一文字「雷」を分解して、雨田というネーミングに。

台北101/信義 MAP:P11D1

図Ⓜ板南線忠孝敦化駅から徒歩6分 住忠孝東路四段223巷69號 ☎なし ⏲12～21時(日・月曜は～19時) 休なし

NT$225～
彩虹棉花糖
犬のマシュマロと虹の綿あめのトッピング。飲むのがもったいないかわいさ

➡テイクアウトのみのこぢんまりとした店

+Plus! **オーダー方法をCHECK!**

飲み物を注文する際はメニューだけでなく、細かな指示が必要。指示しないと甘すぎたり、氷が多すぎたりするので注意。

サイズは?

L=大杯(ダーベイ)
M=中杯(ジョンベイ)

氷の量は?

正常冰>少冰>微冰>去冰(氷なし)

甘さは?

正常甜(100%)>不要太甜(90%)>少糖(70%)>半糖(50%)>微糖(25%)>無糖(0%)

➚大小2種類のタピオカとココナッツゼリーをトッピングした烏龍茶。四季春珍波椰NT$40(M)

台湾ジューススタンドの代表格

50嵐

●ウーシーラン

テイクアウト専門店。タピオカミルクティーや緑茶、ジュース系とメニューが豊富。

康青龍 MAP:P14B2

図Ⓜ淡水信義線・中和新蘆線東門駅から徒歩5分 住永康街14巷2號 ☎02-2395-2000 ⏲11～22時 休なし

世界がひろがる！
Column

本場の人気店でタピる！

タピオカドリンク名鑑

ＱＱ(モチモチ食感の意味)なタピオカ入りドリンクは台湾の代名詞。
適度な甘さと歯ごたえ、ツルンとしたのどごしはヤミツキになります！

タピオカとは？

タピオカはキャッサバ粉に水を加えて丸く成形したもの。黒糖でじっくり煮込むと、黒くて甘いタピオカのできあがり！ 店によっては粒の大小も選べる。

タピオカ
珍珠奶茶
がおいしい！

香芋QQ奶緑
NT$160 Ⓑ
新鮮で濃厚なタロイモの香りと、もちもちした食感のタピオカがパーフェクトマッチ

珍珠奶茶
NT$100(S) Ⓐ
香り高い紅茶を使ったミルクティーに、特製タピオカとクラッシュアイスが入った一番人気のドリンク

QQ奶茶/奶緑
NT$120 Ⓑ
1日5000杯を売り上げた人気のウーロンミルクティーラテ

黒糖琥珀珍珠拿鐵
NT$115(S) Ⓐ
琥珀色のタピオカ黒糖ラテ。きれいな見た目と優しいまろやかな甘みが特徴的な一品

焔遇幸福
黒糖珍珠真鮮奶
NT$95 Ⓒ
超濃厚な黒糖タピオカと新鮮な牛乳がベストマッチ！

Ⓐタピオカミルクティー発祥の店

春水堂
●チュンスイタン

1987年にタピオカミルクティーの発売を開始。無添加にこだわった茶葉と独自にブレンドした高品質のシロップを使い、他店では出せない味わいが人気だ。

台北101／信義
MAP：P11F2
図Ⓜ板南線市政府駅から徒歩7分 住松壽路9號(新光三越A9館B1F) ☎02-2723-9913 ⏲11時～21時30分(金・土曜は～22時) 休なし

Ⓑ老舗の本格派！ こだわり茶葉なら

天仁喫茶趣 信義店
●ティエンレンチーチャーチュウ シンイーティエン

お茶ブランド"天仁茗茶"のカフェ。テイクアウトもあり、気軽に香りのよい台湾産の茶葉を使用したブレンドティーの数々が楽しめる。ドリンクの種類が豊富なのもうれしい。

大安駅
MAP：P10C3
図Ⓜ淡水信義線・文湖線大安駅から徒歩6分 住信義路四段88號
☎02-2707-3598
⏲11時～21時30分 休なし

Ⓒクセになる甘さ♥ 黒糖系なら

幸福堂
●シンフウタン

創業から急成長した注目店。毎日店頭で手作りする黒糖タピオカは新鮮でモッチモチ！ 炎が燃えるように盛り上がるさまはインパクト大。

西門／龍山寺
MAP：P8B1
図Ⓜ松山新店線・板南線西門駅から徒歩3分 住漢中街100號 ☎なし
⏲10時30分～22時30分 休なし

TAIPEI

夜あそび

Night Out

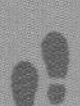

Contents

知っておきたいこと12

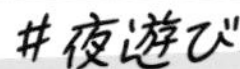

#夜遊び

暑〜い台湾では、夜行型で行動するのも涼しく過ごす知恵。
ローカルだってほら……。夜活のススメ!

01 耳より

台北の夜は長い

夏が長い台湾は暑さをしのぐ工夫もさまざま。その一つが日暮れとともに行動すること。日中は人影まばらだった街角も夕暮れとともに活気づく。公園では夜遅くまで子どもたちの笑い声が響き、おじいちゃんやおばあちゃんの話に花が咲く。夜市が発達しているのもそのせいかも。

02

台北の夜。治安は大丈夫?

比較的治安のよい台湾。夜遅くとも人出が多いので、つい気持ちは緩みがちに。しかし深夜の女性ひとりでのタクシー乗車はおすすめできない。また人通りの少ない場所へはむやみに出歩かないこと。移動の際はなるべく連れだって、公共の交通機関を利用するのが安心だ。

03 耳より

夜市へ出かけるベストタイムは?

ボチボチ屋台が集まり店開きし始めるのは16時過ぎから。しかしまだまだまばら。18時ごろになると屋台はほぼ揃いだすが、人出はまださほど多くはないので歩きやすくおすすめ。本格的に賑わうのは20時を過ぎたころから。

04 耳より

外せない夜市グルメ

ずらりと並ぶ屋台を渡り歩いていろんなものを食べ歩くのが夜市グルメの楽しみ方。決して一つの屋台で食べ過ぎないで、あれこれ少しずつオーダーしてみよう。座ってじっくり味わうなら水餃を、食べ歩きなら胡椒餅や雞排、水煎包がイチオシ!

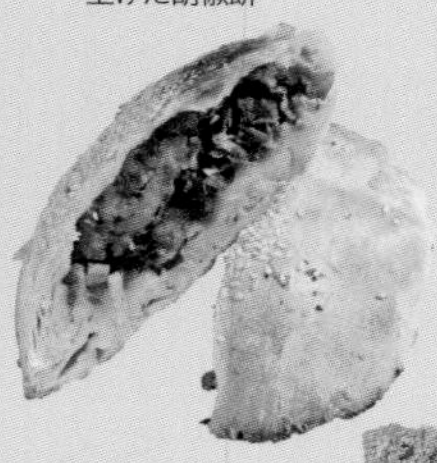

↓コショウの利いた豚ひき肉とネギの餡を包んで焼き上げた胡椒餅

↑水煎包は蒸し焼きにした肉まんのようなもの。肉汁がジューシー!

↑水餃は主食としてどうぞ。もっちり皮がたまらない

↑人の顔くらいありそうなドデカいフライドチキン雞排

05 耳より

夜カフェでのんびりおしゃべり

台湾では、22時ごろまで開いているカフェも多いので、夕食の後にまったりするのもいい。本格的なコーヒーを出すお店から、猫カフェ、ブックカフェなどさまざまなジャンルのカフェがあるのも楽しい。

小猫花園 シャオマオホアユエン
MAP:P3B1 ㊋Ⓜ淡水信義線芝山駅からすぐ
㊟福華路129號 ☎02-2835-3335
⏰12〜22時 ㊡火曜

06

朝食店は夜遊びの強い味方

朝食店のオープン時間は、実は22時過ぎが多い。賢い台北っ子は、バーで飲んだ後やクラブで遊んだ後の夜食に立ち寄ることも多々。観光客もLCCの深夜便で到着したときに利用価値大。ただし店によっては早朝営業開始のところもあるのでご注意を。

07 耳より
これが台北三大夜景

盆地の台北では周辺の山々から美しい都会の夜景を眺められる。特に人気なのは台北101ビューの象山で、MRT象山駅から徒歩でアクセス可能。台北市北部の陽明山の夜景ダイニングバーもいい。地元の人のおすすめは内湖碧山巖(MAP：P3C1)。アクセスは不便だが、台北の街と廟のコントラストが楽しめる。

象山→P113

↑台北のランドマーク、台北101とビル群を見下ろす

The TOP 屋頂上→P112

↑山頂のレストランから市中心部を望む

内湖碧山巖

↑山上にある碧山巖・開漳聖王廟からの台北市内ビュー

08 耳より
台湾女子のおすすめ夜遊びスポット

台北ではおしゃれに飲む女子が増加中。彼女たちが目指すのはスタイリッシュなバーやクラブ、はたまたパブクロールに参加することも。また、アクティブ女子が集って出かけるのはプチハイキング。夜景の美しい象山に登るのも定番。気軽に台北の夜景が楽しめる。ただし土地勘のある人と登ること。

↑信義區にはバーやクラブがいっぱい！

09 耳より
24時間営業の店をチェック

日本各地から就航するLCCの増加に伴い、深夜・早朝も活動する旅行者も増えている。そんな人におすすめなのが、24時間営業の店。コンビニやファストフード店以外にも、営業している店が多数あるから要チェック!

食事をするなら

吉星港式飲茶 ジーシンガンシーインチャー

本格飲茶が深夜・早朝問わずに食べられる。点心類なら少人数でも、お腹の空き具合に合わせてオーダーしやすい。お得な朝食用のお粥メニューも。

MAP：P12C4 交Ⓜ淡水信義線・松山新店線中山駅から徒歩6分 住南京東路一段92號2F ☎02-2568-3378 ⏲24時間営業 休なし

おみやげ探しなら

家樂福　桂林店 ジャーラーフー グイリンディエン

買い忘れたおみやげ、持ってくるのを忘れたアメニティなど、困ったときの買物にも対応できる24時間営業のスーパーマーケット。→P139

10 耳より
朝まで過ごせる猫空の茶藝館

木柵エリアの山あい、猫空は鉄観音茶の故郷として知られる。周辺は茶畑が広がり、茶農家は畑の一画を茶藝館として開放、夜通しお茶が飲める店もある。MRT動物園駅からロープウェイに揺られて行ってみるのがおすすめだ。

邀月茶坊→P203

12 耳より
夜風の中をサイクリング

YouBike(→P225)をはじめ、レンタル自転車が充実している台北。近年は市内の自転車道も整備され、走りやすくなった。日中より涼しくなる夕方以降の散策の足としても使える。

11 ⚠
ゆるい中にもドレスコードあり

ホテル内などの高級レストランであっても特にドレスコードのない台湾。とはいえ、そのような店であっても短パン＆ビーサンで行くのはご法度。少し気取った雰囲気の店では、スマートカジュアルを心がけよう。

【編集MEMO】

コレだけはいいたい！

市内各地でもホタルが見られる。大安森林公園では毎年観賞イベントが開かれる。観賞の季節は4〜5月ごろ。

ストレスの発散はKTV(カラオケ)へ。歌い放題＋食べ放題カラオケも多い。日本語の曲を揃える店も。

深夜営業の茶藝館ではトランプで盛り上がる台湾人の姿も。貸し出している店もあるほど台湾の人はトランプ大好き！

Night View

煌めく夜景が待つ、おしゃれスポットへ！

思い出になる夜景ダイニング

Read me!

小さな土地に多くの家屋が密集している台北は、明かりが灯るととってもきれい。展望自慢のレストランで、街の喧騒を逃れてとびきりの夜景を満喫しちゃおう。

郊外の山頂から見下ろす光の海

The TOP 屋頂上●ザ トップ ウーディンサン

バリを意識した南国のリゾート感あふれる、旬のナイトスポット。段々畑のように設計された席は、どこからでも夜の絶景を見渡せる。

オススメ！

陽明山 MAP：P3B1

図Ⓜ淡水信義線芝山駅から車で20分 ㊟凱旋路61巷4弄33號 ☎02-2862-2255 ⏲17時～翌3時 ㊡なし

↑夜景に負けないほど光輝くテラス席にうっとり ←カラフルなアルコール類は迷っちゃうほど種類が豊富

↑台湾の味を楽しめる金沙焗蝦球NT$395
※2024年中に値段調整あり。店舗Webサイトのメニューを参照

↓料理は、台湾の自然界をイメージした8つのブースから選んでこれる。アルコールもある

台湾各地の素材が楽しめる美食天国

饗 A Joy●シャン エー ジョイ

台北101の86階に、2023年7月オープンしたビュッフェレストラン。300種以上の料理には台湾食材をふんだんに使用。世界チャンピオン監修のコーヒーや名店のスイーツもある。

台北101/信義 MAP：P11E3

図Ⓜ淡水信義線台北101/世貿駅から徒歩1分 ㊟台北市信義區信義路五段7號86F ☎02-8101-0111 ⏲11時30分～14時、14時45分～17時15分、18時～21時30分 ㊡なし ※予約は1カ月前から受付

↓壁一面の窓から台北の全景を見渡すことができる

それぞれのフロアにあるオブジェが一定時間に音と光のショーを繰り広げる

スタイリッシュな夜を演出

紫艷酒吧 YEN Bar

●ズーイェンジゥバー エン バー

NY発オシャレホテル「ダブリュー」(→P212)の最上階にあるスカイバー。エッジが効いたパープル基調の店内からは台北101のタワーが目の前に見える。

台北101/信義 **MAP：P11F2**

図Ⓜ板南線市政府駅から徒歩1分 住忠孝東路五段10號31F ☎02-7703-8887 ⏲17〜23時(金・土曜は〜24時) 休なし

↑台湾のフルーツや烏龍茶を使ったカクテルが各種揃う。NT$450〜

↑眼下には台北市内の煌めく夜景が広がる

↓心地よい音楽が流れる都会的な空間。ガールズトークも盛り上がりそう

↑フード類はお隣の「紫艷 YEN」の本格中国料理を提供。脆炸香酥雞拳NT$320 ←台湾風おつまみの七味豆腐NT$220はふわふわ食感！

+Plus! **ビューポイントをCHECK!**

素敵な夜景スポットはレストランだけじゃない！
レジャーを兼ねて楽しみたい二大夜景プレイス

台北101の雄大な姿を眺めよう

象山

●シャンサン ★★★

Time 約2時間

市街東部にある、標高は180mほどの低い山。登山口から絶景の展望台までは15〜30分。観光気分で気軽に登れる。

台北101/信義 **MAP：P3C3**

図Ⓜ淡水信義線象山駅から中強公園近くの登山口まで徒歩10分、台北市立聯合醫院松徳院區の登山口まで徒歩15分、板南線永春駅から永春崗公園の登山口まで徒歩15分

観覧車に乗って夜景を観賞

美麗華百楽園

●メイリーファパイルーユェン ★★

Time 約1時間

エンタメ施設も充実の大型ショッピングモール。おすすめは屋上に設置された直径70mの観覧車。夜には内湖科学技術区のネオンと、台北101のライトアップを眺められる。

内湖 **MAP：P3B2**

図Ⓜ文湖線劍南路駅から徒歩2分。淡水信義線劍潭駅より無料シャトルバスあり 住敬業三路20號 ☎02-2175-3456 ⏲11〜22時。観覧車は11〜23時(土・日曜は〜24時) 休なし 料NT$150(土・日曜、祝日はNT$200)

オリジナルの味を飲み比べ！

大人気！ 台北のクラフトビール

Read me!

台湾産クラフトビールがここ数年の流行り。各社独自のテイストを開発&販売している。台湾らしいフレーバーもいっぱいだから、いろいろ試してお気に入りを見つけたい。

➡常時16種あるクラフトビールは毎月フレーバーが変わる

⬇テラス席からは台北101が見える。ライトアップもキレイ！

⬇クリーミーなチョコレート風味のアイリッシュスタウト前進都柏林NT$220

イチオシビ〜ル

Beer Flight NT$660で飲み比べ！

台北101が見えるビアガーデン！

掌門精釀啤酒

●ザンメンジンニャンピージゥ

イチオススメ！

ビール工場直営のルーフトップバー。世界のビール品評会で数々のメダルを取得したハイクオリティーな自家製クラフトビールが種類豊富に楽しめる。

台北101／信義 MAP：P11F2

図Ⓜ板南線市政府駅から徒歩8分
住松高路16號4F(微風松高内)
☎02-6636-9959 #8401
営16～24時(土・日曜は14時～)
休なし

3種のビールが選べる三小福NT$200

イチオシビ～ル

実力派の新ブルワリー

Buckskin Beerhouse 柏克金啤酒餐廳

●バックスキンビールハウス ボーカジンビージュウツァンティン

カバランウイスキーで知られる金車グループが手掛けるビアレストラン。日本のビアコンテストでも多数入賞しているドイツ風ビールが人気。食事メニューも豊富だ。

中山 **MAP:P5E3**

図Ⓜ松山新店線・中和新蘆線松江南京駅より徒歩7分 住南京東路二段1號1F ☎02-2758-3655 ⏲11時30分～22時(金・土曜は～22時30分) 休なし

➡ボリュームたっぷりの、クラシック・アメリカン・プラッターNT$2050

⬅テーブル間もゆったり。居心地のよい広々とした店内

風に吹かれて気軽にチョイ飲み

啜飲室 Landmark信義店

●ツオインシー ランドマーク シンイーディエン

台湾クラフトビールのブルワリー「臺虎」がプロデュース。ほとんどのクラフトビールが日替わりで提供される。その日のメニューを見て注文を。

台北101／信義 **MAP:P11F2**

図Ⓜ板南線市政府駅から徒歩3分 住忠孝東路五段68號 ☎02-2722-0592 ⏲17時～23時30分(金・土曜は15時～翌1時30分、日曜は15時～23時30分) 休不定休

定番

熱帯フルーツが香る臺虎IPA NT$220

イチオシビ～ル

⬆日替わりメニューの一つ臺虎烏梅NT$240 ➡屋外にある気持ちのよいスタンディング席

台湾クラフトビール界をリード

金色三麥 台北京站店

●ジンサーサンマイ タイベイジンジャンディエン

イチオシビ～ル

台湾産リュウガン蜂蜜の蜂蜜啤酒NT$180(350ml)

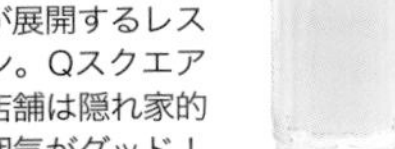

世界に認められた台湾初のクラフトビールブランド「金色三麥」が展開するレストラン。Qスクエア内の店舗は隠れ家的な雰囲気がグッド！

台北駅 **MAP:P8C1**

図Ⓜ淡水信義線・板南線台北車站から徒歩1分 住承徳路一段1號(Q Square京站時尚廣場4F) ☎02-7737-0909 ⏲11～23時(金・土曜は～翌0時) 休なし

➡金色三麥経典大拼盤はNT$1250。おつまみ各種がひと皿に

⬅深いコクと苦みが特徴の黒麥啤酒NT$180(350ml)、NT$245(500ml)

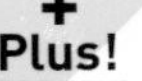

Plus! 飲める"スタバ"をCHECK!

スターバックスイブニングスならお酒が飲める。夕暮れどきに、おなじみのスタバへ飲みに行こう！

夕方からはおしゃれにスタバ飲み

星巴克咖啡 龍門門市

●シンバーカーカーフェイ ロンメンメンシー

プレミアムなコーヒーが味わえるスタバで、オリジナルのコーヒービールはいかが? 醸造過程でコーヒー豆を入れることで、ほんのりコーヒーが香るビールに仕上がった。イートイン限定のお楽しみ！

東區 **MAP:P10C2**

図Ⓜ板南線忠孝復興駅から徒歩5分 住忠孝東路四段134號 ☎02-2740-6782 ⏲7時～22時30分(金・土曜は～23時) 休なし

※台北市内では天玉門市、草山門市、內湖民權門市でも販売あり

⬇コーヒービールは各種NT$200

Stylish Bar

こだわり空間×映えるドリンク

台北の夜はおしゃれBARで

Read me!

ゆっくりと台北の夜更けを楽しむなら、隠れ家的なバーがおすすめ。個性あふれる素敵な空間でグラスを傾ければ、特別な旅のナイトタイムが過ごせるはず。

ここがステキ!
映画セットのような世界感の中で非日常体験!

↑吹き抜けの豪華なシャンデリア。3階にはテーブル席がある

紳士淑女にお似合いの高貴な空間

Mimique秘密客

●ミーミーカー

1階入口から2階に上がると、まるで中世ヨーロッパのバーに迷い込んだかのようなクラシックでゴージャスな空間が広がる。

東區 MAP:P10B1

図Ⓜ文湖線・松山新店線南京復興駅から徒歩8分
住八德路二段371號2F
☎02-2778-7757
⏲18時～翌2時 休月曜

↑台湾茶や季節のフルーツを使用した台湾らしいカクテルも充実
→ベリー・ブラッシュ・パンチNT$400

←香料花生醬炸雞NT$350

←青花椒の清涼感あふれる香りが魅力の青花椒はNT$450

オススメ

←カバランウイスキー3杯を楽しめるお得なセットNT$1100
→樽から直接グラスに注いでくれる樽出しウイスキーもある

多彩な台湾ウイスキーを飲み比べ

KAVALAN WHISKY BAR

●カバラン ウイスキー バー

樽型のドアがバーの入口。世界的に評価の高い台湾産ウイスキー、カバランウイスキーの直営店で、29種のウイスキーを堪能できる。

中山 MAP:P5E3

図Ⓜ中和新蘆線松江南京駅から徒歩6分
住南京東路二段1號2F
☎02-2521-0880 ⏲19時～翌1時(食事23時LO、ドリンク24時LO)
休第1月曜 ※サービス料別途10%

ここがステキ!
ウイスキーは1杯から注文できる。違いを味わって

→世界が認める名ブランドのお酒をゆっくりと味わおう

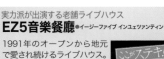

実力派が出演する老舗ライブハウス

EZ5音樂餐廳 ●イージーファイブ インユェツァンティン

1991年のオープンから地元で愛され続けるライブハウス。毎晩行われるライブには日替わりでプロの実力派ミュージシャンらが登場。テレビで見た有名人に会えるかも!?

大安 MAP:P10C4

図Ⓜ文湖線六張犁駅から徒歩7分
住 安和路二段211號
☎ 02-2738-3995
時 20時～翌1時30分
休 なし

ここがステキ! ミュージシャンとの距離が近くて臨場感あり！

←150席ほどのハコはあっという間に満員御礼。立ち見客も多数

←チケット価格はNT$900～。ドリンクもしくはフード2品を含む

重厚な扉の向こうに待ち受ける世界

D Town by A Train ●ディータウンバイエイトレイン

トレンド発信地区、東區で秘密にしておきたい隠れ家的バー。料理、ドリンクともにレベルが高く、しかもバーテンダーはイケメン揃いと評判！

オススメ！

東區 MAP:P10B1

図Ⓜ文湖線・板南線忠孝復興駅から徒歩7分
住 忠孝東路四段49巷2號2F
☎ 02-2721-2772
時 18時～翌1時30分（金・土曜は～翌2時30分） 休 なし

ここがステキ! クラシカルな雰囲気のムーディーな内装が◎

←カウンター席ならイケメンバーテンダーとの会話も弾むかも

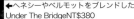

←ヘネシーやベルモットをブレンドしたUnder The BridgeNT$380

←香り高いキノコがたっぷり入ったリゾット松露牛肝菌燉飯NT$380

→忠孝東路走九遍NT$350は、失恋ソングになぞらえたカクテル

←花椒がピリリと利いた水餃子「麻辣水餃」NT$230(10個)

↓店に着いたら電話をかけてドアの鍵を開けてもらう

完全予約制のバーで静かな夜を

暗席 ●アンシー

定番

台湾の芸能人やレストラン経営者の常連も多い、完全予約制のバー。暗めの照明の落ち着いた空間で、台湾をイメージしたオリジナルカクテルや台湾料理とともに静かな夜を過ごしたい。

中山 MAP:P12C4

図Ⓜ淡水信義線・松山新店線中山駅から徒歩8分 住 林森北路133巷16號B1 ☎02-2525-1500 時 21時～翌5時（金・土曜は15時～） 休 日曜
※サービス料別途10% ※平日はミニマムチャージ1人NT$350、金～日、祝日は1人NT$500

ここがステキ! シックなインテリアにネオンが映える

Taiwanese Pubs

台湾式居酒屋で賑やかに楽しもう♪

安ウマ熱炒でカジュアル飲み

ラーチャオ

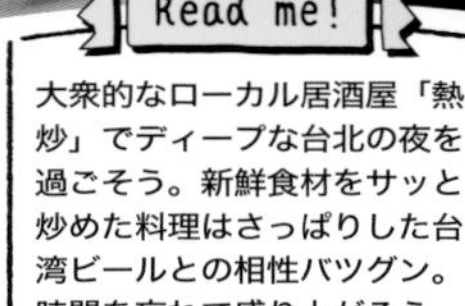

Read me!

大衆的なローカル居酒屋「熱炒」でディープな台北の夜を過ごそう。新鮮食材をサッと炒めた料理はさっぱりした台湾ビールとの相性バツグン。時間を忘れて盛り上がろう。

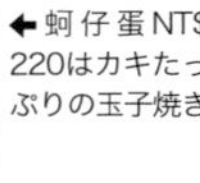

←蚵仔蛋NT$220はカキたっぷりの玉子焼き

↓カキのから揚げ(蚵酥)はおつまみに◎。NT$220

この店のいいとこ!

地元の人とワイワイ飲んで旅の思い出に

↑烤牛排(牛ステーキ)はオーダー必須。NT$960〜

➡いつも大賑わいの台湾式居酒屋。お隣さんとの会話が弾む♪

台北101のお膝元にある人気店

小林海產

●シャオリンハイチャン

鮮度のよい海鮮系をはじめ、各種料理が自慢の熱炒。いつ行っても満席なので、スムーズに入店するなら予約がベター。少人数の場合は相席を覚悟して。

オススメ!

台北101／信義 MAP:P11D3

図Ⓜ淡水信義線信義安和駅から徒歩10分
住光復南路574-1號
☎02-2325-4930
⏲17時〜翌1時
休日曜

熱気ムンムン! ローカルに交じって乾杯

33區熱炒

●サンシーサンチュラーチャオ

定番

熱炒激戦区でひときわ客の多い居酒屋で、仕事帰りの台湾人で賑わう。約180種類の料理はほとんどがNT$100台とリーズナブルなのも魅力。

華山 MAP:P5E4

図Ⓜ板南線善導寺駅から徒歩11分
住長安東路一段63-1號
☎02-2563-3687
⏲12時〜翌1時30分(LOは24時)
休なし

↑シャキシャキ食感の水蓮炒めNT$180

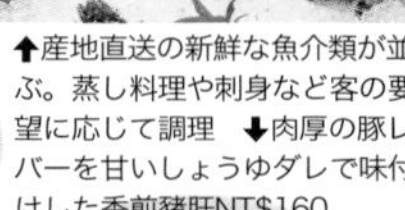

↑産地直送の新鮮な魚介類が並ぶ。蒸し料理や刺身など客の要望に応じて調理 ↓肉厚の豚レバーを甘いしょうゆダレで味付けした香煎豬肝NT$160

この店のいいとこ!

メニューが豊富でとにかく安い!

ビールがもっとうまくなる料理が揃う！

阿才的店

●アーツァイダディエン

1950年代の台湾情緒をほどよく残しつつ、モダンにリニューアル。以前から定評のある料理は健在で、ワンランク上の居酒屋料理が味わえる。

松山 **MAP：P6B4**

図Ⓜ文湖線・松山新店線南京復興駅から徒歩8分 住八徳路二段323號 ☎02-2356-9109 ⏲17時30分～翌2時(LOは23時30分) 休月曜

⬇長年のファンが多いお店。週末は予約マスト！ ↗地下1階にはゆっくりくつろげる座敷席もあり

この店のいいとこ！
料理は少し濃い目の味付け。ビールによく合う
營業中
阿才的店
台式料理
歡迎光臨

⬆カキの入る看板メニュー油條蚵仔NT$260

⬆ブタ腸でネギを包んで揚げた炸肥腸NT$380

⬆松柏長青（涼拌菜）NT$420は要事前予約

台湾らしさにこだわるビストロ

渣男Taiwan Bistro 敦北三渣

●ザァーナン タイワンビストロ ドンベイサンザァー

「台湾らしさ」をコンセプトに、屋台料理をアレンジしたメニューを楽しめる。台湾に8店舗を展開する人気店で、平日でも事前予約がおすすめ。

松山 **MAP：P6C3**

図Ⓜ文湖線・松山新店線南京復興駅から徒歩7分
住敦化北路120巷7弄13號
☎02-2545-9903
⏲17時30分～翌1時30分
休なし
※別途サービス料10%

この店のいいとこ！
台湾の文化を随所に取れ入れている

⬆店名は「クズな男」を意味するスラング。愛着を込めてつけられた
⬅カクテル渣男烏梅醉NT$320
➡牛三寶拼盤NT$450（右上）、大腸包小腸NT$150（左上）、滷味拼盤NT$400（下）

Plus! 気軽に入れる深夜食堂をCHECK!

味、雰囲気、人情……。台湾のよさが詰まったレトロな居酒屋でカンパ～イ！

駅近の路地裏にひっそりたたずむ

饞食坊

●チャンスーファン

手料理自慢の同級生が3人でオープンさせた人情味あふれる食堂。懐かしさを感じる雰囲気を楽しみたい。地酒やクラフトビールも種類豊富。

大安 **MAP：P10B3**

図Ⓜ文湖線・淡水信義線大安駅から徒歩3分
住信義路四段30巷58號 ☎02-2755-5859
⏲18時～翌2時（LOは翌1時） 休なし

⬇古きよき伝統スタイルとモダンさを絶妙に組み合わせた店

⬆台南産の平麺を酢醤油と花椒でシンプルに。私房花椒麺NT$75

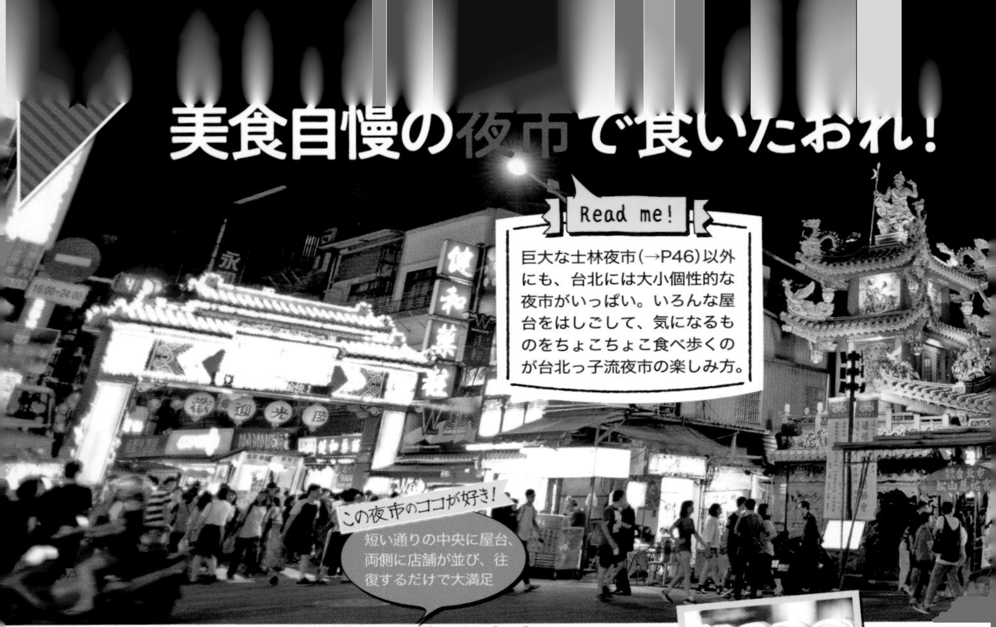

美食自慢の夜市で食いたおれ！

Read me!

巨大な士林夜市(→P46)以外にも、台北には大小個性的な夜市がいっぱい。いろんな屋台をはしごして、気になるものをちょこちょこ食べ歩くのが台北っ子流夜市の楽しみ方。

この夜市のココが好き！

短い通りの中央に屋台、両側に店舗が並び、往復するだけで大満足

グルメ店がズラリと並ぶ門前夜市

饒河街觀光夜市 ●ラオハージエグアングアンイエシー

オススメ！

台北東部の松山慈祐宮の門前に約600m延びる夜市。歩行者天国の通りにはB級グルメの屋台はもちろん、小物・雑貨の露店や占いブースなどがある。

松山 **MAP：P3C2**

図Ⓜ松山新店線松山駅から徒歩1分⏲17時ごろ～翌0時ごろ㊡なし

←フレッシュなフルーツジュースは散策のおともに

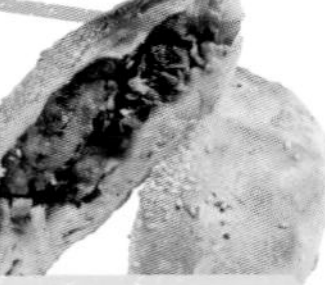

「福州世祖胡椒餅」の胡椒餅

カリカリの香ばしい皮とジューシーな肉餡が絶品。NT$60

「東發號」の麵線

カツオ風味のとろみスープが美味。カキとモツ入り麺NT$70

「下港名彭豆腐」の下港脆皮臭豆腐

外側をカリカリに焼いた台湾版揚げ豆腐NT$70。臭みは少ない

「加賀魷魚大王」の現燙魷魚

ゆでたスルメイカNT$150。タレはしょうゆやニンニクなどお好みで

↓台湾各地のB級グルメ屋台が立ち並ぶ、ローカルな雰囲気

➡色とりどりのカットフルーツ。暑い夜に食べたい！

この夜市のココが好き！

とにかく食が充実。有名グルメガイドに選出された店も多数

地元でも大人気のグルメ夜市

寧夏夜市 ●ニンシャーイエシー

オススメ！

フード系が充実した夜市といえばココ。一本道に台湾各地のB級グルメ屋台が並んでいるので、初めての人でもわかりやすい。歴史ある名店も多い。

迪化街 **MAP：P13C3**

図Ⓜ淡水信義線雙連駅から徒歩10分

⏲17～23時ごろ ㊡なし

←松山慈祐宮の煌びやかな門構え

「爆漿玉子焼」の明太子玉子焼
甘めのマヨネーズと、トッピングのトビコがウマイ！NT$75

賴董台東特產の石板炒山猪肉
猪の肉と皮、野菜を炒めた台東の郷土料理NT$110

郷淳布丁豆花の招牌三色豆花
3色の豆花が入ったカラフルなスイーツNT$40

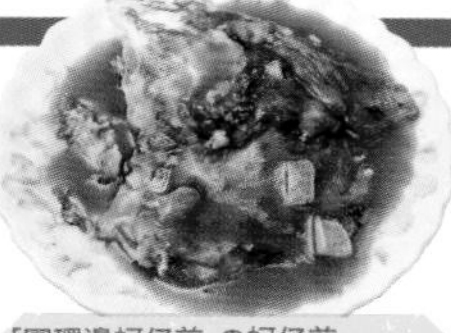
「圓環邊蚵仔煎」の蚵仔煎
トロトロ食感のカキ入りオムレツNT$80

↑寧夏夜市の定番イカのとろみスープは必食

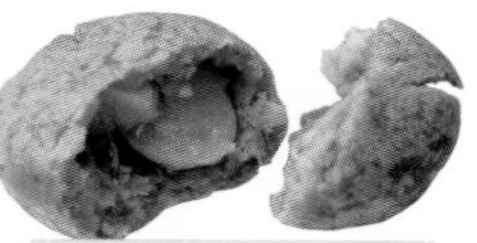
「劉芋仔蛋黃芋餅」の蛋黃芋餅
タロイモ揚げ団子NT$35(最低オーダー2個～)。塩漬け玉子の黄身入り

「方家雞肉飯」の雞肉飯
鶏のうまみがギュッ。甘めのタレも美味。NT$50

オススメ!

仕事帰りに立ち寄る地元客多数！

臨江街觀光夜市(通化街夜市)●リンジャンジエグアングアンイエシー(トンファジエイエシー)

ビジネス街に近く、仕事帰りの台北っ子も立ち寄るローカル夜市。食べ物系の屋台が中心だが、ファッションや雑貨の店も多い。

台北101／信義 MAP：P11D4
図Ⓜ淡水信義線信義安和駅から徒歩5分
⏲18～24時ごろ ㊡なし

↑女性向けのファッションや雑貨も充実

人気B級グルメが勢揃い！

南機場夜市●ナンジーチャンイエシー

地元の自治会が中心になって開いているローカルムード満点の夜市。メインストリートには約100の露店が並び、餃子店が並ぶ餃子ストリートもある。

西門／龍山寺 MAP：P8B4
図Ⓜ松山新店線小南門駅から徒歩15分 ⏲17時ごろ～翌1時ごろ ㊡なし

↑地元の人も多く下町の雰囲気が楽しい

朝から晩まで楽しめる夜市

雙城街夜市●シュアンチェンジエイエシー

地元客が多い人気エリアの夜市。最も賑わいを見せるのは日没後だが、晴光市場と交差しているため、昼間から営業している屋台も。

中山 MAP：P5E1
図Ⓜ中和新蘆線中山國小駅から徒歩5分
⏲8時～翌0時 ㊡なし

↑観光ついでに立ち寄りやすい

活気あふれるディープな夜市

艋舺夜市●モンジャーイエシー

複数の夜市からなる、巨大夜市。廣州街と梧州街の交差点を中心に屋台が並び、グルメ屋台のほか衣類や雑貨の店も揃う。

西門／龍山寺 MAP：P15B3
図Ⓜ板南線龍山寺駅から徒歩5分
⏲17時ごろ～翌1時ごろ
㊡なし

↑連日観光客で賑わう。別名「萬華夜市」

女性人気の高いおしゃれ夜市

師大夜市●シーダーイエシー

おしゃれ夜市として女性からの人気を集める夜市。若者向けのセンスのいい洋服店や小物店、カフェやレストランが多く立ち並ぶ。

公館駅 MAP：P15A2
図Ⓜ松山新店線台電大樓駅から徒歩10分
⏲17時ごろ～翌1時ごろ ㊡なし

↑師大路と龍泉街の細い路地に広がる

「童年木瓜牛奶」の木瓜牛奶
新鮮な生パパイアを使用したミルクシェイクNT$60(小)

世界がひろがる!

Column

台湾野球を観戦しよう!

2024年4月現在世界5位と、レベルの高い台湾のプロ野球。
チアの存在感がひときわ大きいのも特徴の一つだ。
特色あるスタジアムグルメを味わいながら、台湾らしさ満点の野球観戦を楽しもう!

本格チアも!

台湾野球が面白い!

最近日本でもじわじわと注目を集めている台湾野球。チアガールのダンスに合わせて歌って踊る台湾独自の応援スタイルは一回行ったらはまること間違いなし。ポイントをチェックしておこう。

台湾野球は6球団あって、最多優勝数なのが台南の「統一ライオンズ」。2023年は「味全ドラゴンズ」が優勝した。日本資本で運営されている「楽天モンキーズ」にも注目。

●台北大巨蛋が満を持してオープン!

2023年12月に信義に誕生した「台北大巨蛋(台北ドーム)」。台湾発のドーム球場で、東京ドームより高い天井をもつなどその規模はアジア最大級。着工から11年半を経て完成した。現在ここをホームスタジアムとしている球団はないが、国際大会の舞台として今後使われることになりそう。

●5球団→6球団に!

台鋼ホークスが2022年に正式加盟、2024年から参戦することが決定している。日本人選手の活躍にも期待したい!

フードもおいしい

屋台メシ片手に観戦するのも台湾流。ビールの売り子さんはいないことが多いので、飲み物は持ち込むのがおすすめ。

チアにもご注目を!

選手以上に注目されることもある各球団の専属チア。ホームチームの攻撃中はずっと踊ってスタンドを盛り上げてくれる。アイドル級の美しさとファンサービスに、チアを目当てに野球を観にくる人もいるとか。

台湾野球Q&A

シーズンはいつ?

毎年4～10月。前半60戦、後半60戦で年間120試合が行われている。

台北から近い球場は?

信義の「台北大巨蛋」のほか、下記の3球場が台北から近い。

- 楽天モンキーズのホームスタジアム「楽天桃園棒球場」→桃園体育園区駅から徒歩8分
- 味全ドラゴンズのホームスタジアム「天母棒球場」→台北車站から車で20分
- 富邦ガーディアンズのホームスタジアム「新北市立新莊棒球場」→台北車站から車で20分

チケットの価格は?

観戦料金は日本に比べるとお手頃でNT$300～600ほど。細かく券種が分かれている日本とは違い、内野指定席と外野自由席とで大まかに分かれていることが多い。応援の中心になる内野席が人気。

チケットの買い方は?

Webサイトやコンビニ店舗、当日券は現地で購入も可。

楽天桃園棒球場

空港から電車で30分!

「楽天モンキーズ」のホームスタジアム。駅直結のショッピングモールGlobal Mall環球購物中心桃園A19とつながっており交通の便もいい。国際大会の舞台となることもある。

桃園 MAP:P15A2

交桃園機場線桃園體育館園區駅から徒歩3分 住桃園市中壢區領航北路一段1號 桃園國際棒球場
☎03-425-0927

TAIPEI

おかいもの
Shopping

Contents

知っておきたいこと13

#おかいもの

プチ裏技を知っておけば、より上手に&よりお得に買物が楽しめる。
13のアドバイスで賢くショッピング!

01 いつがお得？台北のバーゲン事情

一大バーゲンはズバリ「周年慶」とよばれる創立記念セールで、とにかく安い。各デパートにより異なるはずだが、なぜか秋口に集中していることが多い。同一デパートでは各支店で数日ほどずらして行われることも。ローカルは開店前から行列は当たり前。時期が合えばぜひ。

微風南山→P174

狙い目は化粧品のセット販売。まとめ買いしたくなるほど安い

02 週末の台北旅ならマーケットへ行ってみよう

四四南村(→P176)では生産者が食材や雑貨を販売するファーマーズマーケットを毎週末に開催。西門紅樓(→P182)では毎週土・日曜にデザインフェスタやフリーマーケットが行われており、若手デザイナーの手作り作品と出合うことができる。

生産者やデザイナーの生の声を聞きながら買物できるのもいい

03 気になるサイズの見方をチェック！

アメリカ式、ヨーロッパ式、日本式の書き方が混在している台湾。洋服のタグにはS・M・Lと表記されていることもあれば、34・36・38や2・4・6と書かれていることも。子ども服は奇数表記で、9・11・13と書かれていることが多い。靴も同様で35・36・37であったり、67・68・69であったり。日本と同じ22.5・23と表記されていることもある。いずれもブランドや店によりまちまちだ。そのため試着をしてから適正サイズを購入するのがベター。夜市や路上の屋台では難しいが、一般の店であればたいていの場合は試着させてくれる。試着不可の場合も、鏡を使ってサイズ感を確かめられることがほとんどだ。

◆洋服(女性)

台湾	2	4	6	8	10	12
日本(号)	5	7	9	11	13	15

◆靴(女性)

台湾	66	67	68	69	70	71
日本(cm)	22	22.5	23	23.5	24	24.5

◆靴(男性)

台湾	74	75	76	77	78	79
日本(cm)	25	25.5	26	26.5	27	27.5

04 「買一送一」って何ですか？

1つ買えばもう1つおまけでもらえるという意味。場合によっては「買1送2」「買5送1」なんてことも。購入時は自分で規定数を持ってレジへ行こう。また「任2件」はお好きなもの2点チョイス可、「第2件5折」は2つめの品は50%オフを意味している。表記の意味を覚えて賢くお買物をしよう。

「買一送一」は棚の値段表示のところなどに書かれている

05 買物したら必ず保管。台湾のレシートは宝くじ！

台湾では買物すればだれでも宝くじに参加できる。レシート上のアルファベット2桁で始まる番号に注目。発表日は奇数月の25日でインターネットでも確認できる。交換は発表翌月の5日から3カ月間。1等NT$1000万。高額ゲットも夢じゃないかも!?

買物をしたら捨てちゃダメ！

06 「8折」=8割引…ではない!!

店頭でよく見かける「8折」「9折」は割引価格のことだが割引率ではない。割引掛け率のこと。8折は8掛けの価格となり、つまり20%オフに。9折なら10%オフだ。まれに見る「1折」なら90%オフ。これは買っておかないと!

07

フルーツは市場で買って ホテルで食べるのが コスパよし

台湾に来たらおいしいフルーツを食べておきたい。けれどフルーツパーラーはちょっと高い。市場でなら新鮮な果物が格安で手に入る。ホテルでナイフを借りて部屋で食べよう。高級ホテルならカットしてくれるサービスもある。

08

耳より

旅の記念に! おみやげになるスタバグッズ

スターバックスのご当地マグカップやタンブラーはコレクターもいるほど人気の商品だ。もちろん台湾限定のデザインがある。実用性も高いのでマニアでなくとも旅の思い出にぴったり。人気の商品は売り切れ続出。見つけたら即ゲットを。

台北101のショッピングモール内にあるスターバックスなどで販売

09

台湾の爆買いスポットは

日本人観光客が思わず爆買いしちゃう聖地といえば、「金興發生活百貨」(→P159)「光南大批發」「勝立生活百貨」の3つ。いずれもローカルが生活必需品を購入する生活雑貨店で、お菓子・文具・シャンプー・コスメ・食器・玩具……など、何でも揃う。おみやげ探しに最適だ。

10

耳より

時間のない人ほど セレクトショップが 使える!

週末旅、弾丸ツアーでやってくる人も少なくない台北。短い滞在時間を有効活用してショッピングも楽しみたいのなら、台湾の旬のグッズを集めたセレクトショップがおすすめ。あちこち渡り歩く必要もなく、小規模のショップなら小一時間もあればサッと買物ができる。また並ぶのはバイヤーが選び抜いたグッズばかりでおしゃれなのは当たり前。きっとお気に入りが見つかるはずだ。

來好→P168

未来市→P62

11

自分みやげにも! 今、袋麺がキテます

近ごろ市場を賑わせているのがインスタント麺。それもちょっと高級志向の袋麺で、有名レストランも参入している。各社麺やスープにこだわり、食べたら感動が待っている。ただし肉類が使われている場合は動物検疫所の検査が必要で持ち込み不可のことがほとんどなので注意。

安ウマみやげ→P138

12

レジ袋は有料! エコバッグを携帯しよう

スーパーやコンビニ、ドリンクスタンド等では、レジ袋は一律有料だ。たくさん買うならエコバッグを持参するのが経済的。忘れた場合はNT$1〜購入もできるが、店によっては購入用の袋が市指定の再利用可能ゴミ袋だったりする。

13

愛煙家は空港内の免税店へ!

たばこ税の増税は台湾も例外ではないが、それでも日本と比べると若干安く手に入れることができる。免税店では特にお得だ。台湾の空港では入境前にも免税店があるので、まとめ買いすることもできる。ただし持ち込める量には制限がある(→P217)ので注意。

【編集MEMO】

コレだけはいいたい!

胃もたれに「張國周」、喉の痛みに「枇杷」、頭痛には「緑油精」。台湾人愛用の薬はいざというときの救世主。

交通ICカードEasyCard(悠遊卡)はMRT駅の切符販売機なら小銭でチャージができる。財布の中の小銭対策に。

デンタルフロスがかなり安い。ドラッグストアやスーパー、コンビニなどで見かけたら購入するのがおすすめ。

ライターM

Eslite Bookstore

台湾の流行をチェックしに必ず行きたい

旬のカルチャーが集結!「誠品(チェンピン)」

※営業時間は変更する可能性があります。実際の営業時間は公式サイト等をご確認ください。

Read me!

日本の複合型書店の多くが参考にしたといわれる「誠品」。台湾文化の発信基地として、日夜多くの人を集める。コンセプトは店舗ごとに異なるのでハシゴするのも楽しい。

この店の特色

便利な立地に立つ大型施設。ショップやグルメ、どれもおしゃれ

台湾ブランドのほか、誠品オリジナルの文具も販売

巨大なセレクトショップ

誠品生活南西
eslite spectrum nanxi

●チェンピンシェンフォナンシー

台湾内外の話題店ばかりが集結し、台湾のトレンドが一目瞭然。特にMITセレクトショップ「expo SELECT」は要チェック!

中山 MAP:P12A4

図Ⓜ淡水信義線・松山新店線中山駅から徒歩1分
住南京西路14號 ☎02-2581-3358
時11〜22時(金・土曜は〜22時30分。書店は金・土曜〜24時) 休なし

オススメ!

5F

誠品文具

ラッピング用の素材やマスキングテープ、レター用品も充実している

↑誠品生活がセレクトした、センスのいい雑貨でいっぱい!

4F

expo SELECT

レトロ台湾を意識した内装が秀逸!MITグッズ探しに直行したい

B1F

賞滋味 The Taste

充実したフードコート&レストラン街。まるでデパ地下の雰囲気

5F

誠品書店

アーチ形の天井は、かつてここにあった映画館の名残。高さは5m!

画像提供：誠品生活
↑高さ30mの吹き抜けになった天井から明るい光が注ぎ込む

画像提供：誠品生活
←『秘密の花園』からヒントを得て作られた「逆さま花園迷宮」
↓開放感あるフロアに高さ12mの巨大なアーチが並ぶ

この店の特色
フロア面積は1万9000坪！台湾最大の店舗

アジア最大の誠品生活がオープン
誠品生活新店
●チョンピンシェンフォシンディエン

2023年にオープンした大型の施設には約250の店舗が並び、台湾固有の植物で作られたワイルドガーデンや児童書フロアなど、家族で楽しめるスポットも多数。

新店 **MAP：P3B4**

図Ⓜ松山新店線七張駅から徒歩10分
住中興路三段70號
☎02-2918-9888 ⏲11時～21時30分(金・土曜は～22時) 休なし

画像提供：誠品生活

この店の特色
MRT駅を結ぶ地下街に長く延びる。移動時間も効率的にお買物

台湾のトレンドを発信するコーナーもある

駅地下からトレンド発信中！
誠品R79
●チェンピンアールチージョウ

書店や文具・雑貨店、CD店、カフェなどが独立した店舗スタイルで並ぶ。中山駅と雙連駅とを結ぶ地下街にあるので、雨でも安心。

中山 **MAP：P12A3**

図Ⓜ淡水信義線・松山新店線中山駅から徒歩1分
住南京西路16號B1、中山地下街B1～B48號店(B24・B26號は含まない)
☎02-2563-9818 ⏲10時～21時30分(商店は11時～) 休なし

→CDだけでなくレコードも取り扱う

↑抜群の立地のよさで多くの人で賑わう

誠品生活松菸店については→P61

Made in Taiwan Goods

丁寧な仕事がキラリと光る♥

レトロ可愛い！ MIT雑貨

Made in Taiwan

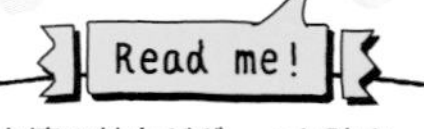

台湾の魅力がギュッと詰まったMIT雑貨は、おみやげの代表格。どこか懐かしいアイテムの数々は手にするだけでほっこり、使ってにっこり。お気に入りを持ち帰ろう。

客家花柄や黒熊デザインなど種類豊富 Ⓑ

各NT$200～
台湾モチーフ靴下は小籠包のプリント(右)や 刺繍柄(左・中央)などデザイン豊富 Ⓑ

各NT$200
ハエたたきやカラスミなど台湾の身近なものの柄のコースター Ⓑ

各NT$80
台湾の形に台湾らしいモチーフをいっぱい詰め込んだシール Ⓑ

文具概念館 Ⓑ ←プチプラアイテムが揃っているのでまとめ買いもおすすめ

各NT$299
パーティバッグにも使えるがま口ポーチ Ⓐ

NT$1800
伝統的な中華靴の型をモダンにアレンジ Ⓒ

➡普段着にもさらりと履ける形とデザインが人気 Ⓒ

キーホルダータイプの花布柄テディベア

NT$399 Ⓐ

NT$499 Ⓐ
普段使いしやすいサイズの手提げバッグ

オススメ！

Ⓐ バラマキみやげにもOKな花布揃い

李氏手工房

●リーシーショウゴウファン

自社デザイン・生産で中間コストをカットし、高品質な花布雑貨をリーズナブルに販売している。商品数やカラーバリエーションも豊富だ。

台北駅 MAP：P8C1

図Ⓜ淡水信義線・板南線台北車站直結
住 市民大道一段100号 台北地下街Y区84B
☎ 02-2555-8348
営 12～21時 休 なし

Ⓑ かわいいMIT文房具の宝庫！

10平方文具概念館

●シーピンファンウェンチューカイニエンクワン

1～3階の店内には文房具&雑貨がぎっしり。ほとんどの商品は定価からディスカウントされお手頃。かわいい靴下やマスクはおみやげに。

松山 MAP：P7D4

図Ⓜ松山新店線台北小巨蛋駅から徒歩3分
住 南京東路四段70號
☎ 02-2577-8386
営 10時～21時30分
休 なし

Ⓒ メルヘンチックな刺繍靴

offoff theatre by gu siaoyin

●オフオフ シアター バイ グシャオイン

イラスト作家グシャオインさんのブランド。動物や植物をモチーフにした童話の世界を刺繍で表現した靴は心踊るかわいさ。

華山 MAP：P9E1

図Ⓜ中和新蘆線・板南線忠孝新生駅から徒歩5分
住 八德路一段1號中四B-2館(小器生活空間華山店)
☎ 02-2351-1201
営 12～21時 休 なし

オススメ！

➡組合わせ次第で無限のデザインが可能な活版印刷 Ⓔ

➡オリジナル花布を使った雑貨も種類豊富 Ⓖ

生産終了の鋳造機を修理して今も活字を製造中

Ⓔ

⬆店主の張介冠さん

NT$680

リバーシブルで使えるバッグ Ⓖ

NT$180（夏）
NT$180（囍）

大きさと書体によって値段が異なり、1文字NT$20〜180 Ⓔ

NT$390

レトロな鳥柄が可愛い！ボトル入れ Ⓓ

NT$890

シックな13インチのパソコンケース Ⓓ

各NT$440

食器付きのランチョンマット。汚れても水洗い可能 Ⓓ

NT$590

台湾の古い窓ガラスの柄をモチーフにしたエコバッグ Ⓓ

Ⓒ

イラスト作家のグシャオインさん

クッション入りで履き心地も抜群ですよ！

各NT$190

イラスト入りの台湾ビール専用コップ、你好我好啤酒杯 Ⓕ

各NT$1980

台湾先住民阿美族の伝統工芸品で、乾燥させた月桃の葉を編んで作る Ⓕ

Ⓓ
使いこむたびに愛着が沸く

印花作夥 -印花樂大稻埕店

●インファズオフォ インファラーダダオチェンディエン

台湾モチーフのテキスタイルやグッズが人気。好きな布を使った雑貨のオーダーメイドも（布代NT$350〜＋作業代NT$180〜）。

迪化街 MAP：P13A2

図Ⓜ松山新店線北門駅から徒歩12分 住迪化街一段248號
☎02-2557-0506
⏲10〜18時 休なし

Ⓔ
あふれる1000万個の活字

日星鑄字行

●リーシンジュズーハン

台湾唯一の活版工場で、活字の製造と販売をしている。漢字のほかにひらがなやカタカナもあるのでオリジナルの印鑑作りはいかが？

中山 MAP：P13C4

図Ⓜ淡水信義線・松山新店線中山駅から徒歩5分
住太原路97巷13號
☎02-2556-4626
⏲10〜17時 休日・月・火・木曜

Ⓕ
オーナーのセレクトセンスが抜群！

你好我好

●ニーハオウォーハオ

台湾ツウで有名な青木由香さんがオーナーのお店。台湾ならではのおしゃれなMIT雑貨が並び、オリジナルのエコバッグやコップはリピ買い必至。

迪化街 MAP：P13A3

図Ⓜ中和新蘆線大橋頭駅から徒歩10分
住迪化街一段14巷8號1F
☎02-2556-5616
⏲10〜18時
休水曜

Ⓖ
世界にひとつだけのバッグを

布調

●ブーディアオ

色鮮やかな花布を使用したオリジナルのバッグや小物が豊富。柄が印象的な花布バッグは唯一無二のデザイン。

康青龍 MAP：P14B2

図Ⓜ淡水信義線・中和新蘆線東門駅から徒歩7分
住 永康街47巷27號
☎02-3393-7330
⏲ 11〜17時
休 火〜木曜

ツヤ肌の源は、天然素材にあり

最新の天然コスメで、素肌美人！

Read me!

台湾女子の美肌の秘密は、天然由来成分を配合した自然派化粧品にあり。ナチュラルな使い心地でお肌にもやさしい。自分へのご褒美にまとめ買いして素肌美人を目指そう。

↑店頭には看板商品の無農薬ハーブ石けんがずらり。1個NT$330～

各NT$990
(左から)
透亮乳／緊緻霜 Ⓐ
ブライトニングローションとリフティングクリーム

NT$390
艾草皂 Ⓐ
リラックス効果もあるよもぎソープは人気ナンバー1

NT$480
水芙蓉嫩白護手霜 Ⓔ
試しやすい人気のハンドクリーム。こちらはスイレン(水芙蓉)の成分を配合し美白に効果

NT$450
薑芬洗髮精 Ⓒ
ショウガエキスが毛根を元気にして抜け毛に効果を発揮

↑蜂蜜モチーフのディスプレイがかわいい店内

NT$1580
茉莉逆時全效無痕菁萃霜 Ⓑ
ローヤルゼリーやヒアルロン酸を配合したクリーム。シワ対策に◎

NT$880
快樂滿溢沐浴油 Ⓑ
保湿成分たっぷりのバスオイルは柑橘系の香り

NT$2180
生鮮活性蜂王乳 Ⓑ
新鮮で栄養豊富な天然100%のローヤルゼリー。500g

各NT$199
甜薑丹橘薑芬皂(上)
薰衣草薑芬皂(下) Ⓒ
ショウガを配合した手作り石けん。オレンジ(上)、ラベンダー(下)

Ⓐ草木の力を生かした自然派コスメ

阿原永康間

●アユエンヨンカンジェン

無農薬の素材で手作りされるソープが人気。スキンケアシリーズやシャンプーまで幅広いラインナップで、日本人の肌にもやさしいと評判。

定番

康青龍 MAP：P14B2
図Ⓜ淡水信義線・中和新蘆線東門駅から徒歩3分
住 永康街8巷2號
☎02-3393-6891
Ⓣ10～21時 ㊡なし

Ⓑ老舗蜂蜜専門店のぜいたくコスメ

泉發蜂蜜

オススメ！

●チュエンファーフォンミー

台湾産ローヤルゼリー配合のコスメやサプリのほか、蜂蜜を使ったスキンケア商品が並ぶ。蜂蜜ドリンクのスタンドもある。

富錦街 MAP：P7D3
図Ⓜ松山新店線台北小巨蛋駅から徒歩15分
住 民生東路四段104號
☎02-2719-9769
Ⓣ11～21時

Ⓒジンジャーパワーで心も肌も美しく

薑心比心

●ジャンシンビーシン

ショウガの力に着目したスキンケアブランド。自然農法で手間ひまかけて育てたショウガを厳選しているため、香り豊かで肌にもやさしいと評判。

康青龍 MAP：P14B2
図Ⓜ淡水信義線・中和新蘆線東門駅から徒歩8分
住 永康街28號
☎02-2351-4778
Ⓣ12～20時 ㊡なし

↑症状に合った漢方を目の前で調合。漢方医による体質診断も受けられる

←1946年創業の老舗。日本語ができるスタッフ常駐で観光客でも入りやすい

NT$2080
慈禧玉容浄白面膜 D
皇太后のために調合した秘薬。生薬配合の美白パック

NT$300
慈禧玉容浄白皂 D
「慈禧玉容」シリーズの固形石けん。シミ除去や保湿に効果アリ

NT$430
薑暖護手霜 50ml C
保温効果の高いショウガエキスに植物オイルを配合

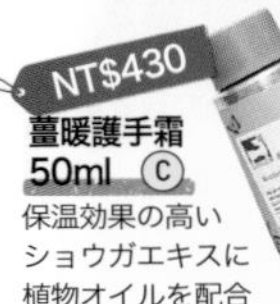

↑店内は環境に配慮されたボトルが整然と並ぶ

NT$580
馬栗樹水潤沐浴露 (330ml) E
マロニエのシャワージェル。悩み別のボディケアやヘアケア用品が多彩

NT$480
馬栗樹水潤護手霜 E
人気のハンドクリームは4種類。肌のバリア機能を強化してくれる

NT$1080
瓶中樹咖啡因洗髮精 F
カフェインシャンプー。400ml

NT$3280 (50ml)
咖啡因養髮液 F
頭皮用エッセンス。100ml入りはNT$4980

D体の不調は漢方で内側から治す
生元藥行
●シェンユェンヤオハン

「天地養生」という健康の道の体得を目指す漢方薬局。一人ひとりの体調に合わせ、伝統的な漢方生薬を処方してくれるほかコスメも扱う。

迪化街 **MAP：P13B3**

図Ⓜ淡水信義線・松山新店線中山駅から徒歩9分
住南京西路181號 ☎02-2555-2970
時8時30分～21時30分（日曜・祝日は9時～17時30分）休なし

E伝統を生かした自然派コスメ
茶籽堂 永康街概念店
●チャーズータン ヨンカンジエガイニェンディエン

台湾の伝統であるお茶の実から抽出した苦茶油の製品が人気。ほかにもさまざまな植物由来のボディケアやホームケア用品を展開する。

康青龍 **MAP：P14B1**

図Ⓜ淡水信義線・中和新蘆線東門駅から徒歩3分
住永康街11-1號
☎02-2395-5877
時10時30分～22時 休なし

オススメ！

F髪にも、地球にもやさしい商品
O'right歐萊德 台北永康信義體驗店
●オーライト オーライダー タイペイヨンカンシンイーティイエンディエン

オススメ！

天然成分にこだわり、選りすぐりのオーガニックエッセンスを配合したヘアケア製品を開発。泡だちのよいシャンプーは国内外のサロンが支持。

康青龍 **MAP：P14B1**

図Ⓜ淡水信義線・中和新蘆線東門駅から徒歩3分 住信義路二段202號1F
☎02-3393-2240 時11～21時 休なし

お気に入りの味を探したい！

本場の台湾茶ベストチョイス

Read me!

老舗からニュータイプまで、さまざまな茶葉店が点在する台北。好みの味や香り、予算を伝えれば、スタッフがお茶選びのお手伝いをしてくれる。試飲OKな店も多い。

➡ローズピンクが透けて見える台灣玫瑰烏龍茶が一番人気

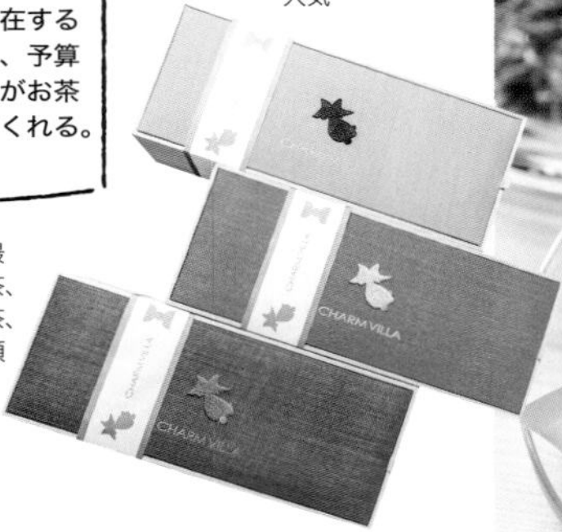

➡木箱入りで贈り物に最適。お茶は台灣玫瑰烏龍茶、台灣紅玉紅茶、台灣金萱茶、台灣東方美人茶の4種類で、12個入りNT$1530

⬅金魚がカップの中を泳ぐ姿がかわいい

オススメ

⬇アートギャラリーのようなクールなショップ

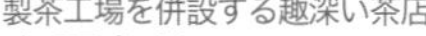

かわいい金魚に会いにぜひお越しください！

愛らしい金魚ちゃんに心癒される

CHARM VILLA 晶華

●チャーム ヴィラ ジンファ

リージェント台北(→P212)内に新店舗ができてより便利になった。金魚ちゃんティーバッグは2013年の発売当時から今も変わらず手作りで、立体感がお見事！

中山 MAP：P12B3

図Ⓜ淡水信義線・松山新店線中山駅から徒歩5分
住中山北路二段39巷3號(リージェント台北B2F)
☎02-2542-0303 ⏲10～21時 休なし

製茶工場を併設する趣深い茶店

有記名茶

●ヨウジミンチャー

創業は1890年。家族経営で、現在は5代目の店主が切り盛りする。奥の扉の向こうには製茶工場があり、独特な木炭焙煎を行っている。

迪化街 MAP：P13B3

図Ⓜ淡水信義線・松山新店線中山駅から徒歩10分
住重慶北路二段64巷26號
☎02-2555-9164
⏲9～18時 休日曜

↙お茶のパッケージは台湾人の若手デザイナーを起用。レトロデザインNT$250、飲joy-weシリーズNT$220～

⬇レンガ造りの店舗。2階はドラマのロケにも使用されたとか

⬆鮮やかな色と愛らしいデザインが目を引く茶杯。各NT$200～

リピーターに愛される茶葉専門店

和昌茶莊

オススメ！

●ハーチャンチャジュアン

約50年続く老舗茶問屋。上質な茶葉をリーズナブルな価格で購入できる。店主の張さんは日本語OKで、長年訪れるリピーター客も多い。

東區 MAP：P10C1

図Ⓜ板南線・文湖線忠孝復興駅から徒歩5分
住敦化南路一段190巷46號
☎02-2771-3652 ⏲9時30分～21時 休なし

⬆パンダ柄がかわいいオリジナル湯飲みNT$120

⬇おすすめは鉄観音や東方美人茶。ジャスミンティ（香片茶）も◎

⬆花のような香りと甘みが広がる高級台湾高山茶、梨山茶（100g）NT$600

➡可愛いデザインのティーバッグ（50袋NT$120～）はバラマキみやげに！

1862年台南発祥の老舗茶莊

王德傳茶莊

●ワンダーツァンチャーヂュアン

無農薬茶葉を自家焙煎した高品質な台湾茶が揃う。店内にずらりと並んだ赤い茶缶や、お茶の図書館をイメージしたという木製の棚は見栄えもいい。

中山 MAP：P12B4

図Ⓜ淡水信義線・松山新店線中山駅から徒歩5分 住中山北路一段95號
☎02-2561-8738
⏲10～19時 休なし

⬅南部鉄器で沸かした湯でいれると、味がまろやかに

⬇赤い缶もかわいい

⬅嚴選臺灣烏龍茶迷你組（凍頂烏龍、阿里山烏龍、杉林溪烏龍の3缶。各40g）NT$1640

工場直送の茶葉を良心的な価格で

林華泰茶行

オススメ！

●リンファタイチャーハン

店内に巨大な筒形の容器がズラリと並ぶ、老舗の卸売り問屋。17歳のときからここで働くお茶の達人、廖さんが日本語で対応してくれるので安心。

迪化街 MAP：P13B1

図Ⓜ中和新蘆線大橋頭駅から徒歩5分
住重慶北路二段193號 ☎02-2557-3506
⏲7時30分～21時 休なし

⬆茶葉は150gから購入可能。凍頂高山烏龍茶はNT$600～（600g）

誠品 MIT雑貨 コスメ 台湾茶 パイナップルケーキ 菓子 スーパー コンビニ

Pineapple Cakes

王道からニューフェイスまで！
銘菓パイナップルケーキ図鑑

Read me!

台湾特産のパイナップルを餡にした定番のお菓子みやげ、パイナップルケーキ（鳳梨酥）。餡や生地は店によって千差万別、個性はいろいろだから食べ比べを楽しんで。

NT$550
鳳梨酥（12個入り）
ハードで厚めの皮は崩れにくく、しっとり。餡は芳醇な風味

生地
しっとりとした重めの生地。バターの味わいは軽め

餡
酸味と甘みのバランスが取れた濃厚な味わい

おみやげとしても喜ばれる
The Nine ●ザ ナイン

甘すぎない大人の味わいと包装の美しさで評判が高い店。早く売り切れることもあるので午前中に訪れるのがポイント。

中山 MAP：P12B4

図Ⓜ淡水信義線・松山新店線中山駅から徒歩5分
住オークラ プレステージ台北（→P212）1F
☎02-2181-5138
時8時30分～20時30分 休なし

不思議なクッキーショップ
but. we love butter

●バット. ウィ ラブ バター

入口はテーラー、店内はまるでカフェ。箱入りクッキーのみを販売。ショップエリアに到着するまでにおもしろい仕掛けがいっぱい。

富錦街 MAP：P6C2

図Ⓜ文湖線松山機場駅から徒歩8分
住富錦街102號
☎02-2547-1207 時13時～20時30分（土・日曜12時30分～20時）休不定休

←不定期で替わるパッケージもチェック！

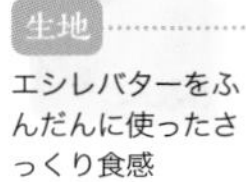
生地
エシレバターをふんだんに使ったさっくり食感

餡
果肉がしっかりとした甘酸っぱい餡

NT$468
Soul mate（6個入り）
パイナップル入りクッキー。おしゃれな化粧箱は3種類から選べる

餡
酸味と繊維感がしっかりあり、パイナップルを食べているかのよう

生地
比較的硬めの生地は天然バターをぜいたくに使用

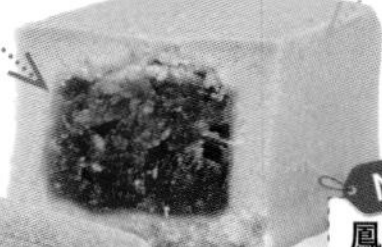

NT$500
鳳梨酥（10個入り）
封を開けた瞬間からバターと卵の上品な香りが漂ってくる

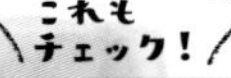

これもチェック！

↑試食コーナーではパイナップルケーキ1個とお茶がサービス

日本でも大人気のサニーヒルズ
微熱山丘 ●ウェイラーシャンチョウ

在来種パイナップルを100％使用した土鳳梨酥ブームの火付け役。ブランド卵やニュージーランド産の天然バターなど、原料へのこだわりも強い。

富錦街 MAP：P7D3

図Ⓜ文湖線松山機場駅から徒歩15分
住民生東路五段36巷4弄1號
☎02-2760-0508
時10～18時 休なし

生地
しっとりの中にもサクッとした歯ざわりが残る、絶妙な食感

餡
冬瓜入りの甘さ控えめな餡。甘いものが苦手な人にも

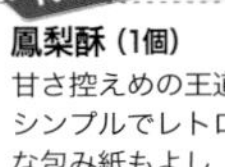

NT$18
鳳梨酥（1個）
甘さ控えめの王道。シンプルでレトロな包み紙もよし

地元っ子のお墨付き店は混雑必至！

佳徳糕餅 ●ジャーダガオビン

看板商品のパイナップルケーキで数々の賞をおさめる有名店。1個から購入でき、他の餡の菓子と組み合わせ、自分好みに箱詰めもできる。

松山 MAP：P7E4

図Ⓜ松山新店線南京三民駅から徒歩2分 住南京東路五段88號
☎02-8787-8186
⏲8時30分～20時30分
休なし

NT$35
原味鳳梨酥 (1個)
香ばしい軽めの生地にまろやかな餡で、いくつでも食べられそう

生地
薄めの生地はサクサク食感。脂っぽさも少なく軽め

餡
パイナップルに冬瓜を混ぜ、酸味が控えめで食べやすい

生地
冬瓜をブレンドしている伝統的な餡。甘さは控えめ

餡
チーズ風味のサックリ生地。塩気がいい具合！

2タイプから好みの味をチョイス

糖村Sugar&Spice ●タンツン シュガー&スパイス

100%パイナップル餡の原味鳳梨酥と、伝統的な冬瓜入り餡の芝士鳳梨酥の2種を販売。やわらかなヌガー(牛軋糖)も人気商品(→P137)。

東區 MAP：P10C1

図Ⓜ板南線忠孝敦化駅から徒歩5分
住敦化南路一段158號
☎02-2752-2188
⏲9～22時 休なし

NT$304
芝士鳳梨酥 (8個)
やや硬めの生地にはほどよい繊維感の餡がマッチ

NT$550
鳳梨酥 (10個入り)
上品な箱入りは贈答用に。ほかに小サイズの5個入りも

生地
バター風味のクッキーみたいなサクサク食感が◎

餡
ねっとりとしたジャム風の甘酸っぱい味わい

贈答品探しに最適な和菓子店

滋養豆餡舖 Lin's Wagashi Confectionery ●ズーヤンドウシィエンプー

1953年の創業以来、台湾産の米や小豆を使った台湾風和菓子を作り続けている。新しいタイプの鳳梨酥が話題に。

迪化街 MAP：P13A1

図Ⓜ中和新蘆線大橋頭駅から徒歩8分
住迪化街一段247號
☎02-2553-9553
⏲9～18時 休なし

レトロな包み紙に胸キュン

李製餅家 ●リーヂーピンジャー

基隆に本店をもつ伝統菓子の老舗で、台湾茶を引き立てるお茶請けが並ぶ。売れ筋のパイナップルケーキは、昔ながらの冬瓜入り餡で甘さ控えめ。

中山 MAP：P12C4

図Ⓜ淡水信義線・松山新店線中山駅から徒歩8分
住林森北路156號 ☎02-2537-2074
⏲10～21時 休なし

+Plus! 5つ星ホテルの実力がここに！

台湾産バニラがエッセンス

PREMIER SWEET ●プレミア スイーツ

ホテルメトロポリタン プレミア 台北のパイナップルケーキはほんのり香るバニラが印象的。

松山 MAP：P6B3

図Ⓜ松山新店線・文湖線南京復興駅からすぐ 住南京東路三段133号
☎02-7750-0919 ⏲10～20時 休なし

↓上品な味わいのパイナップル餡
NT$660(12個)

Traditional Sweets

見た目以上の実力派揃い！

持ち帰りたい台湾のお菓子たち

Read me!

台湾茶と一緒に楽しみたいのが伝統的なお茶請け。トラディショナルなものから、洋菓子にインスパイアされた個性派まで、見た目も味もいろいろ。バラエティに富んでいる。

D

↑レトロなショーケースが素敵

NT$930

菓實禮盒 馬卡龍牛軋糖(8個) B

マカロンとヌガーを組み合わせたオリジナルのお菓子。ギフト箱もセンス◎

NT$28

壽桃 A

桃をモチーフにしたかわいらしいまんじゅうは、長寿のお祝いに

NT$400(10個)

平安龜 C

亀を模ったお菓子は、ピーナッツと黒ゴマのほっこりした味

Ⓐローカルに人気の名店

十字軒

●シーズーシュエン

飾らない店構えと品揃えで、古くから地元で愛されている。よく知られているのは昔ながらの中国菓子だが、まんじゅうや肉包も隠れた人気商品だ。

迪化街 MAP：P13B3

図Ⓜ松山新店線北門駅から徒歩11分
住 延平北路二段68號
☎02-2555-5766
時8～21時(日曜は9～18時) 休なし

Ⓑ台湾茶にぴったりなお茶請け

小茶栽堂

●シャオチャージャイタン

紅茶を使った土鳳梨酥やマカロンヌガーなど、ひとひねり加えたセンスのよいスイーツが大人気。2階のサロンではお茶とお菓子も楽しめる。

康青龍 MAP：P14B1

図Ⓜ淡水信義線･中和新蘆線東門駅から徒歩2分
住 永康街7-1號 ☎02-3393-2198
時10時30分～20時30分 休なし

Ⓒ迪化街の北端にある老舗

李亭香餅店

●リーティンシャンビンディエン

古くから愛されてきた素朴なお菓子が多数ある。レトロかわいい昔ながらのパッケージがなんだかオシャレ。レンガ造りの建物が目印だ。

迪化街 MAP：P13A1

図Ⓜ中和新蘆線大橋頭駅から徒歩6分
住 迪化街一段309號
☎02-7746-2200#200
時10～19時 休中秋節

NT$280(小)

奇士蛋糕 Ⓓ

塩気のあるパイに包まれた、やさしい味のチーズケーキ

NT$120(1袋)

牛力 Ⓓ

素朴さがかわいい、ひとくちサイズの台湾マカロン

NT$450(400g)

法式牛軋糖 Ⓖ

ナッツがぎっしり入った、コクの深いミルクヌガー

台湾茶と相性抜群のお菓子でおうちカフェを Ⓑ

NT$39

蔓越莓鳳梨酥 Ⓕ

甘酸っぱいクランベリー餡がたっぷり詰まったケーキは隠れた逸品

NT$40

佳德蛋塔 Ⓕ

パイナップルケーキが人気だが、エッグタルトも絶品と評判

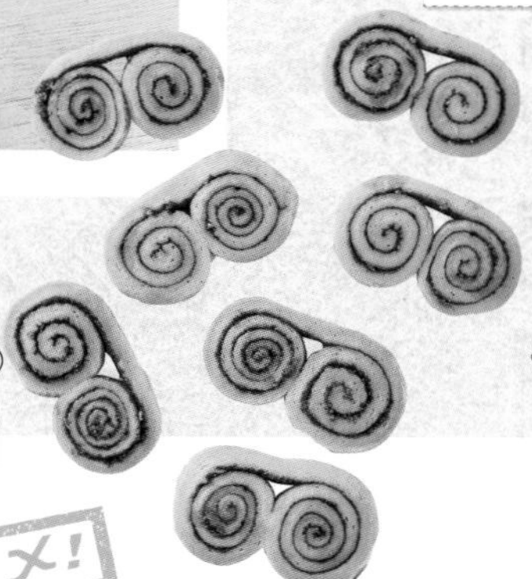

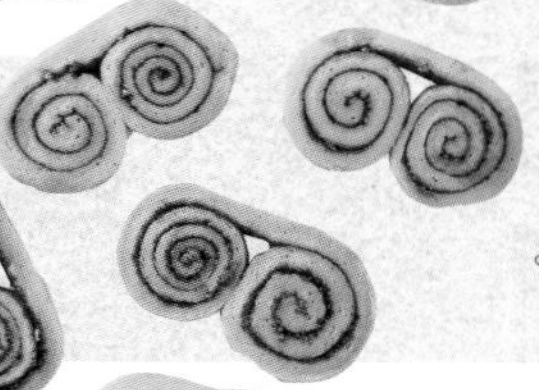

NT$80(80g)

如意捲 Ⓔ

小さな渦巻きがキュートなひと口クッキー。シンプルな味わい

NT$180(12枚) NT$360(24枚)

蔥軋餅 Ⓕ

ヌガーをネギクラッカーでサンドした甘くてしょっぱいお菓子

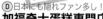

オススメ!

Ⓓ日本にも隠れファン多し!

加福奇士蛋糕専門店

●ジァーフーチーシーダンガオジュアンメンディエン

地元の人々に愛され続ける台湾式のケーキショップ。赤い箱に入った名物チーズケーキは贈答用にも人気がある(冷蔵保存で3日間)。

迪化街 MAP:P13B3

図Ⓜ松山新店線北門駅から徒歩12分 住延平北路二段72號 ☎02-2555-1812 ⏲9～19時 休日曜

Ⓔ無添加にこだわった菓子

手天品社區食坊

●ショウティエンピンシャーチュースーファン

自然食品を使用したホームメイドのヘルシーおやつが人気。甘さ控えめながら後を引くおいしさの菓子を買い求めるリピーターが続出!

康青龍 MAP:P14B2

図Ⓜ淡水信義線・中和新蘆線東門駅から徒歩9分 住潮州街188-1號 ☎02-2343-5874 ⏲9～20時(金曜は～21時、土曜は～18時) 休日曜

Ⓕ

佳德糕餅

●ジャーダガオビン

⇨P135

Ⓖ

糖村Sugar&Spice

●タンツン シュガー&スパイス

⇨P135

直感的なパケ買いも楽しい♪

安ウマみやげはスーパーで買う！

Read me!

ローカルの生活に密着した品揃えのスーパーマーケットには、日本ではなかなか見かけない食品やお菓子、ドリンクなどがズラリ。エコバッグ持参で爆買いしちゃおう。

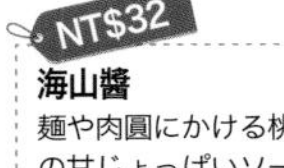

NT$32
海山醬 Ⓑ Ⓓ
麺や肉圓にかける桃色の甘じょっぱいソース

NT$260
干貝丁香魚香辣醬 Ⓐ
ホタテやキビナゴのうまみがたっぷり。おかゆや野菜炒めに

NT$150
油蔥 Ⓐ
エシャロットのひまわり油漬けは麺料理との相性抜群

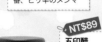

NT$44
五味醬 Ⓑ Ⓓ
酸・苦・甜・辣・鹹を合わせた万能ダレ

調味料・インスタント系

NT$36
玉筍 Ⓑ Ⓓ
お粥の付け合わせの定番、ピリ辛のメンマ

NT$59 (120g)
烹大師干貝風味
日本では買えないホタテ味は絶対ゲット! Ⓑ Ⓓ

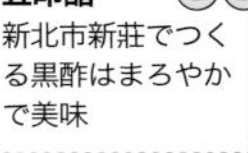

NT$89
五印醋 Ⓑ Ⓓ
新北市新荘でつくる黒酢はまろやかで美味

NT$58
鹹酥雞椒鹽 Ⓑ Ⓓ
揚げ鶏にふりかければ鹹酥雞（フライドチキン）風に早変わり～♪

NT$98
港式酸辣濃湯 Ⓑ Ⓒ Ⓓ
3分あればサンラータンができちゃう!?

NT$159
原味千歳腐乳 Ⓒ
濃厚なチーズのような味わいのもろみ味噌漬け豆腐。白ご飯とも相性抜群

蔥油拌麵

椒麻拌麵

NT$279
曾粉海味叻沙 Ⓑ Ⓓ
東南アジア風味のラクサ味のビーフン

各NT$299
KiKi麺 Ⓑ
人気の四川料理店KiKiの味を日本で再現！

菓子・スナック
NT$88
純鳳梨酥 D
丸い形がなんだかかわいい♡ バラマキ用に
NT$99
台灣桃酥 C
サクサク食感の昔ながらのクッキー
NT$36
芋頭片 B
パリパリ食感のタロイモチップ
NT$190(240g)
橄欖油豆干 辣味 E
オリーブオイルの香り豊かな干豆腐
お茶・ドリンク
NT$179
立頓茗閒情 台湾茶シリーズ B D
リプトンの台湾茶は、茶葉がよく開くテトラ型のティーバッグ
NT$100(300g)
境合作社玉荷包銀耳露 E
豊かな風味のライチと白キクラゲの美容効果の高いお茶
NT$125
天仁茗茶 阿里山茶 B
人気茶葉店のお茶だから品質はお墨付き！
NT$3500(700ml)
雪莉桶威士忌原酒 B D
世界に誇る台湾産カバランウイスキー

Ⓐ独自商品や安心食材が豊富

GREEN & SAFE 東門店

●グリーン&セーフ トンメンディエン

契約農家から運ばれる新鮮な野菜や果物のほか、食品や調味料も揃う。台湾の海と山の幸をふんだんに使った独自商品も多い。

康青龍 MAP：P14A1

図Ⓜ淡水信義線・中和新蘆線東門駅から徒歩1分 住信義路二段158號2F
☎02-2341-6002
営9時30分～21時 休なし

Ⓑ24時間営業のフランス系スーパー

家樂福 桂林店

●ジャーラーフーグイリンディエン

フランス資本の大手スーパー「カルフール」。桂林店は観光客が利用しやすい立地に加え、24時間営業で大人気。おみやげを意識したコーナーも。

西門／龍山寺 MAP：P8B2

図Ⓜ松山新店線・板南線西門駅から徒歩8分 住桂林路1號 ☎02-2388-9887
営24時間 休なし

Ⓒお役立ち度高い香港系スーパー

Mia C'bon 台北林森店

●ミア セボン タイペイ リンセンディエン

高級ホテルなどが立ち並ぶ中山エリアの「欣欣デパート」の地下1階にあるスーパー。カラスミ、パイナップルケーキなども品揃え豊富。

中山 MAP：P12C3

図Ⓜ淡水信義線・松山新店線中山駅から徒歩10分 住林森北路247號 欣欣デパートB1F ☎02-2563-7965 営9時～21時30分(金・土曜は～22時) 休なし

Ⓓ地元密着型のローカルスーパー

全聯 中山松江店

●チュエンリェン ジョンシャンソンジャンディエン

台湾全土に1000店舗以上を展開するスーパーマーケットの最大チェーン。中山松江店はMRT駅直結ビルの1階にあり、雨の日も安心。

行天宮駅 MAP：P5F2

図Ⓜ中和新蘆線行天宮駅から徒歩1分
住松江路318號 ☎02-2567-1681
営7～23時 休なし

Ⓔ自然派にうれしい品揃え！

天和鮮物

●ティエンハーシェンウー

オーガニック食材にこだわったスーパー。食品だけでなく、生活用品も台湾メイドの商品をセレクトする。1階のドリンクスタンドも人気。

華山 MAP：P9E1

図Ⓜ板南線善導寺駅から徒歩2分
住北平東路30號 ☎02-2351-6268
営10～21時 休なし

誠品 MIT雑貨 コスメ 台湾茶 パイナップルケーキ 菓子 スーパー コンビニ

※複数の店舗で販売されている商品の値段は参考価格です

コスパよし、見た目よしがうれしい

コンビニでバラマキみやげ！

Read me!

街なかの至る所にあるコンビニやドラッグストアなら、手軽におみやげ探しができちゃう。ロープライスなのもうれしいところ。かわいいパケのお菓子やドリンクを探そう。

フード・スナック

NT$25
乖乖(奶油椰子) Ⓐ Ⓑ
パケ買い必至！ ココナッツ味のスナック

NT$15
牛奶糖 Ⓐ Ⓑ
台湾版森永ミルクキャラメル。漢字表記でレトロ感倍増!?

NT$55
ドライフルーツ Ⓑ
ファミリーマートのオリジナルブランド。食べきりサイズが◎

NT$45

NT$25
義美小泡芙 Ⓐ Ⓑ
どこか懐かしい味わいのプチシュースナック

NT$30
可楽果 Ⓐ Ⓑ
台湾で知らない人はいない、エンドウ豆のスナック

NT$29
蘋果西打 Ⓐ Ⓑ
ボトルもキュートなアップルサイダーはさわやかな味

ご当地ドリンク

NT$55
四季春青茶 Ⓑ
松柏嶺でとれた四季春を使った香り豊かなお茶

NT$30
純萃。喝 Ⓐ Ⓑ
ミルク風味たっぷりのカフェラテはストレートボトルがおしゃれ

NT$55
芭楽檸檬青茶 Ⓑ
グアバとレモンの風味を加えたお茶

NT$35
薏仁漿 Ⓑ
ハトムギドリンクは肌荒れの改善に。上質な材料を使用し、香料や着色料は不使用

NT$25
百香多多緑茶 Ⓐ
台湾でよく飲まれている、乳酸菌の入った緑茶

NT$35
黒松沙士 Ⓐ Ⓑ
独特なテイストのハーブ入り清涼飲料水はヤミツキになる!?

NT$40
胡蘿蔔綜合蔬果 Ⓑ
ニンジンベースのミックスベジジュースならヘルシー

NT$49
ウーロン茶 Ⓐ
徳記洋行のウーロン茶。キャップはコップ代わりにも！

各NT$37
台灣啤酒 Ⓐ Ⓑ
「ビールは苦手」という女性にも！ のどごしの軽いフルーツビール

芒果　葡萄　鳳梨

オススメ！

すぐに食べたい 別腹スイーツ

NT$45〜
フルーツ Ⓐ Ⓑ
季節のカット果物が手軽に食べられる！

NT$28
香草風味布雪 Ⓐ
ふんわり食感のブッセ。「香草」はハーブじゃなくてバニラ

NT$28
Amelie's Bagel Ⓐ Ⓑ
切達起司
チェダーチーズのベーグルはレンジでチンして一層おいしく！

Ⓐ店舗数は台湾No.1！
7-ELEVEN
●セブン-イレブン

日本でもおなじみ、橙・緑・赤のストライプの看板が目印。台湾オリジナルのキャラクター「OPENちゃん」グッズも人気！

㊟台北市内各所 ⏲24時間営業 ㊡なし

Ⓑ台湾限定商品はマストバイ
全家便利商店 FamilyMart
●チュエンジャービェンリーシャンディエン ファミリーマート

日本でも全国展開するファミマの台湾版。比較的店舗数も多く、街中ですぐに見つかる。オリジナル商品の販売も多数。

㊟台北市内各所 ⏲24時間営業 ㊡なし

＋Plus! **コスメ調達はドラッグストアが便利!**

バラマキみやげに最適なプチプラコスメは、街なかのチェーン店でゲット！

NT$169
蜜若藍超能補水面膜（3枚入り）
高い保湿効果が期待でき、乾燥肌からツヤ肌になれる人気売れ筋商品

NT$329
コンディショナー
頭皮を健康に保ちダメージヘアがサラサラになると評判のドクターズコスメ

NT$200
夜用ハンドクリーム
ジャスミンの香りでリラックスできる夜専用のハンドクリーム

各NT$250
黒珍珠煥白面膜
「我的美麗人気」シリーズの黒真珠成分配合シートマスク（8枚入り）

NT$120
リップ
台湾資生堂の台湾限定リップ。色つきで4色展開。使いやすい色で人気

NT$179
綠豆洗容素（20個入り）
水に溶かし洗顔やパックで使用する緑豆の粉。個装で使いやすくなった

NT$180
白花油（山茶花）
虫刺され鎮静やマッサージオイルとして使える万能薬用オイル

地元っ子で賑わう台湾版マツキヨ
Cosmed 康是美
●コスメド カンシーメイ

台北市内の至る所で見かけるドラッグストアのチェーン店。美意識の高い地元の女性たちが注目する、台湾ならではのコスメに注目。

青康龍 MAP：P14B1
図Ⓜ淡水信義線・中和新蘆線東門駅から徒歩10分
㊟永康街7-2號 ☎02-2391-6412 ⏲9〜23時
㊡なし

※複数の店舗で販売されている商品の値段は参考価格です

世界がひろがる！ Column

IT好きが愛する二大スポットへ！

台北一の電気街に潜入！

ガジェット好きが集まる新生南路と松江路の間にある八德路一帯は、通称「台北のアキバ」。
「デジカメが壊れた！」「メモリーがいっぱい！」なんてトラブルにも重宝！

光華商場とは？

光華橋の下にあった商業ビル。再開発のため取り壊されたが、地元ではなじみのある名称。店舗は光華數位新天地で営業を続けている。

掘出し物探しに！

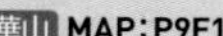

スマートフォンの修理もOK

光華數位新天地

●グァンファシュウェイシンティエンディ

約200ものデジタル機器店舗が集まる商業ビル。PC、スマートフォン周辺機器からカメラやオーディオ、さらにアニメグッズなどとさまざまなアイテムを取り扱う店が揃う。

華山 MAP：P9F1

交Ⓜ板南·中和新蘆線忠孝新生駅から徒歩3分 住市民大道三段8號
☎02-2391-7105
⏲11～21時 休毎月月末1回

←周辺エリアにもデジタル機器の店が揃う

←文具売り場もあり、MIT商品が豊富！

台湾最新デジタル機器をチェック

SYNTREND 三創生活

●シントレンド サンチュアンシェンフォ

デジタル機器に特化した複合施設。台湾メーカー直営ショップも多数集まる。地下にはフードコート、また12階にはイベントスペースもある。

華山 MAP：P9F1

交Ⓜ板南·中和新蘆線忠孝新生駅から徒歩2分 住市民大道三段2號
☎080-909-3300
⏲11時～21時30分(金·土曜は～22時)
休なし

台湾が誇る二大ブランド！

↑台湾メーカーASUSやACERの直営ショップも

最新デジタル機器もお試し！

←日本未進出のアジア圏のメーカー店舗も

TAIPEI

Contents

知っておきたいこと11

#体験 #リラックス

マッサージから占いまで、台湾で体験したいことはたくさん！
そのために知っておきたいこと、集めました。

01 耳より

まずはこれから。足つぼマッサージ

台湾でマッサージといえば足つぼマッサージというほどポピュラー。足裏に集まるつぼは各臓器の反射区であるという考えの基、つぼを押して体調を整える。台北には至る所にマッサージ店があり、価格も手頃。たいていは足湯も含まれるので歩き疲れた足をさっぱりさせて臨もう。店によっては日本語OKという施術師もいるので身体の不調はどこなのか尋ねてみよう。マッサージの力加減は遠慮なく伝えること。

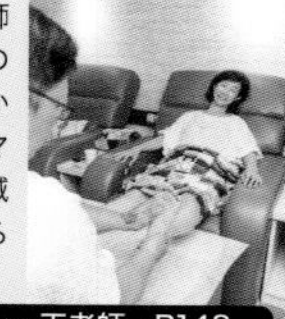

wang masters 王老師→P148

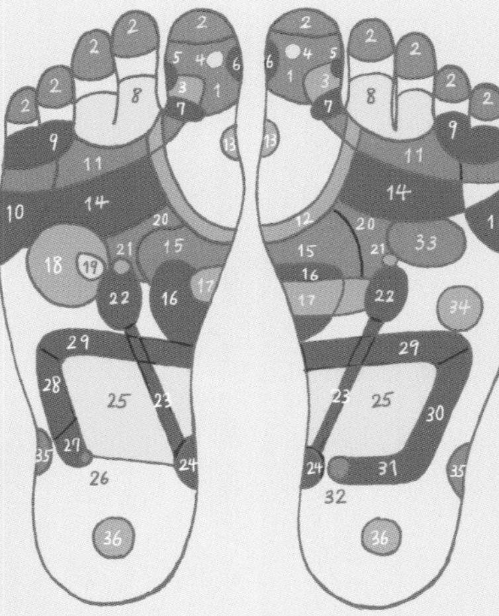

1. 頭(脳) 2. 額
3. 脳幹・小脳
4. 脳下垂体 5. 三叉神経
6. 鼻 7. 首 8. 目 9. 耳
10. 肩 11. 首から肩の間
12. 甲状腺 13. 副甲状腺
14. 肺及び気管支 15. 胃
16. 十二指腸
17. 膵臓（インスリンをつくる臓器）
18. 肝臓
19. 胆のう
20. お腹の神経
21. 腎上腺（腎臓上部にある）
22. 腎臓 23. 輸尿管
24. 膀胱 25. 小腸
26. 盲腸
27. 回盲弁（盲腸の入り口）
28. 升結腸（上行結腸・右足）
29. 横結腸（横行結腸）
30. 降結腸（下行結腸・左足）
31. 直腸 32. 肛門
33. 心臓 34. 脾臓
35. 膝
36. 生殖腺（卵巣または睾丸）

02 

ローカルだってケチらない。台湾式シャンプーは奮発しよう

座ったままできる台湾式シャンプーが人気。格安店ではNT$200前後から体験ができるが使うシャンプーもチープなことが多く、香りや仕上がりに満足がいかないことも。少し奮発してワンランク上のシャンプーに変更するのが気持ちよく体験できるコツ。

ansleep→P146

03 

生まれた場所や時間も。占い体験には下調べが肝心

占いが暮らしに根づく台湾だからこそトライしてみたい、という人も多いのでは？占いには下準備が必要だ。自分の生まれた場所や時間（何時何分まで）、結婚運なら相手のものも用意して。さもないと正確な結果がでないのだとか。せっかくなので万全の準備で臨もう。

芷羚論命→P156

04 

シャワー完備のマッサージ店は深夜便利用者の強い味方

暑い台湾での悩みは汗＆ニオイ。深夜便や早朝便利用者にとって、ベタベタのまま機内に搭乗するのははばかられる。そんなとき利用したいのがシャワー室完備のマッサージ店だ。オイルマッサージなどを利用すればシャワーの利用は無料。

05 

エビ釣りはエンタメだけじゃない。グルメもプラス！

雨の日や夜遅くまで遊べるのがエビ釣り。そして釣るだけでは終わらないのがエビ釣りの最大の魅力だ。釣ったエビはその場で塩焼や蒸し焼にしていただきま～す。夜市だけでなく、エビ専門の釣り堀もあるからトライしてみて。

06 後悔しないために！変身写真のリクエストはしっかりと

セルフィーでは飽き足らないフォトマニアに人気が高いのが変身写真だ。台湾の写真館は技術が高いと評判もいい。日本語OKの写真館も増えている。けれどここは異国の地。行き違いで仕上がりにがっかりしないためにも、事前に希望をしっかりと伝えよう。

◆予約時のチェックリスト

- □何着着られる？
- □自分に合うサイズはある？
- □日本語が話せるスタッフはいる？
- □メイク落としなど用意するものはある？
- □撮影した写真は自分で選べる？
- □アルバムが届くまでの所要日数は？

魔法寫真 Magic-s Photography & Style→P154

07 耳より 台湾女子の癒し！エステサロンで女子力アップ

女子旅で癒しを求めるなら足つぼマッサージへGO!? 台湾女子のおすすめはマッサージ店よりも素敵なSPA。寝ころびながら滞ったリンパの流れを整えてくれるし、優雅な気分が味わえる。自分の体への投資を惜しまないのが台湾女子。日本人も見習ってみてはいかが。

sparkle→P150

08 耳より 配車アプリでストレスフリーな旅を！

旅行中はなんといってもタイム・イズ・マネー！ 郊外へのショートトリップを考えているなら配車アプリ「Uber」を利用しよう。運転手と事前に目的地を共有でき、会話に自信がなくても安心。利用前にアプリのインストールと初期設定が必要。

09 得 無料で足つぼ!? 公園の健康歩道が使えます

究極の0円健康法が公園にあった！ 丸い石がでこぼこと埋め込まれた細長い道、これこそ無料の足つぼロードだ。素足になって歩くだけで体が元気に……だが、実際はかなり痛くて数歩歩けたらよい方かも。大きな公園にはたいていあるからトライしてみて。

中正紀念堂→P64

10 耳より 台湾カルチャー体験は日本語での対応多し！

カルチャー教室はさまざまな台湾文化にふれられるチャンス。多くの教室では日本語クラスにも対応しているから、コミュニケーションが心配という人も安心して。レッスン時間も数時間以内という教室が多い。短い旅行期間中でもサクッと異文化体験ができそうだ。

LaRaine Taipei→P153

11 耳より 得 ランチを兼ねて料理教室へGO！

クッキングクラスでは料理実習の後、試食をするのが一般的。しかしここは台湾、試食の量もハンパない。もりっと一食分は当たり前なのだ。ランチを兼ねて料理教室に参加すれば、食事も賄えて得した気分。もちろん料理も覚えられるので日本に帰っても楽しめる。

CookInn Taiwan 旅人料理教室→P152

【編集MEMO】

コレだけはいいたい！

温泉はちょっと……という人は足湯や手湯で温泉気分を味わおう。温泉地には無料で体験できるスポットあり。

MRT駅には駅ごとに異なるイラストのスタンプがある。旅の記念にスタンプラリーしてみては？

最新のイベント情報はMRT駅のポスターやフリーペーパーで仕入れるべし。駅は情報の宝庫なのだ。

ライターM

SNS映えバッチリの最強体験

自撮りしたい！ 台湾シャンプー

Read me!

座ったまま乾いた髪に直接シャンプーをかけて洗うのが台湾式シャンプー。液だれしない不思議なもっちり泡でファニーな髪型を作ってくれるので、どんどん写真を撮ろう！

泡を切るためにピーンと髪を立てたときがシャッターチャンス

コレをチョイス！
お手軽体験
Aコース
NT$790

肩マッサージ、ブラッシング、台湾シャンプー、頭皮洗浄、コンディショナーがコースで大満足！

Start!

↑肩のマッサージと特別なヘアブラシを使用したブラッシング

↑座ったままでシャンプーの泡立て。シャンプーの香りに癒される

➜泡アートとデコレーションで映え写真を！

↑台湾式シャンプー専用のオリジナルシャンプー

↑古城をイメージしたダークな空間でワクワク感アップ！

定番

遊び心満点のスペシャルな空間

ansleep

●アンスリープ

日本人オーナーが経営のヘアサロン。台湾素材を使用した、烏龍茶やマンゴーのエッセンスを配合したオリジナルシャンプーがおみやげにも大人気。

中山 **MAP：P5E1**

図Ⓜ中和新蘆線中山國小駅から徒歩3分
住雙城街13巷16號-3 ☎02-2592-5567
⏲10〜19時 休木曜、月2回水曜

スタッフのテクニックとアイデアで、ショートヘアでもさまざまなおもしろ髪型を楽しめる！

↑シャンプーの途中におもしろ髪型を作ってくれる

コレをチョイス！
台湾式シャンプー(30分)
NT$700

←お決まりのトサカスタイル！

↑ツノ？クマ2頭？アレコレ想像するのも楽しい

おもしろ髪型が多彩！

青絲舫美容院

●チンスーファンメイロンユェン

中山駅に近いサロンで、朝早くから営業しているので観光前や帰国前にも立ち寄れる。コース時間内ならリクエストに応じていくつでも髪型を作ってくれるので自撮りしたい人にぴったり。

中山 **MAP：P12B3**

図Ⓜ淡水信義線・松山新店線中山駅から徒歩5分 住中山北路二段39巷6號2F ☎02-2531-9801 ⏲9～19時(日曜は～17時) 休なし

↑明るく清潔な店内が心地よい

おもしろ髪型を写真に撮ろう！

PRO CUTTI

●プロ カッティ

大きな窓から見える並木道の緑が美しいヘアサロン。タレントの渡辺直美が紹介したことでも話題に。泡でいろいろな髪型にしてもらったら記念撮影を！

中山 **MAP：P12B3**

図Ⓜ淡水信義線・松山新店線中山駅から徒歩3分 住中山北路二段10號2F ☎02-2562-2796 ⏲11～20時 休なし

コレをチョイス！
Cコース
NT$1250

↑明るい店内。著名人も多く訪れる

泡だれしないほどしっかりした泡立ちでユニークな髪型に変身！シャンプー後は頭皮もすっきり！

→スタッフのキメ技は必見！ 自撮りのチャンスを逃さずに

うふふ、キュートなハートができちゃった！セルフィーしまくり。だってかわいいから仕方ないでしょ？

コレをチョイス！
台湾式シャンプーコース
NT$800

↑個性的なアレンジが得意だから、人と被りにくい

香り豊かなシャンプーで癒される

H Gallery Hair

●エイチギャラリーヘア

自然界由来成分配合のアヴェダ製品を使っての台湾式シャンプーはワンランク上の癒し体験。アロマの香りに包まれながらのマッサージは極上！ 台北101などのユニークなアレンジも頼んでみて。

康青龍 **MAP：P14B2**

図Ⓜ淡水信義線・中和新蘆線東門駅から徒歩5分 住永康街31-1號 ☎02-2341-5643 ⏲11～19時 休なし

↑リッチ＆自然派ならこのサロンでキマリ

ゴッドハンドが体の不調を整える

痛気持ちいい！ 足つぼマッサージ

痛気持ちいい マッサージで 気分スッキリ！

Read me!

たくさん歩いて重だるくなった足は、足つぼマッサージでスッキリ解消しよう。日本より手軽に本格的な手技を体験できるので、毎日でも通ってしまいそう！

マッサージの心得

- できるだけ予約する
- マッサージ後は水分補給をかかさない
- 直前直後の飲食、特にアルコールはNG

↑マッサージに行くときの注意点は3つ。こちらを守って至福の時間を過ごそう。

マッサージの流れ

足つぼマッサージの流れを確認しておこう。

1 足湯

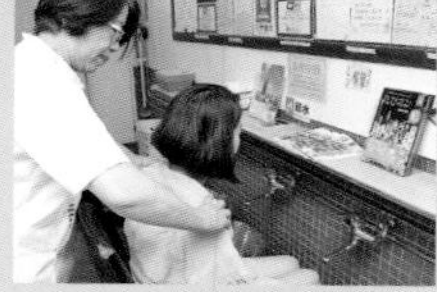

足湯しながら肩と首のマッサージ。長ズボンやスカートの場合は店のハーフパンツをレンタルできる。

2 足裏マッサージ

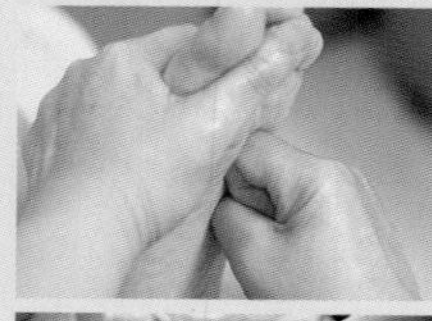

足裏のつぼを刺激し疲労回復や老廃物の排出を促す。痛いと感じるなら、体が弱っているサインかも。

3 蒸しタオル

最後は蒸しタオルで足を温めながら仕上げのマッサージ。むくみもとれてスッキリした気分に。

体をしっかり労りたいときに！

活泉足体養身世界 行天宮店

●フオチュエンツウティーヤンションシーチエ シンティエンコンティエン

台北を代表する名店に選出されたこともある、人気のマッサージ店。最低720時間の訓練と10年の経験をもつベテランマッサージ師のみ在籍している。長年に及ぶ研究に基づく施術が評判で、リピーターも多い。

おすすめメニュー
足裏マッサージ+足湯(計40分)NT$550〜
全身マッサージ(60分)NT$1000〜

行天宮駅 **MAP：P5F2**

図Ⓜ中和新蘆線行天宮駅から徒歩5分 住民權東路二段134號 ☎02-2571-2017 営9時30分〜24時 休なし

↑広々として清潔感のある店内

路地裏のアットホームな店

wang masters 王老師

●ワン マスターズ ワンラオシー

足裏や全身のマッサージのほか、ここでしか体験できない王老師のフェイシャルは即効性があると評判。地下もあるため施術スペースは広い。

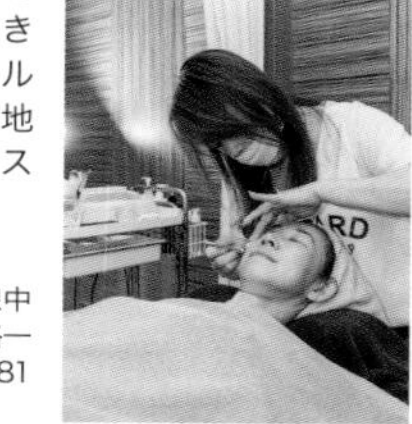

中山 **MAP：P5E4**

図Ⓜ淡水信義線・松山新店線中山駅から徒歩11分 住長安東路一段53巷10號 ☎02-2568-1681 営12〜23時 休なし

↑頭部かっさ付きで小顔になれるフェイシャル

おすすめメニュー
足裏マッサージ+足湯(計40分)NT$500
6Dフェイスタッピング(計90分)NT$2400

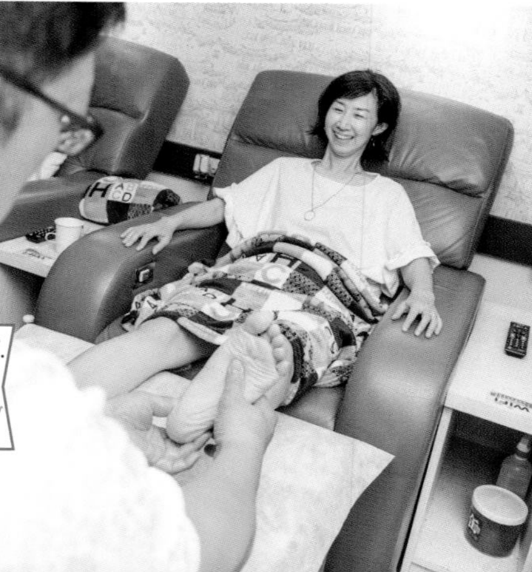

あふれるホスピタリティ精神
精氣神養生會館 中山店
●ジンジーシェンヤンシェンフイグァン チョンシャンディエン

おすすめメニュー
足裏マッサージ30分＋全身マッサージ50分＋足湯10分（計90分）NT$999

こまやかなサービスが人気でリピーター率も高い。施術は専属のマッサージ師のみ。安らぎを与えてくれる木目調のインテリアもよい。

中山 MAP：P12B2
図Ⓜ淡水信義線雙連駅から徒歩5分 住中山北路二段77-2號2F ☎02-2531-2727 時11～22時 休なし

オーナーの笑顔にホッとする店
三葉足体養身館
●サンイエズーティーヤンセングァン

おすすめメニュー
足裏マッサージ＋足湯＋全身マッサージ（計130分）NT$1650

オーナーの劉さんは日本語が堪能。マッサージはしないが、こまやかなサービスの司令塔となっておもてなし。日本人のファンも多い。予約要。

中山 MAP：P5E1 図Ⓜ中和新蘆線中山國小駅から徒歩3分 住雙城街 17之3 號 2F(晴光美食街内) ☎02-2599-5760、0905-787-676(携帯電話) 時10～24時 休不定休

女性オーナーによるこだわり
李炳輝足體養生館
●リービンフェイツウティーヤンシェングァン

おすすめメニュー
足裏マッサージ＋足湯（計70分）NT$799

24時間営業のマッサージ店で1階は足裏マッサージ、2・3階が個室。マッサージ師15名のうち、半分以上が女性。

台北駅 MAP：P4C4
図Ⓜ淡水信義線・板南線台北車站から徒歩5分 住漢口街一段12號 ☎02-2370-2323 時24時間 休なし

故郷に帰ったような安らぎ
山桜恋男女養生屋
●シャンオウリエンナンニュウヤンシェンウー

おすすめメニュー
足裏マッサージ＋足湯（計40分）NT$500

押す、引く、捏ねる、揉むなど伝統的なテクニックを用いて、的確にツボを刺激して体を快適にもみほぐしてくれる。

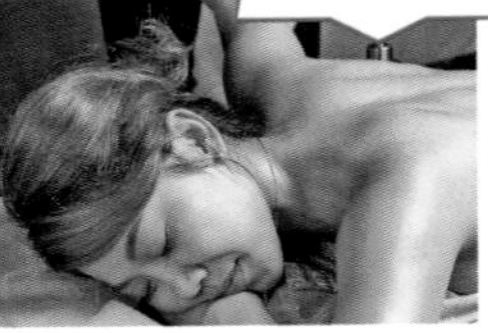

中山 MAP：P5E1
図Ⓜ中和新蘆線中山國小駅から徒歩7分 住林森北路661號 ☎02-2599-1855 時9時～翌1時 休なし

ベテラン揃いの人気マッサージ店
夏威夷養生行館
●シャーウェイイーヤンシェンシングァン

おすすめメニュー
足裏マッサージ＋足湯（計40分）NT$500 または全身マッサージ（60分）NT$800

15年以上のキャリアをもつ施術師が揃う。親切＆アットホームな雰囲気で安心。日本人を意識したサービスで、客の約7割が日本人だ。

中山 MAP：P12C3
図Ⓜ淡水信義線・松山新店線中山駅から徒歩6分 住南京東路一段13巷5號1F ☎02-2542-7766 時9時～翌0時 休なし

清潔感のある広々サロン
3Q 足體養生館
●サンキューズーティーヤンシェングァン

おすすめメニュー
足裏マッサージ55分＋全身マッサージ55分＋足湯10分 NT$1600

症状に合わせて、確かな技術をもつマッサージ歴10年以上のベテランたちが丁寧に対応。サロン風の店内も気持ちよい。

中山 MAP：P12C2
図Ⓜ淡水信義線雙連駅から徒歩10分 住林森北路304號 ☎02-2567-1515 時10時～22時30分 休なし

24時間いつでも駆け込める
6星集按摩會館(南京會館)
●リッシンチーズゥーティヤンシンフイグァン

おすすめメニュー
足裏マッサージ（60分）NT$1200＋サービス料10%

ISO及びGSP認証を受けた台湾で唯一のマッサージチェーン。ハーブを使用した足湯も好評。ワンランク上のサービスを心掛けている。

松山 MAP：P7E4
図Ⓜ松山新店線南京三民駅から徒歩1分 住南京東路五段76號 ☎02-2762-2166 時9時～翌1時 休なし

3フロアからなる広々とした店舗
千里行足體養生會館
●チェンリーシンズーティーヤンシェンフイグァン

おすすめメニュー
足裏マッサージ＋足湯（計43分）NT$750

広い店内には、個室完備。足裏マッサージでも当日空きがあれば追加料金なしで個室が選べる。ほとんどのスタッフがキャリア10年以上。

中山 MAP：P5F4
図Ⓜ松山新店線・中和新蘆線松江南京駅から徒歩5分 住南京東路二段62號1-3F ☎02-2531-5880 時24時間 休なし

リラックス

究極のリラックスタイムを堪能
極上スパでゆったり癒し体験

Read me!

高級ホテルや街なかの隠れ家風サロンで、リフレッシュ＆ビューティ体験はいかが？ 少し奮発して、長めのトリートメントを選んでセレブ気分を満喫するのもおすすめ。

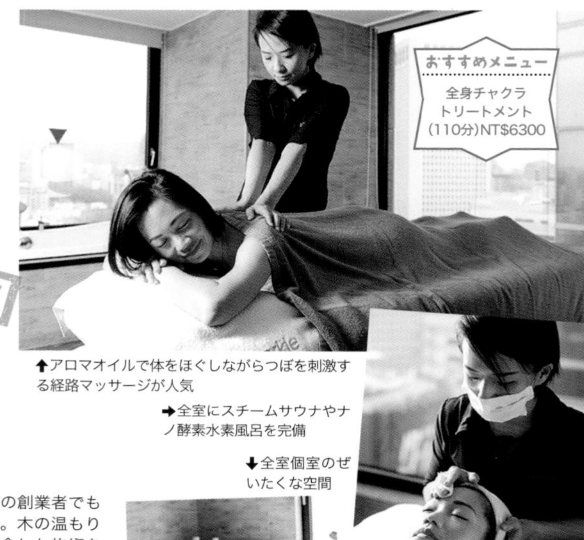

おすすめメニュー
全身チャクラトリートメント(110分)NT$6300

⬆アロマオイルで体をほぐしながらつぼを刺激する経路マッサージが人気

➡全室にスチームサウナやナノ酵素水素風呂を完備

⬇全室個室のぜいたくな空間

美しい眺望と豊富なメソッド
sparkle
●スパークル

台湾の有名タレントであり17Liveの創業者でもある黄立成氏がオーナーを務める。木の温もりあふれる空間で、東洋と西洋を融合した施術を体験できる。

台北101／信義 MAP：P11D3
図Ⓜ淡水信義線台北101/世貿駅から徒歩5分 住信義路四段458號 17F ☎02-2720-0796 ⏲12～22時 休なし

心身のリセットで五感が目覚める
古芸香邸Ayurveda SPA
●グーユンシャンディー アーユルヴェーダ スパ

アヴェダの製品を使った各種エステメニューが体験できる。住宅街の路地裏にあり、隠れ家的雰囲気。邸宅風店内には多数の草花が飾られていて心が休まる。

台北101／信義 MAP：P11D3
図Ⓜ淡水信義線信義安和駅から徒歩5分 住延吉街246巷6號 ☎02-2703-0358 ⏲10～21時 休月曜

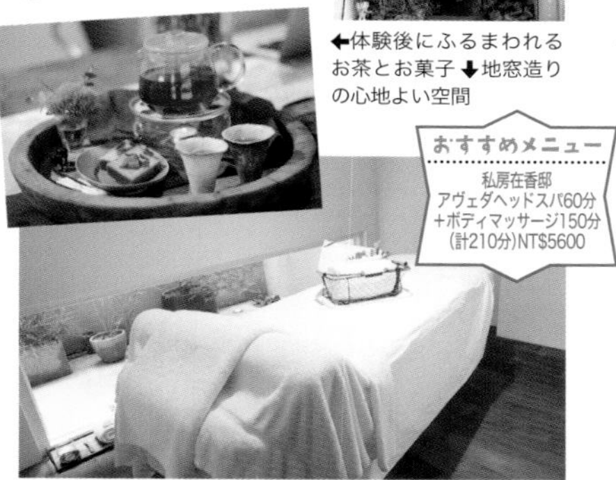

⬅体験後にふるまわれるお茶とお菓子 ⬇地窓造りの心地よい空間

おすすめメニュー
私房在香邸
アヴェダヘッドスパ60分＋ボディマッサージ150分(計210分)NT$5600

おすすめメニュー
全身マッサージ(60分)NT$1300

⬆歩き疲れたときにうれしい足裏マッサージのほか、メニューは多彩 ➡ダブルルームや個室も完備

24時間利用可能なマッサージ店
森SPA足體養生會館
●シエン スパ ズーティヤンシェンフイグァン

経験豊富なマッサージ師が100人以上！ 24時間営業でいつでも施術が受けられる。清潔で豪華な内装も魅力的。シャワーブースも利用可能。

中山 MAP：P12C3
図Ⓜ淡水信義線・松山新店線中山駅3番出口から徒歩6分 住林森北路263號3F ☎02-2531-6333 ⏲24時間 休なし

部屋も技術も超一流

沐蘭SPA

●ムウラン スパ

5つ星ホテルの20階にある。スタッフは「フォーシーズンズ・リゾート」でアロマセラピストの教育を受けた確かな技術。

中山 MAP：P12B3
図Ⓜ淡水信義線・松山新店線中山駅から徒歩5分 住中山北路二段39巷3號（リージェントホテル内20F） ☎02-2522-8279 時10～20時（最終受付） 休なし

↑シンガポールの有名デザイナーが手がけた内装

おすすめメニュー
旅人のやすらぎ（90分）NT$4500
東方美人ティーコース（90分）NT$4700

←グレードの高いサービスで気分はまるで貴婦人

竹マッサージで目指せアジア美人

GARDEN SPA

●ガーデンスパ

ホテルタイペイ・ガーデンの16階にあるスパ。アロマが漂うバリ島をイメージした空間で、カウンセリングの後施術を受ける。

西門／龍山寺 MAP：P8B2
図Ⓜ松山新店線小南門駅から徒歩5分 住中華路二段1號 Ⓗタイペイ・ガーデンホテル16F ☎02-2314-2200 時10～21時（最終受付） 休なし

おすすめメニュー
美白フェイスリフトトリートメント（90分）NT$3800

↑台北101など市内の名所が見渡せる部屋も

エステもスタイリッシュに

台北W飯店AWAY®紓壓艙

●タイペイダブリューファンディエンアウェイシューヤーツァン

ファッショナブルなホテルダブリュー内にある近未来的なスパ。青く輝くベッドに横たわり極上のトリートメントを体験しよう。

台北101／信義 MAP：P11F2
図Ⓜ板南線市政府駅から徒歩1分 住忠孝東路五段10號 Ⓗダブリュー12F ☎02-7703-8748 時10～20時（最終受付） 休なし

おすすめメニュー
深層紓壓コース（60分）NT$4100

↑窓の外には台北101が鎮座する

豊富なメニューから好みを見つけて

元氣養生會館

●ユエンチーヤンシェンフイグァン

足ツボマッサージや角質取りをはじめ、フェイシャルやアロママッサージなどメニューが豊富。店主の陳先生の整体がおすすめ（事前予約必須）。

西門／龍山寺 MAP：P12B3
図Ⓜ板南線・松山新店線西門駅から徒歩6分
住峨眉街109號1F
☎02-2371-8882
時9時～翌0時
休なし

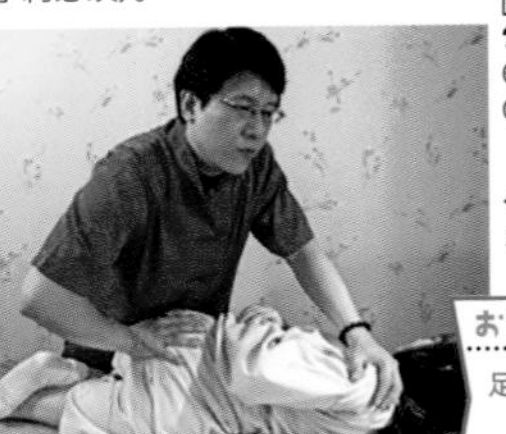

←ショッピングで疲れた体をリラックス

おすすめメニュー
足裏マッサージ＋足湯（40分）NT$500

老舗スパで極上体験

瑞頌RENASCENCE

●ルイソン ルネッサンス

アロマ香る空間でくつろぎながらトリートメントを。熟練の技で肌や体の悩みを解決してくれる。完全予約制。

東區 MAP：P10B2
図Ⓜ板南線・文湖線忠孝復興駅から徒歩5分
住大安路一段144巷7號2F
☎0918-609-678 時13時～19時30分（最終受付） 休なし

おすすめメニュー
ボディマッサージ＋フェイシャルトリートメント（計120分）NT$4800

←落ち着いたムードで満ちている

Cultural Experience

楽しく学べてお腹もいっぱいに！

文化にふれるお手軽体験レッスン

Read me!

料理に台湾茶、手工芸に芸術など、ちょっとディープに台湾のユニークな文化を体験しよう。日本語OKの教室も多くて安心だ。レッスン後は趣味の幅が広がっているかも!?

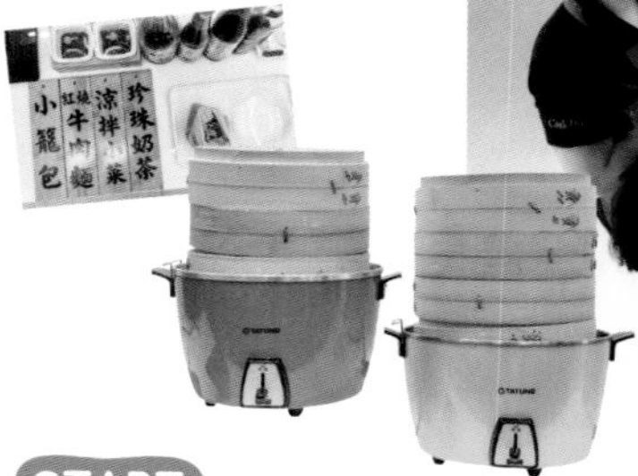

台湾の粉モノ料理クラス
(所要3時間)NT$2500
小籠包、台湾牛肉麵、季節の野菜料理、タピオカミルクティーの4品を作る

START

調理開始！

基本のレッスンでは日本語通訳がついてくれ、細かい部分もすぐに相談できる

↑→皮も餡も手作りの小籠包。小籠包を包むのはなかなか難しい

↑タピオカミルクティーはシェイカーで作っておいしさUP！

←牛肉麵のスープ作り。野菜を炒めてから煮込み、うまみを出す

料理教室

オススメ！

王道台湾グルメを作ってみよう！

CookInn Taiwan 旅人料理教室

●クッキンタイワン リュレンリャオリージャオシー

本格台湾料理のレッスンを数多く開講している。「台湾の粉モノ料理クラス」は、火・木・土曜の9時30分から。皮から作る小籠包が人気。オンラインでの事前予約制。

迪化街 MAP：P13C4

図Ⓜ松山新店線・淡水信義線中山駅から徒歩5分 住承德路一段66号2F ☎02-2517-1819 ⏰9時30分～、14時30分～ 休日・月曜

FINISH

Let's実食！

小籠包が蒸し上がればできあがり！レストラン級のおいしさ！

↑料理レシピがもらえるので、自宅でもトライできる！

おみやげは手作りパイナップルケーキ

郭元益糕餅博物館士林館

●グオユェンイーガオビンボーウーグァンシーリングァン

老舗中華菓子店が主催するパイナップルケーキ教室。完成品はおみやげとして持ち帰ることも可能。館内にはショップや博物館もある。

パイナップルケーキ手作りコース
（所要2時間）
NT$450～

圓山／士林 **MAP：P3B1**

図Ⓜ淡水信義線士林駅から徒歩10分 住文林路546號4F ☎02-2838-2700 内線457 ⏲9時～17時30分 休なし

➡包んで完成！自分で作ったパイナップルケーキの味は格別

⬆ボウルに入れた材料を混ぜるところからスタート

⬆丸くボール型に成形した生地の中に餡を詰める

⬆型に生地を入れて、好きな模様をつけよう

⬆オーブンで焼く

台湾駐在員の妻御用達のお稽古教室

LaReine Taipei

●ラレーヌタイペイ

ご当地フルーツからマジョリカタイルまで種類豊富な台湾柄の転写紙を使ってオリジナルのお皿が作れるお稽古教室。トライアルレッスンでは台湾形プレート、小皿2枚、マグカップの中から一つ選んで体験できる。できあがりが基本翌日なのもうれしい。

トライアルレッスン
（所要2時間）
NT$1000
台湾らしい柄のお皿を作れる

⬆食事が楽しくなりそうなレンゲ

⬆おみやげにもぴったり！

⬇数多くある中から自分の好きな柄を選んで作れる

⬇世界で一つの作品を作れる

台北駅 **MAP：P8C1**

図Ⓜ淡水信義線・板南線台北車站から徒歩5分
住忠孝西路一段72號11F-19 ☎0978-701-378
⏲10～19時 休不定休

すばらしき京劇の世界を体験

臺北戲棚 TaipeiEYE

●タイペイシーポン タイペイアイ

台湾伝統舞台芸術を気軽に楽しめる劇場。開演前には舞台メイクの見学などもできるので、早めに行くのがおすすめ。各演目は字幕付きだが、公式サイトには日本語の演目解説があるので、事前に見ていくとより楽しめる。舞台鑑賞以外にも、伝統音楽の演奏や、切り絵体験など盛りだくさん！

中山 **MAP：P12B1**

図Ⓜ淡水信義線雙連駅から徒歩10分
住中山北路二段113號 ☎02-2568-2677
⏲19時開場、20時開演 休日・月・火・木曜
URL www.taipeieye.com/ja/

⬇華やかな世界観は魅力たっぷり

京劇とは？

日本でいう歌舞伎にあたる中国の古典演劇「京劇」。三国志や西遊記など日本人になじみのある演目も多い。歌と豪華なメイクや衣装にもご注目。

Taipei EYE公演
入場料
NT$800
舞台鑑賞と展示見学

⬆伝統的な切り絵に挑戦！繊細な模様を生み出そう

⬆役者さん達が舞台メイクをする様子が見学できる

⬆衣装を身に付けて記念撮影。ひと味違う思い出に

Photo Studio ✿

新しい自分に開眼するかも!?

変身写真館で、なりきり撮影！

チャイナ服
刺繍などもたくさん入った豪華な衣装はマストトライ

童話風
白雪姫など童話のお姫様になりきろう

個人変身写真コースⅡ NT$1万3800
（衣装2着・修正写真データ10枚）

Read me!

台湾の写真館最大の魅力は、普段とは違う衣装やメイクアップ体験ができること。ドリーミーなお姫様に、妖艶なチャイナドレスなど、思いきり別人になりきっちゃおう！

妖精風
繊細な雰囲気が魅力の妖精風の衣装

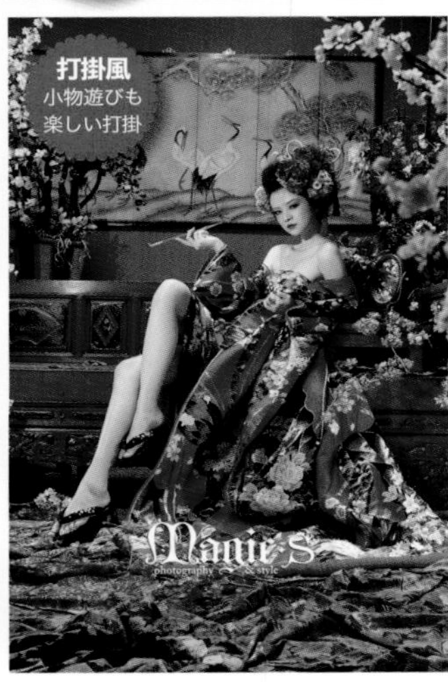

打掛風
小物遊びも楽しい打掛

チャイナドレス
妖艶なチャイナドレスもおすすめ

わがままな願いも叶えてくれる

魔法寫真 Magic-s Photography & Style

●モーファーシェゼン マジック フォトグラフィ&スタイル

さまざまなコース設定で幅広いニーズに応えてくれる。選び抜かれた衣装も魅力的だ。日本語通訳がサポートしてくれるので心おきなく撮影に臨める。

迪化街 MAP:P13B4
図Ⓜ松山新店線北門駅から徒歩5分 住延平北路一段77號3F-1 ☎02-2568-3132、097-813-1377（日本語可）⏱9～18時（予約制）

+Plus! 写真撮影の流れ

いざ始まるとあっという間に終わってしまう写真撮影。簡単に流れをご紹介！

➜衣装を選んだらメイクから。好みのスタイルがあれば写真を見せて伝えよう。

➜メイクが済んだら小物合わせ。たくさんの種類の中から選べて楽しい！

➜撮影は写真の出来映えをチェックしながら。リクエストは何でも伝えよう。

ベストショット！

⬆別人に変身したかのような体験を楽しんで♪

↑たくさんの衣装に目移りしてしまいそう

↑大人っぽい雰囲気づくりが得意なセッティング

豪華な衣装で記念フォト

薇閣數位影像館

●ウェイクーシュウウェイインシャングァン

Aコース NT$4800
(衣装2着、写真20枚)

豊富な衣装やスタジオセットが用意され、初心者にも丁寧に対応してくれる。衣装選びから写真選びまで、所要2〜5時間程度。

中山 **MAP:P5F3**
図Ⓜ松山新店線・中和新蘆線松江南京駅から徒歩3分 ⓐ南京東路二段97號2F ☎02-2567-7771 ⏲9〜19時 ㊡なし

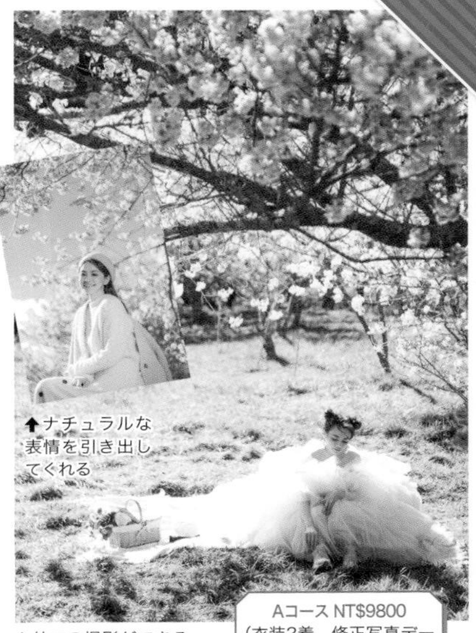

↑ナチュラルな表情を引き出してくれる

↑外での撮影ができるプランも

Aコース NT$9800
(衣装2着、修正写真データ1枚、未修正10枚)

新しい自分に出合えるスタジオ

荳蔻攝影工作室 カルダモン スタジオ

●ドウコウサーインゴンズオシー

得意はナチュラルなスタイルと外ロケでの撮影。台湾の美景の中でポージングを決めてみてはいかが。知らなかった自分に出合えるかもしれない。

中山 **MAP:P12C4**
図Ⓜ淡水信義線・松山新店線中山駅から徒歩3分 ⓐ南京東路一段48號3F ☎02-2567-1895 ⏲撮影時間不定(メールにて事前予約 cardamomphotography@gmail.com)

+Plus! **無料衣装貸出をPICK UP!**

迪化街のビジターセンターではなんと無料でレトロ衣装貸出しを行っている。館内のフォトスポットも充実。

大稻埕ビジターセンター

●ダーダオチェンビジターセンター

↓黄色いマークが目印

迪化街 **MAP:P13A3**

永樂市場目の前にある観光案内所。2階の菊元治装所では、制服やチャイナ服など小物やアクセサリー(1点)も含めてすべて無料でレンタルできる。予約はWebサイトからで、身分証明書とデポジットNT$1000が必要。館内には数多くのフォトスポットがあり楽しめる。

図Ⓜ松山新店線北門駅から徒歩8分 ⓐ迪化街一段44號 ☎02-2550-1069 ⏲10〜17時(ビジターセンターは9〜18時、レトロ空間は9時30分〜17時30分) ㊡なし

↑種類が豊富なのもうれしい

↑小物類も充実している

↑男性・子ども用衣装も

フォトスポットがいっぱい!

2、3階のレトロ空間では、複数のセットがありドラマのワンシーンのような撮影もできる。

↑ランタンが印象的なセット

↑薬局をイメージしたセット

→学校をイメージしたセット

世界がひろがる!
Column

占い天国台湾ならでは!

文鳥占いでほっこり

信仰の厚い台湾の人々にとって、占いは身近な開運手段のひとつ。行天宮の占い横町をはじめ、占い師が多く集まる地下街が知られている。そんななか、龍山寺の開運命理街で個性的な占いを発見!

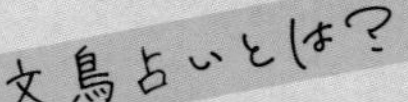

文鳥占いとは?

キュートな文鳥たちが、現在抱えている悩みに対して的確なアドバイスをくれる。氏名と生年月日のほかに、生まれた時間が分かればより正確。恋愛占いなら、気になる相手の生まれた時間まで分かればベスト!

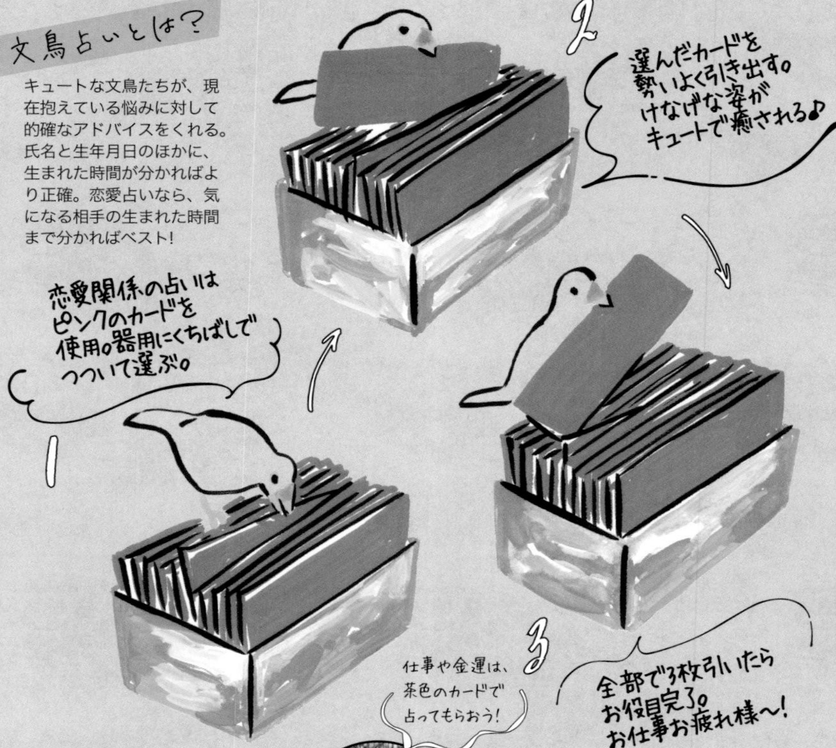

1 恋愛関係の占いはピンクのカードを使用。器用にくちばしでつついて選ぶ。

2 選んだカードを勢いよく引き出す。けなげな姿がキュートで癒される♪

3 全部で3枚引いたらお役目完了。お仕事お疲れ様〜!

仕事や金運は、茶色のカードで占ってもらおう!

↑中国の故事が絵になったカードがあなたの近未来を知らせてくれる

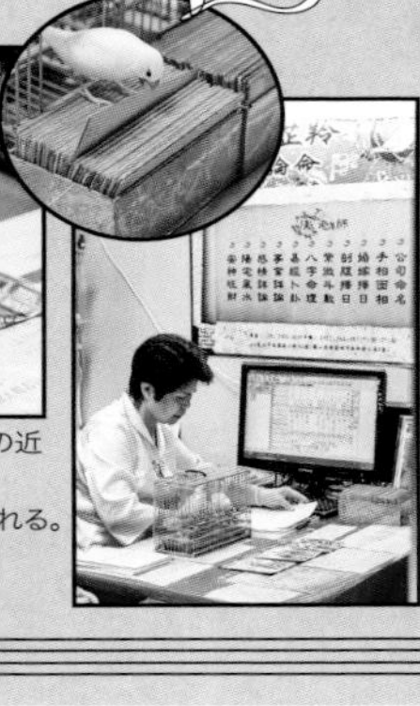

➡鳥は霊的な力をもつとされる。文鳥占いは3カ月〜半年の近未来を占うという

愛くるしい鳥たちが開運のお手伝い

芷羚論命

●ツーリンルンミン

占い師の陳芷羚さんは多くの占いに精通するベテラン。その中でも人気は鳥を使った鳥卦。日本語通訳がついてくれるので、中国語が分からなくても大丈夫!

西門/龍山寺 MAP:P15C4

㊋Ⓜ板南線龍山寺駅から徒歩1分
㊓西園路一段145號
(龍山寺捷運地下街命理二區F室)
☎0900-098-322
🕐11時〜19時30分(予約は〜19時)
㊡なし ㊕文鳥占いNT$1200

TAIPEI

街歩き

Town Walk

Contents

中山・赤峰街

チョンシャン・チーフォンジェ

異なる趣のストリートを散策

デパートやブランドショップが並ぶメイン通り。路地へと入ると個性的なMITグッズを扱う店やかわいいカフェが点在する。雙連駅周辺はローカル色満点で魅力盛りだくさん。

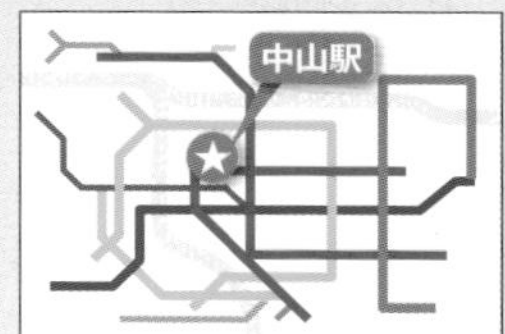

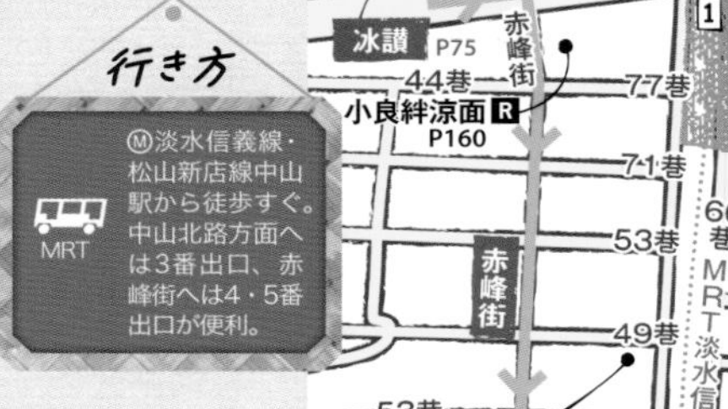

行き方

MRT

Ⓜ淡水信義線・松山新店線中山駅から徒歩すぐ。中山北路方面へは3番出口、赤峰街へは4・5番出口が便利。

時間がなくてもココだけは Must Go!

2hコース

Start Ⓜ淡水信義線 雙連駅

↓ 歩いて2分

● **雙連朝市**

…P66

↓ 歩いて5分

● **冰讃（4月中旬～10月末のみ）**

…P75

↓ 歩いて5分

● **赤峰街周辺の雑貨店巡り**

…P159

↓ 歩いて10分

● **台北之家**

…P159

↓ 歩いて5分

● **誠品生活南西**

…P126

↓ 歩いて1分

Goal Ⓜ淡水信義線・松山新店線 中山駅

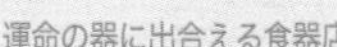

運命の器に出合える食器店

Ⓐ 小器生活道具公園店

●シャオチーシェンフォタオチューコンユエンティエン

オーナーの優れた審美眼で選び抜かれた器と生活雑貨の店。器は日本のものも多いが、台湾産のポン菓子や茶葉なども販売。

中山 MAP：P12A3

交Ⓜ淡水信義線・松山新店線中山駅から徒歩3分
住赤峰街29號
☎02-2552-7039
⏲12～21時 休なし

↓赤峰街ブームの先駆け。隣には「小器食堂」がある

↓台湾製グラスなどカラフルな器や日常使いできるアイテムが並

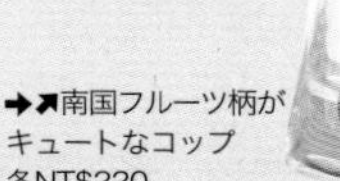

➡↗南国フルーツ柄がキュートなコップ 各NT$220

庶民派麺料理が
贅沢グルメに進化

Ⓒ 面線町
●ミエンシエンティン

↑ビルの1階にあるテラス風のお店。

昔ながらの屋台グルメ、麺線の専門店。海鮮などたっぷりの具材を使った豪華版の麺線が評判で、清潔感のあるおしゃれなお店も人気の理由。

中山 MAP：P12A3

交Ⓜ淡水信義線・松山新店線中山駅から徒歩4分 住赤峰街49巷25號
☎0932-055-466 ⏰11時30分～19時30分 休月・火曜

↑看板メニューの海王子愛三寶 NT$160。

Shopping

とっておきの
自分みやげ探しに！

Ⓓ 蘑菇 然後 Furthermore by MOGU
●モーグー ランホウ ファーザーモア バイ モーグー

MIT雑貨の先駆け的ブランドの本店。店内には手仕事の温もりを感じるオリジナルの雑貨グッズがいっぱい。使い込むほど味の出る帆布のバッグが看板商品。

↑→使い勝手のよい帆布製品の数々。バッグNT$880（黄）、NT$1180（紺）、ポーチNT$480

中山 MAP：P12A3

交Ⓜ淡水信義線・松山新店線中山駅から徒歩1分 住南京西路25巷18號
☎02-2556-1656 ⏰13～20時
休なし

台湾映画がテーマの複合施設

Ⓔ 台北之家
●タイペイジージャー

九份が舞台の映画『悲情城市』などを制作した映画監督がプロデュース。ミニシアターやアート関連本が充実した書店、カフェやバーなどが入る。

中山 MAP：P12B3

交Ⓜ淡水信義線・松山新店線中山駅から徒歩3分 住中山北路二段18號
☎02-2511-7786
⏰10時30分～22時（施設により異なる） 休なし

↑以前アメリカ大使館だった建物を利用

バラエティに富んだ品揃え

Ⓑ 金興發生活百貨 南西店
●ジンシンハーシェンフォバイフォ ナンシーディエン

日常使いの生活必需品を中心に、1～3階のフロアには所狭しと商品が並ぶ。茶道具類や可愛いマスキングテープなどの文具は見ているだけでも楽しい。

中山 MAP：P12A3

交Ⓜ淡水信義線・松山新店線中山駅から徒歩1分
住南京西路5-1號
☎02-2100-2966
⏰9時30分～23時30分
休なし

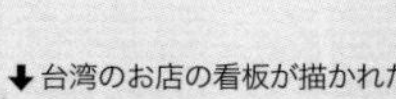

↓台湾のお店の看板が描かれたマステはバラマキにもNT$28

↑台湾らしいモチーフの付箋。各NT$74

台北の銀座でおさえるウマイ店

デパートや五つ星ホテル、高級ブティックが林立する中山エリアはしゃれた美味しい店がたくさん。散策でお腹が空いたら、さぁどこで食事をしよう？

発酵食品ダレのイマドキ涼麺

小良絆涼面

●シャオリャンバンリャンミェン

しゃれたカフェ風の涼麺専門店。若きカップルが創作した健康で美味しい麺が口コミで広がり、リピーター多数。無添加の手作り麺や発酵食品のタレなどこだわり満載。

中山 **MAP：P12A2**

図Ⓜ淡水信義線雙連駅から徒歩2分
㊎赤峰街81號
☎0935-194-300
🕒11～14時、17～20時（土曜は12～15時）
㊡日・月曜

↑店構えも味も進化系な涼麺店

↑自家製ラー油をかけるとうまみがアップ！おみやげにも◎NT$175

↑日替わりのおかず小菜NT$40～45

酒醸腐乳の風味がクセになる涼麺NT$90

↓清潔なキッチンが気持ちよい

Restaurant
★レストラン★
ランチやディナー、ガッツリ食事をするなら、味も雰囲気も重視したい！

本格コース料理でぜいたくなひとときを

The One 中山

●ザ ワン ヂョンシャン

1階は台湾雑貨のセレクトショップ、2階、3階はカフェレストラン。腕利きシェフの新発想なアイデアと台湾食材とを融合させた創作ランチ、ディナーコースが人気。

中山 **MAP：P12B3**

図Ⓜ淡水・松山新店線中山駅から徒歩4分
㊎中山北路二段30號 ☎02-2536-3090
🕒11～18時（金・土曜は～20時）㊡なし

↑1階ではオリジナル商品やMITアイテムのほか、ケーキも販売

↑コース料理「風土的淨白隱味」NT$980～のメイン料理一例。

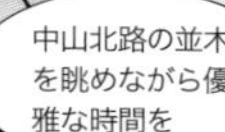

中山北路の並木を眺めながら優雅な時間を

Café&TeaHouse

★カフェ&茶藝館★

散策の途中で小腹が空いたら、休憩を兼ねて話題のカフェへ行ってみよう!

YONSHIN
レトロモダンな中国風のカウンターが素敵すぎ!

➡キャラメル烏龍茶のミルクレープ NT$200

⬅スペアリブが載った排骨鮮筍炊飯 NT$380

ワイングラスでおしゃれに冷茶

永心鳳茶 ●ヨンシンフォンチャー

漢方薬局の棚脇に中国茶がズラリと並ぶフォトジェニックな茶藝館。凍頂烏龍茶や東方美人茶など14種類のお茶が揃い、台湾創作料理や茶葉入りのデザートもいただける。

中山 MAP:P12A3

図Ⓜ淡水信義線・松山新店線中山駅から徒歩1分 住南京西路15號3F ☎02-2581-9909 ⏲11時～21時30分 休なし

⬇お茶の香りがより引き立つワイングラスでどうぞ!

ふんわりスフレのパンケーキ

叙XHALE ●シューエクスヘイル

マスカルポーネチーズを加えた風味豊かなパンケーキが看板商品。外はさっくり、中はふわふわで、3枚重ねでもペロリと食べられる。

中山 MAP:P12A3

図Ⓜ淡水信義線・松山新店線中山駅から徒歩2分 住赤峰街35-1號 ☎02-2552-2285 ⏲11時30分～19時30分 休なし

⬆建成公園がすぐ目の前

タピオカのパンケーキ黒糖拿鐵 NT$200
日本人客も多いです

⬅ソファ、カウンターにテラス席もあり

⬅ウーロンティーオレ 烏龍茶歐蕾 NT$200

⬇經典乾式豬肉咖哩(ポークドライカレー) NT$220などのカレーが人気。

⬆店内には古きよき時代のデザイン家具が並ぶ

レトロかわいいに「胸きゅん」

tella tella cafe ●テラ テラ カフェ

人気インフルエンサーが赤峰街にオープンさせた喫茶店。彼女が集めた「かわいい昭和」をちりばめた店内は、どこを撮ってもSNS映え必至。

中山 MAP:P12A2

図Ⓜ淡水信義線雙連駅から徒歩3分 住赤峰街49巷22號2F ☎02-2550-3077 ⏲11時30分～20時 休なし

迪化街

ディーファジエ

レトロな街でショッピング三昧

昔ながらの面影を残す迪化街は茶葉やドライフルーツなどの老舗問屋が並ぶ。近ごろは新しいMIT雑貨のお店やカフェも増えてきた。散策と買物を思いきり楽しもう。

行き方

MRT　Ⓜ松山新店線北門駅から徒歩8分。迪化街の中心部へは北門駅が最寄りだが、民生西路より北が目的地ならば大橋頭駅のほうが近い。

車　迪化街と南京西路の交差点で下車する。

時間がなくてもココだけは Must Go! 3hコース

Start Ⓜ松山新店線北門駅
↓ 歩いて10分
●永樂市場
…P58
↓ 歩いて1分
●小藝埕
…P59
↓ 歩いて1分
●台北霞海城隍廟
…P59
↓ 歩いて10分
●迪化街で雑貨店めぐり
…P163
↓ 歩いて10分
●大稲埕慈聖宮
…P163
↓ 歩いて7分
Goal Ⓜ中和新蘆線大橋頭駅

↓普段使いしたい生活用品も多い

昔懐かしの編みバッグが新鮮

Ⓒ 高建桶店

●ガオジェントンディエン

北街の一画に位置する老舗店。歩道にまで張り出して置かれた竹かごやプラカゴが目に留まる。店の奥にはセイロや木ベラなどの調理用器具もたくさん！

迪化街 MAP：P13A2

図Ⓜ中和新蘆線大橋頭駅から徒歩10分 住迪化街一段204號
☎02-2557-3604
営9～19時 休なし

↑レトロかわいいプラカゴも種類豊富

稲舍URS329 R P165
COFE C P165
ARTEA S P164
224巷
元信蔘薬行 P58
PIER5
環河北路一段
迪化街一段
環河南北快速道路
環河北路二段
西寧北路
小藝埕

↓魯肉乾麺と下水湯がセットになった五郎套餐NT$85

下水湯は砂肝入スープ!

『孤独のグルメ』にも登場!

Ⓓ 原味魯肉飯

●ユェンウェイルーロウファン

地元民が普段使いする創業23年の小吃店。『孤独のグルメ』で五郎さんが訪れ、一躍有名に。名物の「五郎套餐」を召し上がれ。

迪化街 MAP：P13A3

図Ⓜ松山新店線北門駅から徒歩10分 住永昌街19號
☎02-2556-7237 営11時30分～19時30分 休日曜

➡橙色×緑の配色が目を引くレトロな店内

天上聖母が見守る青空食堂

Ⓐ 大稻埕慈聖宮

●ダーダオチェンツーセンゴン

法主公廟、台北霞海城隍廟と合わせて大稲埕三大廟と称されるスポット。廟の目の前に広がる参道には40年以上続く、安くておいしい小吃の屋台が軒を連ねる。

迪化街 **MAP：P13B1**

図Ⓜ中和新蘆線大橋頭駅から徒歩6分 住保安街49巷17號 ☎02-2553-9978 ⏲10～15時ごろ※営業時間・休みは店舗により異なる

←境内のガジュマルの木の下でお手軽ランチを

搾りたてをゴクゴク!

Ⓑ 迪化果汁

●ディファグオジー

看板のないジューススタンド。オレンジ、金柑、レモンを好みでブレンドしてくれる。とびきりフレッシュで1杯NT$50。

迪化街 **MAP：P13A2**

図Ⓜ中和新蘆線大橋頭駅から徒歩11分 住迪化街一段166號近くの交差点 ☎0922-294-998 ⏲9時30分～19時 休天候による

↑行列ができる人気。陽気な主人が休む暇なくジュースを絞り続ける

果肉感もいい感じ!

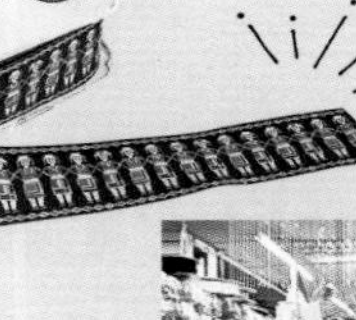

↓原住民テイストのチロリアンテープ NT$35／ヤード（約90cm）

↓店内にぎっしりと商品が並ぶ

手芸好き必見!

Ⓔ 介良裡布行

●チエリャンリープウハン

布を扱う永楽市場のすぐそばにある手芸用品店。店員でも数えきれないというほどの商品の豊富さは圧巻。

迪化街 **MAP：P13B3**

図Ⓜ松山新店線北門駅から徒歩9分 住民樂街11號 ☎02-2555-5986 ⏲9時30分～18時 休日曜

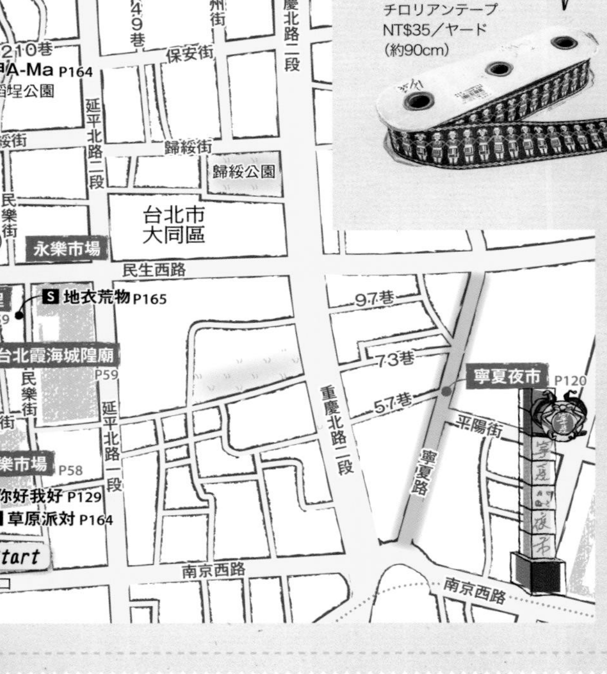

レトロタウンの新傾向スポット

昔と変わらない風景が広がる迪化街で、古くて新しいショップを訪ねてみよう。新旧が素敵に融合するお店なら、昔と今の台湾に出合えるはず。

アートなボタニカルカフェ

草原派対

●ツァオユェンパードゥイ

ピクニック気分で楽しめる緑あふれるカフェがコンセプト。店主自らDIYした家具や植物、外国アンティークの調和がおもしろい。

迪化街 MAP：P13A3

図Ⓜ松山新店北門駅から徒歩7分 住迪化街一段14巷4號 ⏲11～19時 休なし

アンティーク
家具と観葉植物
でアートな空間

➡ランチボックス風の草原經食NT$290

➡古い家屋をリノベーション ⬇抹茶チーズケーキNT$190

唐辛子＆花椒の専門店

杜甲A-Ma

●トゥーチアーマー

唐辛子と花椒の専門店。スパイスや無添加のラー油などのほか、スナック菓子、花椒入り台湾茶と種類豊富な麻辣商品が並ぶ。

迪化街 MAP：P13A2

図Ⓜ中和新蘆線大橋頭駅から徒歩10分 住迪化街一段159號 ☎02-2552-8787 ⏲10時30分～18時30分 休なし

⬆金木犀やクミンをブレンドした烏龍茶の桂香孜然烏龍NT$240（ティーバッグ6個入り）

⬅レトロモダンなお店。商品パッケージもおしゃれでおみやげにぴったり

⬆名物の「香酥脆椒 台式甘梅分享袋」NT$180（120g）

⬆高級花椒を使用したラー油「大紅袍辣油」NT$400（100mL）

⬆雑貨店のようなカラフルなかわいさ ➡ティーバッグ12袋入り各NT$460～

じっくり試飲してお好みのお茶を見つけてね！

伝統の味をモダンなスタイルで

ARTEA

●アーティー

90年続く老舗の茶行が手掛けるブランド。台湾茶伝統の味わいを世界中の人に知ってもらうためポップでモダンなパッケージで販売。

迪化街 MAP：P13A1

図Ⓜ中和新蘆線大橋頭駅から徒歩9分 住迪化街一段228號 ☎0988-211-713 ⏲10～18時 休火・水曜、祝日

⬆茶葉50g NT$350～ ⬅水出しのボトル入り茶NT$120

リノベスポット×家庭料理

名物は台湾茶チョコ

COFE ●コフェ

築100年以上の建物をリノベした風情満点のカフェ。こだわりの台湾茶や台湾産コーヒーのおともには、台湾茶を使った自家製チョコレートがおすすめ。

↑COFE喫早餐 NT$220

迪化街 **MAP：P13A2**

図Ⓜ中和新蘆線大橋頭駅から徒歩8分 住迪化街一段248號2F ☎02-2552-8386 ⏰10〜18時 休不定休

↑古い建物の面影が随所に残る

台湾産のお米のおいしさに開眼

稲舎URS329

●ダオシャーユーアーエスサンアージョー

米店だった築110年の建物を改装した趣ある店内は、自由に見学が可能。お店で精米されるお米は、迪化街の乾物を取り入れた台湾家庭料理を引き立ててくれる。

迪化街 **MAP：P13A1**

図Ⓜ中和新蘆線大橋頭駅から徒歩6分 住迪化街一段329號 ☎02-2550-6607 ⏰12〜21時 休なし

↑赤レンガ造りのレトロな外観。おもわずパシャリ☆

←自慢のごはんを存分に楽しめる

↑豬油2対しょうゆ1の黄金比率で完成の豬油拌飯をぜひ

SNS映え×レトロ雑貨

MITのアンティークを探すなら!

地衣荒物 ●ディイーファンウー

台湾人デザイナーの商品や台湾らしいレトロアイテムを取り扱うセレクトショップ。アンティークと新品の商品は半々ほどの割合で、雑貨からファッションアイテムまで揃う。

迪化街 **MAP：P13A2**

図Ⓜ中和新蘆線大橋頭駅から徒歩12分 住民樂街34號 ☎02-2550-2270 ⏰12時30分〜19時30分 休なし

→大稲埕の住人がモチーフワッペンNT$499 ↓たたずまいも味がある外観

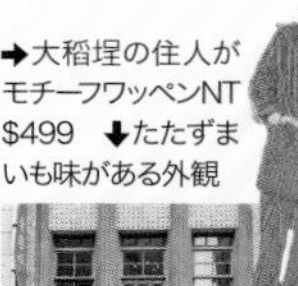

→シュロで作られたレトロな箒も

↓漢方アロマキャンドル NT$1580

ハンドメイドの籠アイテムや食器がずらり!

↑ビンロウの葉で作った箱 NT$500 ↓手作りのいぐさバッグNT$2400

永康街

ヨンカンジエ

グルメもショップも大集結

メインストリートの永康街を中心に人気のレストランやカフェ、かき氷専門店、お洒落なお茶屋や雑貨屋などがいっぱい。食べて、見て、買って……。大満足のエリア。

東門駅

行き方

MRT　Ⓜ淡水信義線・中和新蘆線東門駅から徒歩1分。永康街へは5番出口が最寄り。

タクシー　運転手に「永康街(ヨンカンジエ)」と伝えると、信義路二段と永康街の交差点で降ろしてくれることが多い。

時間がなくても ココだけは Must Go! 3hコース

Start Ⓜ淡水信義線・中和新蘆線東門駅
↓ 歩いて3分
●鼎泰豐 新生店
…P70
↓ 歩いて5分
●Cosmed 康是美
…P141
↓ 歩いて1分
●永康街の雑貨店巡り
…P168
↓ 歩いて5分
●成真咖啡 台北永康店
…P166
↓ 歩いて5分
Goal Ⓜ淡水信義線・中和新蘆線東門駅

↓北欧風のスッキリとした店内

↓ライチとバラを使った花漾瑰蜜NT$230。ブリュレが載ったパンケーキNT$320も◎

創作コーヒーが悶絶級の美しさ！

Ⓐ 成真咖啡 台北永康店

●チェンゼンカーフェイ タイペイヨンカンディエン

専属のコーヒーマスターが考案したクリエイティブなコーヒーは芸術の域！ ドライアイスを使った幻想的な演出などは動画でも撮影したくなる。

康青龍 MAP：P14B2

図Ⓜ淡水信義線・中和新蘆線東門駅から徒歩5分
住永康街37巷6號 ☎02-2358-2826 ⏲11～21時(金・土曜は～22時、日曜は10時30分～) 休なし

金山南路一段 / 臨沂街 / MRT中和新蘆線 / MRT淡水信義線 / 2 / 1 / 東門駅 / 3 / P169 Bao gift / P168 來好 / 金華國小 / 愛國東路 / 國立政治大學公共行政及企業管理教育中心 / 金華街 / 金山南路二段 / 品墨良行 P169 / 國立台灣師範大學 / 浦城街

ローカルも太鼓判を押す名店

Ⓑ 好公道的店 金鶏園

●ハオゴンダオダティエン チンチーユエン

グルメ格付け本でも選ばれた庶民派名店。お手頃価格で近隣住民に愛されている。もっちりとした厚めの皮の小籠包は世界的有名店にもひけを取らないと評判。

康青龍 MAP：P14B2

図Ⓜ淡水信義線・中和新蘆線東門駅から徒歩5分 住永康街28-1號 ☎02-2341-6980 ⏲9～21時(土・日曜は、9時～14時30分、17～21時) 休水曜

↓油揚げと春雨、豚肉ロール入りのスープ油豆腐細粉NT$90

←蟹黄小包NT$220(8個)。厚めの皮の中には濃厚なカニミソ入り餡が！

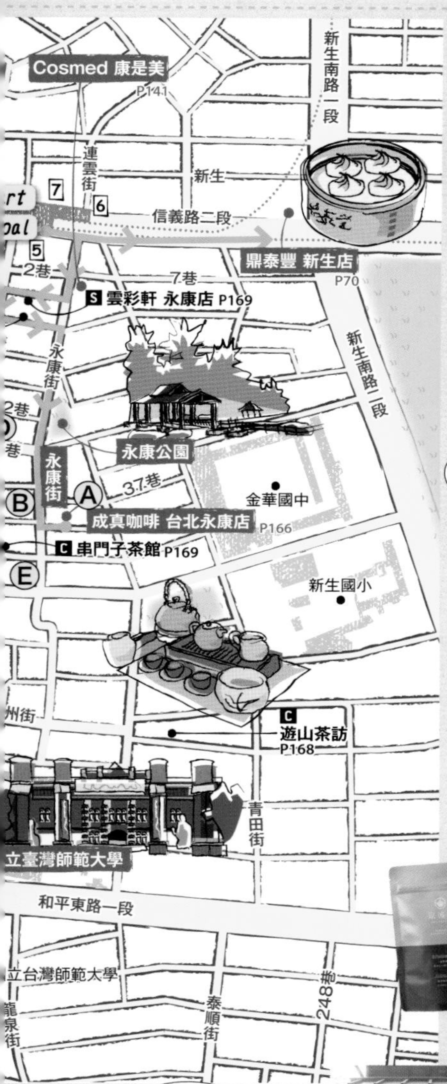

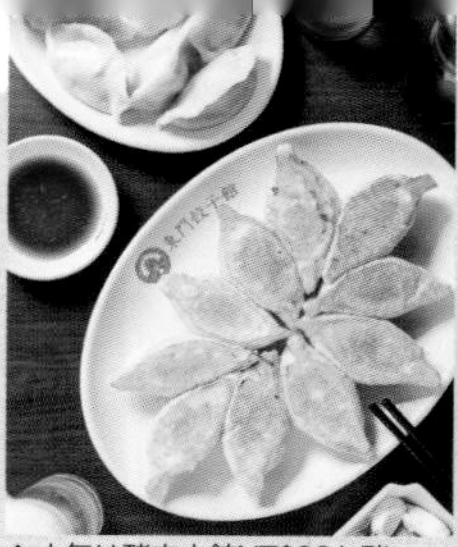

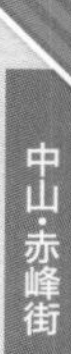

Cosmed 康是美
P141
新生南路一段
連雲街
新生
信義路二段
7
6
5
2巷
7巷
鼎泰豐 新生店
P70
S 雲彩軒 永康店 P169
永康街
新生南路二段
2巷
巷
永康公園
永康街
3.7巷
A
B
金華國中
成真咖啡 台北永康店
P166
C 串門子茶館 P169
E
新生國小
州街
C
遊山茶訪
P168
青田街
立臺灣師範大學
和平東路一段
立台灣師範大學
泰順街
248巷
龍泉街

↑人気は豬肉水餃NT$90と豬肉鍋貼NT$170

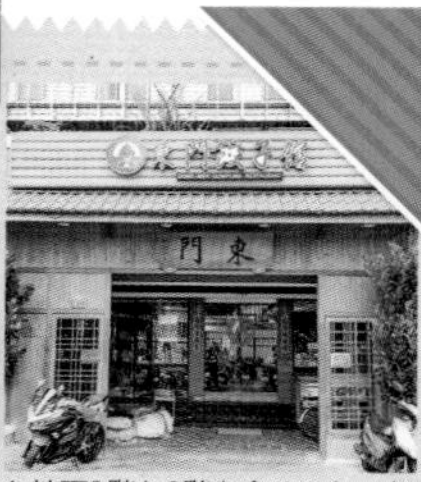

↑地下1階と2階を含めると、なんと全200席ほどの広さ!

老舗のオリジナル餃子を味わう

Ⓒ東門餃子館

●ドンメンジャオズグァン

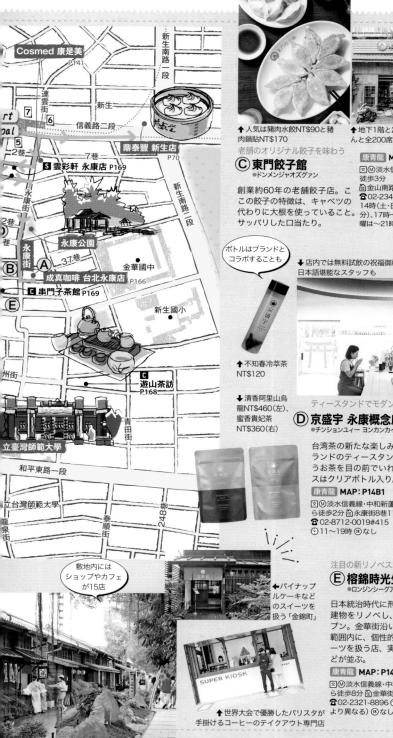

創業約60年の老舗餃子店。ここの餃子の特徴は、キャベツの代わりに大根を使っていること。サッパリした口当たり。

康青龍 **MAP：P14A1**

図Ⓜ淡水信義線東門駅から徒歩3分
住金山南路二段31巷37號
☎02-2341-1685 🕘11～14時(土・日曜は～14時30分)、17時～20時40分(土・日曜は～21時) 休なし

ボトルはブランドとコラボすることも

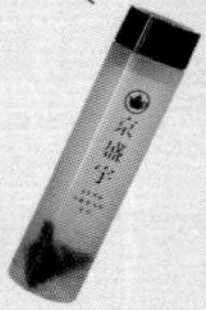

↑不知春冷萃茶NT$120

↓店内では無料試飲の祝福御所茶体験ができる。日本語堪能なスタッフも

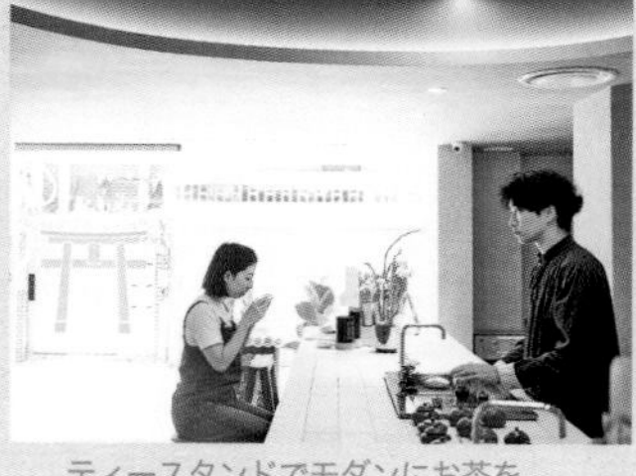

↓清香阿里山烏龍NT$460(左)、蜜香貴妃茶NT$360(右)

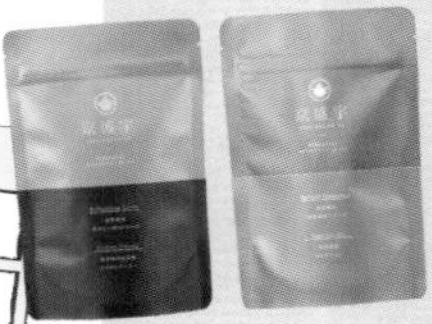

ティースタンドでモダンにお茶を

Ⓓ京盛宇 永康概念店

●チンションユィー ヨンカンカイニエンディエン

台湾茶の新たな楽しみ方を提案するブランドのティースタンド。20種ほど揃うお茶を目の前でいれてくれる。アイスはクリアボトル入り。

康青龍 **MAP：P14B1**

図Ⓜ淡水信義線・中和新蘆線東門駅から徒歩2分 住永康街8巷11號
☎02-8712-0019#415
🕘11～19時 休なし

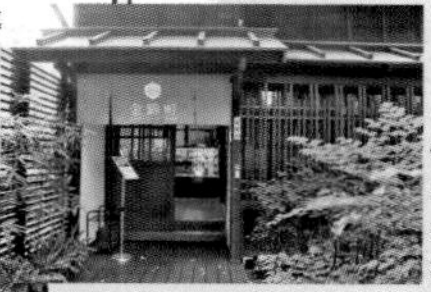

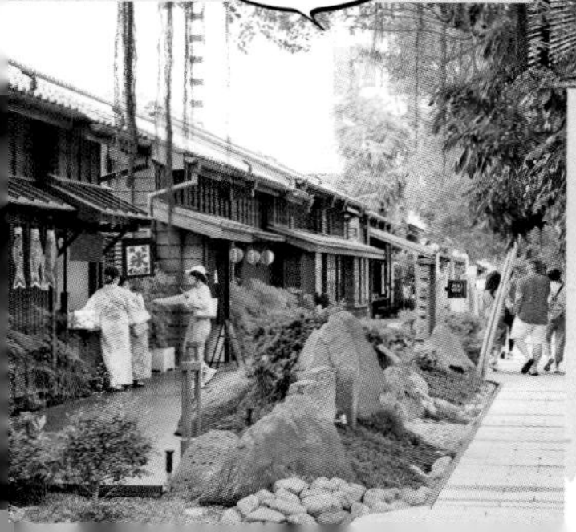

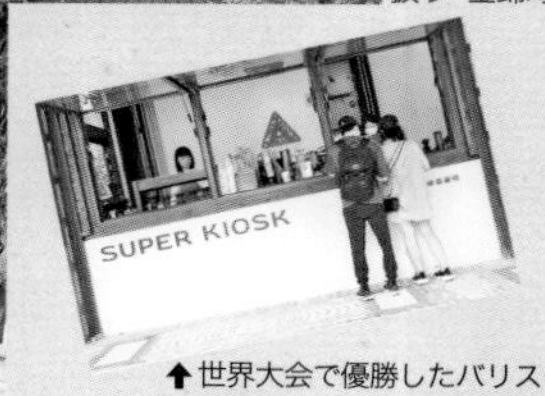

←パイナップルケーキなどのスイーツを扱う「金錦町」

敷地内にはショップやカフェが15店

SUPER KIOSK

↑世界大会で優勝したバリスタが手掛けるコーヒーのテイクアウト専門店

注目の新リノベスポット

Ⓔ榕錦時光生活園區

●ロンジンシーグアンシェンフォユエンチュ

日本統治時代に刑務所官舎だった建物をリノベし、2022年にオープン。金華街沿いの100mほどの範囲内に、個性的な雑貨店やスイーツを扱う店、実力派のカフェなどが並ぶ。

康青龍 **MAP：P14A2**

図Ⓜ淡水信義線・中和新蘆線東門駅から徒歩8分 住金華街167號
☎02-2321-8896 🕘11～20時(店により異なる) 休なし

ときめく雑貨、ほっこり台湾茶

おしゃれショップが集まる永康街。今では路地裏にも個性的なショップが点在し、買物、お茶、お散歩だって全部楽しい！

＊雑貨店＊

台湾らしさがいっぱい詰まったデザイン小物がたくさん。台湾を感じるおみやげを探そう。

↓オリジナルのビールグラス NT$150

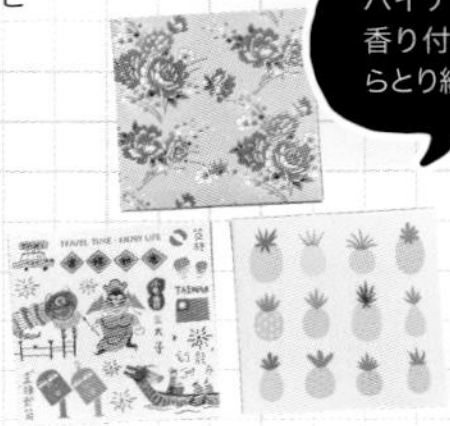

パイナップルの香り付き！ あぶらとり紙NT$100

↑漁師網バッグがモチーフの巾着袋NT$230

➡レトロな大同電鍋のマグネット NT$100

↑今注目の台湾産チョコレートNT$280〜450

大同電鍋のカラフルピアス NT$490

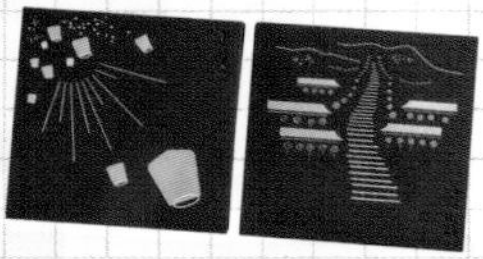

↑烏龍茶の香り付きあぶらとり紙NT$100

來好のオリジナルグッズ！ 小銭入れNT$470

かわいい台湾みやげがザックザク!

來好 ●ライハオ

プチプラからハイセンスなMIT商品まで、約1000種類の旬なおみやげが揃う。永康街のマストチェック店！

康青龍 **MAP：P14B1**

図Ⓜ淡水信義線・中和新蘆線東門駅から徒歩3分 住永康街6巷11號 ☎02-3322-6136 ⏲9時30分〜21時30分 休なし

⬅レトロなインテリアにキュンキュン

⬇地下1階は遊び心あふれるプチプラフロア

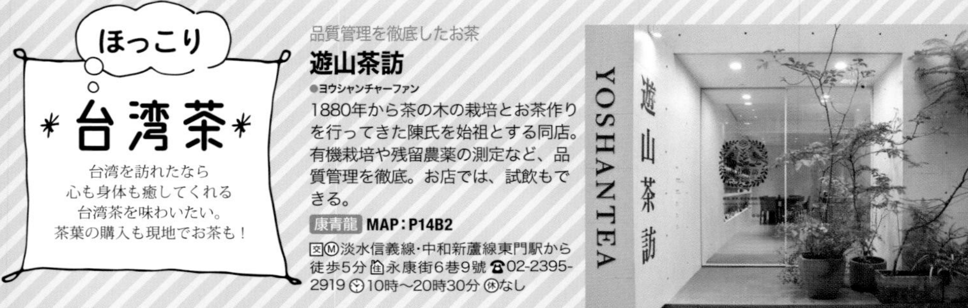

ほっこり ＊台湾茶＊

台湾を訪れたなら心も身体も癒してくれる台湾茶を味わいたい。茶葉の購入も現地でお茶も！

品質管理を徹底したお茶

遊山茶訪

●ヨウシャンチャーファン

1880年から茶の木の栽培とお茶作りを行ってきた陳氏を始祖とする同店。有機栽培や残留農薬の測定など、品質管理を徹底。お店では、試飲もできる。

康青龍 **MAP：P14B2**

図Ⓜ淡水信義線・中和新蘆線東門駅から徒歩5分 住永康街6巷9號 ☎02-2395-2919 ⏲10時〜20時30分 休なし

➡本格的な茶葉や茶器のほか、ティーバッグの販売も

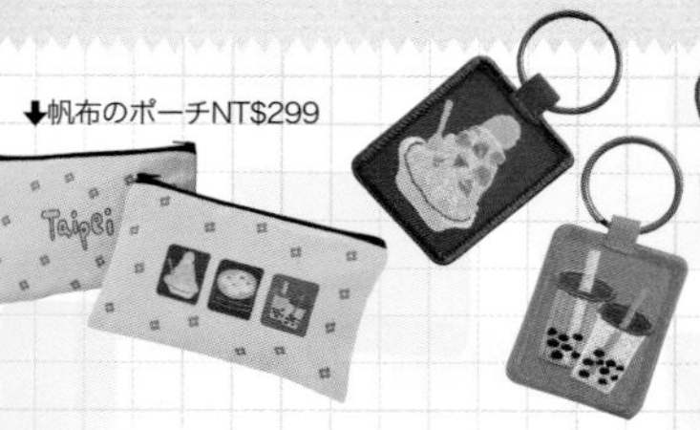
↓帆布のポーチNT$299

↑台湾らしさが光るキーチェーン各NT$180

台湾の日常をモチーフにした雑貨。写真は巾着NT$299

フォーチュンアイテムも豊富
Bao gift ●バオギフト

キラリとセンスが光る、中国風雑貨が勢揃い。アイテムは文具からファッション系まで多彩。リーズナブルな価格のミニ雑貨は、バラマキみやげに最適。

康青龍 **MAP：P14B1**

図Ⓜ淡水信義線・中和新蘆線東門駅から徒歩2分 住永康街6巷3號1F ☎02-2397-5689 ⏲10時～21時30分 休なし

鉄製の窓枠をモチーフにしたピアスNT$650

旅の記録を綴りたいテーマノートNT$380

クラシカルなシノワズリ雑貨の宝庫
雲彩軒 永康店
●ユンツァイシュエン ヨンカンディエン

台湾の装飾タイルや、窓枠飾りをモチーフにしたアクセサリーや、食器類、お菓子など、衣・食・住のさまざまなアイテムが揃う。台湾らしさを意識したオリジナル商品も。

↑風合いが愛しい箸置きは2個でNT$400

康青龍 **MAP：P14B2**

図Ⓜ淡水信義線・中和新蘆線東門駅から徒歩6分 住永康街32號 ☎02-2351-8595 ⏲10～20時(金・土曜は～21時) 休なし

感性が光る紙雑貨と小物
品墨良行
●ピンモリャンハン

ペーパーアイテムを中心にオリジナル雑貨を扱うクリエイターブランド。なかでも特殊な紙に太陽の光でプリントする「晒日子」で作ったノートは最注目。

↑ぬくもりとアートが混在する空間

康青龍 **MAP：P14A2**

図Ⓜ淡水信義線・中和新蘆線東門駅から徒歩11分 住潮州街94號2F ☎02-2396-8366 ⏲9～18時(昼休み12時～13時30分) 休土・日曜、祝日

洗練された地下空間でゆっくり憩う
串門子茶館
●チュアンメンズチャーグァン

インテリアデザイナーであるオーナーが手掛ける美術館のような空間が魅力的。厳選された台湾茶と一緒に、宮廷菓子や軽食が味わえる。茶器や茶葉、雑貨なども販売。

康青龍 **MAP：P14B2**

図Ⓜ淡水信義線・中和新蘆線東門駅から徒歩6分 住麗水街13巷9號 ☎02-2356-3767 ⏲13～21時 休なし

↑地下にあるとは思えない広さ。靴を脱いで上がるスタイル

↑凍頂烏龍、東方美人、金萱の3種類が味わえる青春三泉NT$200

東區

ドンチュー

インフルエンサー御用達店へ

メインストリートや路地裏に並ぶのは、スタイリッシュなカフェやおしゃれなセレクトショップ。ファッショニスタたちが通い詰めるショップをクルージングしてみよう。

行き方

MRT

起点となる駅はⓂ板南線忠孝敦化駅。忠孝東路四段の南北に交差する裏路地に、旬のアパレル系ショップが立ち並ぶ。

時間がなくてもココだけは Must Go! 3hコース

Start Ⓜ板南線忠孝敦化駅
↓ 歩いて5分
●セレクトショップ巡り …P170／171
↓ 歩いて5分
●アクセサリー探し …P170／171
↓ 歩いて4分
●糖村Sugar & Spice …P135
↓ 歩いて12分
●扶旺号 復興店 …P170
↓ 歩いて18分
●東區粉園 …P94
↓ 歩いて5分
Goal Ⓜ板南線忠孝敦化駅

⬇お昼どきなどは行列になることもある人気店

⬆看板商品の扶旺號招牌土司NT$95

台湾トーストサンドの代表格

Ⓐ 扶旺号 復興店

●フーワンハオ フウシンディエン

鉄板で焼いたふんわり食感の絶品サンドが食べられる店として大人気の店。種類豊富なトーストサンドは具材がたっぷり。

東區 MAP：P10B1

㊋Ⓜ文湖線・板南線忠孝復興駅から徒歩3分 復興南路一段133-2號 ☎02-2771-5736 ⏲7～19時（イートインは～15時30分、金～日曜は～18時30分）㊡最終火曜

⬇土鳳梨を100%使用したパイナップルケーキNT$580（8個入り）

⬇ティーサロンを併設したショップ

スパイシーな生地が個性的

Ⓑ CHA CHA THÉ

●チャチャテ

台湾を代表するファッションブランド、シアツィー・チェンが手掛けるティーサロン。芳醇な香りのパイナップルケーキは4種類の餡から選べる。

東區 MAP：P10B2

㊋Ⓜ文湖線・板南線忠孝復興駅から徒歩6分 復興南路一段219巷23號 ☎02-8773-1818 ⏲11～22時 ㊡なし

トータルコーデがピカイチ！

Ⓒ FABRIC

●ファブリック

➡週ごとに商品が替わるのでいつ訪れても新鮮

手頃な韓国とハイグレードな欧米の服を織り交ぜたセレクトショップ。店員が好みと予算に合わせて組合わせを提案してくれる。

東區 MAP：P10C1

㊋Ⓜ板南線忠孝敦化駅から徒歩3分
敦化南路一段177巷40號
☎0988-639-663
⏲15～22時 ㊡土・日・月・火曜
※定休日は事前予約可能

⬇店専属のバイヤーが買いつけた旬な服が並ぶ

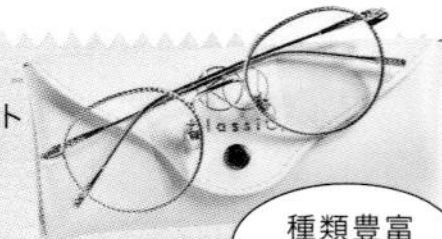

➡ファッションのポイントに！ ダテめがねNT$590

種類豊富だよ！

糖村Sugar & Spice P135
D vacanza accessory P171
市民大道
G
E
F
忠孝敦化駅
Start C FABRIC P170
忠孝東路四段
Goal
R 肉大人 Mr.Meat P172
東區粉圓 P94
延吉街
C Tzubi COFFEE P173
敦化南路一段
安和路一段
仁愛路四段
誠品敦南店
台北市大安區
C 某某。甜點 P173
MRT淡水信義線
信義路四段
信義安和駅
文昌街

⬆併設のカフェで、スイーツも楽しめる

⬆台湾テイストのアクセサリーを見つけたい

プチプラアクセサリーの宝庫

D vacanza accessory

●ヴァカンツァアクセサリー

お手頃価格のピアスやイヤリングなど、アクセサリーが種類豊富に揃う。腕時計やヘアアクセサリー、スマートフォンケースなども。

東區 MAP：P10C1

図Ⓜ板南線忠孝敦化駅から徒歩3分 住敦化南路一段161巷39-1號 ☎02-2749-3027（オフィス） ⏲12～22時 休なし

➡旬のスタイルを各種そろえる人気店

⬆旅行中に着たくなる即戦力アイテムが多数！

流行のアパレルを割安でゲット

E QUEEN SHOP 敦南門市

●クイーンショップ ドンナンメンシー

若者の間で人気の台湾のファストファッションブランド。商品はどれも愛らしいデザインで、しかも値段が手頃。おみやげにするのも◎。

東區 MAP：P10C1

図Ⓜ板南線忠孝敦化駅から徒歩4分 住敦化南路一段161巷24號 ☎02-2771-9922 ⏲14～22時（金・土曜は～22時30分）休なし

オリジナルブランドの商品がねらい目

F Le GUSTA

●レグスタ

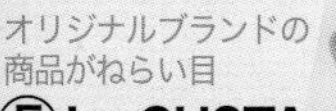

プチプラながら、台湾産コットンを使用した自社ブランドのオリジナル製品が若者に人気。

東區 MAP：P10C2

図Ⓜ板南線忠孝敦化駅から徒歩1分 住忠孝東路四段181巷8號 ☎02-2779-0570 ⏲13時30分～22時30分 休なし

⬅⬇着心地がよく、さりげなくセンスの光るアイテムが揃う

何でも聞いてください

⬅士林や西門など、市内に5つの支店がある

⬇マンションのような建物にある隠れ家的な店

ヴィンテージアイテムとの出合い

G A room model

●アルーム モデル

レトロスタイルや古着好きにおすすめ。状態のよいハイブランドのヴィンテージ品も豊富に取り揃えている。

東區 MAP：P10C1

図Ⓜ板南線忠孝敦化駅から徒歩5分 住敦化南路一段161巷6號3F ☎02-2751-6006 ⏲15～22時 休なし

トレンドタウンで美食クルーズ

台北のおしゃれタウン、東區にはファッショナブルなカフェ＆レストランやショップが点在する。流行グルメを先取りしよう!

RESTAURANT

レストラン

おいしいだけじゃない、映えるグルメが流行中。カメラに収めて旅の思い出を彩ろう。

北京ダックをおしゃれスタイルで

XIANG DUCK 享鴨

●シャンダック シャンヤー

リーズナブルな価格で、ジューシーでパリパリの皮がたまらない北京ダックを心ゆくまで楽しめる。

東區 **MAP：P10C2**

図Ⓜ板南線·文湖線忠孝復興駅から徒歩5分 住忠孝東路四段128號2F ☎02-2711-8823 ⏲11時30分～14時30分、17時30分～22時(土・日曜は11時、17時～) 休なし

⬆カフェレストラン風のポップなデザイン

⬅身の部分はお粥で食べるのがおすすめ！

北京ダックと料理8種の4人コースNT$2980

隠れ家バルのような火鍋店

肉大人 Mr. Meat

●ロウダーレン ミスターミート

こだわりの肉とワインが楽しめる人気店。メインの肉と、清湯、酸白菜などのスープを選ぶと、野菜やそのほかの具材、麺などがセットに。最後にデザートも付く。

東區 **MAP：P11D2**

図Ⓜ板南線忠孝敦化駅から徒歩5分 住忠孝東路四段216巷27弄3號 ☎02-2711-3808 ⏲11時30分～22時(20時30分LO) 休なし

⬅台湾究好豬帶皮五花NT$480～
※サービス料10%は別途

⬆スタイリッシュな店内

のんびりほっこりカフェ

Tzubi COFFEE ●ズビ カフェ

路地にたたずむ20席ほどのこぢんまりとしたカフェ。手作りドライフルーツをあしらったラテや富士山の日の出を表現したパウンドケーキなど、SNS映えするメニューが並ぶ。

東區 **MAP：P10C2**

図Ⓜ板南線忠孝敦化駅から徒歩3分 住安和路一段21巷24號 ☎02-2775-1090 ⏲10～18時 休なし

↑アイコンのヒョウが外壁に！ ここで写真を撮影する人多数

➡抹茶の富士山パウンドケーキNT$160

ドリンクのテイクアウトホルダーもおしゃれ！

↑お手製イチヂクジャム入りのラテNT$180

SHOP & CAFE

ショップ＆カフェ

今チェックしておきたいのは、おいしくて、かわいくて、台湾らしいスイーツたち♡

洗練された見た目と繊細な味のケーキ

フランス菓子と台湾茶を楽しむ

某某。甜點 ●モウモウ。ティエンディエン

フランスで経験を積んだ台湾人パティシエが作るケーキが名物。日本では目にしない台湾産果物を使い、創意工夫に富んだ色鮮やかなケーキに仕上げている。

東區 **MAP：P11D2**

図忠孝敦化駅から徒歩6分 住仁愛路四段345巷4弄7號 ☎02-2711-1102 ⏲13～19時 休月・火曜

チョコ好きはマストチェック！

chochoco ●チョチョコ

オシャレな台北っ子の間で話題のチョコレート専門店。ベルギーやフランスなどからカカオ豆を仕入れ、自社工場で加工しているので質のよいものがお手頃価格で購入できる。

東區 **MAP：P10B2**

図Ⓜ文湖線・板南線忠孝復興駅から徒歩4分 住大安路一段105號 ☎02-2711-3303 ⏲13時～20時30分(土・日曜は12時30分～20時) 休なし

↓人気のベルギー生チョコ65% NT$358

しっとり＆濃厚なブラウニーNT$438

↑インディゴブルー×ゴールドの気品あふれる店内

台北101周辺

タイペイイーリンイー

観光×グルメ×ショッピングを満喫

台北のシンボル、台北101周辺には流行の最先端ショップが集まる。近隣には行っておきたい観光スポットも。食べる&買うだけでなく、見る&遊ぶも楽しもう。

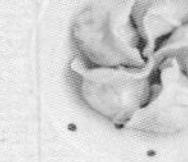

台北101/世貿駅

行き方

MRT 台北101や四四南村へはⓂ淡水信義線台北101/世貿駅から。4番出口は台北101と地下でつながっている。買物目的ならばⓂ板南線市政府駅が便利。

時間がなくてもココだけは Must Go! 3hコース

Start Ⓜ淡水信義線台北101/世貿駅
↓ 歩いて3分
●四四南村
…P176
↓ 歩いて5分
●台北101
…P56
↓ 歩いて3分
●デパート巡り
…P174
↓ 歩いて10分
●松山文創園區
…P60
↓ 歩いて8分
Goal Ⓜ板南線市政府駅

台北で最大規模を誇るデパート

Ⓐ 新光三越 台北信義新天地 (A4、A8、A9、A11)

●シングァンサンユエ タイペイシンイーシンティエンディー

台北101/信義 MAP:P11F2

図Ⓜ板南線市政府駅から徒歩3分 住松壽路9號、11號、12號、19號 ☎02-8780-1000 ⏲11時～21時30分(金・土曜、休前日は～22時) 休なし

エンタメ感満載の複合施設

Ⓑ ATT4FUN

●エーティーティーフォーファン

台北101/信義 MAP:P11F3

食&買にライブやクラブも

図Ⓜ淡水信義線台北101/世貿駅から徒歩5分 住松壽路12號 ☎0800-065-888 ⏲11～22時(金・土曜、祝前日は～23時)。ナイトスポットは店舗により異なる 休なし

「美しき人生」がコンセプト

Ⓒ BELLAVITA 寶麗廣場

●ベラビータ バオリーグアンチャン

台北101/信義 MAP:P11F2

図Ⓜ板南線市政府駅から徒歩2分 住松仁路28號 ☎02-8729-2771 ⏲11時～21時30分(金・土曜、祝日及びその前日～22時) 休なし

45～47階でのグルメも要注目

Ⓓ 微風信義

●ウェイフォン シンイー

台北101/信義 MAP:P11F2

駅直結のエッジーなモール

図Ⓜ板南線市政府駅からすぐ 住忠孝東路五段68號 ☎02-6636-6699 ⏲11時～21時30分(木～土曜、休前日は～22時) 休なし

市政府駅直結でアクセス至便

Ⓔ 統一時代百貨 台北店

●トンイーシーダイバイフォ タイペイディエン

台北101/信義 MAP:P11F2

図Ⓜ板南線市政府駅から徒歩1分 住忠孝東路五段8號 ☎02-2729-9699 ⏲11時～21時30分(金・土曜、休前日は～22時) 休なし

進化系の無印良品に注目

Ⓕ 微風松高

●ウェイフォン ソンガオ

台北101/信義

MAP:P11F2

夜はイルミネーションで輝く

図Ⓜ板南線市政府駅から徒歩3分 住松高路16號 ☎02-6636-9959 ⏲11時～21時30分(木～土曜、休前日は～22時) 休なし

↑無印良品の大型店舗。店内にはカフェスペースもある。
→台湾産フルーツを使った限定商品は見逃せない

最新のおしゃれ系モール

Ⓖ 微風南山

●ウェイフォン ナンシャン

台北101/信義 MAP:P11F3

印象的な建物が目印!

図Ⓜ淡水信義線台北101/世貿駅から徒歩5分 住松智路17號 ☎02-6638-9999 ⏲11時～21時30分(木～土曜、祝前日は～22時)。スーパーマーケットは月～金曜10時～(土・日曜は9時～) 休なし

美景レストランもたくさん。特別な時間を！
この立橋でつながっていて雨の日などに便利
陶朱隱園
京華城
光復南路
市民大道五段
市民大道
東興路
環東大道
信義區
大道四段
市民大道高架道路
永吉路
101巷
松隆路
順安宮
基隆路一段
松山文創園區
P60
忠孝東路四段553巷
安區
永吉路30巷
刑事警政署
台北ドーム
餃子樂 P177
Goal
父紀念館駅
忠孝東路四段
市政府駅
忠孝東路五段
MRT板南線
光復國小
忠孝東路五段22巷
興雅路
國父紀念館
新光三越 A4
陶朱隱園
松高路
微風松高
P174
翠湖
中山公園
逸仙路
台北市議會
翠亨亭
新光三越台北信義新天地
A8
A9
A11
市府廣場
台北市政府
仁愛路四段
台北探索館
市民綠地廣場
基隆路一段
松智路
P177 光復市場
松壽路
世貿三館（貿易發展協會）
Second Floor 微風南山店 P177
グランドハイアット台北
P212
市府路
松仁路121巷
台北世貿展覽一館
松仁路
松勇路
台北世界貿易中心
國際會議中心
松廉路
信義路四段
台北101/世貿駅
信義分局
象山駅
MRT淡水信義線
信義路五段
莊敬路
Start
松勤街
台北101
P56
四四南村（信義公民會館）
P176
景新公園
台北市信義區
中強公園
好丘
P176

レトロ×モダンなリノベスポット

最先端のスポット台北101の向こうに広がるノスタルジックな街並みを散歩してみよう。今の台湾が発見できるはず！

レトロな建物と台北101とのコラボは必見！

絵になる文化財をおさんぽ♪

四四南村(信義公民會館)

●スースーナンツン(シンイーゴンミンフイグァン)

元軍人村をリノベした複合施設で展示場やショップなどがある市民憩いの場。週末は手作り市「シンプル・マーケット」も開催され、クリエイティブでかわいいおみやげ探しに便利！

台北101／信義 MAP：P11E3

交Ⓜ淡水信義線台北101/世貿駅から徒歩3分 住松勤街52號(B館) ☎02-2723-7937 ⏲9～17時(B館以外の施設の営業時間、定休日は施設により異なる) 休月曜 料無料

メイドイン台湾の発信基地

好丘

●ハオチョウ

いつ来ても最新＆定番の選りすぐりMITグッズが見つかるショップ。高品質かつ台湾人によるデザインのものが豊富で、ちょっとよいおみやげ探しにピッタリ。ベーグルカフェも併設。

台北101／信義 MAP：P11E3

交Ⓜ淡水信義線台北101/世貿駅から徒歩3分 住松勤街54號 ☎02-2758-2609 ⏲11時～20時30分(食事エリアは～18時) 休第1月曜

↑迷ったら店頭の人気ランキングも参考にして

1.台湾茶のギフトNT$1000 2.廃棄する菱の実の殻から生まれるエコ素材で作ったアロマストーンNT$249 3.台湾の人気スポットのペーパークラフトNT$290～

水餃子と台湾風煮込みの盛合せ NT$230～

↑鴨ロースベーグルバーガーNT$299

要チェックの美食プレイス

台北101周辺は食通なら見逃せない、見て＆食べて＆買って＆飲んでが目白押し。グルメハンティングに出かけよう。

名物グルメてんこ盛りの朝市

光復市場 ●グァンフーシーチャン

仁愛路四段を少し中に入った、かつて四四西村があった場所で開催されるローカル感満点のマーケット。焼餅や豆腐捲、湯圓などハンディグルメも豊富。

台北101／信義 **MAP：P11E2**

図Ⓜ板南線國父紀念館駅から徒歩15分 住仁愛路四段496巷19號 ☎02-2758-6054 ⏲7～14時ごろ（店舗により異なる）休月曜

➡台湾ならではの食材が豊富に揃う

地元の人が集う朝市でローカルムードに浸かろう

➡屋内型の市場なので雨の日でも快適にお買物

おしゃれに本格餃子を食べるなら

餃子樂 ●ジャオズラー

カフェのようなデザインが素敵な餃子店。売れ筋はエビ、シソ、ニラが2個ずつ楽しめる什麼都想要煎餃子NT$155。まずはそのまま、2個目からタレやラー油をつけて食べてみて。

台北101／信義 **MAP：P11F2**

図Ⓜ板南線市政府駅から徒歩1分 住忠孝東路五段59號 ☎02-2765-7721 ⏲11時30分～14時15分、16時30分～20時30分（土曜は11時30分～20時30分）休日曜

⬆パリパリの羽根がたまらない什麼都想要煎餃子

⬅具材がたっぷりの酸辣湯NT$55

ラー油は店内で数量限定販売。NT$160

⬆駅からすぐの立地。店内は明るく広々としている

台北101を眺めながらブランチ

Second Floor 微風南山店

●セカンド フロアウェイフォンナンシャンディエン

アメリカンスタイルのブランチを楽しめる人気店。午後は日差しが強く、カーテンを閉めることがあるので、午前がおすすめ。ディナーも人気で事前予約必須。

台北101／信義 **MAP：P11F3**

図淡水信義線台北101/世貿駅から徒歩4分 住松智路17號 微風南山百貨 7F ☎02-2345-3533 ⏲11時～21時30分（木～土曜は～22時）休なし ※毎月1日に翌月分の予約開始

⬅巨峰葡萄冰沙NT$180（左）、桃花朵朵開運茶NT$150（右）など映えドリンクも

⬅台胃口水雞班尼迪克蛋NT$390。台湾式エッグベネディクト。ピリ辛ゆで鶏と

➡大きな窓と高い天井が開放的な店内

台北駅

タイペイチャージャン

博愛地区のレトロ建築もチェック！

台北の玄関口。駅の南西側に位置する博愛地区は、いわば台湾の"霞が関"。歴史的にも貴重な建物が数多い。

行き方

MRT

最寄り駅はⓂ淡水信義線、板南線の台北車站(台北駅)。駅舎へは徒歩5分程度。レトロ建築目当てならばⓂ淡水信義線台大醫院駅からスタートするのもよい。

時間がなくても
ココだけは
Must Go!
2hコース

Start Ⓜ淡水信義線·板南線台北車站

- 台北車站
  …P180
  ↓ 歩いて7分
- 二二八和平公園
  …P66
  ↓ 歩いて4分
- 總統府
  …P178
  ↓ 歩いて7分
- 中山堂
  …P179
  ↓ 歩いて7分
- 臺北北門郵局
  …P179
  ↓ 歩いて3分

Goal Ⓜ淡水信義線·板南線台北車站

古跡指定の交通局鐵道部庁舎は日本統治時代の産物

↑1919年、日本人の長野宇平治が設計し台湾総統府として建てられた官邸。平日の午前中に見学可能。月に一度休日にも開放あり

台湾の歴史が詰まった国定史跡

Ⓐ總統府
●ゾントンフー

台北駅 MAP：P8C2

㊋Ⓜ淡水信義線台大醫院駅から徒歩7分
㊟重慶南路一段122號
☎02-2311-3731
⏲9時～11時30分最終入場、月に一度の全館開放日(主に土曜)は8～16時
㊡土·日曜 ㊊無料

↑1921年完成の旧館。赤レンガ造りで、ルネッサンス様式の特徴が随所に

歴史的な病院は今も現役

Ⓑ臺大醫院 西址
●タイダーイーユェン シージー

台北駅 MAP：P9D1

㊋Ⓜ淡水信義線台大醫院駅から徒歩3分
㊟常德街1號

↑1908年に完成。現在は台湾の歴史と自然を主題とする博物館

重厚感のある新古典主義建築

Ⓒ國立臺灣博物館 本館
●グオリータイワンボーウーグァン ベングァン

台北駅 MAP：P8C1

㊋Ⓜ淡水信義線台大醫院駅から徒歩3分
㊟襄陽路2號 ☎02-2382-2699 ⏲9時30分～17時 ㊡月曜 ㊊NT$30

↑日本統治時代の旧台湾銀行本店。1923年に現存の花崗岩の建物に作り直した

ドラマのロケ地としても有名

Ⓓ臺灣銀行 總行
●タイワンインハン ゾンハン

台北駅 MAP：P8C2

㊋Ⓜ淡水信義線台大醫院駅から徒歩7分
㊟重慶南路一段120號

↑戦後は台湾土地銀行の総行として使われた。現在は博物館の別館

旧日本勧業銀行の台北支店

Ⓔ國立臺灣博物館 古生物館
●グオリータイワンボーウーグァン グーシェンウーグァン

台北駅 MAP：P8C1

㊋Ⓜ淡水信義線台大醫院駅から徒歩4分
㊟襄陽路25號 ☎02-2314-2699
⏲9時30分～17時 ㊡月曜 ㊊NT$30

市民高架大道
長安西路
承德路一段
鄭州路
P181 Qsquare S
西寧北路
北門駅 M
台灣總督府交通局鐵道部
延平北路一段
鐵路警察局刑警隊
忠孝西路二段
重慶北路一段
M 桃園機場線 台北車站
市民大道一段
台北車站 P180
M1 M2
逸仙公園
M 淡水信義線 台北車站
北平西路
承恩門（北門）
國税局總局
洛陽街
F 臺北北門郵局 P179
MRT板南線
Start Goal
M5 M4
M 台北車站
M3
中山北路一段
交大台北校區
台北撫臺街洋樓
開封街二段
忠孝西路一段
P181 Hoyii北車站 R
M6
M8
新光三越台北站前店
忠孝東路一段
開封街一段
P181 劉山東牛肉麵 R
許昌街
中華路一段
延平南路
漢口街一段
懷寧街
MRT松山新店線
信陽街
青島西路
青島東路
武昌街一段
館前路
南陽街
公園路
G
E
襄陽路
酉陽街
中山堂 H P179
秀山街
C
B
濟南路一段
鎮江街
國立臺灣博物館 本館 P178
M 台大醫院駅
台北市中正區
6 5 4
M 西門駅
衡陽路
中山南路
1 3
2 FE21遠東百貨
D
二二八和平公園 P66
徐州路
桃源街
博愛路
寶慶路
常德街
台湾大学醫学院附属醫院国際醫療中心
長沙街一段
台北二二八紀念館
A
總統府 P178
凱達格蘭大道
介壽公園
MRT淡水信義線
景福門
台大醫學人文博物館
仁愛路一段
重慶南路一段
貴陽街一段
台灣高等法院
北一女中
文化大學推廣教育部延平分部
信義路一段
國家音樂廳

↑現在の建物は1930年に落成。2階には郵政博物館の分館がある

クラシカルなたたずまいの郵便局

Ⓕ臺北北門郵局

●タイペイベイメンヨウジュー

台北駅 MAP：P8B1

図Ⓜ松山新店線北門駅から徒歩5分
㊤忠孝西路一段120號
☎02-2311-4331 ⏲8時30分～21時（土曜は9～12時）㊡日曜

↑日本統治時代は台北州立第二高等女学校の校舎として使われていた

珍しい瓦葺きの三角屋根に注目

Ⓖ立法院

●リーファーユェン

台北駅 MAP：P9D1

図Ⓜ淡水信義線・板南線台北車站から徒歩5分 ㊤中山南路1號

↑國家二級古跡に指定された文化施設。一般利用できるカフェや茶藝館もある

西洋と台湾の建築様式が融合

Ⓗ中山堂

●チョンシャンタン

西門／龍山寺 MAP：P8B1

図Ⓜ板南線・松山新店線西門駅から徒歩1分 ㊤延平南路98號 ☎02-2381-3137
⏲9時30分～17時（カフェは11～19時）
㊡なし ㊕無料

台北駅周辺案内

台北のメインステーションは、食事や買物も大充実。
乗り換えついでに歩いてみよう。

魅力が詰まった台北市の玄関口

台北車站(台北駅)

●タイペイチャージャン

台湾鐵路(台鐵)や台湾高速鐵路(高鐵)が乗り入れ、台北と地方都市を結ぶ主要駅。また、買物やグルメも楽しめる。駅舎や地下通路を散策しよう。

台北駅 MAP:P8C1

図台湾鐵路、台湾高速鐵路Ⓜ淡水信義線·板南線·桃園機場捷運線 ☎02-2371-3558 ⏲売店・レストランは10～22時(店舗により異なる) 休なし

駅ナカ

多くの胃袋を満たすローカルフードや
各国料理が集結している。

かわいすぎて写真を撮る手が止まらない

台北駅内で食べるならここ

微風台北車站

●ウェイフォンタイペイチャージャン

台北駅の駅ビル内にあるショッピングセンター「微風」2階にあるフードコートは牛肉麺をはじめとする台湾料理やカレーなど、テーマごとにレストランが並ぶ。

台北駅 MAP:P8C1

⌂台北車站B1～2F ☎02-6632-8999 ⏲10～22時 休なし

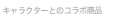

↑広々とした空間。席数も多く利用しやすい ←一鼎蚵仔煎の1號餐NT$168

カフェスタイルで楽しむ点心

點點心

●ディエンディエンシン

台湾に15店舗を構える香港発の点心レストラン。人気の秘密は香港の伝統とモダンを融合したスタイル。

台北駅 MAP:P8C1

⌂台北車站2F
☎02-2388-6811 ⏲10～22時 休なし

↑香港の街の看板のようなインテリアがかわいい

キャラクターとのコラボ商品

臺鐵夢工場

●タイティエモンゴンチャン

駅ナカにある鉄道グッズ専門店。記念切符、文房具のほか、人気キャラクターとのコラボグッズも多い。

台北駅 MAP:P8C1

⌂台北車站1F西3門付近 ☎02-2383-0367
⏲10時～18時30分 休なし

→鉄道ファンでなくとも、欲しくなる商品ばかり

迫力満点の吹き抜けの天井。この建築美は一見の価値あり

↓大通りに面した駅舎。威風堂々とした姿

↑複雑に通りが入り組み、迷路のような地下街

台湾コーヒーを手頃に

森高砂咖啡館 台北車站M6店

●センガオシャーカーフェイグァン タイペイチャージャンエムリゥディエン

2022年にオープン！台湾コーヒーを手頃な価格で味わえる店。店内の席は多くはないが、白を基調とした小ぎれいな空間で小休憩や軽食にはぴったり。ノンカフェインの炭酸ハーブティーなどコーヒー以外のドリンクも販売。

台北駅 **MAP：P8C1**

㊟台北車站M6出口入ってすぐ
☎02-2388-0575 ㊋9〜17時 ㊡なし

↑店内飲食も可能
←ローゼルと菊のスパークリングティーNT$165

駅チカ

台北駅近くにはデパートやレストラン街も。駅チカグルメもチェックしよう！

やわらか牛肉がたっぷり

劉山東牛肉麺

●リウシャントンニウロウミエン

地元の人から愛され続ける老舗。豆鼓を3回噛んでから肉ひと切れ、最後にスープをひと口飲む食べ方がおすすめ。あっさりとしながらも奥深い味のスープは飲み干してしまいそう。

台北駅 **MAP：P8C1**

図Ⓜ淡水信義線・板南線台北車站から徒歩5分 ㊟開封街一段14巷2號 ☎02-2311-3581 ㊋8〜20時 ㊡日曜

←清燉牛肉麺NT$170。4時間かけて煮込んだ台湾牛はやわらかくうまみたっぷり。麺は選べるが通常太麺が主流

アクセス抜群のデパート

Qsquare 京站時尚広場

●キュー スクエアジンヂャンシーシャングアンチャン

台北駅新北口の長距離バスターミナルに付随する若者向け百貨店。国際色豊かなレストラン街「饗楽大道」があり、飲食店が充実。

台北駅 **MAP：P8C1**

図Ⓜ淡水信義線・板南線台北車站から徒歩すぐ ㊟承徳路一段1號 ☎02-2182-8888 ㊋11時〜21時30分（金・土曜は〜22時）㊡なし

➔エントランスの緑のカーテンがシンボル

↑吹き抜けが開放的な館内

➔アパレル店も入る

←フードコートは口の字型の回廊になっている

駅直結のレストラン街

Hoyii北車站

●ホーイーベイチョーヂャン

香港の点心専門店・添好運を中核店にして和食、韓国料理、など各国の料理が楽しめる飲食店街。

台北駅 **MAP：P8C1**

図Ⓜ淡水信義線・板南線台北車站からすぐ ㊟忠孝西路一段36號B1・1F ☎02-2370-1578 ㊋11時〜21時30分 ㊡なし

+Plus! **必食駅弁をPICK UP!**

ぜひ台湾で試したいのが駅弁。ボリュームたっぷりでおいしい駅弁は、ホテルで食事を簡単に済ませたいときにもおすすめだ。

駅構内に5店舗構える人気駅弁

臺鐵便當本舗

●タイティエビエンタンベンプー

台北駅 **MAP：P8C1**

1日1万個以上を売り上げる大人気弁当店。定番の排骨（台湾風の豚カツ）や煮玉子、野菜、焼き魚などをご飯に載せた弁当が売れ筋。

図 台北車站1F西3門付近 ☎02-2381-5226（事務所）㊋9時30分〜19時（売り切れ次第終了）㊡なし

➔福圓（控肉）便當NT$100。ほろほろとやわらかい豚バラの角煮と野菜や煮卵が入っている（写真提供：台鐵便當）

➔排骨経典便當NT$100。ジューシーな排骨肉と煮玉子、台湾風さつまあげが載っている（写真提供：台鐵便當）

西門

シーメン

ティーンエイジャーが集う繁華街

流行のプチプラファッションやチープな食堂が多く、若者を中心に人気の街。点在するノスタルジックな台湾を感じられるスポットを求めて歩いてみるのも楽しい。

行き方

MRT

最寄り駅はⓂ板南線・松山新店線の西門駅。西門の中心部は駅の西側で、出口は1番か6番が便利。駅から北西に延びる漢中街を進むと、アパレル系ショップが立ち並ぶ服飾街とよばれるエリア。

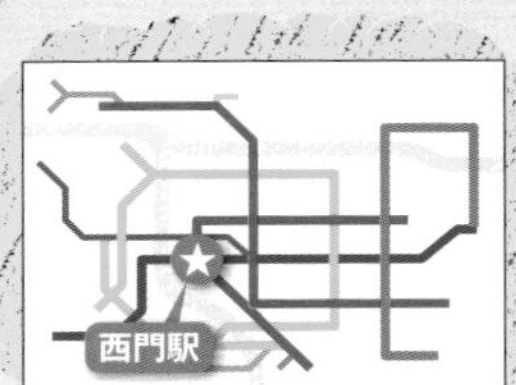

↑SNS映えするカラフルな道路

時間がなくてもココだけは Must Go! 2hコース

Start Ⓜ松山新店線北門駅
↓ 歩いて5分
●采宏牛肉麵 …P84
↓ 歩いて10分
●ウォールアート …P182
↓ 歩いて8分
●蜂大咖啡 …P183
↓ 歩いて1分
●16工房 …P182
↓ 歩いて1分
●西門紅樓 …P182
↓ 歩いて1分
Goal Ⓜ板南線・松山新店線西門駅

↑2階建て八角楼と平屋の十字楼からなる歴史的建造物

↑レトロな雰囲気のカフェ、西門紅樓茶坊

赤レンガ&八角形の歴史建築

Ⓐ 西門紅樓

●シーメンホンロウ

日本統治時代の1908年、建築家の近藤十郎によって建てられた。戦前は台湾初の公設市場として、戦後は映画館として使用された歴史をもつ。

西門／龍山寺 MAP：P8B2
図Ⓜ板南線・松山新店線西門駅から徒歩1分 住成都路10號
☎02-2311-9380 ⏲11～20時(金・日曜は～21時、土曜は～22時)
休月曜(祝日はWebを要確認)

クリエイター雑貨をチェック

Ⓑ 16工房

●シーリゥウゴンファン

西門紅樓の十字楼部分に設けられたショップ空間。台湾の若手クリエイターによるショップが20以上並び、雑貨やアクセサリーなど他では入手できないアイテムも。

西門／龍山寺 MAP：P8B2
図Ⓜ板南線・松山新店線西門駅から徒歩1分 住成都路10號(西門紅樓1F)
☎⏲休 西門紅樓と同じ

↓台湾人の情熱「台湾18日生ビール酒瓶トレイ」の「瓶瓶禮」NT$780

↓台湾の紙風景「九份山城」を作ろう NT$250

↓品揃えは定期的に入れ替わる

↑店舗は通りに面し、入りやすい雰囲気

チャイナシューズ専門店の筆頭格

Ⓒ 小格格鞋坊

●シャオグーグーシェファン

スパンコールや色鮮やかに刺繍された靴が店内を埋め尽くす。日本人好みの色や柄も多数。確認容易なサイズ表があり、買いやすいのもうれしい。

西門／龍山寺 MAP：P8B2

㊋Ⓜ板南線・松山新店線西門駅から徒歩5分 ㊎西寧南路96號
☎02-2370-9063 ⏲12～18時
㊡なし

↑台湾で古くから愛される花模様の靴NT$650

↓連日常連客で賑わう。カウンター席もあり

↓合桃酥NT$25。ピーナッツやくるみ入りのクッキー

地元で愛される本格コーヒー店

Ⓓ 蜂大咖啡

●フォンダーカーフェイ

1956年創業の老舗コーヒー店。厳選して仕入れた生豆をドイツ社製焙煎機で自家焙煎した本格的なコーヒーは、深い味わいが特徴。手作りの焼き菓子も人気。

西門／龍山寺 MAP：P8B1

㊋Ⓜ板南線・松山新店線西門駅から徒歩3分 ㊎成都路42號 ☎02-2371-9577 ⏲8～22時 ㊡なし

↑本格的な水出しコーヒー蜂大水滴冰咖啡NT$100

↑台湾でとれる薬草をコーヒーの手法で青草茶に

台湾の伝統を新しい形で提案

Ⓔ 日常野草

●リーチャンイェツァオ

台湾でとれる薬草を、ブレンダーで粉砕し、コーヒーをいれる要領でハンドドリップしてくれるというオリジナリティあふれるお店。店内の家具もハイセンスで居心地がよい。

西門／龍山寺 MAP：P8B2

㊋Ⓜ板南線・松山新店線西門駅から徒歩1分 ㊎成都路10號(西門紅樓内) ☎02-2311-4781 ⏲㊡西門紅樓と同じ

➡こだわりの茶葉はおみやげにも

“台北の原宿”で安ウマグルメ

若者が集う街、西門はB級グルメの宝庫。どれも手軽にさっと食べられるものばかりだから、ハシゴしていろいろ味わってみるのも楽しい。

炸雞腿NT$110。衝撃のうまさでリピ決定！

皮サク肉ジュワなフライドチキン

玉林雞腿大王

●ユーリンジートゥイダーワン

創業約70年の老舗で3代目が切り盛りする。五香粉やシナモンなど10数種類のスパイスを配合した衣で揚げたフライドチキンが名物。

西門／龍山寺 **MAP：P8B1**

図Ⓜ板南線・松山新店線西門駅から徒歩3分 住中華路一段114巷9號 ☎02-2371-4920 ⏲11～21時 休なし

↑間口は狭いが中は意外と広い

天王雞排NT$99。甘めの衣をまとった肉厚ジューシーなチキン

巨大なチキンは豪快にかぶりつき

艋舺雞排

●モンジャージーパイ

1.5㎝はありそうな厚さの鶏肉にこだわり。オーダーが入ってから揚げ始めるので受け取りまでに少し時間がかかるが、いつもアツアツ。

西門／龍山寺 **MAP：P8B1**

図Ⓜ板南線・松山新店線西門駅から徒歩2分 住中華路一段118號 ☎02-2381-3938 ⏲14時～22時30分 休なし

↑黒字に赤文字の目立つ看板が目印

排骨麵NT$95。スープもうまみたっぷり

じんわり沁みるウマさ！

楊排骨酥麵

●ヤンパイグースーミエン

地元の人に人気で、ご飯どきは店前がごった返す盛況ぶり。看板メニューの排骨酥は骨付き豚肉を揚げてから蒸しているので驚くほどやわらかい。

西門／龍山寺 **MAP：P8B1**

図Ⓜ板南線・松山新店線西門駅から徒歩5分 住漢口街二段17號 ☎02-2388-6488 ⏲11時～22時20分 休なし

↑回転が早く、店は活気にあふれている

腿肉の燻製NT$300(上)と米粉NT$60(下)

行列のできるガチョウ肉の店

鴨肉扁

●ヤーロウビェン

ガチョウ肉の燻製を専門に扱う名物食堂。適度な脂身がありやわらかい腿肉の燻製は、ガチョウ肉のダシが染み込んだスープビーフンに合う。

西門／龍山寺 **MAP：P8B1**

図Ⓜ板南線・松山新店線西門駅から徒歩1分 住中華路一段98-2號 ☎02-2371-3918 ⏲11時30分～21時20分 休なし

↑比較的空いているベストタイムは14～16時

麺がやわらかく煮込まれてトロトロ! 麺線NT$60(小)

行列覚悟の名物麺線

阿宗麺線 ●アーツォンミェンシェン

1975年の創業時からメニューは麺線のみというテイクアウト専門店。店頭での立ち食いスタイルだが、行列に並んでも食べたい味だ。

西門／龍山寺 **MAP：P8B1**

図Ⓜ板南線・松山新店線西門駅から徒歩3分 住峨嵋街8-1號 ☎02-2388-8808 ⏲8時～22時30分 休なし

↑店の前には常に行列のできる人気店

招牌甜不辣NT$85(大)。老若男女の胃袋をつかむ台湾版おでん

地元っ子の支持を集める老舗おでん

賽門甜不拉 ●サイメンティエンプラー

毎日丁寧に手作りされた甜不辣(さつま揚げ)をじっくり煮込んだおでんは、ダシがしみ込んでうまみたっぷり。やみつきになるとクチコミで話題に！

西門／龍山寺 **MAP：P8B1**

図Ⓜ板南線・松山新店線西門駅から徒歩5分 住西寧南路95號 ☎02-2331-2481 ⏲10時30分～22時30分(22時LO) 休なし

豚の角煮、栗、ピーナッツ、シイタケ、アヒルの玉子などが入った肉粽NT$75

地元で超人気のちまき専門店

王記府城肉粽 西門店 ●ワンジーフーチョンロウソン シーメンディエン

オーナーはちまきの本場台南出身。屋台からスタートし、今では台北市内に4店舗を構えるまでに。肉入りの肉粽は食べておきたい定番の品。

西門／龍山寺 **MAP：P8B1**

図Ⓜ板南線・松山新店線西門駅から徒歩3分 住西寧南路84號 ☎02-2389-3233 ⏲11時～翌2時 休端午節翌日から5日間

↑イートインはもちろん、テイクアウトして食べ歩きもOK

3種類盛りは好きな味を選べる(写真は芋頭、梅、ピーナッツ)。NT$50

ノスタルジックなアイス専門店

永富冰淇淋 ●ヨンフービンチーリン

創業70年以上、家族で営む手作りアイスクリームのお店。素材の持ち味が特徴の、懐かしい味わいが人気。中心部から遠いがぜひ訪れたい。

西門／龍山寺 **MAP：P15C3**

図Ⓜ板南線・松山新店線西門駅から徒歩8分 住貴陽街二段68號 ☎02-2314-0306 ⏲10～22時 休12月末～2月末

↑席数は少ないが、イートインOK

富錦街

フージンジェ

街路樹沿いのおしゃれショップ巡り

米軍の住宅地として開発された富錦街は、おしゃれなムードの中に台湾らしいエッセンスが光る店が多数。木々の向こうに続くカフェやショップを巡りながら風を感じて歩こう。

行き方

MRT

最寄り駅はⓂ文湖線松山機場駅。富錦街は駅から徒歩10分程度。敦化北路を南下して、ショップやカフェの多い西エリアから歩こう。富錦街は光復北路を境に東西に分断されているため、行き来するには迂回しなくてはいけないので注意。

台北松山空港
1
2
松山機場駅
3
Goal
Start
交通部民航局
敦化北路
敦化公園
松山
but. we love butter
富錦街
民族國小
Ⓑ
Ⓐ
97巷
民生東路四段
Ⓓ
開門茶堂 C P189
富錦樹 台菜 香檳 R P189

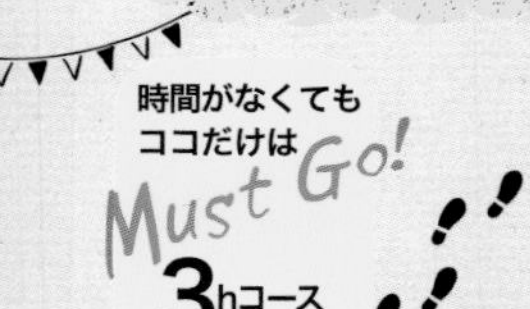

時間がなくてもココだけは Must Go! 3hコース

Start Ⓜ文湖線松山機場駅
↓ 歩いて10分
- 富錦街でカフェ&雑貨 …P188／189

↓ 歩いて5分
- 民生炒飯專賣店 …P187

↓ 歩いて8分
- 琅茶本舗 Wolf Tea Shop + Gallery …P186

↓ 歩いて2分
- but. we love butter …P134

↓ 歩いて8分
Goal Ⓜ文湖線松山機場駅

⬇ショップにもデザイン力が発揮されている

こだわりのシングルオリジン

Ⓐ 琅茶本舗 Wolf Tea Shop + Gallery

●ランチャーベンプ ウルフティーショップ+ギャラリー

阿里山の茶農家で育ったオーナーが開いた店。自身の専門であるデザインを反映したおしゃれな茶缶が人気。

富錦街 MAP：P6C2

図Ⓜ文湖線松山機場駅から徒歩9分
住民生東路四段97巷6弄8號1F
☎0970-844-235 ⏲13～19時 休なし

草木に囲まれた隠れ家のよう

Ⓑ 如意坊文藝茶館

●ジューイーファンウェンインチャーグァン

住宅街の中に溶け込む茶藝館で、焙煎師のオーナーが厳選した台湾茶を楽しめる。店内にはアーティストとしても活動するオーナーの作品などが並ぶ。

富錦街 MAP：P7D2

図Ⓜ文湖線松山機場駅から徒歩10分
住富錦街114號 ☎02-2718-7035
⏲11～23時(食事は12時～14時30分、18～21時) 休なし ※食事は予約がベター

⬆オーナーによるお茶教室。日本人も含め外国人のお客様も多く来訪 ➡緑が茂る庭から入口へと小道が続く

➡緑茶に香りさわやかな凍頂烏龍茶NT$250(1人分)

↑EAT BEAU-TEA NT$420。お湯を入れて飲む漢方茶。具材も食べられる

➡REBORNシロップNT$500（7袋入り）。月経中に体を養うシロップ

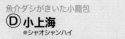

台湾発! 女性のための漢方ブランド

Ⓒ Daylily
●デイリリー

台湾女性が日常的に取り入れている漢方文化を世界にも広げたいと、台湾人と日本人女性の2人で始めた女性のための漢方のライフスタイルブランド。

富錦街 **MAP：P7E2**

図Ⓜ松山新店線南京三民駅から徒歩14分
住民生東路五段165-1號
☎02-2761-5066
⏲11〜19時
休土・日曜、祝日

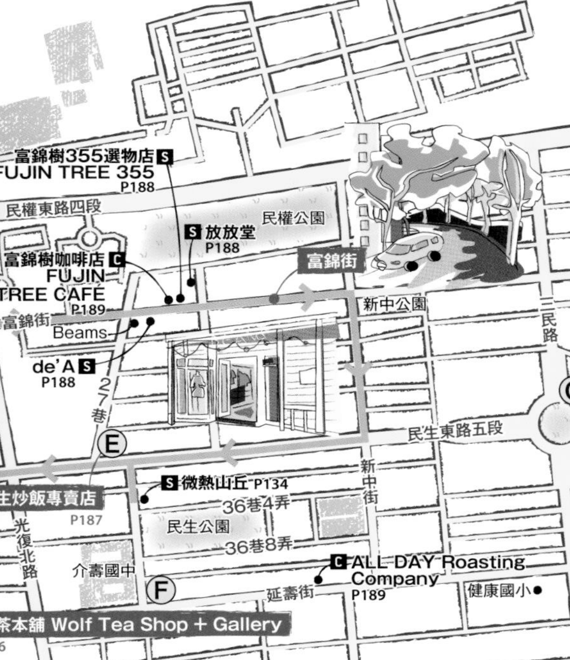

↑小籠湯包は日本人好みのあっさりした味わい

魚介ダシがきいた小籠包

Ⓓ 小上海
●シャオシャンハイ

ホタテの貝柱と鶏からとったスープが特徴的な小籠包が人気。おひとり様ランチなら小籠湯包NT$160と油豆腐細粉（油揚げと春雨のスープ）NT$90で十分。

富錦街 **MAP：P6C3**

図Ⓜ文湖線松山機場駅から徒歩12分
住民生東路四段62號 ☎02-2718-5783
⏲10時30分〜14時、16時30分〜20時30分 休なし

ローカルが太鼓判を押す炒飯

Ⓔ 民生炒飯專賣店
●ミンシェンチャオファン ジュアンマイディエン

注文を受けてから作る添加物不使用の炒飯は、シンプルながら飽きのこない味。「台湾で一番おいしい炒飯の店」の人気ランキングで1位に輝いたこともある実績に納得。

富錦街 **MAP：P7D2**

図Ⓜ文湖線松山機場駅から徒歩15分
住民生東路五段27巷
☎02-2763-5576
⏲10時30分〜14時、16時30分〜20時（土曜は10時30分〜14時） 休日曜

丁寧な調理を心掛けてます

↓予約客が多い店。列が短くても待つ覚悟で！

↑魚の加工食品鹹魚を使った炒飯NT$120

ほっこり味の懐かしいおやつ

Ⓕ 有時候紅豆餅 民生店
●ヨウシーホウホンドウビン ミンシェンディエン

多い日には一日800個も売り上げるという今川焼の店。自家製の餡は毎日手作り。やさしい味わいが人気だ。

富錦街 **MAP：P7D3**

図Ⓜ松山新店線台北小巨蛋駅から徒歩12分 住延壽街399號
☎02-2760-0810 ⏲12時〜18時30分（なくなり次第終了） 休月曜

↓紅豆餅NT$24は台湾産のあずきを使用

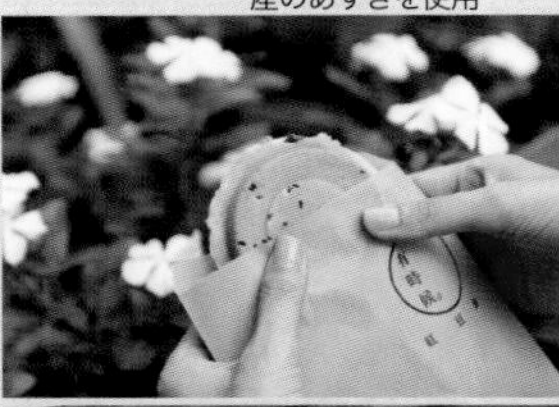

←どこか和の雰囲気を感じる店先にほっこり

緑の中でゆったりショッピング

緑がまぶしい並木道沿いにはかわいらしいお店がいっぱい。
とっておきのおみやげを探しに出かけよう。

運命の逸品に出合える店

富錦樹355選物店 FUJIN TREE 355

●フージンシュー355シュアンウーディエン
フージン ツリー355

日本人オーナーのお眼鏡にかなったものだけを集めたセレクトショップ。センスあふれる台湾のよいものがいっぱい。ここだけでしか手に入らないグッズも多数ある。

富錦街 **MAP：P7D2**

図Ⓜ文湖線松山機場駅から徒歩11分 住富錦街355號 ☎02-2765-2705 ⏲12時～19時30分 休なし

台湾の素敵を発掘してお届けしています

↑靴工房とコラボしたオリジナルの刺繍靴は各NT$1480 ←鏨工房の碗形花器NT$1万8000は色合いが美しい ➡かわいらしいアクセサリーも多数あり

世界中の素敵カバンが大集合

de'A ●デーアー

店名は台湾語で袋を意味し、空間デザイナーのオーナーが世界中からセレクトしたカバンやアクセサリーが揃う。台湾デザイナーが手掛ける上質なMIT雑貨も豊富。

富錦街 **MAP：P7D2**

図Ⓜ文湖線松山機場駅から徒歩11分 住富錦街344號 ☎02-2765-7996 ⏲12～19時 休なし（カフェスペースは月曜）

↑白壁とかわいいオブジェが目印。カフェも併設する ⬇臍加厝のネックレスNT$3280はハサミがモチーフ

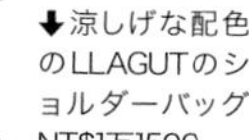

↘レザーアイテムブランドGreenRoomのブレスレット各NT$800

⬇涼しげな配色のLLAGUTのショルダーバッグNT$1万1500

⬇鳥の置物Birdsway 各NT$1280は芸術家の作品

↑台湾の屋台で肉を吊るすフックから着想を得たアイテム。3点セットNT$600

のんびり雑貨さがし

放放堂 ●ファンファンタン

世界各地から集められた優秀なデザインプロダクトと台湾クリエイターによる雑貨が並ぶ。MITの木製玩具や文具、レトロな照明器具、ホーロー製品など、温かみある品々が揃う。

富錦街 **MAP：P7D2**

図Ⓜ文湖線松山機場駅から徒歩10分 住富錦街359巷1弄2號 ☎02-2766-5916 ⏲13～19時 休月～水曜

➡北欧や日本の洗練されたアイテムが多い

カフェ＆ダイニング事情

エリアの雰囲気にマッチした素敵なカフェ＆ダイニングがたくさん。
お気に入りのお店を見つけたら、のんびりとした時間を過ごそう。

スタイリッシュ空間でまったり

富錦樹咖啡店 FUJIN TREE CAFÉ

●フージンシューカーフェイディエン フージン ツリー カフェ

隣の富錦樹355選物店の系列カフェ。こだわりのコーヒーや軽食類もおいしい。

富錦街 **MAP：P7D2**

㊋Ⓜ文湖線松山機場駅から徒歩11分 ㊟富錦街353號☎02-2749-5225 ⏲9～18時 ㊡なし

くつろぎの時間をお過ごしください

⬇ジャスミン茶のシフォンケーキNT$180

洗練されたデザイナーズ茶藝館

開門茶堂

●カイメンチャータン

インテリアデザイナー3人が始めた茶藝館。壁一面ガラス窓で、開放感にあふれている。茶器もセンスよく、すべて購入可。

富錦街 **MAP：P7D3**

㊋文湖線松山機場駅から徒歩10分 ㊟民生東路四段80巷1弄3號☎02-2719-9519 ⏲11時～20時30分（土・日曜は～18時30分）㊡火曜

⬇風和四季春茶（ホット）NT$220、生落雁やナッツなどの茶菓子セット開門見喜経典茶食組NT$450

開放的なキッチンとセミインダストリアル風の空間

インテリアデザイナーによる落ち着いた雰囲気の店内

落ち着きのあるインダストリアル風な内装

豆の特徴を最大限に引き出す

ALL DAY Roasting Company

●オールデイ ロースティング カンパニー

コーヒーの魅力にとりつかれたオーナーが仲間とオープン。コーヒー豆の特徴を分析し、深い味を追求している。

富錦街 **MAP：P7E3**

㊋Ⓜ松山新店線南京三民駅から徒歩12分 ㊟延壽街329號☎02-8787-4468 ⏲11～22時 ㊡なし

➡ナッツやチョコの風味豊かなホンジュラス産コーヒーNT$200～

料理のみならずインテリアにもこだわりが光る

食通もうなるオリジナル台湾料理

富錦樹 台菜 香檳

●フウジンシュー タイツァイ シャンピン

新鮮な食材を自家製の香辛料やドライフルーツを使い調理する台湾料理のお店。シャンパンやワインも充実。

富錦街 **MAP：P7D3**

㊋松山新店線台北小巨蛋駅から徒歩9分 ㊟敦化北路199巷17號☎02-8712-8770 ⏲12～15時、17～22時（土・日曜、祝日12～22時）㊡なし

⬆手前は豚バラ肉のナツメとハイビスカスソース煮込みNT$1080

世界がひろがる！
Column

知っていれば、
街歩きがカンタン

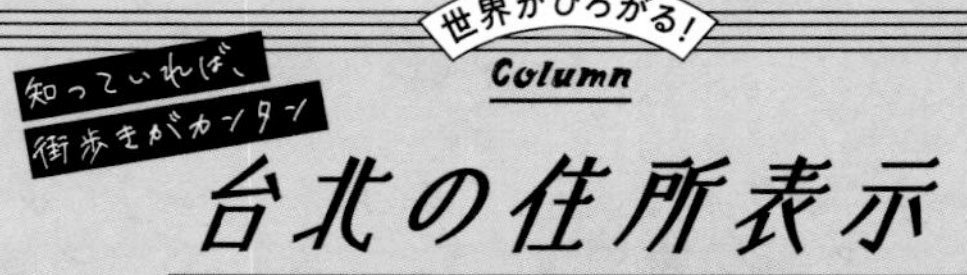

台北の住所表示

台湾の道路や建物には必ずどこかしらに表示があるので、住所を解読できるとより安心。
道路は路→街→巷→弄の順に細くなることも街歩きのヒントに！

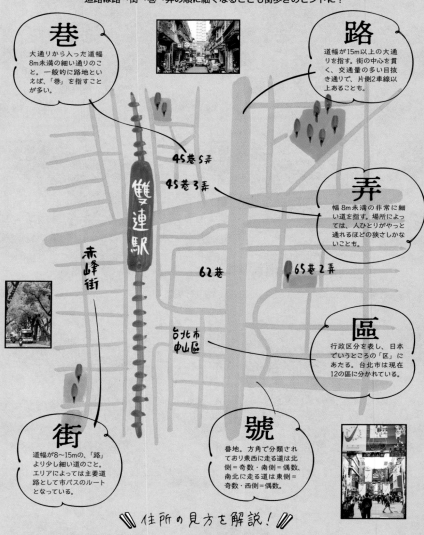

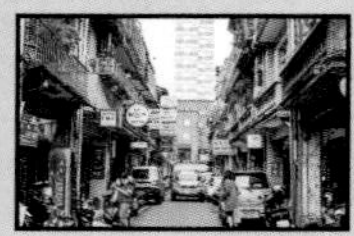

巷
大通りから入った道幅8m未満の細い通りのこと。一般的に路地といえば、「巷」を指すことが多い。

路
道幅が15m以上の大通りを指す。街の中心を貫く、交通量の多い目抜き通りで、片側2車線以上あることも。

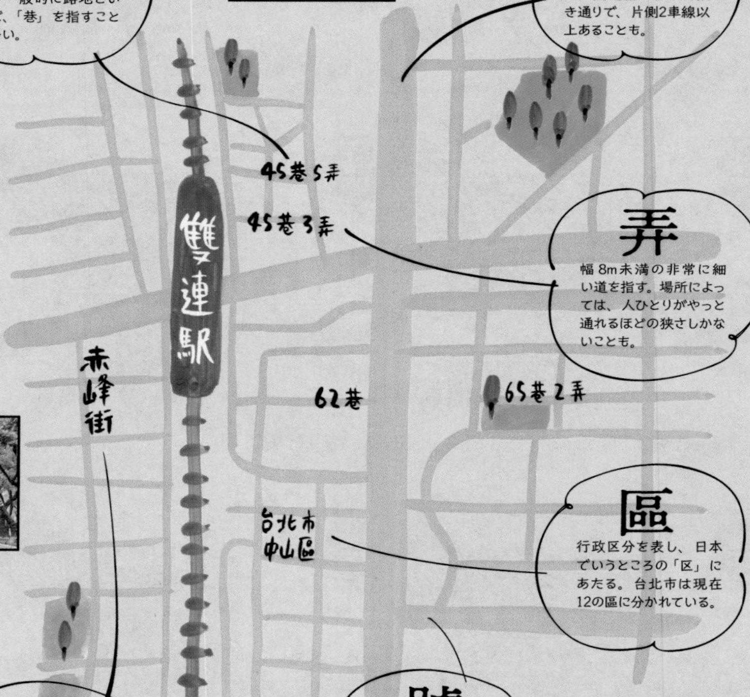

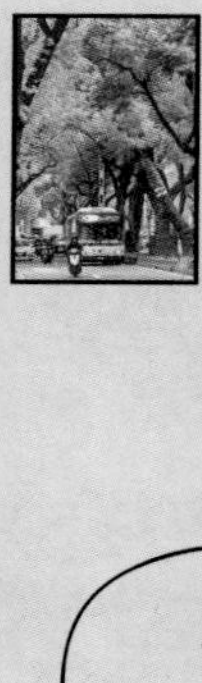

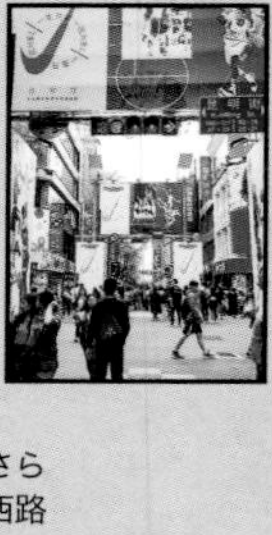

45巷5弄
45巷3弄
雙連駅
赤峰街
62巷
65巷2弄
台北市
中山區

弄
幅8m未満の非常に細い道を指す。場所によっては、人ひとりがやっと通れるほどの狭さしかないことも。

區
行政区分を表し、日本でいうところの「区」にあたる。台北市は現在12の區に分かれている。

街
道幅が8～15mの、「路」より少し細い道のこと。エリアによっては主要道路として市バスのルートとなっている。

號
番地。方角で分類されており東西に走る道は北側＝奇数・南側＝偶数、南北に走る道は東側＝奇数・西側＝偶数。

住所の見方を解説！

長い道には「段」がつき、一定区間ごとに一段、二段……と分かれる。さらに長いと道路名に方角が加わる。中山北路／中山南路と忠孝東路／忠孝西路が好例だ。この４本が交わる交差点から遠ざかるごとに段数も増える。

TAIPEI

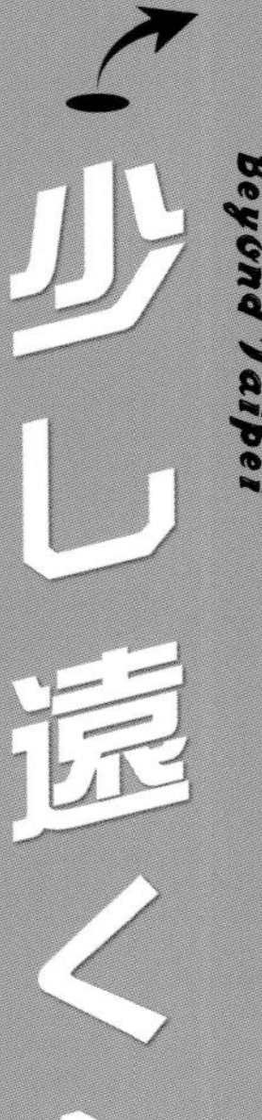

少し遠くへ

Beyond Taipei

Contents

Chiufen

台北から約90分

九份（ジウフェン）

MAP：P15C1

昔ながらの商店街と赤提灯

昔ながらの商店街と赤提灯が連なる石段からの眺望が自慢の九份。日没前後に照準を合わせて行くと、よりロマンティック！

行き方

電車
台北駅
台湾鐵道東部幹線で約40～60分
瑞芳駅
基隆客運の路線バス（788番・856番）で20分／タクシーで15分（NT$205）
九份老街 バス停

タクシー
台北市街
約60分（NT$1200～）
※出発前にドライバーと料金交渉しておくと安心
九份老街 バス停

バス
Ⓜ忠孝復興駅
基隆客運の高速バス（1062番）で70～90分
九份老街 バス停

Ⓜ西門駅
台北客運の高速バス（965番）で約80分
九份老街 バス停

歩き方のヒント

九份は山の斜面にある町。坂の上の九份老街バス停からスタートし、基山街→豎崎路と進むのが体力的にラク。日没あたりは非常に混雑する時間帯なので、荷物は最小限がおすすめ。

石段がノスタルジックな名所

豎崎路 ●シュウチールウ

基山街を進むと現れる町を縦貫する石段で、九份といえばここのイメージ。両側に茶藝館などが立ち並び、台湾らしい風景。

九份 MAP：P16C2

図九份老街バス停から徒歩7分

買物＆B級グルメの拠点

基山街 ●チーシャンジエ

通り沿いにはみやげ物店や行列のできる名物屋台がズラリ。道幅いっぱいに観光客がいるので、買い逃さないよう事前に場所をチェックしておこう。

九份 MAP：P16A2

図九份老街バス停から徒歩すぐ

みどころもチェック！

昇平戲院

●ションピンシーユェン

1934年にできた、台湾で最も古い劇場建築の一つ。昔の映画ポスターなども貼られ、クラシックな雰囲気たっぷり。

九份 MAP：P16C2

図九份老街バス停から徒歩9分
住輕便路137號
☎02-2496-2800
⏲9時30分～17時（土・日曜は～18時）
休第1月曜（祝日の場合は開館）
料無料

レトロ茶藝館＆カフェでゆったり

石段沿いの傾斜地に立つ茶藝館やカフェは、海や街並みの景色が見事。ノスタルジックな雰囲気のなかでお茶を楽しもう

傾斜地に立つ町のランドマーク

夕刻の幻想的な外観

⬆茶水代一人NT$100〜

阿妹茶酒館
●アーメイチャージウグァン

鍛冶屋だった築100年以上の建物を再利用。そのたたずまいや建物のディテールから、人気映画の舞台のモデルでは？と話題に。3階テラス席からの景色も楽しみ。

九份 MAP：P16B2
図九份老街バス停から徒歩8分
住崇文里市下巷20號 ☎02-2496-0833
⏲11〜21時（土・日曜は10〜22時）
休なし

⬆晴れた日にはテラス席から基隆湾が一望できる

九份茶坊
●ジウフェンチャーファン

診療所として使われていた築150年以上の建物を芸術家のオーナー自らリノベーション。店内は九份の黄金期が垣間見える。

九份 MAP：P16B2
図九份老街バス停から徒歩8分
住基山街142號 ☎02-2496-9056
⏲11〜20時 休なし

⬆赤提灯入りの街並みが一望できるテラス席も人気

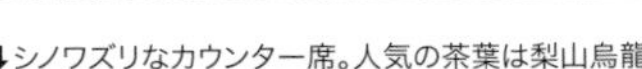

⬇シノワズリなカウンター席。人気の茶葉は梨山烏龍

洗練された空間にうっとり

➡店内にはオーナーや作家仲間の作品を展示

海悦樓茶坊
●ハイユエロウチャーファン

オープンエアのテラス席は絶好の撮影ポジション。眼前に広がる絶景を眺めながらお茶タイムを満喫しよう。金萱茶＋茶菓子3種のセットは1人NT$300。

九份 MAP：P16B2
図九份老街バス停から徒歩9分
住豎崎路31號
☎02-2496-7733
⏲9〜21時 休なし

美景自慢のテラス席で小休止

➡「これぞ九份」といった絶景に感動！

逸茶酒室 Golden Bar
●イーチャージウシー ゴールデン バー

数種類のオリジナルカクテルや、台湾クラフトビールが楽しめるバー。台湾や九份をイメージしたカクテルは、茶器を使ったり、生のフルーツを入れたりと、見た目でも楽しませてくれる。

九份 MAP：P16C1
図九份老街バス停から徒歩7分
住基山街190號
☎02-2406-1009
⏲14〜22時
休不定休

絶景を前にカクテルを楽しもう

⬅お茶のカクテルなども楽しみたい

山巴咖啡
●シャンパーカーフェイ

「山巴」の名前で活躍した台湾人画家邱錫勳氏の希少な作品たちに出合えるカフェ。撮影スポットとして人気のトンネル「金礦隧道」そば。

九份 MAP：P16C1
図九份老街バス停から徒歩15分 住九份輕便路352-1號
☎02-2496-0838 ⏲10〜19時 休なし

これぞ！秘境カフェ

⬆店内もテラス席も居心地がよい

吾穀茶糧
●ウーグーチャーリャン

見晴らしのよい崖地に立つモダンな雰囲気の台湾茶カフェ。雑穀や豆をすって作る伝統茶、客家擂茶NT$160を中心にさまざまなお茶ドリンクを提供する。

九份 MAP：P16C1
図九份老街バス停から徒歩10分
住基山街166號 ☎02-7744-8085
⏲11〜17時 休土・日曜

ナチュラルな雰囲気が新しい

⬅大きなガラス窓に面した席からは絶景が望める

九份 名物料理のオンパレード!

ハシゴしたくなる、B級グルメ

オールドストリートには安くておいしいローカルフードが目白押し。
店々から漂う香りに誘われて食べ歩きを楽しみたい。

注文を受けてから揚げてます!

片手で食べられてお手軽よ♪

NT$35
魚丸湯 Ⓑ
プリプリ食感の魚のつみれが入ったスープ。やさしい味わいに癒される

NT$20
芋粿 Ⓒ
もち米にタロイモが練り込まれた餅。ねっとりとした不思議な食感がクセになる

NT$35
豆干包 Ⓑ
厚揚げ豆腐に魚の練り物を入れて茹でたもの。何個も食べたくなる

NT$110
蝦球 Ⓐ
キャベツやニンジンなどを細かく切ってエビと一緒に衣をつけて揚げている

NT$20
草仔粿(菜脯) Ⓒ
切り干し大根が入った九份名物の草餅。風味のよい干しエビがアクセント

Ⓐ サクサクのエビボール

旺角蝦球

●ワンジャオシャーチョウ

セブンイレブン側の入口から基山街に入ってすぐのあたりに店を出している。まずはココで蝦球を買って腹ごなししてから散策スタート!

九份 MAP:P16A3
図九份老街バス停から徒歩2分
住基山街3號
☎なし ⏰11〜21時 休不定休

Ⓑ 魚のつみれスープ

魚丸伯仔 魚丸店

●ユィーワンボーズ ユィーワンディエン

地元の人もおすすめする魚つみれスープのお店。売り切れ御免なので九份に着いたら早めに訪れるのがベター。春雨(冬粉)もおいしい。

九份 MAP:P16A2
図九份老街バス停から徒歩4分 住基山街17號 ☎02-2496-0896 ⏰10〜19時(土・日曜は〜21時) 休なし

Ⓒ 行列必至の名物店

阿蘭草仔粿

●アランツァオアグイ

もち米を使った台湾の伝統的なおやつ草仔粿(草餅)が名物で、行列の絶えない人気ぶり。素朴でシンプルなプレーン味から高菜味など種類もさまざま。

九份 MAP:P16B2
図九份老街バス停から徒歩6分
住基山街90號 ☎02-2496-7795
⏰9〜19時 休なし

紅糟肉圓 Ⓔ NT$60
米粉とサツマイモの粉で作る皮の食感がなんとも不思議!

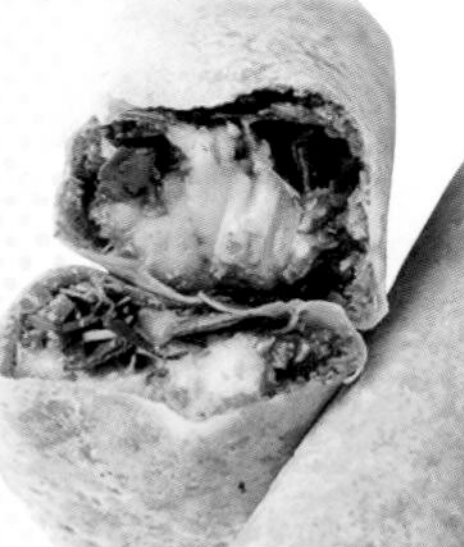

阿珠雪在燒 Ⓓ NT$50
アイスクレープはパクチー抜きも可能。半分にカットしてもらうと食べやすい

タロイモシュー Ⓕ NT$65
てのひらサイズでボリューム満点。タロイモクリームは色もきれい

五味綜合丸湯 Ⓔ NT$70
魚団子や肉団子など5種類のつみれが入ったあっさり味のスープ

招牌油蔥粿 Ⓖ NT$50
米粉で作られたお餅のような食感。しょうゆ味のタレと台湾エシャロットがかかっている

綜合丸湯 Ⓖ NT$60(団子4個)
味比べが楽しい、魚のすり身団子のスープ。注文後すぐ出るのがうれしい!

綜合氷 Ⓗ NT$55
かき氷の上に芋圓や小豆などがたっぷり。甘すぎないやさしい味わい

Ⓕ オリジナリティあるスイーツ

米詩堤甜點王国Misty

●ミーシーディーティエンディエンワングオミスティ

サクサクのシュー皮で作るシュークリームが看板商品。クリームはタロイモやサツマイモなど4種類で食べ比べるのもよい。おみやげにはヌガーもおすすめ。

九份 **MAP:P16A2**
図九份老街バス停から徒歩3分
住基山街29號
☎02-2496-0706
⏲9時30分～18時 休なし

Ⓖ テイクアウトもOKな油蔥粿

郵局前油蔥粿

●ヨージュウチエンユーチャングイ

プニプニとした不思議食感の油蔥粿は、米粉から作った料理でこの店の名物。注文すると素早くテーブルに並ぶので、サクッと小腹を満たしたいときに最適。

九份 **MAP:P16B2**
図九份老街バス停から徒歩5分
住基山街79號 ☎02-2497-6393
⏲10時30分～16時30分 休不定休

Ⓓ 内外で話題のアイスクレープ

阿珠雪在燒

●アジューシュエザイシャオ

一日に700～800個を売り上げるパクチー入りのアイスクレープは九份きっての名物グルメ。ほんのり甘いアイスクリームと、やわらかいクレープ生地が絶妙にマッチ。

九份 **MAP:P16A2**
図九份老街バス停から徒歩4分
住基山街20號 ☎02-2497-5258
⏲9～19時 休なし

Ⓔ 肉圓は一度食べたらやみつきに

金枝紅糟肉圓

●ジンジーホンザオバーワン

台湾名物、肉圓(バーワン)が食べられる店。つるつるとした弾力のある生地には紅麹で味付けしたひき肉餡がたっぷり。ひと口食べれば独特の食感のトリコに!

九份 **MAP:P16B2**
図九份老街バス停から徒歩8分 住基山街112號 ☎02-2496-0240 ⏲11～19時(土・日曜は10～20時) 休なし

Ⓗ 絶景を見ながら芋圓をパクリ

阿柑姨芋圓

●アーガンイーユィーユェン

もちもち食感が格別な九份名物、芋圓の店。多い日には一日1000杯も売れるという看板商品は、夏はかき氷にON、冬ならお汁粉にINが正解!

九份 **MAP:P16B1**
図九份老街バス停から徒歩12分
住豎崎路5號 ☎02-2497-6505
⏲9～20時(土・日曜は～21時) 休なし

九份 気になる店を決め打ち！ 個性が光るショッピング

さまざまなショップが軒を連ねる九份ではショッピングも楽しめる。
とっておきのおみやげを探してみよう。

⬇九份限定の炭鉱チョコレートNT$150

⬇漢字のパッケージはおみやげにぴったり

⬇麻雀牌のデザインのグミNT$50

⬆段ボール風デザインのフルーツグミ

おもしろデザインの菓子が揃う

菓子

菓風小舗 Sophisca 九份店

●グォフォンシャオプー ソフィスカ ジウフェンディエン

台湾全土に店舗を構える菓子店。台湾風のおもしろデザインのお菓子はバラマキみやげにしたい。各エリア限定の商品もあるのでお見逃しなく。

九份 MAP：P16B2

図九份老街バス停から徒歩5分
住基山街68號 ☎02-2406-1067
⏲9時30分～18時30分 休なし

⬆おみやげを買う旅行客で賑わう店内

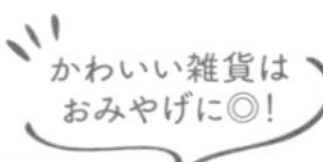

⬅ビンロウ風パッケージの飴

⬆試食もあるので吟味して選ぼう

⬆元気な看板娘たちがお出迎え

カラフルでヘルシーなゼリー

コンニャクゼリー

九份黃媽媽蒟蒻專賣店

●ジウフェンファンマーマージュールオジュアンマイディエン

自家製の蒟蒻ゼリーを販売している。フルーツテイストなど目移りしてしまうほどの種類の豊富さ。多めに購入するとディスカウントもあり。

九份 MAP：P16B2

図九份老街バス停から徒歩5分
住基山街74號 ☎02-2497-5330
⏲10時～18時30分 休なし

かわいい雑貨はおみやげに◎！

雑貨

禮遇 souvenir

●リーユィー スーベニア

九份みやげにとどまらず台湾各地の観光スポットをモチーフにしたアイテムも揃う。日本滞在経験のあるスタッフが日本語で明るく接客してくれるのもうれしい。

九份 MAP：P16B2

図九份老街バス停から徒歩5分
住基山街96號
☎なし
⏲10時30分～19時30分
休なし

⬇ネックレス付きポストカードNT$260

⬆やさしいタッチのイラストの木製キーホルダー各NT$60

⬆木製携帯ホルダーNT$500

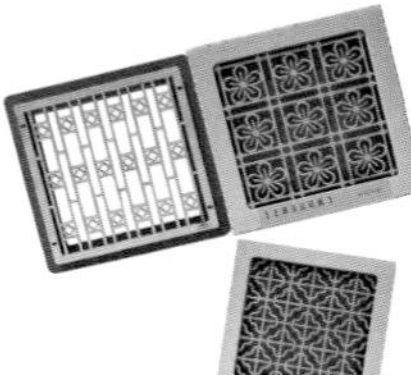

⬆鉄窓フラワーマグネット各NT$180

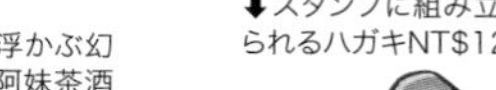

⬇夜に浮かぶ幻想的な阿妹茶酒館のスノードームNT$240

⬇スタンプに組み立てられるハガキNT$120

やさしい
音色に包まれて

オカリナ

是誠陶笛

●シーチェンタオディー

手作りオカリナの専門店。牛やアヒルなどをモチーフにしたユニークな商品もあって素敵。ひとつひとつ手作業で絵付けしているので、各々表情も異なる。

九份 MAP：P16A2

図九份老街バス停から徒歩3分
住基山街8號 ☎02-2406-1721
⏲9時～19時30分 休なし

⬆オカリナはすべてオリジナルデザイン

混雑する路地でも足をとめてしまう音色

➡猫モチーフのオカリナNT$780

➡⬆小鳥型のミニオカリナNT$150

⬇インテリアのアイテムとしてもNT$300

一度食べると
やみつきになる!

➡人気のヌガー入りネギクラッカー１箱NT$180

ヌガー

九份游記手工牛軋糖

●ジウフェンヨウジーショウゴンニウガータン

店主自ら毎日手作りで焼き上げるお菓子が自慢。ミルクヌガーをネギクラッカーで挟んだお菓子は甘じょっぱさのバランスが絶妙でハマる人続出のおみやげ。

九份 MAP：P16A2

図九份老街バス停から徒歩5分
住基山街55號 ☎0931-394-553
⏲9時～19時30分 休なし

シンプルな
デザインが秀逸

陶器

安達窯 九份店

●アンダーヤオ ジウフェンディエン

台湾陶器の街、鶯歌に窯元をもつ器ブランド。皿や茶器セットなど、暮らしに彩りを添える作品がいっぱい。オリジナルのアイスも隠れた人気。

九份 MAP：P16B2

図九份老街バス停から徒歩5分
住輕便路129號
☎02-2496-7610
⏲10～18時 休水・木曜

⬆飽きのこないデザインセンスが◎！

⬇店にはサンプルが用意されている。オーダーの参考に

美しい開運
みやげをゲット

➡店主で書家の劉斌さん

花文字

九份花文字畫廊

●ジウフェンファウェンツーファラン

文字に花や鳥など自然モチーフを取り入れた花文字で、「恋愛成就」など縁起のよい言葉を書いてくれる画廊。

九份 MAP：P16B2

図九份老街バス停から徒歩5分
住輕便路129-2號
☎0972-770-243
⏲12時～20時30分 休なし

+Plus!

チャイナドレスで街歩き

九份の街並みを伝統衣装で歩けば、セルフィーが一層楽しくなること間違いナシ！

まるで映画のヒロイン気分

CHIPAO

●チイパオ

チャイナドレスのレンタルが1日NT$1200（男性・子どもはNT$800）。ドレスは約100着準備。公式インスタグラムより要予約。予約は日本語でOK。

九份 MAP：P16A3

図九份老街バス停から徒歩1分 住汽車路34號
☎0966-246-913
⏲11～19時 休不定休

⬆⬅九份の街並みを背景にムードある写真を撮ろう

Shifen

台北から約80分

十分（シーフェン）

MAP：P15C1

ローカル線列車とランタン

昔懐かしい風景に出合える十分は、今や欠かすことのできない人気の観光スポット。電車が通り過ぎたら線路に下りてランタンを飛ばそう。ローカルグルメも見逃せない。

ランタン上げを体験！

十分では一年を通じてランタン上げが体験できる。駅を出てすぐにランタンの店が並んでいるので、気軽に試してみよう。

新北市平溪天燈節

元宵節（旧暦1月15日）に、年1回開催される台湾有数のランタン・フェスティバル。多くの人々が夜空へ向け、一斉にランタンを飛ばす風景は圧巻だ。当日は入場のための整理券が必要だが入手困難。ツアーでの参加がおすすめ。

Let's Try!

1 ランタンに願い事を大きく書く。ペンは店で貸してくれる

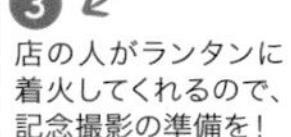

2 ランタンは線路上で上げる。2人以上で行うのが基本スタイル

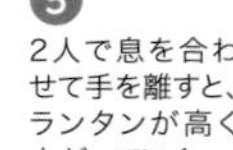

3 店の人がランタンに着火してくれるので、記念撮影の準備を！

4 ランタンの中に熱い空気が充満するまでじっと待つ

舞い上がれ～！

5 2人で息を合わせて手を離すと、ランタンが高く上がっていく

体験するならここ！

吉祥天燈

●チーシャンティエントン

十分の駅から歩いていくと、店が途切れたあたりに青紫色の看板が見えてくる。ランタンは願い事によって色が異なり、1色NT$200、4色NT$250、8色NT$350。

十分 MAP：P16A4

図十分駅から徒歩5分
住十分街94號 ☎02-2495-8850
時9～19時 休なし

行き方
台北駅
電車 台湾鐵道東部幹線で約40～60分
瑞芳駅
平溪線で約27～31分
十分駅

駅付近の線路沿いはお店がぎっしり！

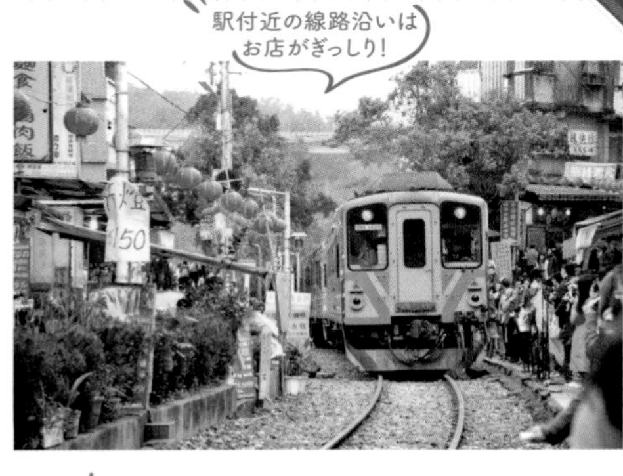

十分老街 イチ押しグルメ

炭鉱とともに発展した十分は、平渓線沿線でいちばんの賑わいを見せる。古い街並みが残る十分駅周辺の、素朴なグルメスポットもチェック！

➡大きく窓がとられた店内は明るい

線路沿いのくつろぎカフェ

走味的咖啡
●ゾウウェイダカーフェイ

観光客で賑わう十分老街の中でも静かに落ち着けるカフェ。豊かな香りのオリジナルコーヒー招牌咖啡NT$130が人気。

十分 MAP：P16B4
図十分駅から徒歩6分
住十分街110號 ☎02-2495-8890
⏲10～20時 休火・水曜

スタミナ満点

十分老街爆漿去骨鶏腿捲
●シーフェンラオジエバオチャンチューグーチートゥイチュエン

鶏皮で巻いた鶏肉を串焼きにした、絶品の屋台グルメ。カレー、黒こしょうなど9種の好みの味が選べる。丁寧に焼き上げられており、とってもジューシー。

十分 MAP：P16A4
図平溪線十分駅から徒歩5分
住新北市平溪區十分街61號
☎09-1051-3952 ⏲10～18時 休なし

⬆黒猪肉香腸（左）と雞腿捲（右）各NT$50

行列ができる十分名物

溜哥燒烤雞翅包飯
●リゥゴーシャオカオジーチーバオファン

十分駅を出てすぐの屋台。雞翅包飯NT$65は鶏の手羽先にチャーハンを詰めて炭火焼にした、店の看板メニューだ。

十分 MAP：P16A4
図十分駅から徒歩すぐ
住十分街52號 ☎0921-684-058
⏲10～18時 休なし

➡香ばしい香りが食欲をそそる！

新感覚スイーツ

十分老街炸冰淇淋
●シーフェンラオジエヅァーピンチーリン

リピーターの多い人気店。アイスをパン生地で包んで揚げた外はアツアツ、中はひんやりのスイーツ。味は4種類。

十分 MAP：P16A4
図平溪線十分駅から徒歩5分
住十分街90號
☎09-1131-6373 ⏲11～18時 休月～金曜

⬅炸冰淇淋NT$40。食感も軽くペロリと食べられるので、味比べしてみては

+Plus! 足をのばして絶景スポットへ！

線路沿いの街をお散歩したら、その足で十分屈指の美景を見にいこう。

迫力満点の"台湾のナイアガラ"

十分瀑布公園 ●シーフェンプーブーゴンユェン

落差約20m、幅約40m、カーテン型の滝としては台湾最大級で、間近に見ると迫力満点！ タイミングが合えば、すぐ側を走る電車も見られる。

十分 MAP：P16C4
図 十分駅から徒歩20分
住 乾坑10號 ☎02-2495-8605
⏲9～17時（6～9月は～18時）
※最終入園は閉園30分前 休なし

⬇台湾のナイアガラはカメラに収めたい絶景

Houtong

台北から約60分

猴硐（ホウトン）

MAP：P15C1

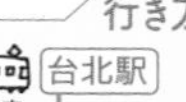

行き方

台北駅

電車　台湾鐵道東部幹線・区間車（各駅停車）で約60分

猴硐駅

猫好きの聖地

かつて炭鉱として栄えたこの地に多くの猫がすみついて、世界中の猫好きが集まるスポットに。たくさんの猫と戯れたら猫グッズを扱う店へ行こう。猫好きにはたまらない！

知っ得 MEMO

猴硐駅には平溪線も停車するので、九份・十分と同日観光が可能。土・日曜、祝日に限り、九份との間を826番の直通バスが結ぶ。808番の猫モチーフのバスでは猴硐から途中の瑞芳駅まで行ける（一日数本）。

猫のエサは村で買おう

ぶらりと散策してみよう

猴硐猫村をおさんぽ♪

猴硐はCNNが選んだ「世界六大猫スポット」のひとつ。村のあちこちに猫がいるので、ぶらりと散策してみよう。

カメラを忘れずに

猫村でのお約束

* 居住区域には勝手に入らない
* 人間の食べ物は与えない
* 撮影はフラッシュ厳禁
* 屋外にいる猫にはさわらない

絵になるモデルがいっぱい！

駅にもいるから探して！

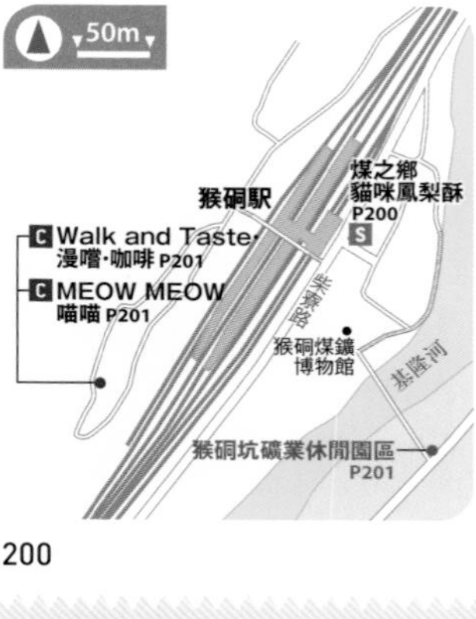

50m

猴硐駅

煤之郷 貓咪鳳梨酥 P200

Walk and Taste 漫嚐・咖啡 P201

MEOW MEOW 喵喵 P201

柴寮路

猴硐煤鑛博物館

基隆河

猴硐坑礦業休閒園區 P201

おみやげも猫形でキマリ！

煤之郷 貓咪鳳梨酥

●メイジーシャン マオミーフォンリースー

駅を出てすぐに店を構える。看板商品のパイナップルケーキのほか、店の奥にはおみやげ向きの商品が充実。

猴硐 MAP：P200

交 猴硐駅から徒歩すぐ

住 柴寮路48號 ☎02-2497-1240

時 10～18時（土・日曜は9～19時） 休 なし

気軽に話しかけてね！

➡猫型パイナップルケーキは12個入りNT$480

看板猫と一緒に楽しめる

まったり過ごそうニャ

猫村の癒し系カフェ

アップダウンのある猴硐で
歩き疲れたら、コージーなカフェへ。
きっと看板猫たちが
お出迎えしてくれるはず！

Walk and Taste
漫嚐・咖啡

●ウォークアンドテイスト マンチャンカーフェイ

メニュー豊富でこだわりの料理がおいしい猫カフェ。肉球マシュマロがかわいい。猫たちと一緒にティータイムを楽しんで。

猴硐 MAP：P200

図猴硐駅から徒歩7分
㊖柴寮路225號
☎0988-272-642
⏲11～17時(土・日曜は～18時) ㊡なし

料理自慢の猫カフェ！

⬆炭鉱夫の寮だった建物をリノベーション

⬅マシュマロたっぷりのココア可可牛奶NT$130

➡特製の肉球型マシュマロ1瓶NT$200

⬅海鮮パエリア慢嚐荷蘭鍋燉飯NT$350

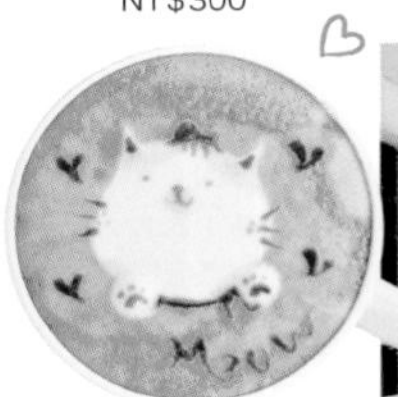

⬆特製クラブサンド漫嚐三明治NT$300

猫村のオシャレカフェ

⬆猫のアートがかわいいラテ拿鐵咖啡NT$110

⬅濃厚な抹茶ミルク香濃抹茶拿鐵NT$140

⬆窓から入る外の木漏れ日が心地よい

MEOW MEOW 喵喵

●ミャオミャオ

白い外観が目を引く猫村の新しいカフェ。猫モチーフのアートを施すドリンクが自慢。メニューはドリンクとクッキーのみ。

猴硐 MAP：P200

図猴硐駅から徒歩8分
㊖柴寮路261-1號
☎なし
⏲12時30分～18時(金曜は13時～、土・日曜は12時～)
㊡水・木曜

➡店に猫はいないが、外には常連猫たちが

+Plus! トロッコに乗って洞窟冒険！

猫村とは逆の運炭橋を渡った側に
石炭採掘に使っていた洞窟の跡がある。

50年前の炭鉱にタイムスリップ

猴硐坑礦業休閒園區

●ホウトンカンクァンイエシウシェンユェンチュー

約50年に渡り保存されてきた炭鉱跡地をトロッコで巡り、当時の作業体験もできる。チケット1人NT$150、所要時間は約30分。

猴硐 MAP：P200

図猴硐駅から徒歩5分
㊖侯硐路158號
☎02-2497-5757
⏲9～18時㊡なし

⬇実際に使われていた荷物運搬機

⬅迫力満点のトロッコ

台北から約50分

猫空（マオコン）

MAP：P3C4

深緑が目に鮮やか！
山の斜面には
茶畑も見えてくる

台北市の南に位置する茶畑

MRT駅からロープウェイに乗り換えてらくらくアクセスできるのが猫空だ。山頂には茶畑が広がり、のどかな風景が広がる。茶農家が営む茶藝館でのんびり過ごしたい。

行き方

電車
台北駅
Ⓜ板南線で5分
忠孝復興駅
Ⓜ文湖線で約16分
動物園駅
猫空ロープウェイで約30分
猫空駅

現地交通

猫空エリアは広く、流しのタクシーもいないのでじっくり巡るならバスが便利。バス(遊園公車)は猫空駅を基点に東側エリアを巡回する右線と、左線(指南宮線と動物園線)の計3路線が循環している。乗継ぎ券または悠遊卡の使用で、当日であれば乗り放題。

ロープウェイで空の旅へ！

動物園駅から猫空駅の約4kmを30分で結ぶ猫空のロープウェイ。眼下に広がる緑豊かな山々や街並みの眺望を楽しもう。

Let's Ride!

1 動物園駅1階の券売機でチケットを購入。往復や途中下車の場合は有人カウンターでデポジット付きチケットを買うと便利。

2 4階の乗り場へ移動。一般のゴンドラか、床が透明のクリスタルキャビンとよばれる水晶車廂のどちらかを選び、改札ゲートを抜ける。

足元がスケスケ～

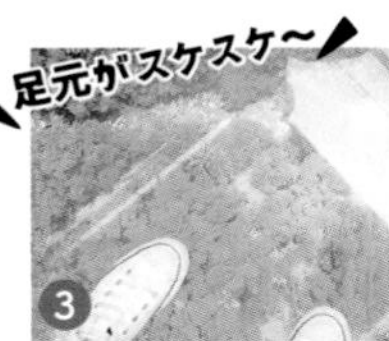

3 水晶車廂は一般のゴンドラと運賃は変わらないが、定員は5人。ゲートで乗り場が分かれるので注意。係員の指示に従い、乗車する。

4 混雑時は相乗りになることも。出発から約30分で終点の猫空駅に到着する。下車したら、通路を抜けて外へ。

猫空纜車 ★★

●マオコンランチャー

動物園駅から標高299mの猫空駅まで、全長約4kmのロープウェイ。台北の街並みを一望できる絶景が魅力で、遠方には台北101までが見渡せる。約30分の空中散歩、カメラをお忘れなく！

猫空 MAP：P202

図Ⓜ文湖線動物園駅からロープウェイ乗り場までは徒歩5分
☎02-8661-8110
⏲9～21時（土・日曜は～22時）
㊡第2・3・4月曜
㊎動物園駅～猫空駅 NT$120（片道）
※悪天候時は休業

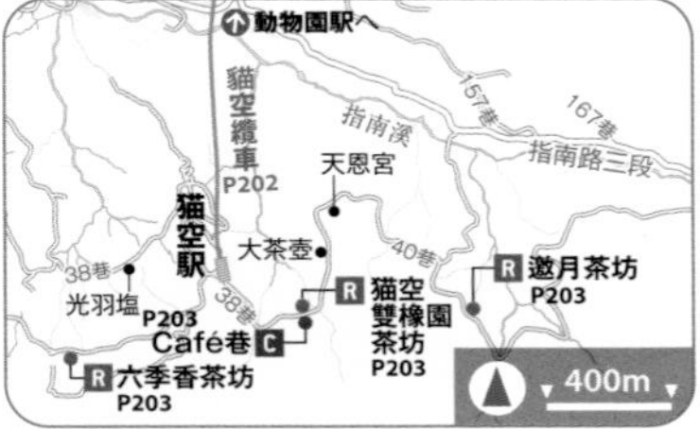

茶藝館でティータイム

鉄観音茶の産地として知られる猫空。高台からの景色とともに、丁寧に入れた台湾茶をじっくり味わおう。

⬇茶摘みは年6回。茶畑散策もできる

六季香茶坊

●リゥジーシャンチャーファン

農薬不使用の自然農法でお茶を栽培し、茶藝館で提供している。お茶を使った料理が豊富。眼下に広がる茶畑を眺めながら至福の時を。

猫空 MAP：P202

図ロープウェイ猫空駅から徒歩9分
住指南路三段34巷53-1號
☎02-2936-4371
時10～24時（金・土曜は～翌2時）
休なし

⬇手前に茶畑、遠方に台北市内を一望できる

眼下に茶畑を構える茶藝館

⬇どの料理にもさりげなく茶葉が使われていて香りがよい

➡鉄観音茶や黒糖味の手工小饅頭NT$120

⬇台北101と市内が見渡せる絶好の立地

自家栽培の食材でおもてなし

⬆鉄観音茶とパイナップルケーキ。どちらも自家製

猫空雙橡園茶坊

●マオコンシュアンシャンチャーファン

広大な敷地には茶畑のほかに農園もあり、新鮮な野菜や川エビの料理がいただける。全200席からお好きな席をどうぞ！

猫空 MAP：P202

図ロープウェイ猫空駅から徒歩8分
住指南路三段38巷33-6號
☎02-2234-4917 時11～24時
休月曜

⬆鉄観音茶パウダー入りの茶葉炒飯NT$150

⬅⬇明るい店内で台湾茶のアフタヌーンティーをNT$660（2人分）

おしゃれな空間が自慢

Café巷

●カフェ シャン

木柵鉄観音茶と並ぶ猫空の名物、包種茶が味わえるカフェ。店内は花柄のソファやクッションでかわいさがありながら落ち着く雰囲気。

猫空 MAP：P202

図ロープウェイ猫空駅から徒歩7分
住指南路三段38巷33-5號
☎02-2234-8637 時11～19時 休月曜

邀月茶坊

●ヤオユエチャーファン

館全体が竹林に囲まれた、広大な敷地が自慢。おすすめは茶畑が眼前に広がるオープンテラス席。お茶のほか、茶葉を使った料理も楽しめる。

猫空 MAP：P202

図バス停・猫空站（小天空歩道）、もしくは涼亭站から徒歩5分
住指南路三段40巷6號
☎02-2939-2025 時24時間営業（食事は11～21時、お茶・点心類などは24時間提供）
休なし

⬆茶葉を使った料理も自慢

茶園の中の茶藝館

⬆山肌を望むテラス席で味わうお茶は格別

Xinbeitou

台北から約30分

新北投
シンベイトウ

MAP：P3A1

MRTで気軽に行ける温泉

電車を降りれば硫黄の香りに包まれ気分は一気にリラックス。台北市の北に位置する温泉地、北投温泉は3つの泉質の湯が湧き出ている。入浴はもちろん散策も楽しいエリアだ。

行き方

電車
台北駅
Ⓜ淡水信義線で21分
北投駅
Ⓜ新北投支線で3分
新北投駅

現地交通

主なみどころはⓂ新北投駅から徒歩圏内に集中している。ホテルへは専用の送迎バスを利用しよう。

温泉街をぶらり歩き♪

温泉街として有名な新北投には、歴史的に貴重な史跡や建造物が点在する。温泉に浸かる前に、まずは街をひと巡り！

⬇駅舎前には無料で楽しめる手湯もある

源泉ハイキングを楽しもう

地熱谷 ●ティーラーグウ ★★

北投温泉の源泉のひとつで、池からは80〜100℃という高温の湯が年中湧き出している。別名「地獄谷」「鬼湖」ともよばれる。池の畔に設けられた遊歩道の散策も可能。

新北投 MAP：P205

図Ⓜ新北投支線新北投駅から徒歩20分
住中山路 ⏲9〜17時 休月曜 ¥無料

水の色がエメラルドグリーンに近いことから「玉泉湖」とも

⬇木造建築の駅舎は屋根窓付き

旧駅舎から歴史を学ぼう

新北投車站 ●シンベイトウチャージャン ★

日本統治時代に開業した新北投駅の旧駅舎を移築した資料館。かつての鉄路に関する展示やグッズの販売を行っている。

新北投 MAP：P205

図Ⓜ新北投支線新北投駅から徒歩すぐ
住七星街1號 ☎02-2891-5558
⏲10〜18時
休月曜 料無料

北投温泉博物館 ★
●ベイトウウェンチュエンボーウーグァン

1913年築の北投温泉公衆浴場の史蹟を博物館として公開。英国ビクトリア様式を取り入れた2階建ての建物に、北投温泉の歴史資料が展示されている。

新北投 MAP：P205

図Ⓜ新北投支線新北投駅から徒歩10分
住中山路2號 ☎02-2893-9981
⏲10〜18時 休月曜 料無料

アジア最大の共同浴場跡を見学

⬆日本統治下で建設されたレンガ建築

台北市立図書館 北投分館 ★
●タイペイシーリートゥーシューグァン ベイトウフェングァン

北投親水露天公園の園内にあり、地上3階建て。「世界で最も美しい公立図書館ベスト21」にランクインしたことも。大きな窓から自然光が入り、穏やかな明るさに包まれている。

新北投 MAP：P205

図Ⓜ新北投支線新北投駅から徒歩6分
住光明路251號 ☎02-2897-7682
⏲8時30分〜21時(日・月曜は9〜17時)
休第一木曜 料無料

緑に囲まれた美しい図書館

自然と一体化した建物は必見

⬇街散策で疲れた足を休めよう

気軽に入れる足湯でほっこり

復興公園泡腳池園 ★
●フーシンゴンユェンパオジャオチーユェン

復興公園内にある無料の足湯は、温度の違う3つの浴槽に分かれる。ローカルとのふれ合いも、楽しいひととき。15分入って、15分休み、水分補給もお忘れなく！

新北投 MAP：P205

図Ⓜ新北投支線新北投駅から徒歩3分
住中和街61號對面 ☎0979-148-522
⏲8〜18時 休月曜

⬆テラスにあるベンチで読書すれば、気分はまるで森の中

➡世界が認めた美しい建物

日帰り温泉でリフレッシュ！

散策を楽しんだら、台湾随一の名湯で旅の疲れを癒そう。男女共同の大衆浴場には水着着用で入ろう。

⬇館内から見下ろした地熱谷

⬆さまざまな泉質が楽しめる

日帰り入浴 DATA
料平日…NT$1980
休日…NT$2580
(毎年4～9月は季節限定のキャンペーン価格あり)

三二行館 Villa32 ★

●サンアールシングァン ヴィラサーティツー

温泉街から外れた静かな通りにひっそりとたたずむ隠れ家的な宿。元会員制ホテルなだけに施設はVIP級だ。男女別の大浴場でのんびりと過ごそう。

新北投 MAP：P205

交Ⓜ新北投支線新北投駅から徒歩12分
住中山路32號 ☎02-6611-8888
時10～23時 休第2月曜日

温泉リゾートでセレブ気分

⬆プライベート感あふれるエステは全個室

瀧乃湯 ●ロンナイタン ★

100年以上前に建てられた老舗の浴場。レトロ感満点の浴槽に身を沈めれば、風情ある雰囲気が楽しめる。備え付けのタオルはないので持参しよう。

新北投 MAP：P205

交Ⓜ新北投支線
新北投駅から徒歩10分
住光明路244
☎02-2891-2236
時6時30分～11時、12～17時、18～21時(最終入場はそれぞれ1時間前) 休水曜

日帰り入浴 DATA
料NT$150～
時6時30分～21時
(最終入場は20時)

明治時代にタイムスリップ

⬇ここまでレトロな公衆浴場は珍しいかも!?

⬇青磺泉は皮膚トラブルや筋肉痛に効果があるそう

開放感たっぷりな露天風呂

日帰り入浴 DATA
料NT$60
時5時30分～7時30分、8～10時、10時30分～13時、13時30分～16時、16時30分～19時、19時30分～22時

北投公園 露天温泉浴池 ★

●ベイトウゴンユェン ルーティエンウェンチュエンユーチー

台北市が運営する水着着用の混浴温泉で、地元の人で賑わう。泉水は地熱谷から引かれた強酸性の青磺泉で、4つの温泉と2つの冷泉が段々畑のように配置されている。

新北投 MAP：P205

交Ⓜ新北投支線新北投駅から徒歩8分
住中山路6號 ☎02-2896-6939
時5時30分～22時(入替制) 休台風などの荒天時

⬅青空を見ながらリラックス

Tanshuei

台北から約40分

タンシュイ
淡水

MAP：P15B1

オレンジ色に染まる街へ

淡水河の河口付近に広がる港町。台北から日帰りで行ける夕日の名所としても名高い。ヨーロッパの影響が色濃く残り、歴史建築が多く、台湾のベニスともよばれる。

行き方

電車 台北駅
Ⓜ淡水信義線（淡水行き）で37分
淡水駅

現地交通

Ⓜ淡水駅から歩ける範囲にみどころが集中。より効率よく回るならレンタサイクルもおすすめ。またフェリーの利用でウォーターフロントの美しい景色を堪能できる。Ⓜ淡水信義線紅樹林駅から淡海ライトレール（LRT）に乗れば淡水漁人碼頭駅から漁人碼頭まで徒歩でもアクセス可能。

観音山に沈むサンセットの名所

漁人碼頭 ●ユーレンマートウ

淡水河の河口にあり、台湾海峡に面した港。現在は観光用に整備され、情人橋（恋人橋）という白い橋はデートスポットとしても人気。町の中心部から行くならフェリー利用がおすすめ。

淡水 MAP：P207

図環河道路にある乗船所からフェリーで約15分
住沙崙里観海路199號
¥フェリー片道NT$100、往復NT$200

↗LRT紅樹林駅には人気絵本作家ジミー・リャオのオブジェが！（写真提供／新北捷運公司）

時代に翻弄されたレンガ造りの洋館

紅毛城 ●ホンマオチェン

★

1629年、スペインが淡水を占領し築城したサント・ドミンゴ城がルーツ。後に城は覇権争いの象徴となり、オランダ、鄭成功、清と所有者が変遷。英国の領事館になったことも。

淡水 MAP：P207

図Ⓜ淡水信義線淡水駅から徒歩20分
住中正路28巷1號 ☎02-2623-1001
時9時30分～17時（土・日曜は～18時）
休第1月曜 料NT$80

風光明媚な港町散策

レトロな旧跡・名跡や賑やかな老街を歩いたり、整備された港から夕日を眺めたり……。河沿いの歩道での食べ歩きも楽しい！

名物グルメも！

❹超ロングなソフトクリームNT$35～
❺淡水名物春雨入り油揚げ阿給NT$45
❻整備されて歩きやすくなった駅前広場

❶対岸の八里へ向かうフェリー
❷淡水河沿いを歩くと潮風が気持ちよい
❸老街でB級グルメとおみやげ探し

美景カフェ&レストラン

淡水河畔が一望できるカフェや
海風感じるレストランは、
街歩きの立ち寄りスポットに最適。
淡水みやげも一緒に探そう。

⬅廟は三級古蹟に指定されている

移民たちのパワーを感じよう

⬆額は清朝11代皇帝から賜ったもの

福佑宮 ●フクヨウコン

道教の女神にして、航海・漁業の守護神・媽祖を祭る。1782年創建の淡水最古の廟。中国大陸から海峡を渡って台湾にたどり着いた移民たちが無事を感謝して建立したという。

淡水 MAP：P207

図Ⓜ淡水信義線淡水駅から徒歩8分
㊐中正路200號 ☎02-2621-1731
⏲6時～20時30分 ㊡なし ㊕無料

WaterFront at Rong-Ti(榕堤水湾)

●ウォーターフロント アット ロンティ（ロンティーシュイワン）

開放的な南国気分のレストラン。草屋根をはじめ、内装品の大半がバリから取り寄せたという本格派。創作料理はどれもお手頃価格。

淡水 MAP：P207

図Ⓜ淡水信義線淡水駅から徒歩15分
㊐中正路229-9號
☎02-2629-0052
⏲10～20時
㊡なし
※サービス料別途

海風感じるさわやかレストラン

➡バリ風の串焼。金巴蘭熱情火舞烤雙串NT$880

⬆ジャージャートゥオダジャー チャンアンイーアールアール

⬇Wi-Fiは無料。ひとりでも十分くつろげる

水辺を臨むテラスは夕日の特等席

⬅(手前)カフェラテNT$170、(奥)ミルクティーNT$180

⬆2階席からは景色がダイレクトに見られる

La Vie Revee Des Anges 天使熱愛的生活

●ラヴィリヴィーデザンジュ ティエンシールーアイダシェンフォ

地元の大学生に人気のカフェ。2階のテラス席から見える夕日は圧巻。内装の趣味もハイセンスで、ひとりでも来店しやすい。隣にはオーナーが営む軽食レストランも。

淡水 MAP：P207

図Ⓜ淡水信義線淡水駅から徒歩15分
㊐中正路233-1號 ☎02-8631-2928
⏲14～24時(土・日曜、祝日は13時～)
㊡なし

⬇スタッフもアットホームでリラックスできる穴場カフェ

Ancre café ●アンクルカフェ

淡水河に面したウォーターフロントカフェ。自然な風合いの家具を配した店内で、カフェオレや自家製スイーツを。2階のテラスから、美しい夕日を望める。

淡水 MAP：P207

図Ⓜ淡水信義線淡水駅から徒歩15分
㊐中正路233-3號2F ☎02-2626-0336
⏲12～20時 ㊡不定休

➡錨マークの付いたドーナツ型パンケーキNT$140

ウッディな川沿いカフェ

世界がひろがる!
Column

ローカル線で行こう!

平溪線 途中下車の旅

台湾北東部、基隆河の渓谷に沿って走る平溪線。
観光客からの人気が高い村々を結ぶローカル鉄道に乗って、風情あふれる車窓からの景色を楽しもう。

←十分のランタン上げは線路の上で行われる

↓猫村で一躍脚光を浴びるようになった猴硐

瑞芳駅 ○ルイファン
台湾鐵道東部幹線の停車駅。平溪線に乗り入れる電車が多いことから、実質ここが平溪線の起点になる。九份・金瓜石方面へのバスもここから出る。

➡赤タイルの駅舎が旅情をそそる

九份 ⇨P192

瑞芳駅からタクシーで約15分

菁桐駅 ○チントン
かつて炭鉱の町として栄えた平溪線の終着駅。1929年に建てられた駅舎自体が史跡に指定されており、周囲には菁桐老街とよばれるレトロな街並みが残る。

⬆映画のロケ地にもなった日本式の木造家屋が現存

瑞芳駅
猴硐駅
三貂嶺駅
大華駅
十分駅
望古駅
嶺腳駅
平溪駅
菁桐駅

猴硐駅 ⇨P200

十分駅 ⇨P198

三貂嶺駅
○サンディアオリン
台湾鐵道東部幹線と平溪線の分岐駅。渓谷に沿うように立ち、秘境駅の趣。

平溪駅
○ピンシー
平溪老街は趣ある街並み。郵便局前に立つ鉄製のポストは台湾最古のもの。

嶺腳駅
○リンチャオ
渓谷沿いの無人駅。平溪線沿線で十分瀑布に次ぐ規模の嶺腳瀑布がある。

望古駅
○ワングー
４段に分かれる望古瀑布が最大のみどころ。夏場は水遊びが楽しめる。

大華駅
○ダーファ
山間の無人駅。近くの河川には甌穴（浸食でできた丸い穴）が多く見られる。

Schedule

10:00 台北駅出発
↓ 台湾鐵道で32〜60分
11:00 瑞芳駅
↓ 平溪線で約6分
11:06 猴硐駅
猫村を散策
↓ 平溪線で約20分
13:26 十分駅
ランタン上げ体験&ランチ
↓ 平溪線で約25〜40分
16:06 瑞芳駅
↓ タクシーで15〜20分
16:30 九份

※所要時間は目安。
5〜10分程度の変動あり

平溪線ってどんな路線?

三貂嶺駅〜菁桐駅（総延長約12.9km）のローカル鉄道で、全線開通は1921年。かつては石炭を運ぶための単線の鉄道だったが、炭鉱が衰退し、一時は廃線の危機に瀕した。その後レジャーブームに乗り、行楽路線として再生を果たす。列車は台湾鐵道東部幹線の瑞芳駅まで乗り入れており、瑞芳駅から乗車できる。

一日周遊券がオトク!

平溪線の運賃はNT$15〜。瑞芳駅から十分駅までの片道はNT$19、終点の菁桐駅までNT$30。平溪線・深澳雙支線一日周遊券NT$80なら、当日何度でも乗り降り自由。平溪線の主駅のほか、台北駅でも購入可能。

路線のめぐり方

平溪線は5時台から21時台まで、1時間に1本程度しかないので、無駄のないスケジュールを事前に立てておきたい。特に民家スレスレに電車が通る十分駅周辺で写真を撮るなら、十分駅で時刻表を確認しておこう。

平溪線時刻表・菁桐方面

瑞芳 ⇨	猴硐 ⇨	十分 ⇨	菁桐
05:07	05:14	05:35	05:53
06:24	06:35	06:58	07:17
07:17	07:24	07:47	08:06
08:02	08:09	08:42	09:01
10:05	10:12	10:40	10:59
11:01	11:08	11:37	11:56
11:58	12:05	12:37	12:56
13:00	13:07	13:37	13:56
14:00	14:07	14:37	14:56
15:00	15:07	15:37	15:56
15:58	16:05	16:35	16:54
17:00	17:08	17:35	17:54
18:35	18:43	19:08	19:27
19:24	19:31	19:57	20:16
21:05	21:12	21:34	21:53
22:20	22:27	22:47	ー

（2024年1月現在）

TAIPEI

Contents

定番人気から流行のリノベホテルまで

台北で泊まりたい個性派ホテル

Read me!

数多くの宿泊施設がひしめく台北市内。非日常的なスタイリッシュさで選ぶか、それとも古きよき時代を感じさせる空間か、ホテル選びも少しこだわってみませんか?

➡書店が手掛けるホテルだけにロビーには一面の大書棚が。文化や芸術を間近に感じて

eslite hotel

●エスリテホテル

カルチュラルなホテル

台北のカルチャームーブメントを牽引する「誠品書店」がプロデュース。歴史を感じる松山文化創園區内にあり、落ち着いた雰囲気も魅力。至る所に本や雑誌が並ぶ。

⬆市中心部にありながら静かなロケーション

➡大きな窓が気持ちいいレストラン

⬅パークビューの客室からは台北101が目の前に見える

台北101／信義 MAP:P11E1

図Ⓜ板南線國父紀念館駅・市政府駅から徒歩7分
住菸廠路98號 ☎02-6626-2888
料NT$2万6000～

⬅居心地のよいゲストルームが自慢

⬅台湾流のもてなしで迎えてくれる

⬅石造りの建物にグリーンが配置された都会的な雰囲気の外観

Home Hotel Xinyi

●ホームホテル シンイー

ザ・台湾文化なホテル

“台湾の我が家”をコンセプトに、スタイリッシュに台湾文化に浸れる工夫と要素がいっぱい。総面積2,300㎡のフィットネスセンターも無料で利用可。台北101が至近でアクセスも◎。

台北101／信義 MAP:P11F3

図Ⓜ淡水信義線象山駅から徒歩5分 住松仁路90號
☎02-8789-0111 料NT$5500～

The Grand Hotel 圓山大飯店

●ザ グランドホテル ユェンシャンダーファンディエン

1952年創業。圓山の中腹に立つ、中国宮殿様式が特徴のホテル。赤絨毯敷きの重厚なロビーや、オリエンタルなインテリアの客室は一生の思い出に。皇族気分で優雅なステイを。

圓山／士林 MAP:P3B2

図Ⓜ淡水信義線圓山駅から車で5分
住中山北路四段1號 ☎02-2886-8888
料デラックスルームNT$1万2800～

⬇豪華絢爛な外観が映える

台湾のランドマークホテル

➡表通りに面した部屋は広々としていて快適

ノスタルジー・ホテル

OrigInn Space

●オリジイン スペース

台北市の史跡、六館街尾洋式店屋をリノベ。歴史的建造物だけに、一般のホテルと比べると不便なところもあるものの、"昔ながら"が体感できる貴重な宿。タイムスリップ気分を味わおう。

迪化街 **MAP:P13A3**

図Ⓜ松山新店線北門駅から徒歩7分
住南京西路247號 ☎02-2558-8843
料NT$3080～

⬆1階はカフェ兼ショップになっている

⬆ショップもレトロな雰囲気で落ち着く

⬇銀行をモチーフとしたアーティスティックな絵柄の客室

⬆銀行の倉庫を思わせる装飾を探してみよう

➡館内随所には建築の意匠が光る

⬅光と緑で満たされたラウンジで語らいを

スタイリッシュ・ホステル

Star Hostel Taipei Main Station

●スターホステル タイペイメインステーション

個室とドミトリー2種類の部屋タイプから選べる客室は、いずれもシンプルで気持ちよく過ごせる。共有スペースにはキッチンも完備。台北駅の裏手に位置しアクセスは抜群だ。

台北駅 **MAP:P13C4**

図Ⓜ淡水信義線・板南線台北車站駅から徒歩10分 住華陰街50號4F
☎02-2556-2015
料ドミトリーNT$650～、個室NT$1700～

⬆明るく開放的で快適に過ごすことができる

➡白と木目を基調としたシンプルなインテリア

銀行の倉庫リノベホテル

HUA SHAN DIN BY COSMOS CREATION

●ファシャンディン バイ コスモスクリエーション

銀行の倉庫であった建物をリノベーションしたホテル。高いデザイン性と1950年代を思わせるクラシカルな内装の雰囲気が魅力的。中には銀行の倉庫であったことにちなむ装飾も数多くホテルステイも楽しめる。

華山 **MAP:P9F1**

図Ⓜ板南線・中和新蘆線忠孝新生駅から徒歩1分
住忠孝東路二段79號 ☎02-2351-5188
料NT$3299～ 客室数 72室

レトロモダンなホステル

Flip Flop Hostel Garden（夾腳拖的家 長安 122）

●フリップフロップホステル ガーデン（ジャージャートゥオダジャー チャンアンイーアールアール）

1970年代に建てられた商業ビルをリノベしたホテル。曲線的な建築美や中庭に面したバルコニーが特徴的だ。シンプルな客室はドミトリーや個室などさまざまなタイプから好みでチョイス可能。

中山 **MAP:P13C4**

図Ⓜ淡水信義線・松山新店線中山駅から徒歩5分
住長安西路122號
☎02-2558-5050
料NT$760～

⬆カラフルでポップな空間が広がる共有スペース

⬅客室はシンプルな白がベース。リラックスできそう

⬆隣人とも仲よくなれそうなバルコニーでくつろぎたい

ツアーでよく使われる

台北のホテルを検索！

国賓クラスが泊まる超高級ホテルから、初台湾でも安心の日系ホテル、駅近で利便性の高いホテルまで、自分の目的と予算に合うタイプを選んでみよう。

★★★★★=ラグジュアリー　★★★★=デラックス　★★★=スタンダード

○=あり　×=なし　△=一部あり

最寄駅	ホテル名	MAP	DATA	冷蔵庫	ポット／ドライヤー	セーフティボックス	バスタブ	温水洗浄トイレ	Wi-Fi	日本語スタッフ	プール
中山駅	**リージェント台北** ★★★★★ ●台北晶華酒店 URL www.regenthotels.com/jp/regent-taipei	P12B3	ラグジュアリーなムード漂う台北有数の高級ホテル。24時間対応の日本語サービスあり。住 中山北路二段39巷3號 ☎02-2523-8000 料 公式サイト参照 客室数 538室	○	○	○	○	○	○	○	○
市政府駅	**ダブリュー** ★★★★★ ●台北W飯店 URL www.marriott.co.jp/hotels/travel/tpewh-w-taipei/	P11F2	遊び心あふれる前衛的なデザインセンスと台北101などの眺望が楽しめる立地のよさが魅力。住 忠孝東路五段10號 ☎02-7703-8888 料 NT$2万～ 客室数 405室	○	○	○	○	○	○	○	○
中山駅	**オークラ プレステージ台北** ★★★★★ ●大倉久和大飯店 URL www.okurataipei.com.tw	P12B4	モダンクラシックな内装で落ち着いた雰囲気の日系ホテル。日本語を話せるスタッフも多数。住 南京東路一段9號 ☎02-2523-1111 料 NT$1万5000～ 客室数 208室	○	○	○	○	○	○	○	○
南京復興駅	**マンダリン オリエンタル台北** ★★★★★ ●台北文華東方酒店 URL www.mandarinoriental.co.jp/taipei/songshan/	P6C3	松山空港から車で約5分と便利。客室は大理石のバスルームやウォークインクローゼット完備。住 敦化北路158號 ☎02-2715-6888 料 NT$2万1000～ 客室数 303室	○	○	○	○	△	○	○	○
市政府駅	**ル・メリディアンホテル台北** ★★★★★ ●台北寒舍艾美酒店 URL www.marriott.co.jp/hotels/travel/tpedm-le-meridien-taipei/	P11F2	信義地区のビジネスエリアに立つ。モダンなインテリアでまとめられた客室はシンプルながらも快適。住 松仁路38號 ☎02-6622-8000 料 公式サイト参照 客室数 160室	○	○	○	△	○	○	○	○
台北101／世貿駅	**グランド ハイアット 台北** ★★★★★ ●台北君悅酒店 URL www.hyatt.com/ja-JP/hotel/taiwan/grand-hyatt-taipei/taigh	P11E3	台北101直結で観光・ビジネスともに便利。ベージュを基調とした客室は落ち着いた雰囲気だ。住 松壽路2號 ☎02-2720-1234 料 NT$1万7600～ 客室数 850室	○	○	○	△	△	○	○	○
台北駅	**シェラトン・グランド台北ホテル** ★★★★★ ●台北喜來登大飯店 URL www.marriott.co.jp/hotels/travel/tpest-sheraton-grand-taipei-hotel/	P9D1	館内や客室はモダンチャイナを意識。駅が目の前で、中山や西門町などの繁華街へ出やすい。住 忠孝東路一段12號 ☎02-2321-5511 料 NT$1万2000～ 客室数 688室	○	○	○	△	○	○	○	○
忠孝復興駅	**ハワードプラザホテル台北** ★★★★★ ●福華大飯店台北 URL www.howard-hotels.com.tw/jp/taipei/	P10B2	JR東日本ホテルズと経営提携する台湾最大のホテルチェーン。地下にショッピングモールがある。住 仁愛路三段160號 ☎02-2700-2323 料 NT$1万～ 客室数 600室	○	○	○	○	○	○	○	○
忠孝新生駅	**MGH Mitsui Garden Hotel 台北忠孝** ★★★★★ ●和苑三井花園　台北忠孝 URL www.gardenhotels.co.jp/taipei-zhongxiao/	P9F2	最上階にゆったりとした大浴場を備え、朝食ビュッフェに台湾、イタリアン、和の料理が並ぶ。住 忠孝東路三段30號 ☎02-2781-1131 料 NT$4500元～ 客室数 297室	○	○	○	△	○	○	○	×
大安森林公園駅	**フーロン** ★★★★★ ●福容大飯店　台北一館 URL www.fullon-hotels.com.tw/jp/	P10A2	温泉「黄金美人湯」が楽しめるほか、ジムやプールなども無料で利用でき、リラックスできる。住 建國南路一段266號 ☎02-2755-5005 料 NT$8000～ 客室数 120室	○	○	○	△	○	○	×	△
中山駅	**ホテル・ロイヤル・ニッコー・タイペイ** ★★★★★ ●台北老爺大酒店 URL www.royal-taipei.com.tw/jp/	P12B3	客室は2017年に改装しモダンなデザインに。日系らしいきめ細かなサービスからリピーター多数。住 中山北路二段37-1號 ☎02-2542-3266 料 NT$9800～ 客室数 202室	○	○	○	△	○	○	○	○
六張犁駅	**シャングリ・ラ ファーイースタン台北** ★★★★★ ●台北遠東香格里拉 URL www.shangri-la.com/jp/taipei/fareasternplazashangrila/	P10C4	43階建てのツインタワーからの眺望は最高のぜいたく。大型ショッピングモールに隣接するので便利。住 敦化南路二段201號 ☎02-2378-8888 料 公式サイト参照 客室数 420室	○	○	○	○	△	○	○	○
忠孝新生駅	**ミラマー・ガーデン台北** ★★★★★ ●美麗信花園酒店 URL www.miramargarden.com.tw/jp	P10A1	台湾当局の観光推進計画によって開業した背景から、高いグレードを誇りつつ割安料金で宿泊できる。住 市民大道三段83號 ☎02-8772-8800 料 NT$9000～ 客室数 203室	○	○	○	△	△	○	○	○

ホテル選びのヒント

❶料金は部屋単位
台湾にはシングルルームのあるホテル自体が少なく、1人利用でも基本はツインもしくはダブルの客室。料金も1部屋あたり。

❷バスタブの有無は？
台湾では5つ星ホテルでもシャワーのみの客室があることも。バスタブ付きにこだわる人は予約時に必ず確認をしよう。

❸ひとり旅に人気の地区は？
西門や台北駅周辺、東區や中山などには館内施設は少ないながらもシンプルなホテルが多い。Airbnbといった民泊も割安。

最寄駅	ホテル名	MAP	DATA	冷蔵庫	ポット/ドライヤー	セーフティボックス	バスタブ	温水洗浄トイレ	Wi-Fi	日本語スタッフ	プール
中山國小駅	**ザ・ランディスタイペイ** ★★★★★ ●台北亞都麗緻大飯店 URL taipei.landishotelsresorts.com/	P5F2	87室がスイートルーム仕様。アールデコ調の内装で、優雅な雰囲気が漂う。住民權東路二段41號 ☎02-2597-1234 料公式サイト参照 客室数219室	○	○	○	○	○	○	○	×
台北車站	**シーザーパークホテル台北** ★★★★★ ●台北凱撒大飯店 URL taipei.caesarpark.com.tw/jp/	P8C1	台北駅直結でどこへ行くにも便利。客室には質の高い設備が揃い、館内には高級レストランも。住忠孝西路一段38號 ☎02-2311-5151 料NT$9000～ 客室数478室	○	○	○	○	○	○	○	×
劍南路駅	**台北マリオット** ★★★★★ ●台北萬豪酒店 URL www.taipeimarriott.com.tw	P3B2	台北市内のパノラマビューが広がる客室のほか、植物園も備えている。部屋のグレードは全部で12種類。住樂群二路199號 ☎02-8502-9999 料1万7000～ 客室数506室	○	○	○	○	○	○	○	○
忠孝新生駅	**グレイスリー台北** ★★★★ ●格拉斯麗台北飯店 URL gracery.com/taipei/	P9F1	全客室にトイレと独立したバスルームを完備。コンセプトルームや長期滞在用の客室など幅広いニーズに応える。住忠孝東路二段89號 ☎02-2322-0111 料NT$4000～ 客室数248室	○	○	○	△	△	○	○	○
信義安和駅	**マディソン台北ホテル** ★★★★ ●慕軒飯店 URL www.madisontaipei.com/ja/	P10C3	台北101からMRTで1駅と絶好の立地。格付けガイドの台湾版でホテル部門に選出される。住敦化南路一段331號 ☎02-7726-6699 料NT$1万9000～ 客室数124室	○	○	○	△	○	○	×	×
西門駅	**ソラリア西鉄ホテル** ★★★★ ●索拉利亞西鐵飯店台北西門 URL nnr-h.com/solaria/taipei/	P8B1	2023年8月にオープン。朝食ビュッフェには和テイストにアレンジした台湾料理や和洋メニューがあり楽しめる。住中華路一段88號 ☎02-2314-2828 料NT$4200～ 客室数298室	○	○	○	△	○	○	○	×
中山國小駅	**リビエラホテル** ★★★★ ●歐華酒店 URL www.rivierataipei.com/ja/	P5E1	南フランスの優雅さをテーマに、アジアの神秘的で素朴な色合いを添えたブティックホテル。住林森北路646號 ☎02-2585-3258 料NT$4680～ 客室数112室	○	○	○	○	○	○	○	×
西門駅	**ジャストスリープ台北西門** ★★★★ ●捷絲旅台北西門館 URL www.justsleephotels.com/ximending/jp	P8B1	モダンな内装の客室は利便性も高く作られている。キッズゾーンやセルフランドリーもある。住中華路一段41號5F ☎02-2370-9000 料NT$3800～ 客室数138室	○	○	○	×	○	○	○	×
中山駅	**アンバホテル中山** ★★★★ ●amba台北中山意舍酒店 URL www.amba-hotels.com/jp/zhongshan/	P12B2	アクセス至便なデザイナーズホテル。スタイリッシュな空間は、再利用とエコロジーがテーマ。住中山北路二段57-1號 ☎02-2565-2828 料NT$3900～ 客室数90室	○	○	○	△	○	○	○	×
台北駅	**コスモスホテル台北** ★★★★ ●台北天成大飯店 URL www.cosmos-hotel.com.tw/ja/	P9D1	台北駅からすぐの好立地。シックなカラーでまとめられ、ゆったりとした客室が旅の疲れを癒す。住忠孝西路一段43號 ☎02-2361-7856 料NT$6500～ 客室数225室	○	○	○	○	○	○	○	×
行天宮駅	**ホテルコッツィ・台北民生館** ★★★★ ●和逸飯店台北民生館 URL www.hotelcozzi.com/ja/	P6A3	行天宮駅2番出口から徒歩約6分。2階ラウンジで飲物やWi-Fiを無料で利用可能。住民生東路二段178號 ☎02-7706-3399 料NT$1万3000～ 客室数135室	○	○	○	△	○	○	○	×
中山國小駅	**サンルート台北** ★★★ ●台北燦路都飯店 URL sotetsu-hotels.com/sunroute/taipei	P5D2	日本語可のスタッフもいて安心。空港行きのバス発着はホテル目の前。住民權東路一段9號 ☎02-2597-3610 料NT$2500～ 客室数125室	○	○	○	○	○	○	○	×
大安森林公園駅	**ダンディホテル大安森林公園店** ★★★ ●丹迪旅店 大安森林公園店 URL daan.dandyhotel.com.tw/jp/	P14C1	自然をコンセプトにしたデザイナーズホテルの草分け。シンプル&ナチュラルな雰囲気はひとり旅でも安心だ。住信義路三段33號 ☎02-2707-6899 料NT$2300～ 客室数73室	○	○	○	△	○	○	○	×

※料金は1泊1室あたりの室料。時期や季節により変動あり。

Hotel

台北からひと足のばして

郊外のホテルを検索！

大きな荷物は台北のホテルに預けて、身軽な状態で郊外へ。
ラグジュアリーな温泉旅館やアットホームなB&Bなど、
お気に入りの宿を探そう。

エリア	ホテル名	MAP	DATA	冷蔵庫	ポット／ドライヤー	セーフティボックス	バスタブ	温水洗浄トイレ	Wi-Fi	日本語スタッフ	プール
新北投	**ザ ガイア** ★★★★★ ●大地酒店 The Gaia Hotel URL www.thegaiahotel.com/jp/	P205	周囲は名所だらけの好立地。自然豊かな環境で客室からの眺めもいい。天然温泉の大浴場と個室完備。 住 奇岩路1號 ☎02-5551-8888 料 NT$1万6800～ 客室数 48室	○	○	○	○	○	○	○	○
新北投	**台湾日勝生加賀屋** ★★★★★ ●日勝生加賀屋國際溫泉飯店 URL www.kagaya.com.tw/ja	P205	石川県和倉温泉の老舗の理念が息づく最高峰の温泉旅館。着物姿の客室係によるきめ細かい接客がうれしい。 住 光明路236號 ☎02-2891-1238 料 NT$2万5000～ 客室数 82室	○	○	○	○	○	○	○	×
新北投	**グランドビューリゾート北投** ★★★★★ ●北投麗禧溫泉酒店 URL www.gvrb.com.tw/	P205	シンプルモダンな雰囲気の客室はバルコニー付きで、客室内白硫黄泉の温冷入浴も楽しめる。 住 幽雅路30號 ☎02-2898-8888 料 NT$1万4000～ 客室数 66室	○	○	○	○	○	○	○	○
新北投	**ホテルロイヤル北投** ★★★★★ ●北投老爺酒店 URL www.hotelroyal.com.tw/beitou/JP/	P205	高レベルのスパや食事のほか専門家による療養プログラムを提供。アロマ温泉客室も完備。住 中和路2號 ☎02-2896-6966 料 NT$3万1000～ 客室数 50室	○	○	○	○	○	○	○	×
新北投	**水美温泉會館** ★★★★ ●水美溫泉會館 URL www.sweetme.com.tw/	P205	新北投駅から徒歩数分というロケーションに加え、温泉が引かれた内風呂のある客室が人気。 住 光明路224號 ☎02-2898-3838 料 NT$4800～ 客室数 69室	○	○	○	○	○	○	○	×
陽明山	**天籟リゾート＆スパ** ★★★★★ ●陽明山天籟渡假酒店 URL www.tienlai.com.tw/	P15B1	陽明山国家公園の中に位置する、広大な温泉リゾート。種類豊富な露天温泉が自慢(日帰り利用可)。住 名流路1-7號 ☎02-2408-0000 料 NT$1万2000～ 客室数 84室	○	○	○	○	○	○	○	○
烏来温泉	**ヴォランド・ウーライ** ★★★★★ ●馥蘭朵烏来酒店 URL www.volandospringpark.com/jp/	P15B2	台北から日帰り圏内の本格温泉リゾート。和風と欧風から成る宿泊棟はプライバシー万全。住 新烏路五段176號 ☎02-2661-6555 料 NT$1万5000～ 客室数 23室	○	○	○	○	○	○	○	×
九份	**溫莎堡日光涵館** ●溫莎堡日光涵館 URL www.windsorbnb.com	P16C1	家庭的なサービスがうれしいペンション。オーナーの娘は日本語OKで、九份観光のアドバイスも丁寧。住 基山街200號 ☎0912-547-078 料 NT$3800～ 客室数 7室	○	○	×	×	○	○	○	×

TAIPEI

旅のきほん

Travel Information

Contents

旅のきほん①

ビザなし3～4時間でらくらく
日本から台湾へ

日本各地から台北への直行便は多くあり、プランニングも楽しい。
余裕のある旅にするために、準備段階でしっかりチェックしよう。

台湾への入境条件　出発前に、パスポートとビザを確認

重要 出発前にチェック！

パスポートの残存有効期限
台湾入境時に予定滞在日数以上必要

ビザ
観光目的で90日以内の滞在であればビザ不要。ただし、往復または第三国への出国用予約済航空券(乗船券)を持っていることが条件

機内持ち込みと預け入れ荷物
航空会社ごとにルールが異なるので事前確認を

航空会社で違いあり
機内持ち込み荷物のサイズと重量制限
機内持ち込み手荷物は、座席の上や下の収納スペースに入る大きさであること。荷物の数はほとんどの航空会社で1個のみ。重量制限もそれぞれ違うので、詳しくは利用する航空会社で確認を。

無料のサイズも違いあり
預け入れ荷物
利用する航空会社によって預け入れが可能な荷物の大きさや重さ、個数の制限が異なるので、事前に公式サイトなどで確認を。制限を超えると追加料金が発生する。

主な航空会社のサイズ・重量は一覧を見てね

機内持ち込みNG
- **日用品のスプレー缶製品**
- **ハサミ、ナイフ、カッターなどの刃物**
- **100mℓ以上の液体物**

液体物は、100mℓ以下の個々の容器に入れ、1ℓ以下のジッパー付きの透明なプラスチック製の袋に入れれば、持ち込みOK。詳細は国土交通省のWebサイトをチェック。
URL www.mlit.go.jp/koku/15_bf_000006.html

袋は1ℓ以下　一人一袋のみ　容器は100mℓ以下

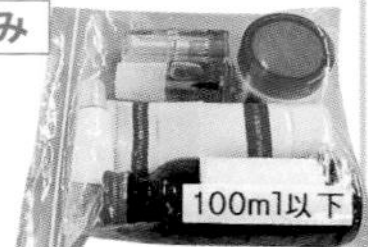

・ビニール袋は縦横合計40cm以内が目安。
・液体物は100mℓ以下の個々の容器に入っていること。
・一人一袋のみ→手荷物検査の際に検査員に提示する。

手荷物制限一覧(台北線の主な航空会社)

航空会社	略号	機内持ち込み手荷物 サイズ	個数	重量	預け入れ手荷物 サイズ	個数	重量
日本航空	JL	3辺の和が115cm以内 W55cm×H40cm×D25cm以内	1個	10kgまで	3辺の和が203cm以内 キャスターと持ち手を含む	2個	23kgまで
全日本空輸	NH	3辺の和が115cm以内 W55cm×H40cm×D25cm以内	1個	10kgまで	3辺の和が158cm以内 キャスターと持ち手を含む	2個	23kgまで
チャイナ エアライン	CI	W56cm×H23cm×D36cm以内	1個	7kgまで	3辺の和が158cm以内 キャスターと持ち手を含む	1個	23kgまで
エバー航空	BR	3辺の和が115cm以内 W36cm×H56cm×D23cm以内	1個	7kgまで	3辺の和が158cm以内 キャスターと持ち手を含む	1個	23kgまで
キャセイパシフィック航空	CX	W36cm×H56cm×D23cm以内	1個	7kgまで	3辺の和が203cm以内 キャスターと持ち手を含む	1個	23kgまで
LCC ※預け入れ荷物は基本的に有料。各社公式サイトで確認を							
ピーチ・アビエーション	MM	3辺の和が115cm以内 キャスターと持ち手を含む	1個	7kgまで	有料 URL www.flypeach.com		
ジェットスター・ジャパン	GK	W36cm×H56cm×D23cm以内 キャスターと持ち手を含む	1個	7kgまで	有料 URL www.jetstar.com		
スクート	TR	3辺の和が115cm以内 W54cm×H38cm×D23cm以内	1個	10kgまで	有料 URL www.flyscoot.com		
タイガーエア台湾	IT	W54cm×H38cm×D23cm未満 キャスターと持ち手を含む	1個	10kgまで	有料 URL www.tigerairtw.com		

※機内持ち込み手荷物は身の回り品を除く　※フルサービスキャリアは各航空会社公式サイト掲載のエコノミークラスの条件。詳細は予約内容を要確認

台湾入境の流れ

1 台湾到着 ARRIVAL

飛行機を降りたら、まずは検疫カウンターを通り、「IMMIGRATION」の審査ブースへ向かう。

2 入境審査 IMMIGRATION

入境審査カウンターで「Non-Citizen」と表示されたブースに並ぶ。機内で配布される入境カード「ARRIVAL CARD」(事前にオンライン登録も可能 ※右参照)、税関申告書(申告するものがある人のみ)に必要事項を記入し、パスポートと帰りの航空券を審査官に提示して、指紋のスキャンと顔写真の撮影をする。パスポートに入境スタンプを押してもらう。

3 荷物受け取り BAGGAGE CLAIM

搭乗便の表示のあるターンテーブルで荷物をピックアップ。

4 税関審査 CUSTOMS DECLARATION

免税範囲内なら緑のカウンター、申告するものがある人は赤のカウンターへ。

5 到着ロビー ARRIVAL LOBBY

ツアー参加の場合、現地ガイドがボードを持って待っていることも。個人旅行なら各公共交通機関で市内へ。

6 台湾ドル(NT$)への両替 MONEY EXCHANGE

どの空港でも到着ロビーに両替業務を行う銀行がある。手数料はかかるがここでの両替が最もスムーズ。

台北市内への交通はP220参照

台湾入境時の免税範囲

品名	数量または価格
酒類	1人1ℓ以内(18才未満は除く)
タバコ	1人紙巻きたばこ200本、または葉巻25本、または刻みたばこ454g以内(それぞれ20才未満は除く)
外貨	US$1万相当以内
台湾元	NT$10万以内
物品	NT$2万相当以内
その他	金US$2万相当以内

入境カードの書き方

6950281760

入國登記表 ARRIVAL CARD

姓 Family Name ❶ SEKAI
護照號碼 Passport No. ❸ SE1234567
名 Given Name ❷ TARO
出生日期 Date of Birth ❹ 1990 年 Year 07 月 Month 20 日 Day
國籍 Nationality ❺ JAPAN
性別 Sex ❻ ☑男 Male ☐女 Female
航班/船名 Flight / Vessel No. ❼ JL097
職業 Occupation ❽ OFFICE WORKER
簽證種類 Visa Type ❾ ☐外交 Diplomatic ☐禮遇 Courtesy ☐居留 Resident ☐停留 Visitor ☐免簽證 Visa-Exempt ☐落地 Landing ☐其他 Others
入出境證/簽證號碼 Entry Permit / Visa No. ❿
居住地 Home Address ⓫ 5-6-36, TOYOSU, KOTO-KU, TOKYO
來臺住址或電話(或飯店名稱) Residential Address (TEL) or Hotel Name in Taiwan ⓬ TAIPEI HOTEL
旅行目的 Purpose of Visit ⓭
☐1.商務 Business ☐2.求學 Study
☑3.觀光 Sightseeing ☐4.展覽 Exhibition
☐5.探親 Visit Relative ☐6.醫療 Medical Care
☐7.會議 Conference ☐8.就業 Employment
☐9.宗教 Religion
☐10.其他 Others
公務用欄 Official Use Only
旅客簽名 Signature ⓮ 世界 太郎

歡迎光臨台灣 WELCOME TO ROC (TAIWAN)

❶ 姓(ローマ字) ❷ 名(ローマ字)
❸ パスポート番号 ❹ 生年月日(西暦・月・日)
❺ 国籍 ❻ 性別(Male:男性・Female:女性)
❼ 搭乗機便名(搭乗券に記載)
❽ 職業(学生STUDENT/会社員OFFICE WORKER/主婦HOUSEWIFE/年金生活者PENSIONER)
❾ ビザの種類(ビザ取得の場合のみ)
❿ ビザの番号(ビザ取得の場合のみ)
⓫ 日本の現住所(台湾の場合、日本語表記でも可)
⓬ 滞在先(現地で宿泊するホテル名)
⓭ 旅行目的(該当する枠内にチェック)
⓮ 署名(パスポートと同じもの)

入境カードをオンラインで事前登録

オンラインで事前に入境カードを登録することができる。入境審査の際にはオンライン登録をしたことを伝えればOK。また12カ月以内に3回以上台湾を訪れた人は「常客証」を申請することができ、台湾への入境がよりスピーディーに。

入境カードオンライン登録(英語)
URL niaspeedy.immigration.gov.tw/webacard/

常客証申請(英語)
URL niaspeedy.immigration.gov.tw/nia_freq/

免税手続きは搭乗手続きの前！
台湾から日本へ

空港へは出発予定時刻の2～3時間前までの到着を。特に外国人旅客税還付カウンターで手続きが必要な場合は、あわてないよう時間に余裕をもっていこう。

免税手続きについて

台湾で物品を購入すると、日本の消費税にあたる営業税が5%課される。一定の条件を満たした旅行者であれば、購入した商品を海外に持ち出す際、営業税5%分の還付金が受けられる。ただし、税金還付サービス手数料が20%かかる。

税込1万円につき381円相当が還付される

営業税の還付が受けられる条件

①台湾以外のパスポート（または国民身分証統一番号のない台湾のパスポート）と入境カードで入境していること②入境時から台湾での滞在期間が183日に満たない外国人旅行者③商品購入日から90日以内に該当商品（未開封）を携帯して出境する人④TRS（Tax Refund Store）の認定を受けた店で購入した商品で、同日に同一店舗で税込NT$2000以上の買物をしていること。

還付の手順

①出境時のチェックインで手荷物を預ける前に、電子化自動税金還付機または税金還付受付カウンターにて、パスポートと税金還付明細申請書をスキャンし、審査を行う。
②税金還付システムにより税関審査が必要か否かの結果が表示される。税関審査の必要がない場合は、電子化自動税金還付機または税金還付受付カウンターにて税金還付の手続きを行う。税関審査を受ける必要がある場合は、下記の書類を税関カウンターに提示し、手続きを行う。

- 電子化自動税金還付機より発行された審査書
- 税金還付明細申請書
- パスポート
- 「税金還付対象貨物」及び「パスポート番号の下４桁」が記載された統一発票（レシート）または電子発票（レシート）
- 購入した商品（未開封）

③電子化自動税金還付機または税金還付受付カウンターで発行された「外国籍旅客購買特定貨物退税明細核定単」を出境する空港もしくは港湾に設置された指定銀行または現金カウンターに提出して還付金を受け取る。
還付金の受け取りには、クレジットカードや小切手も選択できる。

外国人旅客税還付カウンターはココ！

台湾桃園国際空港
第2ターミナル2F
台湾銀行となり

台北松山空港
第1ターミナル1F
兆豊銀行となり

電子化自動税金還付機
税金還付電子化KIOSK
でも申請可能

台湾出境の流れ

1 免税手続き TAX REFUND
チェックイン前に諸手続きを済ませる。手続きが必要な未使用の購入品はスーツケースから出しておくこと（※詳細は左記参照）。

↓

2 搭乗手続き CHECK-IN
利用航空会社のカウンターにてパスポートとeチケット控えを提示。大きな手荷物を預けて荷物引換証と搭乗券を受け取る。

↓

3 手荷物検査 SECURITY CHECK
パスポートと搭乗券のチェック、機内持ち込みの手荷物検査とボディチェックを受ける。飲料入りのペットボトルはここで処分。

↓

4 出境審査 IMMIGRATION
外国人用の出境審査ブースに並び、審査官にパスポートと搭乗券を提出。出境スタンプが押印され返却される。

↓

5 搭乗ゲート BOARDING GATE
搭乗時間までに所定のゲートに並び、パスポートと搭乗券を提示。搭乗券の半券をもらって機内へ入る。

↓

6 機内で ON BOARD
携帯品・別送品申告書をもらって記入する。もらい忘れても、到着する空港に置いてある。オンラインでも登録可能（→P219）。

↓

7 帰国 ARRIVAL

再両替はどうする？

日本の空港で両替するより、台湾の空港の両替所で戻すほうがレートはいい（ただし手数料が発生する）。少額ならば空港で使い切るのがおすすめ。

携帯品・別送品申告書の書き方

日本帰国時に必要となる書類。機内で配布されるので到着前に記入しておけば、旅の終わりがスムーズ。

A面

（A面）　日本国税関　税関様式C第5360号

携帯品・別送品申告書

下記及び裏面の事項について記入し、税関職員へ提出してください。
家族が同時に検査を受ける場合は、代表者が1枚提出してください。

搭乗機（船）名	AB123　出発地　台北
入国日	2024年02月15日
氏名	フリガナ　セカイ　タロウ 世界 太郎
現住所（日本での滞在先）	東京都江東区豊洲5-6-36
電話	090（1234）5678
職業	会社員
生年月日	1990年07月20日
パスポート番号 旅券番号	SE1234567
同伴家族	20歳以上 0名　6歳以上20歳未満 0名　6歳未満 0名

※ 以下の質問について、該当する□に"✓"でチェックしてください。

1．下記に掲げるものを持っていますか？　はい　いいえ
① 麻薬、銃砲、爆発物等の日本への持込みが禁止されているもの（B面1．を参照）　□　☑
② 肉製品、野菜、果物、動植物等の日本への持込みが制限されているもの（B面2．を参照）　□　☑
③ 金地金又は金製品　□　☑
④ 免税範囲（B面3．を参照）を超える購入品・お土産品・贈答品など　□　☑
⑤ 商業貨物・商品サンプル　□　☑
⑥ 他人から預かったもの（スーツケースなど運搬用具や理由を明らかにされず渡されたものを含む）　□　☑
＊上記のいずれかで「はい」を選択した方は、B面に入国時に携帯して持ち込むものを記入してください。

2．100万円相当額を超える現金、有価証券又は1kgを超える貴金属などを持っていますか？　はい □　いいえ ☑
＊「はい」を選択した方は、別途「支払手段等の携帯輸出・輸入申告書」を提出してください。

3．別送品　入国の際に携帯せず、郵送などの方法により別に送った荷物（引越荷物を含む。）がありますか？
□ はい（　　個）　☑ いいえ
＊「はい」を選択した方は、入国時に携帯して持ち込むものをB面に記入したこの申告書を2部、税関に提出して、税関の確認を受けてください。（入国後6か月以内に輸入するものに限る。）確認を受けた申告書は、別送品を通関する際に必要となります。

《注意事項》
海外又は日本出国時及び到着時に免税店で購入したもの、預かってきたものなど日本に持ち込む携帯品・別送品については、法令に基づき、税関に申告し、必要な検査を受ける必要があります。申告漏れ、偽りの申告などの不正な行為がある場合は、処罰されることがあります。

この申告書に記載したとおりである旨申告します。
署名　世界 太郎

B面

（B面）

※入国時に携帯して持ち込むものについて、下記の表に記入してください。（A面の1．及び3．ですべて「いいえ」を選択した方は記入する必要はありません。）
（注）「その他の品名」欄は、申告を行う入国者本人（同伴家族を含む）の個人的使用に供する購入品等に限り、1品目毎の海外市価の合計額が1万円以下のものは記入不要です。また、別送品も記入不要です。

酒類			本	＊税関記入欄
たばこ	紙巻		本	
	加熱式		箱	
	葉巻		本	
	その他		グラム	
香水			オンス	

その他の品名	数量	価格

＊税関記入欄　円

1．日本への持込みが禁止されている主なもの
① 麻薬、向精神薬、大麻、あへん、覚醒剤、MDMA、指定薬物など
② 拳銃等の銃砲、これらの銃砲弾や拳銃部品
③ 爆発物、火薬類、化学兵器原材料、炭疽菌等の病原体など
④ 貨幣・紙幣・有価証券・クレジットカードなどの偽造品など
⑤ わいせつ雑誌、わいせつDVD、児童ポルノなど
⑥ 偽ブランド品、海賊版などの知的財産侵害物品

2．日本への持込みが制限されている主なもの
① 猟銃、空気銃及び日本刀などの刀剣類
② ワシントン条約により輸入が制限されている動植物及びその製品（ワニ・ヘビ・リクガメ・象牙・じゃ香・サボテンなど）
③ 事前に検疫確認が必要な生きた動植物、肉製品（ソーセージ・ジャーキー類を含む。）、野菜、果物、米など
＊ 事前に動物・植物検疫カウンターでの確認が必要です。

3．免税範囲（一人あたり。乗組員を除く。）
・酒類3本（760mlを1本と換算する。）
・紙巻たばこ200本（外国製、日本製の区分なし。）
＊ 20歳未満の方は酒類とたばこの免税範囲はありません。
・海外市価の合計額が20万円の範囲に納まる品物（入国者の個人的使用に供するものに限る。）
＊ 海外市価とは、外国における通常の小売価格（購入価格）です。
＊ 1個で20万円を超える品物の場合は、その全額に課税されます。
＊ 6歳未満のお子様は、おもちゃなど子供本人が使用するもの以外は免税になりません。

携帯品・別送品申告書の記載に御協力頂きありがとうございました。日本に入国（帰国）されるすべての方は、法令に基づき、この申告書を税関に提出していただく必要があります。引き続き税関検査への御協力をよろしくお願いします。

日本帰国時の免税範囲（1人当たり）

品名	数量など
酒類	3本（1本760mlのもの）。20歳未満の免税なし
たばこ	紙巻たばこ200本、または葉巻たばこ50本。加熱式たばこのみの場合、個装等10個（「アイコス」のみ、または「グロー」のみの場合は200本、「プルームテック」は50個まで）。その他の場合は総量が250gを超えないこと。20歳未満の免税なし。
香水	2オンス（1オンスは約28ml）。オーデコロン、オードトワレは含まない。
その他	1品目ごとの海外市価の合計額が1万円以下のもの全量。海外市価の合計額20万円までが免税。

オンラインサービス Visit Japan Web

税関申告は「Visit Japan Web」を利用した電子申請でも行える。アカウント作成・ログイン後、パスポートなど利用者情報や入国・帰国予定、携帯品・別送品申告書に必要な情報を登録すると、二次元コードが作成される。この二次元コードを税関検査場にある電子申告端末で読み取る。スムーズに手続きを行えるが、これを利用しない場合は紙の申告書を書いて提出する。

日本への持ち込み禁止と規制品

規制品には身近な肉類や植物も含まれるので事前に把握しておこう。

持ち込みNG
・生のマンゴー
・ビーフジャーキー
・肉まんや小籠包

禁止品　麻薬、大麻、覚醒剤、鉄砲類、爆発物や火薬、通貨または証券の偽造・変造・模造品、わいせつ物、偽ブランド品など。

規制品　ワシントン条約に該当する物品。対象物を原料とした漢方薬、毛皮・敷物などの加工品も同様。ワニ、ヘビなどの革製品、象牙、はく製、ラン、サボテンなどは特に注意。土付きの植物、果実、切花、野菜、ハム・ソーセージといった肉類などはほとんどの場合、持ち込めない。乳製品も検疫対象。
医薬品及び医薬部外品は個人が使用するものでも数量制限があり、外用剤、毒薬、劇薬および処方せん薬以外の医薬品は2カ月分以内（外用薬は1品目24個以内）。化粧品は1品目24個以内。
※詳細は税関の公式サイト URL www.customs.go.jp/ を参照

帰国時は特に注意！ しっかり確認を

台北の空港は2つあります。

台北松山空港（TSA）は東京・羽田からの直行便が発着。
台湾桃園国際空港（TPE）は日本の各地からの直行便が発着。

街の中心部に近くて便利

台北松山空港

臺北松山機場／タイペイソンシャンジーチャン（TSA）

台北市内の東北部、市街中心部のMRT中山駅から直線距離で約3㎞に位置する都市型の空港。市内へのアクセスが抜群で、国際線のターミナルは1カ所に集まっている。2024年3月現在、日本からの直行便は羽田発着のみ。

URL www.tsa.gov.tw/tsa/ja/home.aspx
MAP：P6C1

台北松山空港に発着する航空会社

●第1ターミナル
日本航空、全日本空輸、チャイナ エアライン、エバー航空

第1ターミナル

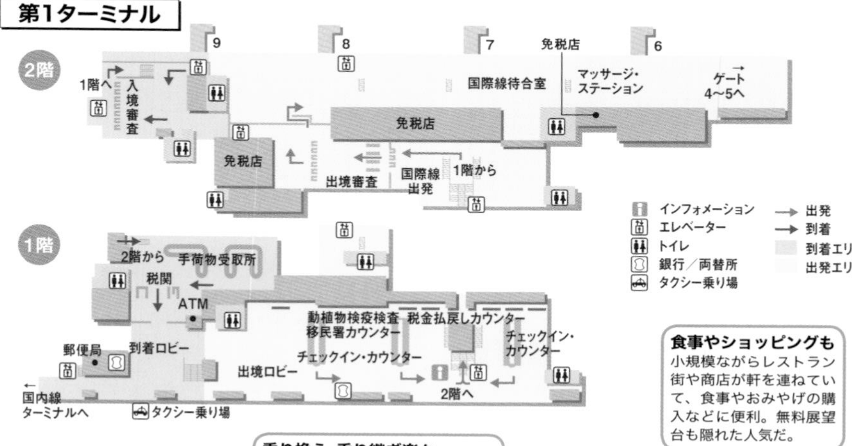

食事やショッピングも
小規模ながらレストラン街や商店が軒を連ねていて、食事やおみやげの購入などに便利。無料展望台も隠れた人気だ。

乗り換え・乗り継ぎ楽々
MRTの駅入口は到着ロビーを出てすぐ。離島や東部に向かう国内線は館内移動すぐの第2ターミナルから出発で、移動は楽チン。

空港から台北市内へ

荷物が少なく身軽な人はMRT、大きな荷物のある人はタクシーが便利。

交通機関	特徴	料金（片道）	運行時間	所要時間
早い MRT	MRT文湖線松山機場駅と直結。忠孝復興駅乗り換えで台北車站と市政府駅へ、大安駅乗換えで台北101/世貿駅へアクセス可。	NT$20〜	6〜24時 4〜5分間隔	10分〜
オススメ タクシー	1階到着ロビーを出てすぐに乗り場がある。	NT$85〜	終日	10分〜（渋滞により遅れることも）
安い バス	市内へは路線バスが運行している。桃園国際空港へのリムジンバス（NT$129）もある。	NT$15〜	5時30分〜23時	15〜30分（渋滞により遅れることも）

多くの路線が発着する巨大空港。LCCはこちら

台湾桃園国際空港

桃園國際機場／タオユアングオジージーチャン（TPE）

台北の市街地より南西に約40㎞の台湾最大の国際空港。利用できる便数が多いのが最大のメリット。利用する航空会社によりターミナルが異なり、一部はMRT台北駅にて事前チェックインができる。

URL www.taoyuan-airport.com/japanese
MAP:P15A1

桃園国際空港に発着する航空会社

●第1ターミナル
キャセイパシフィック航空、スクート、スターラックス、ジェットスター・ジャパン、タイガーエア台湾、ピーチ・アビエーションなど

●第2ターミナル
日本航空、全日本空輸、チャイナ エアライン、エバー航空など

第1ターミナル

1階

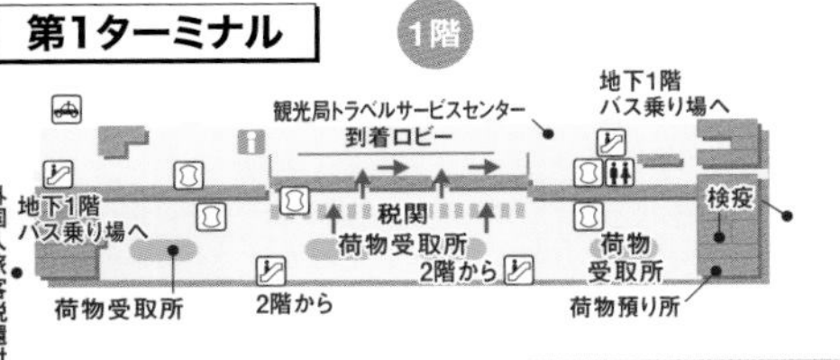

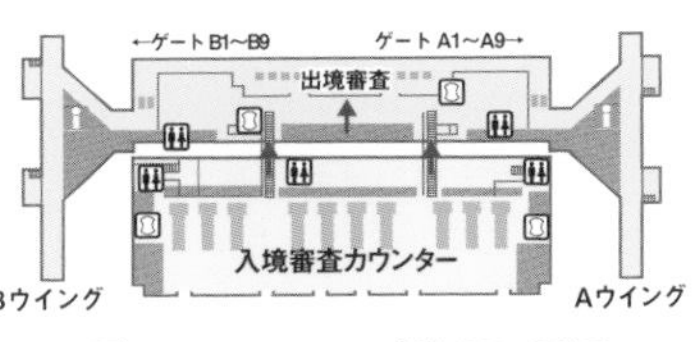

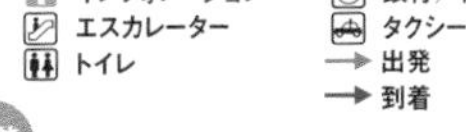

楽しい台湾旅行のはじまり
両ターミナルとも桃園機場捷運線はB2Fから乗車。台北市内への高速バスは第1がB1Fから、第2は1Fから出発する。

第2ターミナル

1階

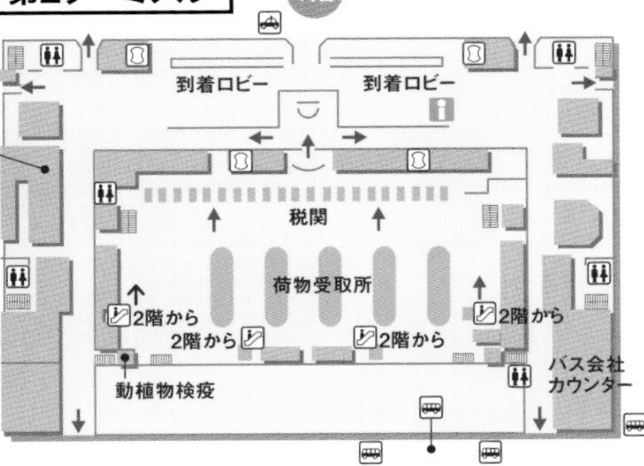

3階

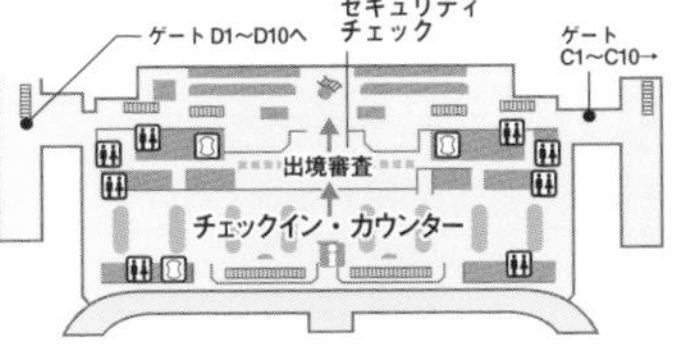

空港を出る前に
両替、Wi-Fiルーターのレンタルや SIM購入を忘れずに。インフォメーションで観光情報の収集をすれば初訪問でも安心。

帰国直前も快適
各ターミナル4Fには誰でも無料で使用できる休憩室があり、シャワーや充電が可能。上手に活用しリフレッシュしよう。

空港から台北市内へ

桃園機場捷運線が便利。深夜・早朝着ならリムジンバスも候補に。

交通機関	特徴	料金（片道）	運行時間	所要時間
オススメ MRT	桃園国際空港は2017年に開通した桃園機場捷運線と地下で直結。	NT$150（台北車站まで）	5時55分～0時7分、6～9分間隔で運行	39分（快速）、51分（普通列車）
バス	台北市内行きのリムジンバスが出ている。多数のバスが運行しており、それぞれ運行ルートが異なる。	NT$93～159	一部24時間	50～80分（渋滞により遅れることも）
早い タクシー	待機しているのは全て空港乗り入れの許可を得たタクシー。空港第1ターミナルは1階到着ロビーを出て左手、第2ターミナルは1階到着ロビーの正面出口を出て左手。	NT$1200～	終日	45分～（渋滞により遅れることも）

旅のきほん④

台北で一番便利な乗り物は MRTです。

台北市内はMRT(地下鉄)が限なく走り、主要観光地やショッピング&グルメエリアを網羅している。渋滞知らずで、時間が読めるのがうれしい!

MRT 台北捷運/タイペイジエユン

MRTとは市街地の地下(一部は道路上の高架)を走る電車で、安くて快適な市民の足。運行時間は6～24時ごろで、朝夕のラッシュ時は2～4分間隔、日中でも4～6分間隔の目安で運行されている。切符の買い方や乗り方が簡単なので、旅行者も利用しやすい。

料金 ゾーン制で、市街地の移動ならNT$20～40

運行時間 6～24時ごろ(路線により異なる)

注意&ポイント

●MRTの車内では飲食禁止。飲料、アメ、ガムなども含まれるので注意。違反した場合にはNT$1500～7500の罰金が科されることも。
●台湾でエスカレーターに乗る際は、右側に立つのが暗黙のルール。左側は急ぐ人のために空けておこう。
●車内には「博愛座」という高齢者や体の不自由な人のための優先席がある。また、たとえ一般席でも積極的に席を譲る人が多い。

1回券(單程票)の買い方

液晶画面で操作するタイプの券売機が普及。日本語の表記があるタイプも多い。

❶ 料金を確認

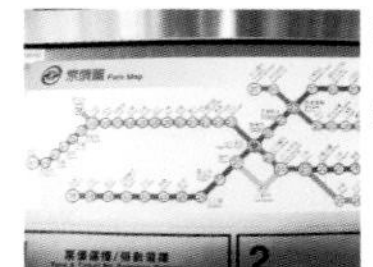

券売機上部にある路線図を見て乗車料金を確認。

↓

❷ 料金を選ぶ

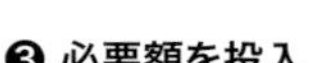

路線図で確認した金額にタッチ。料金表示の下は購入枚数。

↓

❸ 必要額を投入

券売機の「2」の番号が書いてあるところに料金を投入。紙幣もほとんどの機種で使用できる。

↓

❹ 乗車券を取る

券売機の「3」の番号が書いてあるところからICトークンタイプの1回券が出てくる。お釣りを取り忘れないように。

MRTの乗り方

基本的な流れは日本と同じ。ホームなどの表示も色分けされて分かりやすい。

❶ 駅(站)を探す

白地にブルーのMRTマークの看板や、駅名を記した乗り場を示す地下道の入口を目印に。

↓

❷ 切符(トークン)を買う

MRTの切符はトークンタイプ。自動券売機で購入できる。

↓

❸ 改札を通る

自動改札機の「↑」がグリーンに点灯しているのを確かめ、読み取り部にトークン、または交通ICカードをかざす。ゲートが開いたら改札を通り抜ける。

↓

❹ ホーム(月台)に出る

改札を抜けたら、「往月台(または路線名)」と記された看板を目印にプラットホームへ向かおう。

↓

❺ 乗車する

乗り場を示すホームの看板には、次の駅名ではなく終着駅名が記されているので、乗車する列車の方向を間違えないよう注意。

❻ 乗り換え

乗換駅では、それぞれの路線の色と矢印がホームや案内板に表示されている。路線の色を覚えておけば、簡単に乗り換えができる。

↓

❼ 下車・出口へ

車内のドア上部に到着駅名が表示されるので確認して下車。「出口」の看板を目安に改札口へ向かおう。

↓

❽ 改札を出る

自動改札機の投入口にトークンを入れるとゲートが開く。交通ICカードはセンサーにタッチすればOK。

MRTの主要路線と行き先

BR 文湖線…松山空港
R 淡水信義線…台北101、中山、台北駅、士林夜市、北投ほか
G 松山新店線…迪化街、西門、霞海城隍廟、中正紀念堂ほか
O 中和新蘆線…永康街、行天宮、華山1914文創園區ほか
BL 板南線…龍山寺、西門、台北駅、國父紀念館、東區、松山文創園區、信義區ほか

交通カードを買おう

主要交通機関で使えるカードがいろいろ。日程や目的に合わせて選ぼう。

1番オススメはコレ！

悠遊卡（EasyCard）

日本の交通ICカードと同じ、繰り返し金額をチャージして使えるプリペイドカード。主要交通機関のほかコンビニでの支払いにも使える。チャージはMRT各駅の窓口やコンビニで。有効期限は20年間。

料金	カード代NT$100＋ 任意のチャージ額
購入場所	MRTの駅窓口・コンビニ
MRT	○
バス	○ ※MRTとバスの乗継で割引あり（1時間以内に乗継）
その他	猫空ロープウェイや連絡船、 台湾鉄道でも一部利用可。 台北市動物園の入場券支払いにも使える

桃園空港利用ならこちらが便利

桃園機場捷運來回票（JOIN TICKET）

桃園MRTと台北MRTが一緒になったチケット。台北桃園国際空港～台北駅の往復乗車券と、台北市内のMRTが乗り放題（48時間あるいは72時間から選べる）。

料金	カード代NT$100＋ 任意のチャージ額 額(NT$100単位)
購入場所	台北車站・機場第一航廈站・機場第二航廈站、桃園国際空港各ターミナル内の桃園機場捷運サービスカウンター
MRT	○ ※桃園機場線には2回乗車可
バス	×
その他	なし

MRTだけ。1日だけならコレ！

1日票（One-Day Pass）

MRTが1日乗り放題になるチケット（桃園機場線を除く）。使用した当日の運行時間終了まで使用することができる。1日だけの利用で、バスに乗る予定のないライトユーザーにオススメ。

料金	NT$150
購入場所	MRTの駅窓口
MRT	○ ※桃園機場線、猫空ロープウェイは使用不可
バス	×
その他	購入したその日の運行終了時間まで乗り放題。24時間単位のカードもある(NT$180)

1～5日券でフレキシブル

北北基好玩卡（FunPASS TAIPEI）

MRTと台北市内の路線バス全線が期間中乗り放題（最大5日間まで）。カードの提示で、提携先の観光スポットやレストランでの優待が受けられる。

料金	1日票 NT$180、2日票 NT$310、 3日票 NT$440、5日票 NT$700 24時まで利用可
購入場所	MRTの駅窓口
MRT	○ ※桃園機場線は使用不可。(猫空ロープウェイ乗車可の旧パスはNT$350)
バス	○
その他	公式サイト(URL funpass.travel.taipei) やアプリで施設の優待情報を掲載

「悠遊卡」の買い方

各駅の窓口で購入

1枚NT$100。利用にはさらにチャージが必要。

「悠遊卡」のチャージの仕方

日本語に切り替え

画面下の「日本語」を選び、日本語表示＆音声に。

チャージを選択

画面左の「ICカードチャージ」の枠をタッチする。

カードを置いて入金

所定の場所にカードを置いて必要額を投入する。

入出境
空港ガイド
MRT
タクシー／バス
お金のこと
旅のアドバイス

旅のきほん⑤

上手に利用したい タクシー／バス

MRTの駅が近くにない場所へ行くときや、多くの荷物を持っているときはタクシーが便利。日本に比べて安いので使いやすい。路線バスは安いが上級者向け。

タクシー 計程車／ジーチャンチャー

台北市街には流しのタクシーが多く、日本に比べて運賃も安いため気軽に利用されている。2023年にメーター料金が改正されたが、旧式のメーターを使用している車もあり、表示された料金に追加料金が発生することも。また、深夜のひとり利用はなるべく避けよう。

料金 メーター制で、1.25kmまでNT$85、以後200mごとにNT$5加算される。
（※または時速5km以下で60秒走るごとにNT$5加算。23時～翌6時は深夜料金としてNT$20加算される）

運行時間 24時間

注意&ポイント
- おつり用の紙幣が不足していることも。小額紙幣や小銭の用意を。
- 発車したらメーターが動いているか確認を。
- 台湾では運転手にチップを渡す習慣はない。

タクシーの乗り方

❶ 空車を拾う
「空車」の表示が光っていれば乗車可能。アプリやコンビニでもよぶことも出来て便利。

❷ 乗車する
日本と違いドアは手動のため、自分で開けて乗車する。歩道とタクシーの間を走り抜けようとするバイクもいるので左右後方の確認を忘れずに。

❸ 行き先を伝える
英語も日本語も通じない運転手が多い。目的地の住所を漢字で書いて渡すのがベター。有名な観光地やホテルなら名称（中国語）でOKな場合も。

❹ シートベルトを装着
法律で義務付けられているので、乗車したら後部座席でも必ずシートベルトを着用するように。運転手がメーターを動かしたかも確認を。

❺ 支払い&下車する
目的地についたらメーターの額を確認して支払う。トランク使用の場合はNT$10追加でかかることも。チップを渡す習慣はない。

バス 公車／ゴンチャー

台北市内だけで200以上の路線があり、運賃の安い路線バスは市民の強い味方。ただし観光客には難易度が高いので、利用する際にはしっかり下調べを。

料金 一段（市内中心部）は一律NT$15
二段（遠方）はNT$30

運行時間 路線により異なるが5時台～23時ごろ

注意&ポイント
- バス停、車内ともに両替機はない。交通カードで支払うか、小銭の用意を忘れずに。
- 交通系ICカードは乗降車時にカードリーダーにかざす。
- 「Googleマップ」や「Bus Tracker Taiwan」（→P228）を使えば運行状況やルートが一目瞭然！

バスの乗り方

❶ 乗車する
バス停で路線番号と路線図をチェックし、バスが来たら車体前面の路線番号を確認する。乗車する場合は手を挙げる。

❷ 料金を支払う
現金の場合、運賃を料金箱に入れる。交通系ICカードは所定のカードリーダーにタッチする。

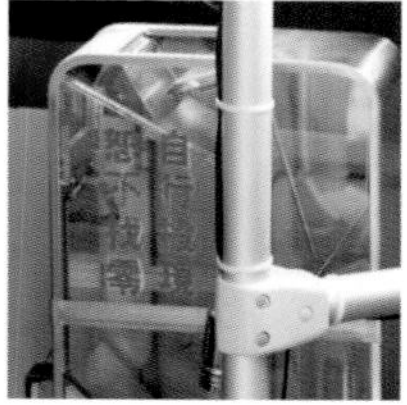

❸ 目的地まで乗車
車内放送は中国語と英語のみ。新型のバスなら車内に電光掲示板がある。

❹ 下車する
下車する場合は「下車鈴」と書かれたブザーを押す。ICカードをカードリーダーにタッチしてから降りる。

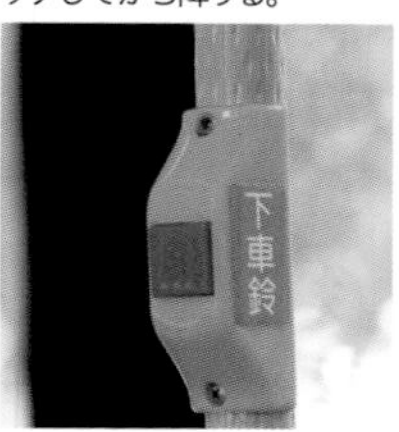

3〜4人ならタクシーがオススメ。台北市内の移動早見表

目的地によってMRTとタクシーを使い分けよう！ タクシーはNT$85〜。

⓿…乗換えなし ❶…乗換え1回 ❷…乗換え2回

MRT ＼ タクシー	中山	迪化街	永康街	台北101	信義	龍山寺	西門	富錦街	圓山
中山		約2分⓿	約9分⓿	約16分⓿	約15分❶	約8分❶	約4分⓿	約13分❶	約5分⓿
迪化街	約5分(約NT$100)		約10分❶	約17分❶	約16分❶	約5分❶	約2分⓿	約16分❶	約10分❶
永康街	約10分(約NT$180)	約13分(約NT$190)		約7分⓿	約11分❶	約12分❶	約8分❶	約16分❶	約13分⓿
台北101	約20分(約NT$305)	約20分(約NT$310)	約10分(約NT$175)		徒歩10分	約22分❶	約15分❶	約17分❶	約20分⓿
信義	約15分(約NT$300)	約15分(約NT$310)	約12分(約NT$185)	約5分(約NT$85)		約15分⓿	約13分⓿	約16分❶	約20分❶
龍山寺	約13分(約NT$185)	約10分(約NT$165)	約15分(約NT$175)	約20分(約NT$310)	約25分(約NT$325)		約2分⓿	約21分❶	約15分❶
西門	約10分(約NT$150)	約7分(約NT$120)	約10分(約NT$175)	約20分(約NT$285)	約20分(約NT$275)	約7分(約NT$115)		約18分❶	約12分❶
富錦街	約13分(約NT$220)	約15分(約NT$240)	約13分(約NT$245)	約15分(約NT$190)	約15分(約NT$190)	約20分(約NT$325)	約20分(約NT$285)		約21分❷
圓山	約8分(約NT$140)	約10分(約NT$155)	約15分(約NT$245)	約25分(約NT$355)	約23分(約NT$340)	約15分(約NT$245)	約15分(約NT$210)	約15分(約NT$220)	

シェア自転車「YouBike」にチャレンジ！

アプリにクレジットカードを登録する方法が簡単。クレジットカードを登録してから5日間利用が可能で、デポジットはNT$3000。問題なければ返金される。

市内のMRT駅周辺のステーションで借りられる。30分NT$10〜。

YouBikeの使い方

❶「YouBike微笑單車 官方版(2.0)」のアプリをダウンロード。メニューのLogin/Registerをタップ。左下のSingle Rentalを選択し、メールアドレスを入力。メールアドレスに届いた認証コードを入力したらクレジットカード情報を登録する。

→ ❷利用時は自転車の画面のオレンジの電源ボタンを押す。アプリでScanをタップし、自転車の画面に表示されたQRコードを読み取る。アプリ上のConfirmをタップすると、「請取車」と自転車の画面に表示される。これで貸出完了。

→ ❸返却は借りた場所と異なるステーションでもOK。空いているポートに自転車を奥まで差し込み、自転車の画面に「還車成功」と表示されれば返却終了。使用した時間分の料金が自動でカードから引き落とされる(デポジットは使用後に返金)。

台湾を存分に楽しもう！ 現地オプショナルツアー

日本語ガイド付きのオプショナルツアーで効率よく観光しよう。
掲載料金は2024年6月時点のもの。

種類豊富なオプショナルツアー！
申し込みはこちらのQRコードから

ノスタルジック九份観光　夕刻発

台湾に来たら必ず訪れたい町、九份。夕刻コースは短時間で九份の夜景を見たい人にオススメ。

出発/所要時間 16時30分〜17時ごろ/約4時間 催行日 毎日 料金 NT$1700〜

圓山大飯店ミートバーと士林夜市散策

士林夜市散策後は圓山大飯店へ。歴史スポット観覧後、特別感のあるホテル内のバーにご案内。(18歳〜)

出発/所要時間 17時ごろ/約2.5時間 ※現地解散 催行日 毎日 料金 NT$1600〜

じっくり参観・故宮博物院

ベテランガイドが2時間たっぷりご案内する大人気ツアー。無駄なく要所を押さえてご見学いただけます。

出発/所要時間 8時45分ごろ/約4.5時間 催行日 毎日 料金 NT$3000〜

台中必見スポット&鹿港老街&高美湿地

台中の魅力をふんだんに詰め込んだツアー。「宮原眼科」、「彩虹村」、「鹿港」、「高美湿地」へご案内。

出発/所要時間 8時ごろ/約12.5時間 催行日 毎日 料金 NT$7900〜

夜の天燈上げと台湾料理の夕食

地元でもオススメの台湾料理の夕食後は、夜空に願いを込めて天燈上げ。神秘的で感動すること間違いなし。

出発/所要時間 17時10分ごろ/約4時間 催行日 毎日 料金 NT$2900〜

南国高雄日帰り観光

台北から新幹線でアクセス。蓮池潭周辺など、高雄市内の外せない観光地を効率よく巡れる。

出発/所要時間 8時ごろ/約11.5時間 催行日 毎日 料金 NT$7100

旅のきほん⑥

両替はどうする？ 物価は安いの？
お金のこと

台北の通貨や両替事情、クレジットカードの通用度にキャッシング方法など、気になるお金にまつわる情報はしっかり頭の中に入れておこう。

台湾の通貨とレート

通貨はニュータイワンドル（新台幣）

通貨単位はニュータイワンドル（新台幣）で、表記はNT$。元（ユエン）とも言われるが、通貨には圓（円）と印刷されている。口語では塊（クァイ）とよばれることが多い。

NT$1 ＝約4.74円

（2024年４月現在）

紙幣は壹佰圓(NT$100)～貳仟圓(NT$2000)の５種類。NT$100札には孫文、NT$200札には蔣介石が描かれている。NT$200、NT$2000札はほぼ流通していない。硬貨は壹圓(NT$1) ～伍拾圓(NT$50)の５種類。「元」と表記されることもあるが、中国大陸の通貨「中国元」とは異なる。クレジットカードは大きめのレストランやスパなどで使用可能だが、タクシーや屋台などでは使えないことが多い。

紙幣

NT$100

NT$200

NT$500

NT$1000

NT$2000

硬貨

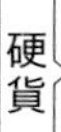

NT$1

NT$5

NT$10

NT$20

NT$50

両替はどうする？

現地通貨の入手方法はさまざま。レートの良し悪しも気にしたいところ。

空港	銀行	ホテル	デパート／免税店	ATM
安全＆便利	レートがよい	24時間可能	とっさのときに	見つけやすい
各空港には臺灣銀行と兆豐國際商業銀行の出張所がある。手数料は1回NT$100なので空いている方を選ぼう。	外貨両替業務を行う銀行で可能。銀行によりレートが異なる。営業は9時～15時30分で、土･日曜、祝日は休業。	銀行よりレートが若干不利だがいつでも両替ができるので便利。宿泊者ならパスポートチェック不要も多い。	昇恒昌免税店や新光三越、SOGOなど大手デパートにあるサービスカウンター。ホテルよりレートがよい。	提携カードであれば日本の口座から現金で引き出しができる。コンビニやデパートなどにあるATMで利用可能。

両替のオキテ

- 基本的に両替には手数料（NT$30～100）がかかるのでなるべくまとめて。
- レートがよい順は、街なかの銀行→空港の両替所→大型免税店の両替所→街なかの両替所→ホテルの両替所→日本での両替。
- 帰国の直前などで小額の現金が必要なときは、クレジットカードでのキャッシングも便利。
- 台湾に多い小さな商店や露店での支払いに困らないよう、両替の際には小額紙幣を多くしてもらおう。

ATMでお金をおろす

銀行のほか、MRTの駅やコンビニにもATMが設置されている。CirrusやPLUSのマークが付いた国際キャッシュカードなら日本の自分の口座からNT$が引き出せる。ビザやマスターなどクレジットカードのキャッシングも可能。下記は英語の場合だが、日本語が選べるATMもある。

1 カードを挿入 読み取るとすぐにカードが出てくる機種もある

2 「INTERNATIONAL」を選択

カードを挿入した後、「INTERNATIONAL」を選択。英語なら「ENTER」を押す。

3 暗証番号を入力

暗証番号「PIN」を入力して「ENTER」。「GET CASH」または「CASH WITHDRAWAL」を選択。

4 金額(現地通貨)を入力

国際キャッシュカードは「SAVING」、クレジットカードは「CREDIT CARD」を選んで金額を入力。

5 レシートと現金を受け取る

入力した額の現金とレシートを受け取る。手続き終了を示す「NO」を選びカードを受け取る。

●ATM 中国語／日本語対照表

中国語	日本語
請選擇語音	言語を選択
請按交易選擇鍵	サービスを選択
信用卡帳戶	クレジットカード
請輸入密碼	パスワードを入力
輸入完請按確認鍵	入力後[確認]を押す
請輸入提款金額	引き出し金額を入力
請按鈔券選擇鍵	紙幣の選択
只領仟元	NT$1000札で受け取る
換佰元	NT$100札に両替する
請選擇是否印明細表	明細書の発行の有無
不列印明細表	明細書の発行不要
列印明細表	明細書の発行

知っておくべき台北のお金事情

- ●クレジットカードが使えるのは、免税店やデパートなど一部の店に限られる
- ●屋台や小さな飲食店での支払いは現金が基本
- ●クレジットカードが利用できるタクシーはごくわずか
- ●NT$は日本での両替(紙幣のみ)レートがよくない。使い切るか、台湾で再両替を
- ●台湾は基本チップは不要。タクシーなどは、つり銭の残りを渡してもOK

旅の予算

観光地や市中心部での食事やショッピングは、日本とそれほど大きく変わらない印象。一方で街角にある昔ながらの店や屋台は手頃。場所により予算は大きく異なるので、旅のプランを見極めて見積りを。

食事代の目安

昔ながらの食堂や夜市の屋台ではNT$100もかからず食事がとれるが、洒落たカフェやレストラン、バーは日本とさほど変わらない。

朝ごはん	お粥などローカル朝食ならNT$80～
昼ごはん	小籠包は約NT$200。牛肉麺は約NT$150
おやつ	マンゴーかき氷約NT$200
お茶	茶藝館でお茶約NT$500(茶菓子含む)
夜ごはん	熱炒でお酒を飲みながら約NT$500。屋台飯なら約NT$150

交通費の目安

タクシーは市内の移動なら1回NT$200前後。MRTは1駅NT$20で距離により異なる。バスは近距離なら1回NT$15。

タクシー	約NT$400
MRT	約NT$120

観光費の目安

多くの観光スポットでは入場料が必要だが、寺廟や象山、二二八和平公園など屋外スポットの多くは無料。

國立故宮博物院	NT$350
台北101	NT$600
龍山寺	無料

■＋■＋■＝1日あたり約**13000**円

物価の目安

交通費やローカルフードは安いが、世界展開のチェーン店や洒落た店、流行りのMIT雑貨店などは、日本の価格と大差ない。

ミネラルウォーター(500ml)
NT$20～

ダンテコーヒー
NT$80～

ビール(500ml缶)
NT$37～

タクシー初乗り
NT$85～

旅のきほん⑦

出発前にも、現地でも 知っておきたい旅のあれこれ

台湾の基本ルールや必要不可欠なネット環境、緊急時の対応方法など、旅立つ前に知っておきたい情報を網羅。オトクな通話アプリも活用しよう。

基本のローカルルール

しっかりチェックしておきたいのは喫煙・飲酒・交通など法律に関するルール。日本と異なる場合もある。

電圧・電源

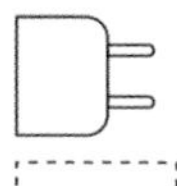

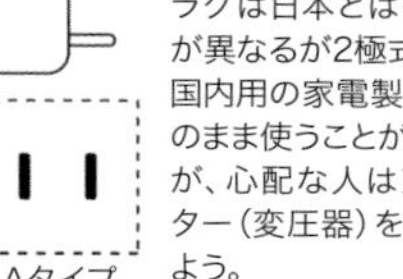

Aタイプ

電圧は110V、60Hz。プラグは日本とは少し形が異なるが2極式。日本国内用の家電製品もそのまま使うことができるが、心配な人はアダプター（変圧器）を用意しよう。

喫　煙

飲食店やホテル、デパートなどの施設内、バスやタクシーなど公共交通機関での喫煙、街なかでの歩きタバコは法律で禁止・制限されている。また、2022年からは台北駅周辺での喫煙エリア以外での喫煙も禁止に。違反した場合はNT$1万以下の罰金が科せられるので注意。

交通マナー

右側通行が基本。また、MRT内やバスの車内は飲食禁止。ペットボトルに入った飲料や、アメ、ガムなども含むので注意。違反者には罰金が科せられることもある。

飲　酒

18歳以上から。台湾では日本のように飲酒習慣が一般化されておらず、お酒を置いていない食堂なども多い。日本にいるつもりで飲みすぎないように注意。

暦

台湾では西暦1912年を紀元とする民国暦が日常生活で使用されている。たとえば西暦2024年は民国暦113年にあたる。おみやげの食品の賞味期限やレシートの表記などに注意しよう。

営業時間

開店も閉店も早いお店が多くあるため、営業時間には注意して。目的地へ行く前にガイドブックやインターネットで確認してから出かけよう。

トイレ

バケツが備え付けられている場合は、紙は流さずバケツに捨てる。MRT駅構内にある公衆トイレ、ホテルやデパートなどのトイレでは、水溶紙が設置されていて、そのまま流せる。

飲料水

ホテルの水道水は歯磨き程度なら使用してもよいが、飲用には適さない。ミネラルウォーターを持ち歩こう。

治　安

台湾は特に治安の問題はないが、有名観光スポットや空港などでは、置き引きやスリ、親切を装って近づく詐欺、繁華街ではぼったくりといった犯罪もあるので十分注意を。安全対策を怠らないように心がけよう。

インターネット接続

台北では無料Wi-Fiが発達しており、ホテルのロビーや客室、カフェなどで利用できるほか、市内では「iTaiwan」などの無料Wi-Fiサービスが利用できる。また台北のMRT駅構内や公共施設では「TPE-Free」が利用できる。

iTaiwan（愛台湾）

台湾全土で展開されている無料Wi-Fiサービス。行政機関の運営する公衆無線LANを外国人観光客向けに開放している。

URL itaiwan.gov.tw

台北ナビ

台北の観光情報満載のWebサイト。お得な各種クーポンも入手可能。

URL taipeinavi.com

お役立ちアプリ

Google翻訳
台湾で使われる繁体字にも対応。

Google マップ
目的地検索やルート表示はお任せ。

YouBike微笑單車 官方版（2.0）
貸し出し＆返却状況を確認できる。

Uber
言葉の心配なく配車依頼ができる。

Bus Tracker Taiwan
バスの運行状況や停留所が探せる。

郵便・宅急便の出し方

街なかのポストは2種類あり、緑色のポストが国内普通郵便、赤色のポストが速達やエアメール用。日本への航空便はハガキがNT$10、封書が10gまでNT$13。航空書簡も1通NT$11で日本まで送れる。小包(EMS)は最大30kgまで郵送可能で、日本へは500gまでNT$450(以降500gごとにNT$80加算)。発送用の箱は中華郵局で買える。

主な航空便を扱っている会社

佐川急便

ヤマト運輸

けが・病気

ツアー参加者はすぐに添乗員に連絡を。個人旅行者は海外旅行傷害保険に入っていれば緊急時の問合先に連絡しよう。帰国後、保険会社に医療費を請求する際に必要になるので、診断書・領収書は必ずもらっておこう。

海外旅行保険は必須

万一のけがや病気に備えて、海外旅行保険には入っておきたい。多数の保険会社がインターネットで受付を行っているので、公式サイトで確認しよう。また、空港のカウンターや自動販売機でも加入できる。

電話のかけ方

ホテルの客室からかける場合は、外線番号を押した後、相手先の電話番号をダイヤルする。携帯電話は会社によって料金体系が異なるので事前に確認を。

台湾から日本への国際電話

直通ダイヤルの場合

002 または005、006、009（国際電話識別番号） ▶ **81**（日本の国番号） ▶ **市外局番**（最初の0はとる） ▶ **相手の電話番号**

東京03-1234-5678にかける場合002-81-3-1234-5678となる

日本から台湾への国際電話

010（国際電話識別番号） ▶ **886**（台湾の地域番号） ▶ **市外局番+相手の電話番号**（最初の0はとる）

※携帯電話の場合は「010」または「+」のあとに「886」、相手先の電話番号を市外局番からダイヤルして発信

台北02-1234-5678にかけるとしたら010-886-2-1234-5678となる

アプリを利用して無料通話！

LINE：自分と相手がどちらもインストールしていれば、国内同様無料通話が可能。日本にいるときと変わらないトークや写真のやり取りもできる。

Messenger：お互いにインストールしてあれば利用可能。メッセージ送信はもちろん、通話も無料。さらにビデオ通話もでき、会話が楽しめる。

盗難・紛失

多額の現金や貴重品は持ち歩かず、セーフティボックスなどを活用したい。万が一、盗難にあったり紛失した場合でも、冷静に下記の手順を。

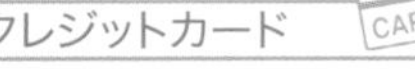

クレジットカード

不正使用を防ぐため、すぐカード会社に連絡して無効手続きを行う。カード番号や有効期限が必要となるので事前に控えておくといい。

問合先

Visa
(クレジットカード紛失時のお手続き)

Mastercard(お手持ちのMastercardに関するお問い合わせ)

JCB
(JCB紛失・盗難海外サポート)

アメリカン・エキスプレス
(カードの紛失・盗難時に)

現金・貴重品

警察に届け、盗難・紛失証明書を発行してもらう。ホテル内で盗難にあった場合は、フロントを通じて警察に連絡する。貴重品については、帰国後に保険会社に連絡し保険金の請求を行う。現金は基本的に保険対象外。

パスポート

パスポートの盗難・紛失の場合は、台湾出入国及移民署へ行き旅券の紛失・盗難証明書を発行してもらう。その後、日本台湾交流協会で新規旅券の発給、またはすぐの帰国を望むなら「帰国のための渡航書」を申請する。

旅券関係の申請手続等

帰国のための渡航書の申請

台湾出入国及移民署へ行き
盗難・紛失証明書発行
▼
公益財団法人日本台湾交流協会で
パスポートの失効手続きをする
▼
必要書類を提出し
帰国のための渡航書を申請

※詳細は、公益財団法人日本台湾交流協会へ
URL www.koryu.or.jp/consul/passport/detail7/

緊急時には！

緊急時・現地情報(台湾)

公益財団法人
日本台湾交流協会
台北事務所
MAP：P6B3

観光局
トラベルホットライン
☎0800-011-765
(通話料無料)

警察 ☎110

消防・救急車 ☎119
MAP：P12B1

入出境
空港ガイド
MRT
タクシー／バス
お金のこと
旅のアドバイス

見たい、食べたい、行きたい場所がすぐわかる♪

せかたび的 台北 まとめ。

「せかたび台北」に掲載の物件を
ジャンルごとに一覧できる便利なインデックス。

龍山寺……エリア名
かき氷……ジャンル名
MAP P00A0……MAP掲載ページ
P000……本誌掲載ページ
★★★……台北の魅力あふれる、絶対に行きたい場所
★★……滞在中、時間に余裕があれば行ってみたい場所
★……「知りたい」「やってみたい」と興味があれば楽しめる場所
定番……台北を代表する超有名店。一度は足を運んでみよう
オススメ!……編集部のオススメ店。ぜひチェックしてみて

観る

エリア名 店・スポット名	評価	ジャンル名 / ひと言コメント	MAP掲載ページ	
圓山／士林 士林夜市 シーリンイエシー	★★★	夜市 観光夜市としては台北一の規模。食・買・遊、何でもあり。図Ⓜ剣潭駅から徒歩5分 住基河路101號(士林市場) ☎02-2882-0340 営15時～翌1時ごろ 休なし	MAP P3B2	P46
圓山／士林 國立故宮博物院 グオリーグーゴンボーウーユェン	★★★	博物館 世界四大博物館のひとつ！図Ⓜ士林駅から車で10分またはバスで15分 住至善路二段221號 ☎02-2881-2021 営9～17時 休なし 料NT$350	MAP P3B1	P50
圓山／士林 天下為公牌坊 ティエンシアウェイゴンパイファン		名所 入口近くにある大きなアーチ型の石門。図住☎國立故宮博物院と同じ	MAP P3B1	P53
圓山／士林 至善園 ヂーシャンユェン		名所 楼閣・松風閣など伝統的な建物や像の残る中国式庭園。 図住☎國立故宮博物院と同じ 営8～17時 休月曜 料無料	MAP P3B1	P53
西門／龍山寺 龍山寺 ロンシャンスー	★★★	寺院 台湾最強のパワスポ。お願いごとは具体的に！図Ⓜ龍山寺駅から徒歩5分 住廣州街211號 ☎02-2302-5162 営6～22時 休なし 料拝観無料	MAP P15C3	P54
西門／龍山寺 剝皮寮 ボービーリャオ	★	名所 ぶらり散歩が楽しい歴史保存地区。図Ⓜ龍山寺駅から徒歩5分 住康定路173巷 ☎02-2302-6595 営9～18時 休月曜※事務所のみ。建物は見学自由	MAP P15C3	P55
西門／龍山寺 青草巷 チンツァオシェン	★★	市場 店頭には青草茶や苦茶のもととなる薬草がドッサリ。香りだけでも癒される！図Ⓜ龍山寺駅から徒歩5分 住西昌街224巷 営8～22時(店によって異なる) 休なし	MAP P15C3	P55
行天宮駅 行天宮 シンティエンコン		寺院 商売繁盛の神、関羽を主神とする道教寺院。図Ⓜ行天宮駅から徒歩5分 住民權東路二段109號 ☎02-2502-7924 営7時30分～22時30分 休なし 料無料	MAP P5F2	P55
台北101／信義 台北101 タイペイイーリンイー	★★★	名所 屋外の展望台は不定期開放(天候による)。図Ⓜ台北101/世貿駅から徒歩すぐ 住信義路五段7號 ☎02-8101-8800 営10～21時 休なし 料展望フロアNT$600	MAP P11E3	P56
迪化街 民藝埕 ミンイーチョン	★★	名所 日本統治時代に建てられた建物を改築してオープン。図Ⓜ北門駅から徒歩10分 住迪化街一段67號 ☎02-2552-1367 営10～19時(店により異なる) 休なし	MAP P13A3	P59
迪化街 小藝埕 シャオイーチョン	★★	名所 雑貨店やカフェが入居する複合施設。図Ⓜ北門駅から徒歩8分 住迪化街一段34號、34-1號、32巷1號 ☎02-2552-1321 営10～19時(店により異なる) 休なし	MAP P13A3	P59

台北一のランドマークには登らなきゃ！

エリア名	店・スポット名	評価	ジャンル名	ひと言コメント	MAP	掲載ページ
迪化街	台北霞海城隍廟 タイペイシャーハイチェンファンミャオ	★★★	寺院	恋愛成就を願うなら、ここは絶対に外せない！ 図Ⓜ北門駅から徒歩10分 住迪化街一段61號 ☎02-2558-0346 ⏲7〜19時 休なし 料拝観無料	MAP P13A3	P59
台北101／信義	松山文創園區 ソンシャンウェンチュアンユェンチュー	★★★	複合施設	図Ⓜ市政府駅から徒歩7分 住光復南路133號 ☎02-2765-1388(代) ⏲8〜22時(インフォメーションセンターは9〜18時) 休なし 料入園無料(一部施設を除く)	MAP P11E1	P60
華山	華山1914文創園區 ファシャンイージョウイースーウェンチュアンユェンチュー	★★★	複合施設	芸術イベントにも利用される最新のカルチャー発信拠点。 図Ⓜ忠孝新生駅から徒歩5分 住八德路一段1號 ☎02-2358-1914 ⏲店舗により異なる 休なし	MAP P9E1	P62
昆陽駅	静心苑 チンシンユェン		名所	展示施設やカフェがある。図Ⓜ昆陽駅から徒歩3分 住昆陽街164號／185號 ☎02-2653-0033 ⏲11〜21時(2号館は13〜17時) 休火曜 料無料	MAP P3C3	P63
中正紀念堂駅	中正紀念堂 ヂョンヂェンジーニェンタン	★★★	名所	アクセス至便。衛兵交代式だけでなく展示物も見ごたえあり。図Ⓜ中正紀念堂駅から徒歩すぐ 住中山南路21號 ☎02-2343-1100 ⏲9〜18時 休なし 料無料	MAP P9D3	P64
圓山／士林	忠烈祠 ヂョンリエツー	★★	名所	基隆河北側の山裾に広がる神聖な地で精鋭の雄姿を見学しよう。図Ⓜ圓山駅から車で7分 住北安路139號 ☎02-2885-4162 ⏲9〜17時 休なし 料無料	MAP P3B2	P65
中山	雙連朝市 シュアンリェンチャオシー		市場	ローカルの生活が垣間見られる市民の台所。朝市ならではのグルメも多数！図Ⓜ雙連駅から徒歩すぐ 住民生西路45巷付近 ⏲7時〜14時30分ごろ 休なし	MAP P12A1	P66
台北駅	二二八和平公園 アールアールバーハーピンゴンユェン		公園	太極拳や気功など、早朝から人々が思い思いに過ごす憩いの場。図Ⓜ台大醫院駅から徒歩すぐ 住懐寧街109號 ☎02-2389-7228 ⏲入園自由 休なし 料無料	MAP P8C2	P66
圓山／士林	故宮晶華 グーゴンジンファ		レストラン	コース料理は要予約(2名以上)。図住☎國立故宮博物院と同じ ⏲11時30分〜14時30分(土・日曜、祝日は11〜15時)、17時30分〜21時30分 休月曜	MAP P3B1	P53
西門／龍山寺	三六圓仔店 サンリゥユェンズディエン		スイーツ	龍山寺参拝の後に立ち寄りたい台湾お餅スイーツの人気店。図Ⓜ龍山寺駅から徒歩1分 住三水街92號 ☎02-2306-3765 ⏲9〜21時 休なし	MAP P15C4	P55
西門／龍山寺	星巴克咖啡 艋舺門市 シンバーカーカーフェイ　モンジャーメンシー		カフェ	台湾レトロな和洋折衷スタバ。図Ⓜ龍山寺駅から徒歩5分 住西園路一段306巷24號&26號 ☎02-2302-8643 ⏲7時〜21時30分(土・日曜は7時30分〜) 休なし	MAP P15B4	P55
迪化街	南街得意 ナンジエトーイー		カフェ	上質な台湾茶を使用した隠れ家的一軒。図住☎民藝埕と同じ ⏲10時〜18時30分 休なし	MAP P13A3	P59
迪化街	沃森 WOSOM | ASW ウォーセン WOSOM | ASW		カフェ	台湾産紅茶や手作り菓子を楽しめる。図住小藝埕と同じ ☎02-2555-9913 ⏲11〜19時(茶酒館は水〜日曜19時30分〜翌0時30分) 休不定休	MAP P13A3	P59
華山	一碗來 Taiwan mama イーワンライ タイワン ママ		レストラン	園内の人気ランチスポット。図Ⓜ忠孝新生駅から徒歩5分 住華山文創園區内4D-2館 ☎02-3322-4949 ⏲11〜21時 休なし	MAP P9E1	P63
華山	小確幸紅茶牛奶合作社 シャオチュエシンホンチャーニゥナイハーズオサー		ドリンク	濃厚なミルクティーが人気。図Ⓜ忠孝新生駅から徒歩5分 住華山文創園區内千層野臺 ☎02-3322-1612 ⏲11時〜19時30分(土・日曜は〜20時) 休なし	MAP P9E1	P63
康青龍	鼎泰豐 新生店 ディンタイフォン シンシェンディエン	定番	小籠包	図Ⓜ東門駅から徒歩3分 住信義路二段277號 ☎02-2395-2395 ⏲11時〜20時30分(土・日曜、祝日は10時30分〜) 休4月に1日不定休あり	MAP P14B1	P70
東區	濟南鮮湯包 ジーナンシェンタンバオ		小籠包	スープが透けて見えるほど薄い皮が秀逸。図Ⓜ忠孝新生駅から徒歩4分 住濟南路三段20號 ☎02-8773-7596 ⏲11時20分〜14時30分、17〜21時 休なし	MAP P9F2	P72

おいしいもの

ベスポットで
トレンドを
ッチ

しい衛兵たち
いにいこう！

質の牛乳とア
ム紅茶を使用

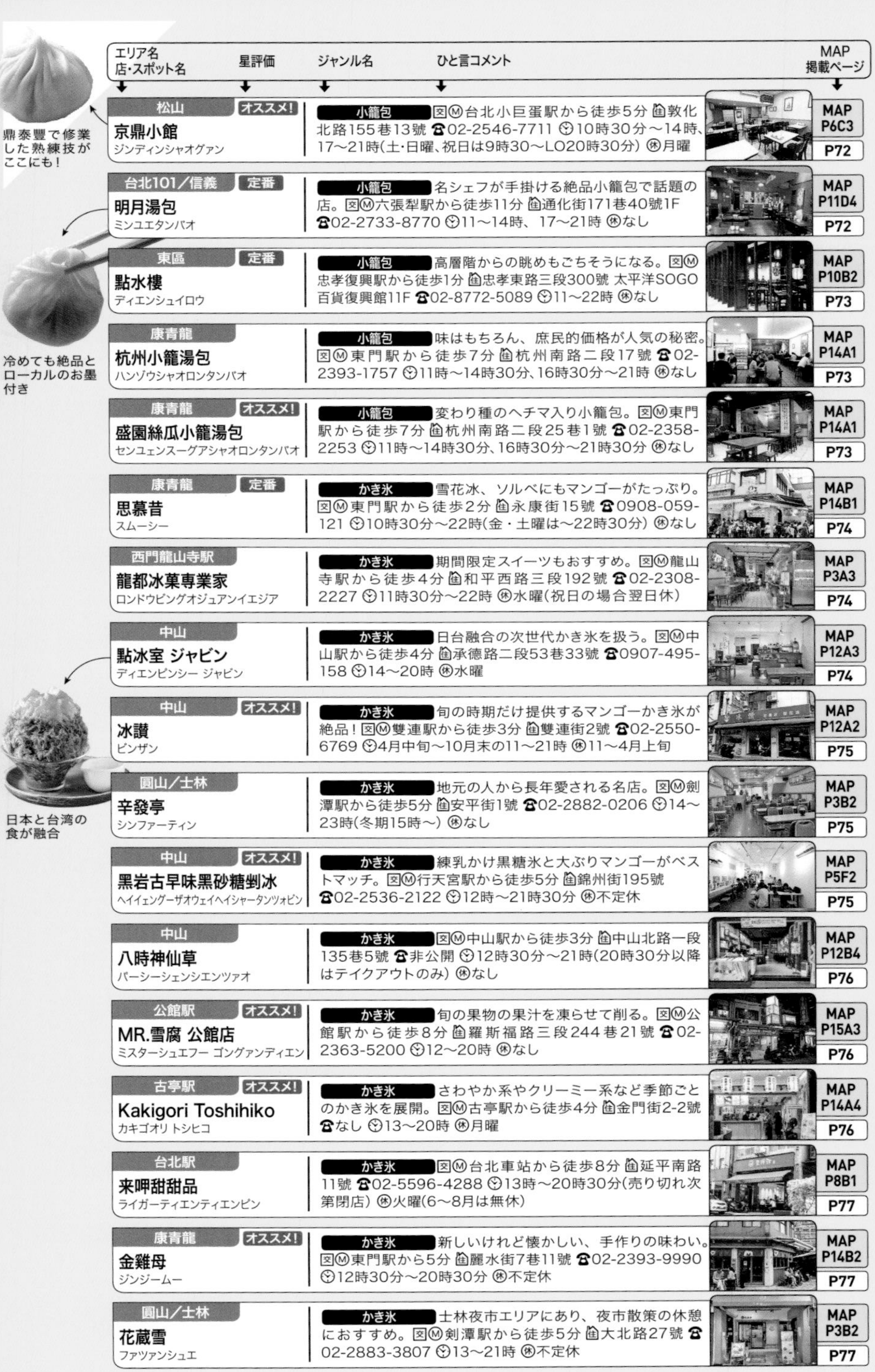

エリア名	星評価	店・スポット名	ジャンル名	ひと言コメント	MAP	掲載ページ
松山	オススメ!	京鼎小館 ジンディンシャオグアン	小籠包	図Ⓜ台北小巨蛋駅から徒歩5分 住敦化北路155巷13號 ☎02-2546-7711 時10時30分～14時、17～21時(土・日曜、祝日は9時30～LO20時30分) 休月曜	MAP P6C3	P72
台北101／信義	定番	明月湯包 ミンユエタンバオ	小籠包	名シェフが手掛ける絶品小籠包で話題の店。図Ⓜ六張犁駅から徒歩11分 住通化街171巷40號1F ☎02-2733-8770 時11～14時、17～21時 休なし	MAP P11D4	P72
東區	定番	點水樓 ディエンシュイロウ	小籠包	高層階からの眺めもごちそうになる。図Ⓜ忠孝復興駅から徒歩1分 住忠孝東路三段300號 太平洋SOGO百貨復興館11F ☎02-8772-5089 時11～22時 休なし	MAP P10B2	P73
康青龍		杭州小籠湯包 ハンゾウシャオロンタンバオ	小籠包	味はもちろん、庶民的価格が人気の秘密。図Ⓜ東門駅から徒歩7分 住杭州南路二段17號 ☎02-2393-1757 時11時～14時30分、16時30分～21時 休なし	MAP P14A1	P73
康青龍	オススメ!	盛園絲瓜小籠湯包 センユェンスーグアシャオロンタンバオ	小籠包	変わり種のヘチマ入り小籠包。図Ⓜ東門駅から徒歩7分 住杭州南路二段25巷1號 ☎02-2358-2253 時11時～14時30分、16時30分～21時30分 休なし	MAP P14A1	P73
康青龍	定番	思慕昔 スムーシー	かき氷	雪花冰、ソルベにもマンゴーがたっぷり。図Ⓜ東門駅から徒歩2分 住永康街15號 ☎0908-059-121 時10時30分～22時(金・土曜は～22時30分) 休なし	MAP P14B1	P74
西門龍山寺駅		龍都冰菓専業家 ロンドウビングオジュアンイエジア	かき氷	期間限定スイーツもおすすめ。図Ⓜ龍山寺駅から徒歩4分 住和平西路三段192號 ☎02-2308-2227 時11時30分～22時 休水曜(祝日の場合翌日休)	MAP P3A3	P74
中山		點冰室 ジャビン ディエンビンシー ジャビン	かき氷	日台融合の次世代かき氷を扱う。図Ⓜ中山駅から徒歩4分 住承徳路二段53巷33號 ☎0907-495-158 時14～20時 休水曜	MAP P12A3	P74
中山	オススメ!	冰讃 ビンザン	かき氷	旬の時期だけ提供するマンゴーかき氷が絶品！図Ⓜ雙連駅から徒歩3分 住雙連街2號 ☎02-2550-6769 時4月中旬～10月末の11～21時 休11～4月上旬	MAP P12A2	P75
圓山／士林		辛發亭 シンファーティン	かき氷	地元の人から長年愛される名店。図Ⓜ劍潭駅から徒歩5分 住安平街1號 ☎02-2882-0206 時14～23時(冬期15時～) 休なし	MAP P3B2	P75
中山	オススメ!	黑岩古早味黑砂糖剉冰 ヘイイェングーザオウェイヘイシャータンツォビン	かき氷	練乳かけ黒糖氷と大ぶりマンゴーがベストマッチ。図Ⓜ行天宮駅から徒歩5分 住錦州街195號 ☎02-2536-2122 時12時～21時30分 休不定休	MAP P5F2	P75
中山		八時神仙草 バーシーシェンシエンツァオ	かき氷	図Ⓜ中山駅から徒歩3分 住中山北路一段135巷5號 ☎非公開 時12時30分～21時(20時30分以降はテイクアウトのみ) 休なし	MAP P12B4	P76
公館駅	オススメ!	MR.雪腐 公館店 ミスターシュエフー ゴングァンディエン	かき氷	旬の果物の果汁を凍らせて削る。図Ⓜ公館駅から徒歩8分 住羅斯福路三段244巷21號 ☎02-2363-5200 時12～20時 休なし	MAP P15A3	P76
古亭駅	オススメ!	Kakigori Toshihiko カキゴオリ トシヒコ	かき氷	さわやか系やクリーミー系など季節ごとのかき氷を展開。図Ⓜ古亭駅から徒歩4分 住金門街2-2號 ☎なし 時13～20時 休月曜	MAP P14A4	P76
台北駅		来呷甜甜品 ライガーティエンティエンピン	かき氷	図Ⓜ台北車站から徒歩8分 住延平南路11號 ☎02-5596-4288 時13時～20時30分(売り切れ次第閉店) 休火曜(6～8月は無休)	MAP P8B1	P77
康青龍	オススメ!	金雞母 ジンジームー	かき氷	新しいけれど懐かしい、手作りの味わい。図Ⓜ東門駅から5分 住麗水街7巷11號 ☎02-2393-9990 時12時30分～20時30分 休不定休	MAP P14B2	P77
圓山／士林		花蔵雪 ファツァンシュエ	かき氷	士林夜市エリアにあり、夜市散策の休憩におすすめ。図Ⓜ劍潭駅から徒歩5分 住大北路27號 ☎02-2883-3807 時13～21時 休不定休	MAP P3B2	P77

鼎泰豐で修業した熟練技がここにも！

冷めても絶品とローカルのお墨付き

日本と台湾の食が融合

エリア名	星評価	店・スポット名	ジャンル名	ひと言コメント	MAP	掲載ページ
華山	定番	阜杭豆漿 フーハンドウジャン	台湾式朝食	豆漿目当てで行列が絶えない。焼餅類も豊富。図Ⓜ善導寺駅から徒歩3分 住忠孝東路一段108號2F ☎02-2392-2175 ⏰5時30分〜12時30分 ㊡月曜	MAP P9E1	P78
中正紀念堂		鼎元豆漿 ディンユェンドウジャン	台湾式朝食	行列が絶えない老舗。中国風パイの焼餅も人気。図Ⓜ中正紀念堂駅から徒歩5分 住金華街30-1號 ☎02-2351-8527 ⏰4時30分〜11時30分 ㊡なし	MAP P9D3	P78
迪化街		林合發油飯店 リンハーファーヨウファンディエン	台湾式朝食	台湾風のおこわ、油飯の人気店。図Ⓜ北門駅から徒歩10分 住迪化街一段21號 永樂市場1F ☎02-2559-2888 ⏰7時30分〜12時 ㊡不定休	MAP P13A3	P78
松山		屏東任家涼麵 ピンドンレンジャーリャンミェン	台湾式朝食	さっぱりした味わい。図Ⓜ南京三民駅から徒歩18分 住富錦街535號 ☎02-2749-4326 ⏰7時30分〜14時30分、16時30分〜20時30分(土曜は夜営業なし) ㊡日曜	MAP P7F2	P79
松山		陳家涼麵 チェンジャーリャンミェン	台湾式朝食	ローカルの支持高し！図Ⓜ南京三民駅から徒歩6分 住南京東路五段123巷29號 ☎02-2766-0171 ⏰6時〜13時30分 ㊡日曜	MAP P7E3	P79
中正紀念堂		劉媽媽飯糰 リウマーマーファントゥアン	台湾式朝食	いつ来てもアツアツが食べられるおにぎり専門店。図Ⓜ古亭駅から徒歩6分 住杭州南路二段88號 ☎02-3393-6915 ⏰5時〜11時30分 ㊡月曜	MAP P9D4	P79
西門／龍山寺	定番	周記肉粥店 ジョウジーロウジョウディエン	台湾式朝食	創業当時から変わらない肉粥が看板メニュー。図Ⓜ龍山寺駅から徒歩5分 住廣州街104號 ☎02-2302-5588 ⏰6時〜16時15分 ㊡不定休	MAP P15C3	P79
東區	オススメ!	PUREBREAD BAKERY ピュアブレッドベーカリー	パン・サンドイッチ	添加物を使用しないヨーロッパの伝統的なパンが人気。図Ⓜ國父紀念館駅から4分 住光復南路308巷21號1F ☎なし ⏰10〜21時 ㊡なし	MAP P11D2	P80
中山	オススメ!	双福食品 シュアンフーシーピン	パン・サンドイッチ	シンプル・イズ・ベストな、レトロサンドイッチにファン多し。図Ⓜ雙連駅から徒歩3分 住民生西路150號 ☎02-2558-9018 ⏰9〜23時 ㊡なし	MAP P12A2	P80
松山	定番	一禾堂 麵包本舗 イーハータン　ミェンパオベンプー	パン・サンドイッチ	ベジタリアン向けのパンもあってヘルシー！図Ⓜ中山國中駅から徒歩3分 住復興北路323號1F ☎02-2545-0096 ⏰11時〜20時30分 ㊡なし	MAP P6B2	P81
圓山／士林		豐盛號 士林店 フォンハンセオ　シーリンディエン	パン・サンドイッチ	食べごたえ満点のトーストサンドが◎。図Ⓜ士林駅から徒歩3分 住中正路223巷4號 ☎02-2800-1388 ⏰6時30分〜13時(土・日曜は〜14時) ㊡なし	MAP P3B1	P81
東區		洪瑞珍 ホンレイジェン	パン・サンドイッチ	軽ふわ食感のパンに地元っ子が夢中！図Ⓜ忠孝敦化駅から徒歩3分 住忠孝東路四段218-2、3號 ☎02-2778-5959 ⏰10〜20時(土曜は19時30分) ㊡なし	MAP P11D2	P81
台北101／信義	定番	呉寶春麥方店 ウーパオチュンバンディエン	パン・サンドイッチ	隣にはイートインできるスペースあり。図Ⓜ象山駅から徒歩2分 住信義路五段124、126號 ☎02-2723-5520 ⏰10時30分〜20時 ㊡不定休	MAP P11F3	P81
迪化街	オススメ!	金仙魚丸店 ジンシェンユーワンディエン	魯肉飯	永樂市場を訪れたついでに立ち寄りたい小吃の店。図Ⓜ北門駅から徒歩10分 住南京西路233巷19號 ☎02-2559-4392 ⏰7〜19時 ㊡水曜	MAP P13A3	P82
中正紀念堂	定番	金峰魯肉飯 ジンフォンルーロウファン	魯肉飯	お値打ち価格の庶民派食堂。図Ⓜ中正紀念堂駅から徒歩2分 住羅斯福路一段10-1號 ☎02-2396-0808 ⏰11時〜翌1時 ㊡月曜	MAP P9D3	P82
中山	オススメ!	黃記魯肉飯 ホァンジールーロウファン	魯肉飯	屋台並みのお手頃価格で人気。図Ⓜ中山國小駅から徒歩3分 住中山北路二段183巷28號 ☎02-2595-8396 ⏰11時30分〜20時30分 ㊡月曜	MAP P5E2	P82
西門／龍山寺		天天利美食坊 ティエンティエンリーメイシーファン	魯肉飯	胡椒が利いて日本人好みの味。半熟玉子載せもグッド。図Ⓜ西門駅から徒歩4分 住漢中街32巷1號 ☎02-2375-6299 ⏰10時30分〜22時30分 ㊡月曜	MAP P8B1	P83

気の涼麺に
が止まらない

い深いパン
朝ごはんにピ
リ

子&香草載せ
な食べ方！

エリア名 店・スポット名	星評価	ジャンル名	ひと言コメント	MAP 掲載ページ
中山 **丸林魯肉飯** ワンリンルーロウファン		魯肉飯	1階はビュッフェ、2階がレストランになった台湾家庭料理店。図Ⓜ圓山駅から徒歩10分 民族東路32號 ☎02-2597-7971 10時30分～20時30分 ㊡なし	MAP P5E1 P83
迪化街 **鬍鬚張魯肉飯** フーシュィジャンルーロウファン		魯肉飯	台湾全土でチェーン展開する実力店。ひげおじさんのロゴが目印。図Ⓜ雙連駅から徒歩15分 寧夏路64號 ☎02-2558-9489 10時30分～翌0時30分 ㊡なし	MAP P13C2 P83
迪化街 **阿川蚵仔麵線** アーチュアンオーアーミェンシン		麺料理	カキがたっぷり入った麺線を食べるなら迷わずココ。朝ごはんにもグッド。図Ⓜ雙連駅から徒歩6分 民生西路198-17號 ☎02-2552-3962 7～17時 ㊡日曜	MAP P13C2 P84
大安 **史大華精緻麵食館** シーターファチンツーミェンシーグァン	オススメ!	麺料理	台湾の母の味が楽しめる名店。図Ⓜ六張犁駅から徒歩5分 和平東路三段67巷4號 ☎02-8732-8168 11時30分～14時30分、17～21時 ㊡日曜	MAP P10C4 P84
東區 **林東芳牛肉麵** リンドンファンニュウロウミェン		麺料理	まろやかな特製牛骨スープにファン多数。行列は覚悟して! 図Ⓜ南京復興駅から徒歩10分 八德路二段322號 ☎02-2752-2556 11時～翌3時 ㊡なし	MAP P6B4 P84
西門／龍山寺 **采宏牛肉麵** ツァイホンニュウロウミェン	定番	麺料理	牛肉麺の人気店。リーズナブルな価格がうれしい! 図Ⓜ北門駅から徒歩5分 西寧南路27號 ☎02-2371-2747 24時間営業 ㊡なし	MAP P8B1 P84
康青龍 **永康牛肉麵** ヨンカンニュウロウミェン		麺料理	味にうるさい地元リピーターも納得の味。図Ⓜ東門駅から徒歩5分 金山南路二段31巷17號 ☎02-2351-1051 11時～20時40分 ㊡なし	MAP P14A1 P85
東區 **度小月** ドゥーシャオユエ		麺料理	台南に本店がある。図Ⓜ忠孝敦化駅から徒歩3分 忠孝東路四段216巷8弄12號 ☎02-2773-1244 11時～21時45分(日曜は～21時30分) ㊡なし	MAP P10C2 P85
西門／龍山寺 **樺林乾麵** ファリンガンミェン		麺料理	路地裏にたたずむ名店。乾麺目当てに朝から行列が。図Ⓜ西門駅から徒歩6分 中華路一段91巷15號 ☎02-2331-6371 7時30分～14時 ㊡土・日曜	MAP P8B2 P85
迪化街 **意麵王** イーミェンワン		麺料理	一日1000食売り上げる乾意麺はシンプルで深みのある味わい。図Ⓜ雙連駅から徒歩15分 歸綏街202號 ☎02-2553-0538 10時30分～20時 ㊡水曜	MAP P13B2 P85
松山 **不葷主義茶餐廳** ブーフンジューイーチャーツァンティン		素食	図Ⓜ南京復興駅からすぐ 南京東路三段275號2F ☎02-2545-9977 11時30分～15時、17時30分～21時30分 ㊡なし	MAP P6B3 P86
台北101／信義 **VEGE CREEK 蔬河 延吉本店** ベジ クリーク シューハー イェンジーベンディエン		素食	葉物野菜のディスプレイがユニーク! 図Ⓜ國父紀念館駅から徒歩4分 延吉街129巷2號 ☎02-2778-1967 11時30分～14時、17～20時 ㊡なし	MAP P11D1 P87
中山 **養心茶樓蔬食飲茶** ヤンシンチャロウシューシーインチャー		素食	ヘルシーなベジタリアン飲茶。図Ⓜ松江南京駅から徒歩1分 松江路128號2F ☎02-2542-8828 11時30分～21時30分(土・日曜、祝日は11時～) ㊡なし	MAP P5F3 P87
華山 **祥和蔬食** シャンハーシューシー	定番	素食	本格的な四川料理をベジタリアン向けにアレンジ。図Ⓜ善導寺駅から徒歩2分 鎮江街1巷1號 ☎02-2357-0377 11～14時、17～21時 ㊡なし	MAP P9D1 P87
東區 **忠南飯館** ヂョンナンファングァン		ローカル食堂	ローカル御用達の食堂はごはんが進むと評判。図Ⓜ忠孝復興駅から徒歩11分 仁愛路三段88號 ☎02-2706-1256 11～14時、17時～20時30分 ㊡なし	MAP P10A2 P88
康青龍 **六品小館** リウピンシャオグァン		ローカル食堂	素朴な地元食堂。図Ⓜ東門駅から徒歩6分 金華街199巷3弄8號 ☎02-2393-0104 11時30分～13時30分(土・日曜は～14時)、17時30分～20時40分 ㊡なし	MAP P14A2 P88
中山 **梁記嘉義雞肉飯** リャンジージャイージーロウファン	定番	ローカル食堂	ジューシーな鶏肉飯が話題の名店。図Ⓜ松江南京駅から徒歩5分 松江路90巷19號 ☎02-2563-4671 10時～14時30分、16時30分～20時 ㊡土・日曜	MAP P5F4 P89

トロトロの蚵仔麺線がヤミツキになる!

台中発! 話題の素食レストラン。

エリア名 店・スポット名 | 星評価 | ジャンル名 | ひと言コメント | MAP 掲載ページ

			MAP	掲載ページ
中山 神農生活×食習 シェンノンシェンフォ シーシ	オススメ!	ローカル食堂 定食スタイルがうれしい。図Ⓜ中山駅から徒歩1分 ⓐ南京西路14號(誠品生活 南西4F) ☎02-2563-0818 ⓣ11～22時(金・土曜は～22時30分) ㊡なし	MAP P12A4	P89
康青街 大隱酒食 ターインジュシー		ローカル食堂 メニューはどれもボリューム満点なのでシェアがおすすめ。図Ⓜ東門駅から徒歩10分 ⓐ永康街65號 ☎02-2343-2275 ⓣ17時～23時30分 ㊡月曜	MAP P14B2	P89
中山 My灶 マイザオ		ローカル食堂 食材はオーナーが自ら厳選。図Ⓜ松江南京駅から徒歩1分 ⓐ松江路100巷9-1號 ☎02-2522-2697 ⓣ11時30分～14時、17時30分～21時30分 ㊡なし	MAP P5F4	P89
中山 福大蒸餃館 フーダーゼンジャオグァン	オススメ!	餃子 路地裏にひっそりと店を構える蒸し餃子の人気店。図Ⓜ中山駅から徒歩2分 ⓐ中山北路一段140巷11號 ☎02-2541-3195 ⓣ11時30分～20時30分 ㊡日曜	MAP P12A4	P90
西門／龍山寺 福州元祖胡椒餅 フージョウユエンズーフージャオピン	定番	小吃 カリカリ食感×スパイシーな胡椒餅はヤミツキのウマさ。図Ⓜ龍山寺駅から徒歩3分 ⓐ和平西路三段89巷2弄5號 ☎02-2308-3075 ⓣ10時～18時30分 ㊡なし	MAP P15C4	P90
康青龍 天津蔥抓餅 ティエンシンツォンジュアピン	定番	小吃 ネギがたっぷり入った蔥抓餅は、パリッふわっな新食感！図Ⓜ東門駅から徒歩2分 ⓐ永康街6巷1號 ☎02-2321-3768 ⓣ9～22時 ㊡なし	MAP P14B1	P90
台北101／信義 石家割包 シージャーグァパオ		小吃 夜市の屋台発。ふかふか台湾式バーガー、割包の専門店。図Ⓜ信義安和駅から徒歩8分 ⓐ臨江街104號 ☎02-2709-5972 ⓣ10時30分～翌0時30分 ㊡なし	MAP P11D4	P90
東區 姜太太包子店 ジャンタイタイパオズディエン	オススメ!	小吃 具がたっぷりの包子は全種類食べたくなる！図Ⓜ忠孝復興駅から徒歩1分 ⓐ復興南路一段180號 ☎02-2781-6606 ⓣ6時30分～19時(土曜は～18時) ㊡日曜	MAP P10B2	P91
華山 龍門客桟餃子館 ロンメンカーザンジャオヅグァン		餃子 ノスタルジックな雰囲気。看板メニューは水餃子。図Ⓜ善導寺駅から徒歩9分 ⓐ林森南路61巷19號 ☎02-2351-0729 ⓣ17～22時 ㊡第1・2・4月曜	MAP P9D2	P91
迪化街 老竹子三發包子 ラオズーズサンファーパオズ		小吃 永樂市場1Fにある老舗まんじゅう店。図Ⓜ北門駅から徒歩9分 ⓐ迪化街一段21號1F(永樂市場1431) ☎02-2559-6322 ⓣ10～18時 ㊡月曜	MAP P13A3	P91
台北駅 八方雲集 懷寧店 パーファンユンジー フアイニンディエン		餃子 台湾全土でチェーン展開する鍋貼(焼き餃子)の店。図Ⓜ台北車站から徒歩10分 ⓐ懐寧街24號 ☎02-2375-6060 ⓣ10時30分～21時30分 ㊡なし	MAP P8C1	P91
西門／龍山寺 珍果水果室 ジェングオシュイグオシー	オススメ!	フルーツ コスパよしの老舗果実店。かき氷も美味！図Ⓜ龍山寺駅から徒歩8分 ⓐ華西街113號 ☎02-2304-5578、02-2308-9390 ⓣ12時～翌0時 ㊡不定休	MAP P15B3	P92
東區 陳記百果園 チェンジーバイグオユェン	定番	フルーツ 選りすぐりの果物が並ぶフルーツパーラー。図Ⓜ忠孝復興駅から徒歩10分 ⓐ敦化南路一段100巷7弄2號 ☎02-2772-2010 ⓣ8～19時(土曜は～17時) ㊡日曜	MAP P10C1	P92
台北101／信義 騒豆花 サオドウファ	定番	フルーツ・豆花 旬のフルーツを使用した期間限定の豆花が人気。図Ⓜ國父紀念館駅から徒歩3分 ⓐ延吉街131巷26號 ☎02-8771-8901 ⓣ12時30分～21時30分 ㊡日曜	MAP P11D1	P93
台北101／信義 豐味果品 フォンウェイグオピン		フルーツ 提携農家から取り寄せる果物が味わえる。図Ⓜ國父紀念館駅から徒歩7分 ⓐ光復南路417-3號 ☎02-2557-6763 ⓣ10～19時 ㊡なし	MAP P11D2	P93
松山 春美冰菓室 チュンメイビングオシー	オススメ!	台湾スイーツ 台湾スイーツを健康的にアレンジ。かき氷はSNS映えすると話題に。図Ⓜ南京復興駅から徒歩4分 ⓐ敦化北路120巷54號 ☎02-2712-9186 ⓣ12～21時 ㊡なし	MAP P6C3	P94
台北101／信義 東區紛圓 ドンチュフェンユェン	定番	台湾スイーツ カエルマークが目印のヘルシースイーツ店。図Ⓜ忠孝敦化駅から徒歩4分 ⓐ忠孝東路四段216巷38號 ☎02-2777-2057 ⓣ11～23時 ㊡なし	MAP P11D2	P94

…やげ向きの…ムも多数販

餃子は小籠…負けないウ…！

…手頃価格のマ…ーかき氷は…10月！

…しい味わい…ほっこり♪

エリア名 店・スポット名 | 星評価 | ジャンル名 | ひと言コメント | MAP 掲載ページ

		MAP	ページ
台北駅 **脆皮鮮奶甜甜圏** ツイピーシェンナイティエンティエンチュエン	台湾スイーツ 昔懐かしいサクサク食感のドーナツは行列覚悟で。図Ⓜ台北車站から徒歩5分 住華陰街183號 ☎02-2550-9914 営11時～19時15分 休なし	MAP P13C4	P95
台北101／信義 **愛玉之夢遊仙草** アイユージーモンヨウシェンツァオ	台湾スイーツ 自家製の仙草ゼリーと愛玉ゼリーは身体にやさしい味わい。図Ⓜ信義安和駅から徒歩8分 住通化街56號 ☎02-2706-1257 営12時～翌3時 休なし	MAP P11D3	P95
中山 **鮮芋仙** シェンユィシエン	台湾スイーツ 無添加の芋圓や仙草ゼリーが人気。図Ⓜ中山駅から徒歩2分 住南京西路18巷6弄1-1號 ☎02-2550-8990 営12～22時 休なし	MAP P12A4	P95
台北101／信義 オススメ! **Right Ice Cream 來特冰淇淋** ライトアイスクリーム ライターピンチーリン	台湾スイーツ アイスクリーム専門店だが、夏季限定の粉粿かき氷にも注目。図Ⓜ國父紀念館駅から徒歩9分 住八德路四段36巷54號 ☎02-2762-2008 営13～22時 休火曜	MAP P11E1	P95
中山 **雙連圓仔湯** シュアンリェンコェンズタン	台湾スイーツ ヘルシー食材を自由に組み合わせたデザートスープが豊富。図Ⓜ雙連駅から徒歩3分 住民生西路136號 ☎02-2559-7595 営10時30分～21時30分 休月曜	MAP P12A2	P95
迪化街 オススメ! **夏樹甜品** シアシューティエンピン	台湾スイーツ 杏仁好きにはたまらない杏仁スイーツの宝庫。図Ⓜ大橋頭駅から徒歩10分 住迪化街一段240號 ☎02-2553-6580 営10時30分～18時30分 休なし	MAP P13A2	P95
中正紀念堂 **晉江茶堂** ジンジャンチャータン	本格中国料理 雑穀類が入った擂茶の体験もできる客家料理店。図Ⓜ古亭駅から徒歩3分 住晉江街1號 ☎02-8369-1785 営10～14時、16時30分～21時 休不定休	MAP P9D4	P96
松山 **梅花廳** メイファティン	本格中国料理 ワゴンで運ばれてくる飲茶。図Ⓜ南京復興駅から徒歩1分 住南京東路三段255號2F(兄弟大飯店内) ☎02-2712-3456(内線2188) 営10時～21時30分 休なし	MAP P6B3	P96
松山 **北平 陶然亭餐廳** ペイピン タオランティンツァンティン	本格中国料理 名物の北京ダックはゲストの目の前で切り分けられる。図Ⓜ南京復興駅から徒歩2分 住復興北路86號2F ☎02-2778-7805 営11～14時、17～21時 休なし	MAP P6B4	P97
中山 **人和園雲南菜** レンハーユェンユンナンツァイ	雲南料理 新鮮な野菜がたっぷり！ 図Ⓜ民權西路駅から徒歩6分 住中山北路二段112號2F ☎02-2536-4459 営11時30分～14時、17時30分～21時 休なし	MAP P12B1	P97
台北駅 **極品軒** ジーピンシュエン	本格中国料理 トロトロの東坡肉をお目当てに訪れる人多数。図Ⓜ西門駅から徒歩5分 住衡陽路18號 ☎02-2388-5880 営11時30分～14時、17時30分～21時 休なし	MAP P8C1	P97
天母 オススメ! **金蓬萊遵古台菜餐廳** ジンポンライズングータイツァイツァンティン	台湾料理 図Ⓜ芝山駅から車で10分 住天母東路101號 ☎02-2871-1517 営11時30分～14時(土・日曜は～15時)、17時30分～21時(土・日曜は～21時30分) 休火曜	MAP P3B1	P98
行天宮駅 **美麗餐廳** メイリーツァンティン	台湾料理 母の味を受け継ぐ、予約のとりにくい下町の人気店。図Ⓜ行天宮駅から徒歩5分 住農安街261號 ☎02-2509-7881 営18～22時 休火曜	MAP P5F1	P98
中山 定番 **欣葉** シンイエ	台湾料理 一度は訪れたい台湾料理の老舗。カニおこわが名物。図Ⓜ中山國小駅から徒歩7分 住雙城街34-1號 ☎02-2596-3255 営11時～21時30分 休なし	MAP P5E1	P99
華山 **山海樓** サンハイロウ	台湾料理 有名グルメガイドに認められた宴会料理。図Ⓜ忠孝新生駅から徒歩7分 住仁愛路二段94號 ☎02-2351-3345 営12時～14時30分、18～22時 休なし	MAP P9F2	P99
松山 **茂園餐廳** マオユェンツァンティン	台湾料理 家庭的な味をお値打ち価格で！図Ⓜ南京復興駅から徒歩7分 住長安東路二段185號 ☎02-2752-8587 営11時30分～14時、17時30分～21時30分 休月曜	MAP P6B4	P99
中山 **好食多涮涮屋** ハオシードォシュアンシュアンウー	火鍋 図Ⓜ中山國小駅から徒歩6分 住雙城街19巷5號 ☎02-2585-7222 営11時30分～15時、17時30分～22時(土・日曜は11時～15時30分、17～22時) 休なし	MAP P5E1	P100

台湾食材を使った料理はどれも絶品

約8時間もかけたトロトロの東坡肉は絶品！

入浴姿のクマを鍋にIN！

エリア名 店・スポット名 / 星評価 / ジャンル名 / ひと言コメント / MAP 掲載ページ

エリア名	店・スポット名	ジャンル名	ひと言コメント	MAP	掲載ページ
中山	老四川 ラオスーチュワン	火鍋	真夜中でも火鍋を味わえる。鴨血と豆腐の追加は無料。図Ⓜ松江南京駅から徒歩9分 住南京東路二段45號 ☎02-2522-3333 ⏲11時30分～翌5時 休なし	MAP P5E3	P100
中山 オススメ!	無老鍋 ウーラオグオ	火鍋	人気火鍋店がプロデュース。漢方や薬膳の素材がたっぷり！図Ⓜ中山駅から徒歩5分 住中山北路二段36-1號 ☎02-2581-6238 ⏲10時30分～翌2時 休なし	MAP P12B3	P100
東區	12MINI シーアールミニ	火鍋	おひとり様にうれしいミニサイズの鍋が好評。図Ⓜ忠孝復興駅から徒歩5分 住忠孝東路四段49巷4弄6號 ☎02- 8773-8912 ⏲11～23時 休なし	MAP P10B1	P101
台北101／信義 定番	長白小館 チャンバイシャオグァン	火鍋	白菜漬けと豚肉が◎！図Ⓜ國父紀念館駅から徒歩5分 住光復南路240巷53號 ☎02-2751-3525 ⏲11時30分～14時、17～21時 休月曜、8月	MAP P11D2	P101
西門／龍山寺	馬辣頂級麻辣鴛鴦火鍋　西門店 マーラーディンジーマーラーユエンヤンフォーグオ シーメンディエン	火鍋	新鮮食材が食べ放題＆飲み放題。お財布にやさしい火鍋店。図Ⓜ西門駅から徒歩5分 住西寧南路157號2F ☎02-2314-6528 ⏲11時30分～翌2時 休なし	MAP P8B1	P101
迪化街	天喜迷你火鍋 ティエンシーミーニーフォグオ	火鍋	おひとり様鍋ブームの火付け役。席はカウンター形式でカジュアル。図Ⓜ中山駅から徒歩8分 住南京西路306號 ☎02-2558-6781 ⏲11時30分～20時 休火曜	MAP P13B3	P101
康青龍	小隠茶庵 東門店 シャオインチャーアン トンメンディエン	茶藝館	来店の際は公式サイトで事前予約が必要。図Ⓜ東門駅から徒歩4分 住杭州南路一段143巷12-1號 ☎02-2343-5859 ⏲11～20時 休なし	MAP P14A1	P102
康青龍 定番	紫藤廬 ズータンルー	茶藝館	台北の代表店。図Ⓜ公館駅から徒歩15分 住新生南路三段16巷1號 ☎02-2363-7375 ⏲11時30分～18時30分(金～日曜は11時～19時30分) 休火曜	MAP P14C3	P103
康青龍	小慢 シャオマン	茶藝館	オーナー選定の茶器が並ぶギャラリーのような空間。図Ⓜ古亭駅から徒歩10分 住泰順街16巷39號 ☎02-2365-0017 ⏲13～18時 休月・火曜	MAP P14B3	P103
台北101／信義	三徑就荒 サンチンジウファン	茶藝館	おしゃれな空間でお茶を楽しめる。図Ⓜ市政府駅から徒歩10分 住忠孝東路四段553巷46弄15號 ☎02-2746-6929 ⏲13～20時(土・日曜は11時～) 休なし	MAP P11E1	P103
迪化街	窩窩 wooo ウォーウォー	リノベカフェ	香港スタイルのカフェメニューが中心。図Ⓜ北門駅から徒歩13分 住民生西路404號 ☎02-2555-2056 ⏲12～19時 休月・火曜	MAP P13A2	P104
中山	SHELTER 別所 シェルター ビエスオ	リノベカフェ	都会の中のオアシスのような、ゆったり系カフェレストラン。図Ⓜ民權西路駅から徒歩2分 住承德路三段51巷18號 ☎02-2599-1811 ⏲11～23時 休なし	MAP P5D1	P104
康青龍	貳房苑 Livingreen アールファンユェン リビングリーン	リノベカフェ	店の雰囲気とともに料理も絶品と評判。図Ⓜ古亭駅から徒歩5分 住潮州街76號 ☎02-2391-2866 ⏲11時30分～19時30分 休月・火曜	MAP P14A2	P105
康青龍	青田七六 チンティエンリーリゥ	リノベカフェ	古民家カフェの定番。図Ⓜ東門駅から徒歩15分 住青田街7巷6號 ☎02-2391-6676 ⏲11時30分～14時、14時30分～17時、17時30分～21時 休第1月曜	MAP P14B2	P105
迪化街	AKA Café アカ カフェ	カフェ	富豪の邸宅を改装したカフェ。完全予約制。図Ⓜ大橋頭駅から徒歩10分 住民樂街66號後棟 ☎02-2557-1220 ⏲11～19時 休火曜	MAP P13A2	P105
迪化街	WANGTEA LAB×有記 ワンティーラボ×ヨウジー	ドリンク	老舗の茶葉店によるティーラウンジ。図Ⓜ台北車站から徒歩11分 住重慶二段64巷24號 ☎02-2558-5551 ⏲10～19時 休木曜	MAP P13B3	P106
中山	仙島 SENTO シェンタオセントー	ドリンク	おいしい漢方茶。図Ⓜ民權西路駅から徒歩7分 住承德路三段90巷2號 ☎02-2595-3757 ⏲12時30分～19時30分(土・日は11時30分～) 休月・火曜	MAP P5D1	P106

女性にもちょ
いいサイズ

港式の
ンティー。
ロなグラスも
いい♪

エリア名 / 店・スポット名 ↓ 星評価 ↓ ジャンル名 ↓ ひと言コメント ↓ MAP掲載ページ ↓

エリア	店・スポット名	ジャンル	ひと言コメント	MAP	掲載ページ
富錦街	degugu果果迪 デグググオグオティー	ドリンク	台湾茶×台湾フルーツ。交Ⓜ中山國中駅から徒歩13分 住民生東路四段65號 ☎02-2502-8551 時10時～19時30分(土・日曜は変更あり) 休なし	MAP P6C3	P107
東區	麦吉machi machi マイチーマチマチ	ドリンク	鉄観音茶やイチゴのチーズティー。交Ⓜ忠孝復興駅から徒歩7分 住大安路一段51巷16號 ☎02-2752-5069 時12～21時 休なし	MAP P10C1	P107
台北101／信義	雨田先生 手沖飲品吧 ユーティエンシエンシェン ショウチョンインピンバー	ドリンク	犬型マシュマロやバラ型メレンゲの載ったコーヒーが♥交Ⓜ忠孝敦化駅から徒歩6分 住忠孝東路四段223巷69號 ☎なし 時12～21時(日・月曜は～19時) 休なし	MAP P11D1	P107
康青龍	50嵐 ウーシーラン	ドリンク	カスタマイズ自在の人気ドリンク店。交Ⓜ東門駅から徒歩5分 住永康街14巷2號 ☎02-2395-2000 時11～22時 休なし	MAP P14B2	P107
台北101／信義	春水堂 チュンスイタン	タピオカドリンク	タピオカミルクティーの名店。交Ⓜ市政府駅から徒歩7分 住松濤路9號(新光三越A9館B1F) ☎02-2723-9913 時11時～21時30分(金・土曜は～22時) 休なし	MAP P11F2	P108
大安駅	天仁喫茶趣ToGo信義店 ティエンレンチーチャーチュウトゥゴーシンイーティエン	タピオカドリンク	お茶ブランド"天仁茗茶"が展開するテイクアウト専門スタンド。交Ⓜ大安駅から徒歩6分 住信義路四段88號 ☎02-2707-3598 時11時～21時30分 休なし	MAP P10C3	P108
西門	幸福堂 シンフウタン	タピオカドリンク	毎日店頭で手作りする黒糖タピオカは新鮮でモッチモチ！交Ⓜ西門駅から徒歩3分 住漢中街100號 ☎なし 時10時30分～22時30分 休なし	MAP P8B1	P108
陽明山 オススメ！	The TOP 屋頂上 ザ トップ ウーディンサン	夜景ダイニング	バリのような南国気分あふれるスポット。交Ⓜ芝山駅から車で20分 住凱旋路61巷4弄33號 ☎02-2862-2255 時17時～翌3時 休なし	MAP P3B1	P112
台北101／信義	饗 A Joy シャン エー ジョイ	夜景ダイニング	交Ⓜ台北101／世貿駅から徒歩1分 住信義區信義路五段7號86F ☎02-8101-0111 時11時30分～14時、14時45分～17時15分、18時～21時30分 休なし	MAP P11E3	P112
台北101／信義	紫艷酒吧 YEN Bar ズーイェンジゥバー エン バー	夜景ダイニング	Ｈダブリュー最上階にあるバー。交Ⓜ市政府駅から徒歩1分 住忠孝東路五段10號31F ☎02-7703-8887 時17～23時(金・土曜は～24時) 休なし	MAP P11F2	P113
台北101／信義	象山 シャンサン	夜景	台北101を眺められるビューポイント。交Ⓜ象山駅から中強公園近くの登山口まで徒歩10分、台北市立聯合醫院松徳院區の登山口まで徒歩15分ほか	MAP P3C3	P113
内湖	美麗華百楽園 メイリーファパイラーユェン	夜景	観覧車で夜景観賞を。交Ⓜ劍南路駅から徒歩2分 住敬業三路20號 ☎02-2175-3456 時11～22時。観覧車は11～23時(土・日曜は～24時) 休なし 料NT$150／休日NT$200	MAP P3B2	P113
台北101／信義 オススメ！	掌門精釀啤酒 ザンメンジンニャンピージゥ	クラフトビール	微風松高4Fのルーフトップバー。交Ⓜ市政府駅から徒歩8分 住松高路16號4F ☎02-6636-9959 #8401 時16～24時(土・日曜は14時～) 休なし	MAP P11F2	P114
中山	Buckskin Beerhouse 柏克金啤酒餐廳 バックスキンビールハウス ボーカジンピージュウツァンティン	クラフトビール	実力派ブルワリーの新星。交Ⓜ松江南京駅より徒歩7分 住南京東路二段1號1F ☎02-2758-3655 時11時30分～22時(金・土曜は～22時30分) 休なし	MAP P5E3	P115
台北101／信義 定番	啜飲室 Landmark信義店 ツォインシー ランドマーク シンイーディエン	クラフトビール	交Ⓜ市政府駅から徒歩3分 住忠孝東路五段68號 ☎02-2722-0592 時17時～23時30分(金・土曜は15時～翌1時30分、日曜は15時～23時30分) 休不定休	MAP P11F2	P115
台北駅	金色三麥 台北京站店 ジンサーサンマイ タイペイジンジャンディエン	クラフトビール	金色三麥の直営店。台北車站前のQスクエア4F。交Ⓜ台北車站から徒歩1分 住承徳路一段1號 ☎02-7737-0909 時11～23時(金・土曜は～翌0時) 休なし	MAP P8C1	P115
東區	星巴克咖啡 龍門門市 シンバーカーカーフェイ ロンメンメンシー	クラフトビール	特製のコーヒービールはマストトライ！交Ⓜ忠孝復興駅から徒歩5分 住忠孝東路四段134號 ☎02-2740-6782 時7時～22時30分(金・土曜は～23時) 休なし	MAP P10C2	P115

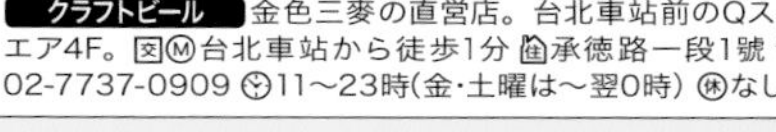
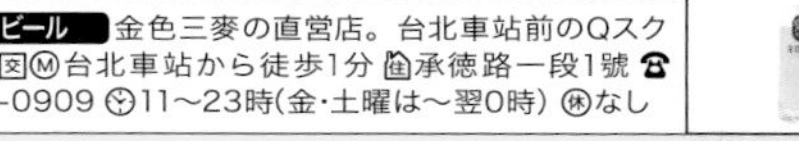
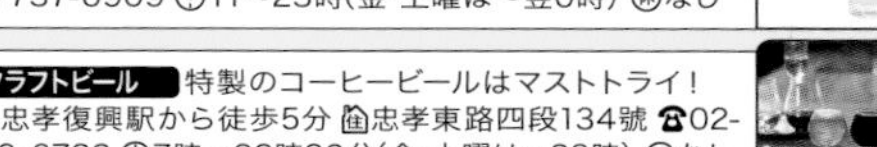

☆夜あそび

コースターのデザインも台湾らしい！

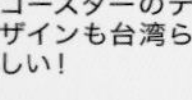
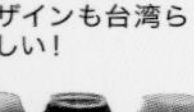

おしゃれスタバで夜更かししちゃおう

エリア名 店・スポット名	星評価	ジャンル名	ひと言コメント	MAP 掲載ページ
東區 **Mimique秘密客** ミーミーカー		隠れ家バー	クラシカルで豪華な店内は中世の欧州のよう。図Ⓜ南京復興駅から徒歩8分 🏠八徳路二段371號2F ☎02-2778-7757 ⏲18時～翌2時 ㊡月曜	MAP P10B1 P116
中山 **KAVALAN WHISKY BAR** カバラン ウイスキー バー		隠れ家バー	台湾産ウイスキー、カバランウイスキーの直営店。図Ⓜ松江南京駅から徒歩6分 🏠南京東路二段1號2F ☎02-2521-0880 ⏲19時～翌1時 ㊡第1月曜	MAP P5E3 P116
大安 **EZ5音樂餐廳** イージーファイブ インユェツァンティン		ライブハウス	ミュージシャンとの距離が近くて臨場感抜群のライブハウス。図Ⓜ六張犁駅から徒歩7分 🏠安和路二段211號 ☎02-2738-3995 ⏲20時～翌1時30分 ㊡なし	MAP P10C4 P117
東區 **D Town by A Train** ディータウンバイエイトレイン	オススメ!	隠れ家バー	料理のレベル高し！図Ⓜ忠孝復興駅から徒歩7分 🏠忠孝東路四段49巷2號2F ☎02-2721-2772 ⏲18時～翌1時30分(金・土曜は～翌2時30分) ㊡なし	MAP P10B1 P117
中山 **暗席** アンシー	定番	隠れ家バー	完全予約制のバー。図Ⓜ中山駅から徒歩8分 🏠林森北路133巷16號B1 ☎02-2525-1500 ⏲21時～翌5時(金・土曜は15時～) ㊡日曜	MAP P12C4 P117
台北101／信義 **小林海產** シャオリンハイチャン	オススメ!	熱炒	海鮮自慢の熱炒だが、牛ステーキが隠れた人気。図Ⓜ信義安和駅から徒歩10分 🏠光復南路574-1號 ☎02-2325-4930 ⏲17時～翌1時 ㊡日曜	MAP P11D3 P118
華山 **33區熱炒** サンシーサンチュラーチャオ	定番	熱炒	お財布にやさしい小皿料理はアルコールが進む。図Ⓜ善導寺駅から徒歩11分 🏠長安東路一段63-1號 ☎02-2563-3687 ⏲12時～翌1時30分 ㊡なし	MAP P5E4 P118
松山 **阿才的店** アーツァイダディエン		熱炒	情緒あふれる店でローカルが絶賛する美食体験を楽しめる。図Ⓜ南京復興駅から徒歩8分 🏠八德路二段323號 ☎02-2356-9109 ⏲17時30分～翌2時 ㊡月曜	MAP P6B4 P119
松山 **渣男Taiwan Bistro 敦北三渣** ザァーナン タイワンビストロ ドンペイサンザァー		熱炒	屋台料理をアレンジしたメニュー。図Ⓜ南京復興駅から徒歩7分 🏠敦化北路120巷7弄13號 ☎02-2545-9903 ⏲17時30分～翌1時30分 ㊡なし	MAP P6C3 P119
大安 **饞食坊** チャンスーファン		熱炒	人情味あふれる食堂で自慢の手料理を味わおう。図Ⓜ大安駅から徒歩3分 🏠信義路四段30巷58號 ☎02-2755-5859 ⏲18時～翌2時 ㊡なし	MAP P10B3 P119
松山 **饒河街觀光夜市** ラオハージエグアングアンイエシー	オススメ!	夜市	歩行者天国の道沿いには地元で愛されるB級グルメがズラリ。雑貨を扱う露店や占いのブースもある。図Ⓜ松山駅から徒歩1分 ⏲17時ごろ～翌0時ごろ ㊡なし	MAP P3C2 P120
迪化街 **寧夏夜市** ニンシャーイエシー	オススメ!	夜市	一本道にフード系屋台が並ぶ人気の夜市。歴史の長い名店が多く、有名ガイドブック掲載店も！図Ⓜ雙連駅から徒歩10分 ⏲17時ごろ～23時ごろ ㊡なし	MAP P13C3 P120
台北101／信義 **臨江街觀光夜市** リンジャンジエグアングアンイエシー		夜市	別名「通化街夜市」。ビジネス街に近く、会社帰りの人々が立ち寄るのでローカル度が高い。図Ⓜ信義安和駅から徒歩5分 ⏲18時ごろ～24時ごろ ㊡なし	MAP P11D4 P121
西門／龍山寺 **南機場夜市** ナンジーチャンイエシー		夜市	約100の露店が並ぶB級グルメ夜市。地元の自治体が主催しているためローカル度は満点。図Ⓜ小南門駅から徒歩15分 ⏲17時ごろ～翌1時ごろ ㊡なし	MAP P8B4 P121
中山 **雙城街夜市** シュアンチェンジエイエシー		夜市	昼と夜とで屋台が入れ替わる。晴光市場と交差しているので観光ついでに立ち寄りやすい。図Ⓜ中山國小駅から徒歩5分 ⏲8時～翌0時 ㊡なし	MAP P5E1 P121
西門／龍山寺 **艋舺夜市** モンジャーイエシー		夜市	別名「萬華夜市」。複数の夜市から成るためエリアは広大。衣類や雑貨といった物販系の店もある。図Ⓜ龍山寺駅から徒歩5分 ⏲17時ごろ～翌1時ごろ ㊡なし	MAP P15B3 P121
公館駅 **師大夜市** シーダーイエシー		夜市	若者向けの洋服や小物を扱う店が並び、地元の女性に人気抜群。カフェやレストランも多い。図Ⓜ台電大樓駅から徒歩10分 ⏲17時ごろ～翌1時ごろ ㊡なし	MAP P15A2 P121

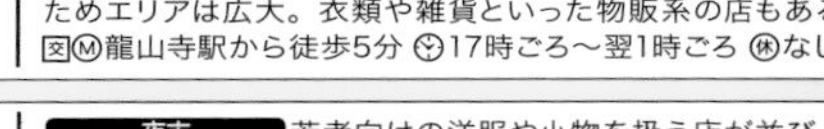
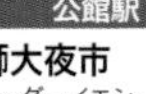

連客は
ず注文する
ステーキ

小籠包
気店も
よ！

おかいもの

エリア名	店・スポット名	ジャンル名	ひと言コメント	MAP	掲載ページ
桃園	楽天桃園棒球場 ラーティエンタオユエンバンチウチャン	野球	台湾のプロ野球チーム「楽天モンキーズ」のホームスタジアム。図Ⓜ桃園體育館區駅から徒歩3分 住桃園市中壢區領航北路一段1號 ☎03-425-0927	MAP P15A2	P122
圓山／士林	多寶閣 ドゥオーバオガー	ミュージアムショップ	鑑賞したばかりの美術品が個性的なおみやげに。アートが身近に感じられる。図住☎國立故宮博物院と同じ ⏲9～19時(金・土曜は～21時30分) 休なし	MAP P3B1	P52
台北101／信義	台北101購物中心 タイペイイーリンイーゴウウーヂョンシン	ショッピングモール	短い時間でおみやげがまとめ買いできる、観光客の救世主。図住☎台北101と同じ ⏲11時～21時30分(金・土曜、祝日は～22時)※店舗により異なる 休なし	MAP P11E3	P57
迪化街	永樂市場 ヨンラシーチャン	市場	オーダーメイドして世界にひとつのおみやげを。図Ⓜ北門駅から徒歩8分 住迪化街一段21號 ⏲8～16時(1階)、9～18時(2・3階) 休月曜(1階)、日曜(2・3階)	MAP P13A3	P58
迪化街	元信蔘藥行 ユエンシンシェンヤオハン	乾物	台湾マダム御用達の乾物店。図Ⓜ北門駅から徒歩12分 住迪化街一段140號 ☎02-2552-8915 ⏲9時30分～19時(土・日曜は～18時30分) 休なし	MAP P13A2	P58
迪化街	陶一二 タオイーアル	陶器	客家をテーマにしたブランドを中心に質のいい茶器や食器が揃う。図住☎民藝埕と同じ ⏲10～19時 休なし	MAP P13A3	P59
台北101／信義	松菸風格店家 ソンイエンフォンガーディエンジャー	スイーツ	ノスタルジックな館内には最新MIT雑貨が勢揃い。オリジナリティあふれる逸品探しに便利だ。図住☎松山文創園區と同じ ⏲11～19時 休第5火曜	MAP P11E1	P60
台北101／信義	Smille 微笑蜜樂 スマイル ウェイシャオミラ	スイーツ	こだわりのフルーツミルフィーユはおみやげにも自分用にもぴったり。図住松山文創園區と同じ ☎02-2765-3683 ⏲11～19時 休なし	MAP P11E1	P61
台北101／信義	誠品生活松菸店 チェンピンシェンフォーソォンイェンディエン	雑貨	本だけでなく、話題のグルメや衣料品、厳選されたMITグッズが満載！図Ⓜ市政府駅から徒歩7分 住菸廠路88號 ☎02-6636-5888 ⏲11～22時 休なし	MAP P11E1	P61
台北101／信義	hof ホーフ	雑貨	台湾雑誌が手掛けるセレクトショップ。コーヒーバー併設。図住松山文創園區と同じ ⏲11～19時(土・日曜は10時～、コーヒーバー～18時) 休火曜	MAP P11E1	P61
華山	知音文創 Wooderful life ヂーインウェンチュアン ウッダフル ライフ	雑貨	自社設計のおもちゃを扱う。図Ⓜ忠孝新生駅から徒歩5分 住華山1914文創園區内中4B館 ☎02-2341-6905 ⏲11～21時(DIYは～20時) 休なし	MAP P9E1	P62
華山	未来市 ウェイライシー	雑貨	よりよい未来を目指すショップ。図Ⓜ忠孝新生駅から徒歩5分 住華山1914文創園區内中2館 ☎02-2395-5178 ⏲11～21時 休なし(カフェは月・木曜)	MAP P9E1	P62
華山	光點生活・光點珈琲時光 グアンディエンシェンフォ・グアンディエンカーフェイシーグアン	カフェ&ショップ	シアターに併設された空間。図Ⓜ忠孝新生駅から徒歩5分 住華山1914文創園區内中6館 ☎02-2394-0680 ⏲11時30分～19時(ショップ) 休なし	MAP P9E1	P63
中山 オススメ！	誠品生活南西 チェンピンシェンフォナンシー	デパート	台湾内外の話題店が集結！図Ⓜ中山駅から徒歩1分 住南京西路14號 ☎02-2581-3358 ⏲11～22時(金・土曜は～22時30分。書店は金・土曜は～24時) 休なし	MAP P12A4	P126
新店	誠品生活新店 チョンピンシェンフォシンディエン	デパート	アジア最大の誠品生活。図Ⓜ七張駅から徒歩10分 住中興路三段70號 ☎02-2918-9888 ⏲11時～21時30分(金・土曜は～22時) 休なし	MAP P3B4	P127
中山	誠品R79 チェンピンアールチージョウ	デパート	地下街にあって便利。図Ⓜ中山駅から徒歩1分 住南京西路16號 B1、中山地下街B1～B48號店 ☎02-2563-9818 ⏲10～21時30分(商店は11時～) 休なし	MAP P12A3	P127
台北駅	李氏手工房 リーシーショウゴウファン	MIT雑貨	高品質な花布雑貨をリーズナブルに販売している。図台北車站直結 住市民大道一段100号 台北地下街Y区84B ☎02-2555-8348 ⏲12～21時 休なし	MAP P8C1	P128

トートバッグや巾着など一点物を作ろう

木の温もり感じるオルゴールがキュート

エリア名 / 店・スポット名	星評価	ジャンル名	ひと言コメント	MAP	掲載ページ
松山 **10平方文具概念館** シーピンファンウェンチューカイニエンクワン		MIT雑貨	プチプラ雑貨・文具がギッシリ。 図Ⓜ台北小巨蛋駅から徒歩3分 住南京東路四段70號 ☎02-2577-8386 時10～21時30分 休なし	MAP P7D4	P128
華山 **offoff theatre by gu siaoyin** オフオフ シアター バイ グ シャオイン	オススメ!	MIT雑貨	可愛い靴に一目惚れ! 図Ⓜ忠孝新生駅から徒歩5分 住八德路一段1號中四B-2館(小器生活空間華山店) ☎02-2351-1201 時12～21時 休なし	MAP P9E1	P128
迪化街 **印花作夥-印花樂大稻埕店** インファズオフォ インファラーダーダオチェンディエン	定番	MIT雑貨	台湾モチーフのテキスタイル探しならここ。雑貨のオーダーメイドも。図Ⓜ北門駅から徒歩12分 住迪化街一段248號 ☎02-2557-0506 時10～18時 休なし	MAP P13A2	P129
中山 **日星鑄字行** リーシンジュズーハン		MIT雑貨	活字文化を守る工房。図Ⓜ中山駅から徒歩5分 住太原路97巷13號 ☎02-2556-4626 時10～17時 休日・月・火・木曜	MAP P13C4	P129
迪化街 **你好我好** ニーハオウォーハオ		MIT雑貨	日本人の青木由香さんがオーナーのお店。図Ⓜ大橋頭駅から徒歩10分 住迪化街一段14巷8號1F ☎02-2556-5616 時10～18時 休水曜	MAP P13A3	P129
康青龍 **布調** ブーディアオ	定番	MIT雑貨	柄が印象的な花布のオリジナルバッグは定番アイテム。図Ⓜ東門駅から徒歩7分 住永康街47巷27號 ☎02-3393-7330 時11～17時 休火～木曜	MAP P14B2	P129
康青龍 **阿原永康間** アユエンヨンカンジェン	定番	コスメ	無農薬ソープをはじめ、肌にやさしいスキンケアシリーズが人気。図Ⓜ東門駅から徒歩3分 住永康街8巷2號 ☎02-3393-6891 時10～21時 休なし	MAP P14B2	P130
富錦街 **泉發蜂蜜** チュエンファーフォンミー	オススメ!	コスメ	老舗蜂蜜専門店が手掛ける天然コスメ。図Ⓜ台北小巨蛋駅から徒歩15分 住民生東路四段104號 ☎02-2719-9769 時11～21時 休なし	MAP P7D3	P130
康青龍 **薑心比心** ジャンシンビーシン		コスメ	自然農法で栽培された台東産ショウガを使用したナチュラルコスメ。図Ⓜ東門駅から徒歩8分 住永康街28號 ☎02-2351-4778 時12～20時 休なし	MAP P14B2	P130
迪化街 **生元藥行** シェンユェンヤオハン		コスメ	漢方医が処方するコスメ。図Ⓜ中山駅から徒歩9分 住南京西路181號 ☎02-2555-2970 時8時30分～21時30分(日曜・祝日は9時～17時30分) 休なし	MAP P13B3	P131
康青龍 **茶籽堂 永康街概念店** チャーズータン ヨンカンジエガイニェンディエン	オススメ!	コスメ	台湾で栽培されるツバキの天然オイルを使用。図Ⓜ東門駅から徒歩3分 住永康街11-1號 ☎02-2395-5877 時10時30分～22時 休なし	MAP P14B1	P131
康青龍 **O'right歐萊德 台北永康信義體驗店** オーライト オーライダー タイペイヨンカンシンイーテーイエンディエン	オススメ!	コスメ	プロも愛用するオーガニックエッセンスを配合したヘアケア製品。図Ⓜ東門駅から徒歩3分 住信義路二段202號1F ☎02-3393-2240 時11～21時 休なし	MAP P14B1	P131
中山 **CHARM VILLA 晶華** チャーム ヴィラ ジンファ		台湾茶	金魚の形をしたティーバッグでたちまち話題に。図Ⓜ中山駅から徒歩5分 住中山北路二段39巷3號(リージェント台北B2F) ☎02-2542-0303 時10～21時 休なし	MAP P12B3	P132
迪化街 **有記名茶** ヨウジミンチャー		台湾茶	製茶工場を併設する老舗の茶店。パッケージにもこだわりあり。図Ⓜ中山駅から徒歩10分 住重慶北路二段64巷26號 ☎02-2555-9164 時9～18時 休日曜	MAP P13B3	P132
東區 **和昌茶莊** ハーチャンチャジュアン	オススメ!	台湾茶	古きよき台湾の残る名店。看板のオウムがお出迎え。図Ⓜ忠孝復興駅から徒歩5分 住敦化南路一段190巷46號 ☎02-2771-3652 時9時30分～21時 休なし	MAP P10C1	P133
中山 **王德傳茶莊** ワンダーチァンチャヂュアン		台湾茶	無農薬茶葉を自家焙煎。赤い缶がズラリと並ぶ店内が素敵! 図Ⓜ中山駅から徒歩5分 住中山北路一段95號 ☎02-2561-8738 時10～19時 休なし	MAP P12B4	P133
迪化街 **林華泰茶行** リンファタイチャーハン	オススメ!	台湾茶	良質な茶葉を量り売りしてくれる問屋。値段も良心的。図Ⓜ大橋頭駅から徒歩5分 住重慶北路二段193號 ☎02-2557-3506 時7時30分～21時 休なし	MAP P13B1	P133

ドクリームは
も癒される

から買い付け
るファンも多

エリア名 店・スポット名	星評価	ジャンル名	ひと言コメント	MAP 掲載ページ
中山 The Nine ザ ナイン		パイナップルケーキ	早く売り切れることもあるので午前中に。図Ⓜ中山駅から徒歩5分 ⓐオークラ プレステージ台北1F ☎02-2181-5138 ⓣ8時30分～20時30分 ㊡なし	MAP P12B4 P134
富錦街 but. we love butter バット. ウィー ラブ バター		菓子	店もクッキーもおしゃれすぎ。図Ⓜ松山機場駅から徒歩8分 ⓐ富錦街102號 ☎02-2547-1207 ⓣ13時～20時30分(土・日曜は12時30分～20時) ㊡不定休	MAP P6C2 P134
富錦街 微熱山丘 ウェイラーシャンチョウ	定番	パイナップルケーキ	日本では「サニーヒルズ」の名で知られる専門店。図Ⓜ松山機場駅から徒歩15分 ⓐ民生東路五段36巷4弄1號 ☎02-2760-0508 ⓣ10～18時 ㊡なし	MAP P7D3 P134
松山 佳徳糕餅 ジャーダガオビン		パイナップルケーキ	地元っ子も推薦するパイナップルケーキは行列覚悟で！図Ⓜ南京三民駅から徒歩2分 ⓐ南京東路五段88號 ☎02-8787-8186 ⓣ8時30分～20時30分 ㊡なし	MAP P7E4 P135
東區 糖村Sugar & Spice タンツン シュガー & スパイス		パイナップルケーキ	餡はパイナップル100%と冬瓜入りの2タイプから選べる。図Ⓜ忠孝敦化駅から徒歩5分 ⓐ敦化南路一段158號 ☎02-2752-2188 ⓣ9～22時 ㊡なし	MAP P10C1 P135
迪化街 滋養豆餡舗 Lin's Wagashi Confectionery ズーヤンドウシィエンプー		パイナップルケーキ	贈答品に喜ばれるパイナップルケーキは餡をサンドした珍しいタイプ。図Ⓜ大橋頭駅から徒歩8分 ⓐ迪化街一段247號 ☎02-2553-9553 ⓣ9～18時 ㊡なし	MAP P13A1 P135
中山 李製餅家 リーヂービンジャー	定番	パイナップルケーキ	レトロな店構えの老舗菓子店。昔ながらの冬瓜入り餡が美味。図Ⓜ中山駅から徒歩8分 ⓐ林森北路156號 ☎02-2537-2074 ⓣ10～21時 ㊡なし	MAP P12C4 P135
松山 PREMIER SWEET プレミア スイーツ		パイナップルケーキ	パイナップルケーキはやわらかく香るバニラが印象的。図Ⓜ南京復興駅からすぐ ⓐ南京東路三段133号 ☎02-7750-0919 ⓣ10～20時 ㊡なし	MAP P6B3 P135
迪化街 十字軒 シーズーシュエン		伝統菓子	素朴な店構えと品揃えで人気。図Ⓜ北門駅から徒歩11分 ⓐ延平北路二段68號 ☎02-2555-5766 ⓣ8～21時(日曜は9～18時) ㊡なし	MAP P13B3 P136
康青龍 小茶栽堂 シャオチャージャイタン		伝統菓子	台湾茶との相性抜群の菓子が探せる。2階にティーサロン。図Ⓜ東門駅から徒歩2分 ⓐ永康街7-1號 ☎02-3393-2198 ⓣ10時30分～20時30分 ㊡なし	MAP P14B1 P136
迪化街 李亭香餅店 リーティンシャンビンディエン		伝統菓子	縁起がよい昔ながらの菓子がズラリ。図Ⓜ大橋頭駅から徒歩6分 ⓐ迪化街一段309號 ☎02-7746-2200#200 ⓣ10～19時 ㊡中秋節	MAP P13A1 P136
迪化街 加福奇士蛋糕専門店 ジアーフーチーシーダンガオジュアンメンディエン	オススメ!	伝統菓子	名物チーズケーキは赤い箱入り。贈り物にもぴったり。図Ⓜ北門駅から徒歩12分 ⓐ延平北路二段72號 ☎02-2555-1812 ⓣ9～19時 ㊡日曜	MAP P13B3 P137
康青龍 手天品社區食坊 ショウティエンピンシャーチュースーファン		伝統菓子	無添加にこだわったヘルシーな菓子。図Ⓜ東門駅から徒歩9分 ⓐ潮州街188-1號 ☎02-2343-5874 ⓣ9～20時(金曜は～21時、土曜は～18時) ㊡日曜	MAP P14B2 P137
康青龍 GREEN & SAFE東門店 グリーン & セーフ トンメンディエン		スーパー	安心安全な食材が豊富なほか、食品・調味料も揃う。図Ⓜ東門駅から徒歩1分 ⓐ信義路二段158號2F ☎02-2341-6002 ⓣ9時30分～21時 ㊡なし	MAP P14A1 P139
西門／龍山寺 家樂福 桂林店 ジャーラーフー グイリンディエン		スーパー	フランスの大手スーパー。桂林店は場所がよく観光客が利用しやすい。図Ⓜ西門駅から徒歩8分 ⓐ桂林路1號 ☎02-2388-9887 ⓣ24時間 ㊡なし	MAP P8B2 P139
中山 Mia C'bon 台北林森店 ミア シボン タイペイリンセンティエン		スーパー	欣欣デパート内にあるスーパー。図Ⓜ中山駅から徒歩10分 ⓐ林森北路247號 欣欣デパートB1 ☎02-2563-7965 ⓣ9時～21時30分(金・土曜は～22時) ㊡なし	MAP P12C3 P139
行天宮駅 全聯 中山松江店 チュエンリェン ジョンシャンソンジャンディエン		スーパー	台湾全土に1000店舗以上を展開するスーパーマーケットの最大チェーン。図Ⓜ行天宮駅から徒歩1分 ⓐ松江路318號 ☎02-2567-1681 ⓣ7～23時 ㊡なし	MAP P5F2 P139

縁起のよい桃のお菓子は贈答用に

おなじみの商品も台湾限定品が見つかる！

エリア名 店・スポット名 | 星評価 | ジャンル名 | ひと言コメント | MAP掲載ページ

エリア名 / 店・スポット名	ジャンル / コメント	MAP	ページ
華山 天和鮮物 ティエンハーシェンウー	スーパー オーガニック食材や日用品など自然派にやさしい。図Ⓜ善導寺駅から徒歩2分 住北平東路30號 ☎02-2351-6268 営10〜21時 休なし	MAP P9E1	P139
華山 光華數位新天地 グァンファシュウェイシンティェンディ	電化製品 台湾のアキバ。掘出し物ザックザク！ 図Ⓜ忠孝新生駅から徒歩3分 住市民大道三段8號 ☎02-2391-7105 営11〜21時 休毎月月末1回	MAP P9F1	P142
華山 SYNTREND 三創生活 シントレンド サンチュアンシェンフォ	電化製品 おしゃれなガジェットも探せる。図Ⓜ忠孝新生駅から徒歩2分 住市民大道三段2號 ☎080-909-3300 営11時〜21時30分(金・土曜は〜22時) 休なし	MAP P9F1	P142
中山 定番 ansleep アンスリープ	台湾シャンプー 日本人経営のヘアサロンで言語面も安心。図Ⓜ中山國小駅から徒歩3分 住雙城街13巷16號-3 ☎02-2592-5567 営10〜19時 休木曜、月2回水曜	MAP P5E1	P146
中山 青絲舫美容院 チンスーファンメイロンユェン	台湾シャンプー 高い技術力と便利な立地で観光客からも人気。図Ⓜ中山駅から徒歩5分 住中山北路二段39巷6號2F ☎02-2531-9801 営9〜19時(日曜は〜17時) 休なし	MAP P12B3	P147
中山 PRO CUTTI プロ カッティ	台湾シャンプー タレントの渡辺直美が紹介したことでも話題に。図Ⓜ中山駅から徒歩3分 住中山北路二段10號2F ☎02-2562-2796 営11〜20時 休なし	MAP P12B3	P147
康青龍 H Gallery Hair エイチギャラリーヘア	台湾シャンプー アヴェダ製品を使ったリッチなシャンプー体験。図Ⓜ東門駅から徒歩5分 住永康街31-1號 ☎02-2341-5643 営11〜19時 休なし	MAP P14B2	P147
行天宮駅 活泉足体養身世界 行天宮店 フオチュエンヅウティーヤンションシーチエ シンティエンコンティエン	足つぼ 台北を代表する名店の一つ。図Ⓜ行天宮駅から徒歩5分 住民權東路二段134號 ☎02-2571-2017 営9時30分〜24時 休なし	MAP P5F2	P148
中山 wang masters 王老師 ワン マスターズ ワンラオシー	足つぼ ゴッドハンドのオーナーによる全身施術も人気！図Ⓜ中山駅から徒歩11分 住長安東路一段53巷10號 ☎02-2568-1681 営12〜23時 休なし	MAP P5E4	P148
中山 精氣神養生會館 中山店 ジンジーシェンヤンシェンフイグァン ヂョンシャンデェン	足つぼ 日本人リピーターが多い人気店が、中山にも出店。図Ⓜ雙連駅から徒歩5分 住中山北路二段77-2號2F ☎02-2531-2727 営11〜22時 休なし	MAP P12B2	P149
中山 三葉足体養身館 サンイエズーティーヤンセングァン	足つぼ オーナーは日本語が流暢。図Ⓜ中山國小駅から徒歩3分 住雙城街 17之3號(晴光美食街内) ☎02-2599-5760、0905-787-676(携帯電話) 営10〜24時 休不定休	MAP P5E1	P149
台北駅 李炳輝足體養生館 リーピンフェイツウティーヤンシェングァン	足つぼ 24時間営業のマッサージ店でマッサージ師15名のうち、半分以上が女性。図台北車站から徒歩5分 住漢口街一段12號 ☎02-2370-2323 営24時間 休なし	MAP P4C4	P149
中山 山桜恋男女養生屋 シャンオウリエンナンニュウヤンシェンウー	足つぼ 伝統的なテクニックでツボを刺激して体をもみほぐしてくれる。図Ⓜ中山國小駅から徒歩7分 住林森北路661號 ☎02-2599-1855 営9時〜翌1時 休なし	MAP P5E1	P149
中山 夏威夷養生行館 シャーウェイイーヤンシェンシングァン	足つぼ 市内に3店舗をもつアットホームなマッサージ店。図Ⓜ中山駅から徒歩6分 住南京東路一段13巷5號1F ☎02-2542-7766 営9時〜翌0時 休なし	MAP P12C3	P149
中山 3Q 足體養生館 サンキューズーティーヤンシェングァン	足つぼ 清潔感のある広々としたサロン。キャリア10年以上のベテラン揃い。図Ⓜ雙連駅から徒歩10分 住林森北路304號 ☎02-2567-1515 営10時〜22時30分 休なし	MAP P12C2	P149
松山 6星集按摩會館(南京會館) リウウシンチーチャマーフイグァン ナンチンホイグァン	足つぼ ISO認証を受けたマッサージ店。ハーブを使った足湯も試したい。図Ⓜ南京三民駅から徒歩1分 住南京東路五段76號 ☎02-2762-2166 営9時〜翌1時 休なし	MAP P7E4	P149
中山 千里行足體養生會館 チェンリーシンズーティーヤンシェンフイグァン	足つぼ 3フロアあり、ゆったりとした店内で施術が受けられる。図Ⓜ松江南京駅から徒歩5分 住南京東路二段62號1-3F ☎02-2531-5880 営24時間 休なし	MAP P5F4	P149

体験

…心のあるシャ…ータイムを♪

エリア名 店・スポット名 | 星評価 | ジャンル名 | ひと言コメント | MAP 掲載ページ

台北101／信義 オススメ!
sparkle スパークル
スパ 東洋と西洋を融合したメソッド。図Ⓜ台北101/世貿駅から徒歩5分 住信義路四段458號 17F ☎02-2720-0796 ⏰12～22時 休なし
MAP P11D3 P150

台北101／信義
古芸香邸 Ayurveda SPA グーユンシャンディー アーユルヴェーダスパ
スパ アヴェダ製品を使用したぜいたくなトリートメント。図Ⓜ信義安和駅から徒歩5分 住延吉街246巷6號 ☎02-2703-0358 ⏰10～21時 休月曜
MAP P11D3 P150

中山
森SPA足體養生會館 シエン スパ ズーティヤンシェンフイグァン
スパ 経験豊富なマッサージ師が100人以上在籍。図Ⓜ中山駅3番出口から徒歩6分 住林森北路263號3F ☎02-2531-6333 ⏰24時間 休なし
MAP P12C3 P150

中山 定番
沐蘭SPA ムーランスパ
スパ 高級ホテルスパで最高の癒し体験を。図Ⓜ中山駅から徒歩5分 住中山北路二段39巷3號(Ⓗリージェント台北20F) ☎02-2522-8279 ⏰10～20時 休なし
MAP P12B3 P151

西門／龍山寺
GARDEN SPA ガーデンスパ
スパ 高い技術をもつセラピストが対応。図Ⓜ小南門駅から徒歩5分 住中華路二段1號(タイペイガーデンホテル16F) ☎02-2314-2200 ⏰10～21時 休なし
MAP P8B2 P151

台北101／信義
台北W飯店AWAY®紓壓艙 タイペイダブリューファンディエンアウェイシューヤーツァン
スパ ホテルダブリューらしくスタイリッシュ。図Ⓜ市政府駅から徒歩1分 住忠孝東路五段10號(Ⓗダブリュー12F) ☎02-7703-8748 ⏰10～20時 休なし
MAP P11F2 P151

西門／龍山寺
元氣養生會館 ユェンチーヤンセンフイグァン
足つぼ 足つぼからアロマ、フェイシャルまで幅広いメニューから選べる。図Ⓜ西門駅から徒歩6分 住峨眉街109號1F ☎02-2371-8882 ⏰9時～翌0時 休なし
MAP P8A1 P151

東區
瑞頌RENASCENCE ルイソン ルネッサンス
スパ 極上のヒーリング時間をトータルで演出するサロン。図Ⓜ忠孝復興駅から徒歩5分 住大安路一段144巷7號2F ☎0918-609-678 ⏰13時～19時30分 休なし
MAP P10B2 P151

迪化街 オススメ!
CookInn Taiwan 旅人料理教室 クッキンタイワン リュレンリャオリージャオシー
料理教室 小籠包作りに挑戦！図Ⓜ中山駅から徒歩5分 住承徳路一段66号2F ☎02-2517-1819 ⏰9時30分～、14時30分～ 休日・月曜
MAP P13C4 P152

圓山／士林
郭元益糕餅博物館士林館 グオユェンイーガオビンボーウーグァンシーリングァン
お手製のパイナップルケーキをおみやげにしよう。図Ⓜ士林駅から徒歩10分 住文林路546號4F ☎02-2838-2700(内線457) ⏰9時～17時30分 休なし
MAP P3B1 P153

台北駅
LaReine Taipei ラレーヌタイペイ
ポーセラーツ 日本人講師が担当するお手軽ハンドクラフト体験。図Ⓜ台北車站から徒歩5分 住忠孝西路一段72號11F-19 ☎0978-701-378 ⏰10～19時 休不定休
MAP P8C1 P153

中山
臺北戲棚 TaipeiEYE タイペイシーポン タイペイアイ
京劇体験 京劇の世界にふれよう。衣装や舞台化粧体験も。図Ⓜ雙連駅から徒歩3分 住中山北路二段113號 ☎02-2568-2677 ⏰19時開場、20時開演 休日・月・火・木曜
MAP P12B1 P153

迪化街
魔法寫真 Magic-s Photography & Style モーファーシェゼン
変身写真 多彩なコースを用意。図Ⓜ北門駅から徒歩5分 住延平北路一段77號3F-1 ☎02-2568-3132 ⏰9～18時(予約制) 休火曜
MAP P13B4 P154

中山
薇閣數位影像館 ウェイクーシュウウェイインシャングァン
変身写真 大人っぽい雰囲気が得意。図Ⓜ松江南京駅から徒歩3分 住南京東路二段97號2F ☎02-2567-7771 ⏰9～19時 休なし
MAP P5F3 P155

迪化街
大稻埕ビジターセンター ダーダオチェンビジターセンター
衣装貸出 迪化街のビジターセンターで、衣装貸出あり！図Ⓜ北門駅から徒歩8分 住迪化街一段44號 ☎02-2550-1069 ⏰10～17時 休なし
MAP P13A3 P155

中山
荳蔻攝影工作室 カルダモン スタジオ ドウコウサーインゴンズオシー
変身写真 屋外でのロケ撮影が抜群に上手な写真館。図Ⓜ中山駅から徒歩3分 住南京東路一段48號3F ☎02-2567-1895 ⏰撮影時間不定 休火曜
MAP P12C4 P155

西門／龍山寺
芷羚論命 ツーリンルンミン
文鳥占い 文鳥占いが人気！図Ⓜ龍山寺駅から徒歩1分 住西園路一段145號(龍山寺捷運地下街命理二區F室) ☎0900-098-322 ⏰11時～19時30分 休なし 料文鳥占いNT$1200
MAP P15C4 P156

台湾らしい絵柄を器にあしらって！

愛らしい文鳥が開運のお手伝い♪

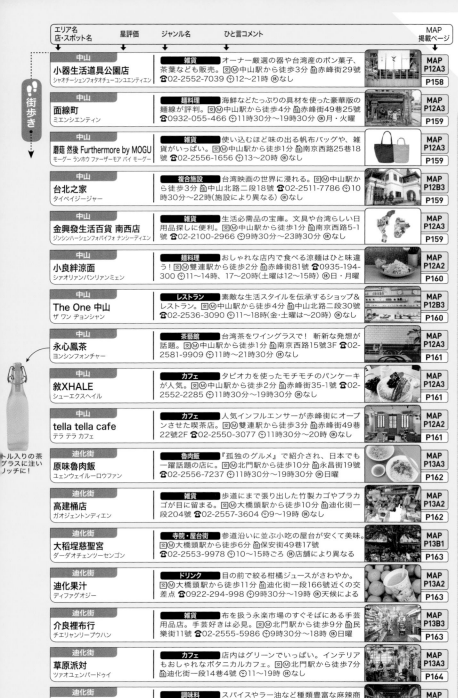

エリア名 店・スポット名	星評価	ジャンル名 ひと言コメント	MAP 掲載ページ
中山 **小器生活道具公園店** シャオチーシェンフォタオチューコンユエンティエン		**雑貨** オーナー厳選の器や台湾産のポン菓子、茶葉なども販売。図Ⓜ中山駅から徒歩3分 住赤峰街29號 ☎02-2552-7039 営12～21時 休なし	MAP P12A3 / P158
中山 **面線町** ミエンシエンティン		**麺料理** 海鮮などたっぷりの具材を使った豪華版の麺線が評判。図Ⓜ中山駅から徒歩4分 住赤峰街49巷25號 ☎0932-055-466 営11時30分～19時30分 休月・火曜	MAP P12A3 / P159
中山 **蘑菇 然後 Furthermore by MOGU** モーグー ランホウ ファーザーモア バイ モーグー		**雑貨** 使い込むほど味の出る帆布バッグや、雑貨がいっぱい。図Ⓜ中山駅から徒歩1分 住南京西路25巷18號 ☎02-2556-1656 営13～20時 休なし	MAP P12A3 / P159
中山 **台北之家** タイペイジージャー		**複合施設** 台湾映画の世界に浸れる。図Ⓜ中山駅から徒歩3分 住中山北路二段18號 ☎02-2511-7786 営10時30分～22時(施設により異なる) 休なし	MAP P12B3 / P159
中山 **金興發生活百貨 南西店** ジンシンハーシェンフォバイフォ ナンシーディエン		**雑貨** 生活必需品の宝庫。文具や台湾らしい日用品探しに便利。図Ⓜ中山駅から徒歩1分 住南京西路5-1號 ☎02-2100-2966 営9時30分～23時30分 休なし	MAP P12A3 / P159
中山 **小良絆涼面** シアオリアンバンリアンミェン		**麺料理** おしゃれな店内で食べる涼麺はひと味違う！図Ⓜ雙連駅から徒歩2分 住赤峰街81號 ☎0935-194-300 営11～14時、17～20時(土曜は12～15時) 休日・月曜	MAP P12A2 / P160
中山 **The One 中山** ザ ワン チョンシャン		**レストラン** 素敵な生活スタイルを伝承するショップ&レストラン。図Ⓜ中山駅から徒歩4分 住中山北路二段30號 ☎02-2536-3090 営11～18時(金・土曜は～20時) 休なし	MAP P12B3 / P160
中山 **永心鳳茶** ヨンシンフォンチャー		**茶藝館** 台湾茶をワイングラスで！ 斬新な発想が話題。図Ⓜ中山駅から徒歩1分 住南京西路15號3F ☎02-2581-9909 営11時～21時30分 休なし	MAP P12A3 / P161
中山 **叙XHALE** シューエクスヘイル		**カフェ** タピオカを使ったモチモチのパンケーキが人気。図Ⓜ中山駅から徒歩2分 住赤峰街35-1號 ☎02-2552-2285 営11時30分～19時30分 休なし	MAP P12A3 / P161
中山 **tella tella cafe** テラ テラ カフェ		**カフェ** 人気インフルエンサーが赤峰街にオープンさせた喫茶店。図Ⓜ雙連駅から徒歩3分 住赤峰街49巷22號2F ☎02-2550-3077 営11時30分～20時 休なし	MAP P12A2 / P161
迪化街 **原味魯肉飯** ユェンウェイルーロウファン		**魯肉飯** 『孤独のグルメ』で紹介され、日本でも一躍話題の店に。図Ⓜ北門駅から徒歩10分 住永昌街19號 ☎02-2556-7237 営11時30分～19時30分 休日曜	MAP P13A3 / P162
迪化街 **高建桶店** ガオジェントンディエン		**雑貨** 歩道にまで張り出した竹製カゴやプラカゴが目に留まる。図Ⓜ大橋頭駅から徒歩10分 住迪化街一段204號 ☎02-2557-3604 営9～19時 休なし	MAP P13A2 / P162
迪化街 **大稻埕慈聖宮** ダーダオチェンツーセンゴン		**寺院・屋台街** 参道沿いに並ぶ小吃の屋台が安くて美味。図Ⓜ大橋頭駅から徒歩6分 住保安街49巷17號 ☎02-2553-9978 営10～15時ごろ 休店舗により異なる	MAP P13B1 / P163
迪化街 **迪化果汁** ディファグオジー		**ドリンク** 目の前で絞る柑橘ジュースがさわやか。図Ⓜ大橋頭駅から徒歩11分 住迪化街一段166號近くの交差点 ☎0922-294-998 営9時30分～19時 休天候による	MAP P13A2 / P163
迪化街 **介良裡布行** チエリャンリープウハン		**雑貨** 布を扱う永楽市場のすぐそばにある手芸用品店。手芸好きは必見。図Ⓜ北門駅から徒歩9分 住民樂街11號 ☎02-2555-5986 営9時30分～18時 休日曜	MAP P13B3 / P163
迪化街 **草原派対** ツァオユェンパードゥイ		**カフェ** 店内はグリーンでいっぱい。インテリアもおしゃれなボタニカルカフェ。図Ⓜ北門駅から徒歩7分 住迪化街一段14巷4號 営11～19時 休なし	MAP P13A3 / P164
迪化街 **杜甲A-Ma** トゥーチアーマー		**調味料** スパイスやラー油など種類豊富な麻辣商品が並ぶ。図Ⓜ大橋頭駅から徒歩10分 住迪化街一段159號 ☎02-2552-8787 営10時30分～18時30分 休なし	MAP P13A2 / P164

トル入りの茶
グラスに注い
ッチに！

エリア名 店・スポット名	星評価	ジャンル名	ひと言コメント	MAP 掲載ページ
迪化街 ARTEA アーティー		台湾茶	店名のとおりアート(art)なお茶(tea)の世界を堪能。図Ⓜ大橋頭駅から徒歩9分 住迪化街一段228號 ☎0988-211-713 ⏲10～18時 休火・水曜、祝日	MAP P13A1 P164
迪化街 COFE コフェ		カフェ	築100年以上の建物をリノベーションした風情満点のカフェ。図Ⓜ大橋頭駅から徒歩8分 住迪化街一段248號2F ☎02-2552-8386 ⏲10～18時 休不定休	MAP P13A2 P165
迪化街 稻舍URS329 ダオシャーユーアーエスサンアージョー		家庭料理	台湾の家庭料理を味わえるリノベスポット。図Ⓜ大橋頭駅から徒歩6分 住迪化街一段329號 ☎02-2550-6607 ⏲12～21時 休なし	MAP P13A1 P165
迪化街 地衣荒物 ディイーファンウー		雑貨	レトロな台湾の生活雑貨やクラフト用品を販売。図Ⓜ大橋頭駅から徒歩12分 住民樂街34號 ☎02-2550-2270 ⏲12時30分～19時30分 休なし	MAP P13A2 P165
康青龍 成真咖啡　台北永康店 チョンゼンカーフェイ　タイペイヨンカンティエン		カフェ	創作メニューが芸術的。図Ⓜ東門駅から徒歩5分 住永康街37巷6號 ☎02-2358-2826 ⏲11～21時(金・土曜は～22時、日曜は10時30分～) 休なし	MAP P14B2 P166
康青龍 好公道的店 金鶏園 ハオゴンダオタティエン チンチーユエン		小籠包	厚めの皮の小籠包。図Ⓜ東門駅から徒歩5分 住永康街28-1號 ☎02-2341-6980 ⏲9～21時(土・日曜は、9～14時、17～21時) 休水曜	MAP P14B2 P166
康青龍 東門餃子館 ドンメンジャオズグァン		餃子	図Ⓜ東門駅から徒歩3分 住金山南路二段31巷37號 ☎02-2341-1685 ⏲11～14時(土・日曜は～14時30分)、17時～20時40分(土・日曜は～21時) 休なし	MAP P14A1 P167
康青龍 京盛宇 永康概念店 チンションユィー ヨンカンカイニエンディエン		ティースタンド	台湾茶をモダンに楽しもう。図Ⓜ東門駅から徒歩2分 住永康街8巷11號 ☎02-8712-0019 #415 ⏲11～19時 休なし	MAP P14B1 P167
康青龍 榕錦時光生活園區 ロンジンシーグアンシェンフォユエンチ		リノベスポット	雑貨店やカフェなどが立ち並ぶ。図Ⓜ東門駅から徒歩8分 住金華街167號 ☎02-2321-8896 ⏲11～20時(店舗により異なる) 休なし	MAP P14A2 P167
康青龍 來好 ライハオ		雑貨	女子のハートを射止める雑貨尽くし。台湾モチーフが秀逸！図Ⓜ東門駅から徒歩3分 住永康街6巷11號 ☎02-3322-6136 ⏲9時30分～21時30分 休なし	MAP P14B1 P168
康青龍 遊山茶訪 ヨウシャンチャーファン		茶藝館	有機栽培や残留農薬の測定など、品質管理を徹底。試飲もできる。図Ⓜ東門駅から徒歩5分 住永康街6巷9號 ☎02-2395-2919 ⏲10時～20時30分 休なし	MAP P14B2 P168
康青龍 Bao gift バオギフト		雑貨	中国系雑貨を中心に多彩な商品が揃う。バラマキみやげも見つかる。図Ⓜ東門駅から徒歩2分 住永康街6巷3號1F ☎02-2397-5689 ⏲10時～21時30分 休なし	MAP P14B1 P169
康青龍 雲彩軒 永康店 ユンツァイシュエン ヨンカンディエン		雑貨	衣食住のさまざまなアイテムが揃う。ストラップなども多数。図Ⓜ東門駅から徒歩6分 住永康街32號 ☎02-2351-8595 ⏲10～20時(金・土は～21時) 休なし	MAP P14B2 P169
康青龍 品墨良行 ピンモリャンハン		雑貨	雑貨や小物を扱うクリエイターブランド。図Ⓜ東門駅から徒歩11分 住潮州街94號2F ☎02-2396-8366 ⏲9～18時(昼休み12時～13時30分) 休土・日曜、祝日	MAP P14A2 P169
康青龍 串門子茶館 チュアンメンズチャーグァン		茶藝館	まるで美術館のような空間はインテリアデザイナーであるオーナーの傑作。図Ⓜ東門駅から徒歩6分 住麗水街13巷9號 ☎02-2356-3767 ⏲13～21時 休なし	MAP P14B2 P169
東區 扶旺号 復興店 フーワンハオ フウシンディエン		トースト	鉄板で焼いた絶品サンドが食べられる店として大人気。図Ⓜ忠孝復興駅から徒歩3分 住復興南路一段133-2號 ☎02-2771-5736 ⏲7～19時 休最終火曜	MAP P10B1 P170
東區 CHA CHA THÉ チャチャテ		ティーサロン	ファッションブランド直営のティーサロン＆ショップ。図Ⓜ忠孝復興駅から徒歩6分 住復興南路一段219巷23號 ☎02-8773-1818 ⏲11～22時 休なし	MAP P10B2 P170

風呂敷包みのようなお茶セットがキュート

店内は感度抜群のMIT雑貨尽くし！

エリア名 店・スポット名	星評価	ジャンル名	ひと言コメント	MAP 掲載ページ
東區 **FABRIC** ファブリック		ファッション	台湾の流行ファッションをいち早くゲットできる。交Ⓜ忠孝敦化駅から徒歩3分 住敦化南路一段177巷40號 ☎0988-639-663 時15～22時 休土～火曜	MAP P10C1 / P170
東區 **vacanza accessory** ヴァカンツァアクセサリー		アクセサリー	キュートなアクセサリーがところ狭しと並ぶ。交Ⓜ忠孝敦化駅から徒歩3分 住敦化南路一段161巷39-1號 ☎02-2749-3027(オフィス) 時12～22時 休なし	MAP P10C1 / P171
東區 **QUEEN SHOP　敦南門市** クイーンショップ　ドンナンメンシー		ファッション	台湾のファストファッションブランド。交Ⓜ忠孝敦化駅から徒歩4分 住敦化南路一段161巷24號 ☎02-2771-9922 時14～22時(金・土曜は～22時30分) 休なし	MAP P10C1 / P171
東區 **Le GUSTA** レグスタ		ファッション	着回ししやすくお手頃価格。交Ⓜ忠孝敦化駅から徒歩1分 住忠孝東路四段181巷8號 ☎02-2779-0570 時13時30分～22時30分 休なし	MAP P10C2 / P171
東區 **A room model** ア ルーム モデル		ファッション	状態のよいハイブランドのヴィンテージ品がある。交Ⓜ忠孝敦化駅から徒歩5分 住敦化南路一段161巷6號3F ☎02-2751-6006 時15～22時 休なし	MAP P10C1 / P171
東區 **XIANG DUCK 享鴨** シャンダック シャンヤー		北京ダック	交Ⓜ忠孝復興駅から徒歩5分 住忠孝東路四段128號2F ☎02-2711-8823 時11時30分～14時30分、17時30分～22時(土・日曜は11時、17時～) 休なし	MAP P10C2 / P172
東區 **肉大人 Mr. Meat** ロウダーレン ミスターミート		火鍋	メインの肉とスープが選べる。交Ⓜ忠孝敦化駅から徒歩5分 住忠孝東路四段216巷27弄3號 ☎02-2711-3808 時11時30分～22時 休なし	MAP P11D2 / P172
東區 **Tzubi COFFEE** ズビ カフェ		カフェ	リラックスできる空間に敏感な若者が集まるカフェ。交Ⓜ忠孝敦化駅から徒歩3分 住安和路一段21巷24號 ☎02-2775-1090 時10～18時 休なし	MAP P10C2 / P173
東區 **某某。甜點** モウモウ。ティエンディエン		ケーキ・菓子店	台湾茶やフルーツを使った本格ケーキが売り。交Ⓜ忠孝敦化駅から徒歩6分 住仁愛路四段345巷4弄7號 ☎02-2711-1102 時13～19時 休月・火曜	MAP P11D2 / P173
東區 **Chochoco** チョチョコ		チョコレート	地元っ子推薦の絶品チョコレート。交Ⓜ忠孝復興駅から徒歩4分 住大安路一段105號 ☎02-2711-3303 時13時～20時30分(土・日曜は12時30分～20時) 休なし	MAP P10B2 / P173
台北101／信義 **新光三越　台北信義新天地** シングァンサンユエ　タイペイシンイーシンティエンディー		デパート	複数の建物にまたがる。交Ⓜ市政府駅から徒歩3分 住松壽路9號、11號、12號、19號 ☎02-8780-1000 時11時～21時30分(金・土曜、休前日は～22時) 休なし	MAP P11F2 / P174
台北101／信義 **ATT4FUN** エーティーティーフォーファン		複合施設	ナイトスポットも充実。交Ⓜ台北101／世貿駅から徒歩5分 住松壽路12號 ☎0800-065-888 時11～22時(金・土曜・祝前日は～23時) 休なし	MAP P11F3 / P174
台北101／信義 **BELLAVITA 寶麗廣場** ベラビータ バオリーグアンチャン		デパート	高級デパートの代名詞。交Ⓜ市政府駅から徒歩2分 住松仁路28號 ☎02-8729-2771 時11時～21時30分(金・土曜、祝日、祝前日は～22時) 休なし	MAP P11F2 / P174
台北101／信義 **微風信義** ウェイフォン シンイー		デパート	高層階の高級グルメにも注目が集まる。交Ⓜ市政府駅から徒歩すぐ 住忠孝東路五段68號 ☎02-6636-6699 時11時～21時30分(木～土曜・休前日は～22時) 休なし	MAP P11F2 / P174
台北101／信義 **統一時代百貨 台北店** トンイーシーダイバイフォ タイペイディエン		デパート	駅直結で便利な大型百貨店。交Ⓜ市政府駅から徒歩1分 住忠孝東路五段8號 ☎02-2729-9699 時11時～21時30分(金・土曜、休前日は～22時) 休なし	MAP P11F2 / P174
台北101／信義 **微風松高** ウェイフォン ソンガオ		デパート	MUJI 無印良品も入る。交Ⓜ市政府駅から徒歩3分 住松高路16號 ☎02-6636-9959 時11時～21時30分(木～土曜、休前日は～22時) 休なし	MAP P11F2 / P174
台北101／信義 **微風南山** ウェイフォン ナンシャン		デパート	スーパーが入って便利。交Ⓜ台北101／世貿駅から徒歩5分 住松智路17號 ☎02-6638-9999 時11時～21時30分(木～土曜・祝前日は～22時) 休なし	MAP P11F3 / P174

クアウトップもイイ♥

へのご褒美みにピッタリ

エリア名 / 店・スポット名 → 星評価 → ジャンル名 → ひと言コメント → MAP掲載ページ

エリア名	店・スポット名	ジャンル名	ひと言コメント	MAP	掲載ページ
台北101／信義	四四南村(信義公民會館) スースーナンツン(シンイーゴンミンフイグァン)	複合施設	リノベスポットの定番。台北101入りの写真撮影もぜひ。図Ⓜ台北101／世貿駅から徒歩3分 住松勤街52號(B館) ☎02-2723-7937 ◷9〜17時 休月曜 料無料	MAP P11E3	P176
台北101／信義	好丘 ハオチョウ	雑貨・カフェ	四四南村屈指の人気スポット。図Ⓜ台北101／世貿駅から徒歩3分 住松勤街54號 ☎02-2758-2609 ◷11時〜20時30分(食事エリアは〜18時) 休第1月曜	MAP P11E3	P176
台北101／信義	光復市場 グァンフーシーチャン	市場	ローカル度満点の朝市。小吃も買える。図Ⓜ國父紀念館駅から徒歩15分 住仁愛路四段496巷19號 ☎02-2758-6054 ◷7〜14時ごろ(店舗により異なる) 休月曜	MAP P11E2	P177
台北101／信義	餃子樂 ジャオズラー	餃子	図Ⓜ市政府駅から徒歩1分 住忠孝東路五段59號 ☎02-2765-7721 ◷11時30分〜14時15分、16時30分〜20時30分(土曜は11時30分〜20時30分) 休日曜	MAP P11F2	P177
台北101／信義	Second Floor 微風南山店 セカンド フロアウェイフォンナンシャンディエン	レストラン	アメリカンスタイルのブランチ。図Ⓜ台北101／世貿駅から徒歩4分 住松智路17號 微風南山百貨7F ☎02-2345-3533 ◷11時〜21時30分(木〜土曜は〜22時) 休なし	MAP P11F3	P177
台北駅	總統府 ゾントンフー	名所	月1で全館開放日がある(主に土曜。8〜16時)図Ⓜ台大醫院駅から徒歩7分 住重慶南路一段122號 ☎02-2311-3731 ◷9時〜11時30分 休土・日曜 料無料	MAP P8C2	P178
台北駅	臺大醫院 西址 タイダーイーユェン シージー	名所	1921年完成のクラシカルな赤レンガ造りの建物。今も現役の病院として機能する。図Ⓜ台大醫院駅から徒歩3分 住常德街1號	MAP P9D1	P178
台北駅	國立臺灣博物館 本館 グオリータイワンボーウーグァン ベングァン	名所	台湾の歴史と自然がテーマの博物館。図Ⓜ臺大醫院駅から徒歩3分 住襄陽路2號 ☎02-2382-2699 ◷9時30分〜17時 休月曜 料NT$30	MAP P8C1	P178
台北駅	臺灣銀行 總行 タイワンインハン ゾンハン	名所	日本のドラマ『華麗なる一族』のロケ地としても使われた、日本統治時代の旧台湾銀行本店。図Ⓜ台大醫院駅から徒歩7分 住重慶南路一段120號	MAP P8C2	P178
台北駅	國立臺灣博物館 古生物館 グオリータイワンボーウーグァン グーシェンウーグァン	名所	旧日本勧業銀行の台北支店だった建物。図Ⓜ台大醫院駅から徒歩4分 住襄陽路25號 ☎02-2314-2699 ◷9時30分〜17時 休月曜 料NT$30	MAP P8C1	P178
台北駅	臺北北門郵局 タイペイベイメンヨウジュー	名所	建物は1930年に完成。図Ⓜ松山新店線北門駅から徒歩5分 住忠孝西路一段120號 ☎02-2311-4331 ◷8時30分〜21時(土曜は9〜12時) 休日曜	MAP P8B1	P179
台北駅	立法院 リーファーユェン	名所	日本統治時代は女学校の校舎として使用されていた建物を再利用。台湾では珍しい瓦葺きの三角屋根。図Ⓜ台北車站から徒歩5分 住中山南路1號	MAP P9D1	P179
西門／龍山寺	中山堂 チョンシャンタン	名所	西洋と台湾の建築様式が見事に融合。一般客のカフェ利用可。図Ⓜ西門駅から徒歩1分 住延平南路98號 ☎02-2381-3137 ◷9時30分〜17時 休なし 料無料	MAP P8B1	P179
台北駅	台北車站(台北駅) タイペイチャージャン	名所	台湾の鉄道網の要。図台湾鐵路、台湾高速鐵路Ⓜ淡水信義線・板南線・桃園機場線 ☎02-2371-3558 ◷売店・レストランは10〜22時(店舗により異なる) 休なし	MAP P8C1	P180
台北駅	微風台北車站 ウェイフォンタイペイチャージャン	フードコート	駅ナカのショッピングセンター。2Fにフードコートがある。住台北車站B1〜2F ☎02-6632-8999 ◷10〜22時 休なし	MAP P8C1	P180
台北駅	點點心 ディエンディエンシン	点心	カフェスタイルで手軽に楽しめる点心が話題。香港発だけに本格的な味。住台北車站2F ☎02-2388-6811 ◷10〜22時 休なし	MAP P8C1	P180
台北駅	臺鐵夢工場 タイティエモンゴンチャン	鉄道グッズ	台湾鐵路が運営する駅ナカの鉄道グッズ専門店。住台北車站1F西3門付近 ☎02-2383-0367 ◷10時〜18時30分 休なし	MAP P8C1	P180

台湾旅行の記念にぴったりな雑貨が見つかる!

エリア名 店・スポット名 / 星評価 / ジャンル名 / ひと言コメント / MAP掲載ページ

エリア名	店・スポット名	ジャンル名	ひと言コメント	MAP	掲載ページ
台北駅	森高砂咖啡館 台北車站M6店 センガオシャーカーフェイグァン タイペイチャージャンエムリゥディエン	カフェ	台湾コーヒーを味わえる。炭酸ハーブティーなどのドリンクも。 ⓐ台北車站M6出口入ってすぐ ☎02-2388-0575 ⓗ9～17時 ㊡なし	MAP P8C1	P181
台北駅	劉山東牛肉麺 リウシャントンニウロウミエン	麺料理	牛肉たっぷりの牛肉麺の老舗。図Ⓜ台北車站から徒歩5分 ⓐ開封街一段14巷2號 ☎02-2311-3581 ⓗ8～20時 ㊡日曜	MAP P8C1	P181
台北駅	Qsquare京站時尚広場 キュースクエアジンジャンシーシャングァンチャン	デパート	アクセス抜群の百貨店。図Ⓜ台北車站から徒歩すぐ ⓐ承德路一段1號 ☎02-2182-8888 ⓗ11時～21時30分(金・土曜は～22時) ㊡なし	MAP P8C1	P181
台北駅	Hoyii北車站 ホーイーベイチャージャン	レストラン街	駅直結のレストラン街。図Ⓜ台北車站から徒歩すぐ ⓐ忠孝西路一段36號B1・1F ☎02-2370-1578 ⓗ11時～21時30分 ㊡なし	MAP P8C1	P181
台北駅周辺	臺鐵便當本舗 タイティエビエンタンペンプー	駅弁	売切れ御免の人気駅弁。どれもボリューム満点。ⓐ台北車站1F西3門付近 ☎02-2381-5226(事務所) ⓗ9時30分～19時(売り切れ次第閉店) ㊡なし	MAP P8C1	P181
西門／龍山寺	西門紅樓 シーメンホンロウ	名所	歴史的にも貴重な街のシンボル。図Ⓜ西門駅から徒歩1分 ⓐ成都路10號 ☎02-2311-9380 ⓗ11～20時(金・日曜は～21時、土曜は～22時) ㊡月曜	MAP P8B2	P182
西門／龍山寺	16工房 シーリゥゴンファン	雑貨	西門紅樓1Fのショップ空間には、台湾の若手クリエイターによる作品が集められている。図Ⓜ西門駅から徒歩1分 ⓐ成都路10號 ☎ⓗ㊡西門紅樓と同じ	MAP P8B2	P182
西門／龍山寺	小格格鞋坊 シャオグーグーシェファン	靴	華やかなチャイナシューズが見つかる。日本人好みの色柄も多数。図Ⓜ西門駅から徒歩5分 ⓐ西寧南路96號 ☎02-2370-9063 ⓗ12～18時 ㊡なし	MAP P8B2	P183
西門／龍山寺	蜂大咖啡 フォンダーカーフェイ	カフェ	地元で愛されるコーヒーショップ。手作りの焼き菓子も人気。図Ⓜ西門駅から徒歩3分 ⓐ成都路42號 ☎02-2371-9577 ⓗ8～22時 ㊡なし	MAP P8B1	P183
西門／龍山寺	日常野草 リーチャンイェツァオ	雑貨・カフェ	台湾の古きよきものに新しいデザインを加えた薬草カフェ。図Ⓜ西門駅から徒歩1分 ⓐ成都路10號(西門紅樓内) ☎02-2311-4781 ⓗ㊡西門紅樓と同じ	MAP P8B2	P183
西門／龍山寺	玉林雞腿大王 ユーリンジートゥイダーワン	台湾料理	名物は炸腿。サクサクの揚げ鶏に箸が止まらない。図Ⓜ西門駅から徒歩3分 ⓐ中華路一段114巷9號 ☎02-2371-4920 ⓗ11～21時 ㊡なし	MAP P8B1	P184
西門／龍山寺	楊排骨酥麺 ヤンパイグースーミェン	麺料理	麺の上には揚げ豚のぶつ切りが豪快にON。スープとの相性も絶妙。図Ⓜ西門駅から徒歩5分 ⓐ漢口街二段17號 ☎02-2388-6488 ⓗ11～22時20分 ㊡なし	MAP P8B1	P184
西門／龍山寺	艋舺雞排 モンジャージーパイ	フライドチキン	注文後に揚げるのでいつでもサクサク。図Ⓜ西門駅から徒歩2分 ⓐ中華路一段118號 ☎02-2381-3938 ⓗ14時～22時30分 ㊡なし	MAP P8B1	P184
西門／龍山寺	鴨肉扁 ヤーロウビェン	台湾料理	ガチョウ肉の燻製の専門店。米粉の麺と合わせて食べたい。図Ⓜ西門駅から徒歩1分 ⓐ中華路一段98-2號 ☎02-2371-3918 ⓗ11時30分～21時20分 ㊡なし	MAP P8B1	P184
西門／龍山寺	阿宗麵線 アーツォンミェンシェン	麺料理	1975年の創業時から麺線一筋。店頭での立ち食いスタイルを貫く。図Ⓜ西門駅から徒歩3分 ⓐ峨嵋街8-1號 ☎02-2388-8808 ⓗ8時～22時30分 ㊡なし	MAP P8B1	P185
西門／龍山寺	王記府城肉粽 西門店 ワンジーフーチョンロウソン シーメンディエン	ちまき	本場台南出身のオーナーのこだわりちまき。図Ⓜ西門駅から徒歩3分 ⓐ西寧南路84號 ☎02-2389-3233 ⓗ11時～翌2時 ㊡端午節翌日から5日間	MAP P8B1	P185
西門／龍山寺	賽門甜不拉 サイメンティエンブラー	おでん	だしがしっかり染みたおでんはやみつきになると評判。図Ⓜ西門駅から徒歩5分 ⓐ西寧南路95號 ☎02-2331-2481 ⓗ10時30分～22時30分 ㊡なし	MAP P8B1	P185

体によさそう薬草ドリンク元気に

なフライドチを頬張ろう！

エリア名 / 店・スポット名	星評価	ジャンル名	ひと言コメント	MAP掲載ページ	
西門／龍山寺 **永富冰淇淋** ヨンフービンチーリン		アイスクリーム	手作りのアイスクリームが美味。図Ⓜ西門駅から徒歩8分 ⓐ貴陽街二段68號 ☎02-2314-0306 ⓣ10～22時 ㊡12月末～2月末	MAP P15C3	P185
富錦街 **琅茶本舖 Wolf Tea Shop+Gallery** ランチャーベンプ ウルフティーショップ+ギャラリー		台湾茶	農家から直接仕入れる、うまみの強い茶葉に出合える。図Ⓜ松山機場駅から徒歩9分 ⓐ民生東路四段97巷6弄8號1F ☎0970-844-235 ⓣ13～19時 ㊡なし	MAP P6C2	P186
富錦街 **如意坊文藝茶館** ジューイーファンウェンインチャーグァン		茶藝館	住宅街にひっそりと溶け込む茶藝館。図Ⓜ松山機場駅から徒歩10分 ⓐ富錦街114號 ☎02-2718-7035 ⓣ11～23時(食事は12時～14時30分、18～21時) ㊡なし	MAP P7D2	P186
富錦街 **Daylily** デイリリー		漢方	女性に人気の漢方コスメ。図Ⓜ南京三民駅から徒歩14分 ⓐ民生東路五段165-1號 ☎02-2761-5066 ⓣ11～19時 ㊡土・日曜、祝日	MAP P7E2	P187
富錦街 **小上海** シャオシャンハイ		小籠包	海鮮のうまみを閉じ込めた小籠包が絶品。図Ⓜ松山機場駅から徒歩12分 ⓐ民生東路四段62號 ☎02-2718-5783 ⓣ10時30分～14時、16時30分～20時30分 ㊡なし	MAP P6C3	P187
富錦街 **民生炒飯專賣店** ミンシェンチャオファン ジュアンマイディエン		ローカル食堂	図Ⓜ松山機場駅から徒歩15分 ⓐ民生東路五段27巷 ☎02-2763-5576 ⓣ10時30分～14時、16時30分～20時(土曜は10時30分～14時) ㊡日曜	MAP P7D2	P187
富錦街 **有時候紅豆餅 民生店** ヨウシーホウホンドウビン ミンシェンディエン		スイーツ	食べ歩きに便利な紅豆餅(日本でいう今川焼)の人気店。図Ⓜ台北小巨蛋駅から徒歩12分 ⓐ延壽街399號 ☎02-2760-0810 ⓣ12時～18時30分 ㊡月曜	MAP P7D3	P187
富錦街 **富錦樹355選物店 FUJIN TREE 355** フージンシュー355シュアンウーディエン フージンツリー355		雑貨	おしゃれタウン富錦街を代表するセレクトショップ。図Ⓜ松山機場駅から徒歩11分 ⓐ富錦街355號 ☎02-2765-2705 ⓣ12時～19時30分 ㊡なし	MAP P7D2	P188
富錦街 **de'A** デーアー		ファッション	バッグやアクセサリーを中心にセレクト。図Ⓜ松山機場駅から徒歩11分 ⓐ富錦街344號 ☎02-2765-7996 ⓣ12～19時 ㊡なし(カフェスペースは月曜)	MAP P7D2	P188
富錦街 **放放堂** ファンファンタン		雑貨	デザインの優秀なプロダクトが勢揃い。図Ⓜ松山機場駅から徒歩10分 ⓐ富錦街359巷1弄2號 ☎02-2766-5916 ⓣ13～19時 ㊡月～水曜	MAP P7D2	P188
富錦街 **富錦樹咖啡店 FUJIN TREE CAFÉ** フージンシューカーフェイディエン フージン ツリー カフェ		カフェ	SNS映えするカフェメニューを自慢のコーヒーとともに。図Ⓜ松山機場駅から徒歩11分 ⓐ富錦街353號 ☎02-2749-5225 ⓣ9～18時 ㊡なし	MAP P7D2	P189
富錦街 **開門茶堂** カイメンチャータン		茶藝館	デザイナーズ茶藝館。図Ⓜ松山機場駅から徒歩10分 ⓐ民生東路四段80巷1弄3號 ☎02-2719-9519 ⓣ11時～20時30分(土・日曜は～18時30分) ㊡火曜	MAP P7D3	P189
富錦街 **ALL DAY Roasting Company** オールデイ ロースティング カンパニー		カフェ	豆の特徴を最大限に引き出したコーヒーを味わおう。図Ⓜ南京三民駅から徒歩12分 ⓐ延壽街329號 ☎02-8787-4468 ⓣ11～22時 ㊡なし	MAP P7E3	P189
富錦街 **富錦樹 台菜 香檳** フウジンシュー タイツァイ シャンピン		レストラン	オリジナル台湾料理を提供。図Ⓜ台北小巨蛋駅から徒歩9分 ⓐ敦化北路199巷17號 ☎02-8712-8770 ⓣ12～15時、17～22時(土・日曜、祝日12～22時)	MAP P7D3	P189
九份 **昇平戲院** ションピンシーユェン		名所	図九份老街バス停から徒歩9分 ⓐ輕便路137號 ☎02-2496-2800 ⓣ9時30分～17時(土・日曜は～18時) ㊡第1月曜(祝日の場合は開館) ㊎無料	MAP P16C2	P192
九份 **豎崎路** シュウチールウ		名所	赤提灯に彩られた石段の両側に茶藝館が並ぶ様子は、まさに九份を象徴する景色。ライトアップする夕方以降がおすすめ。図九份老街バス停から徒歩7分	MAP P16C2	P192
九份 **基山街** チーシャンジエ		名所	みやげ物店や行列のできる名物グルメが勢揃い。観光客で混雑する場所なので、目当ての店を見逃さないように。図九份老街バス停から徒歩すぐ	MAP P16A2	P192

3種盛りは好きなフレーバーを選べる

シノワなシューズも見つかる

自慢のエスプレッソをアイスにかけて！

少し遠くへ

せかたび的 台北まとめ。

エリア名 店・スポット名	星評価	ジャンル名	ひと言コメント	MAP掲載ページ
九份 阿妹茶酒館 アーメイチャージウグァン		茶藝館	九份名物のたたずまい。図九份老街バス停から徒歩8分 住崇文里市下巷20號 ☎02-2496-0833 営11〜21時(土・日曜は10〜22時) 休なし	MAP P16B2 P193
九份 九份茶坊 ジウフェンチャーファン		茶藝館	どこを切り取っても絵になる、洗練された空間が魅力。図九份老街バス停から徒歩8分 住基山街142號 ☎02-2496-9056 営11〜20時 休なし	MAP P16B2 P193
九份 海悅樓茶坊 ハイユエロウチャーファン		茶藝館	オープンエアのテラス席から見える景色が最高！図九份老街バス停から徒歩9分 住豎崎路31號 ☎02-2496-7733 営9〜21時 休なし	MAP P16B2 P193
九份 山巴咖啡 シャンバーカーフェイ		カフェ	台湾人画家邱錫勳氏の希少な作品たちに出合えるカフェ。図九份老街バス停から徒歩15分 住九份輕便路352-1號 ☎02-2496-0838 営10〜19時 休なし	MAP P16C1 P193
九份 逸茶酒室 Golden Bar イーチャージウシー ゴールデン バー		バー	オリジナルカクテルや、台湾クラフトビールが楽しめるバー。図九份老街バス停から徒歩7分 住基山街190號 ☎02-2406-1009 営14〜22時 休不定休	MAP P16C1 P193
九份 吾穀茶糧 ウーグーチャーリャン		カフェ	ガラス窓に面したテラス席からは息をのむ絶景が見られる。図九份老街バス停から徒歩10分 住基山街166號 ☎02-7744-8085 営11〜17時 休土・日曜	MAP P16C1 P193
九份 旺角蝦球 ワンジャオシャーチョウ		小吃	エビ入りの揚げ団子は、小腹を満たすのにちょうどいい量。図九份老街バス停から徒歩2分 住基山街3號 ☎なし 営11〜21時 休不定休	MAP P16A3 P194
九份 魚丸伯仔 魚丸店 ユィーワンボーズ ユィーワンディエン		スープ	やさしい味のつみれスープで癒されよう。図九份老街バス停から徒歩4分 住基山街17號 ☎02-2496-0896 営10〜19時(土・日曜は〜21時) 休なし	MAP P16A2 P194
九份 阿蘭草仔粿 アランツァオアグイ		伝統菓子	もちもち食感がヤミツキになる台湾伝統のおやつ。図九份老街バス停から徒歩6分 住基山街90號 ☎02-2496-7795 営9〜19時 休なし	MAP P16B2 P194
九份 阿珠雪在燒 アジューシュエザイシャオ		スイーツ	アイスクレープはなんとパクチー入り！ ピーナツ粉が絶妙。図九份老街バス停から徒歩4分 住基山街20號 ☎02-2497-5258 営9〜19時 休なし	MAP P16A2 P195
九份 金枝紅糟肉圓 ジンジーホンザオバーワン		台湾料理	一度は食べたい肉圓の人気店。図九份老街バス停から徒歩8分 住基山街112號 ☎02-2496-0240 営11〜19時(土・日曜は10〜20時) 休なし	MAP P16B2 P195
九份 米詩堤甜點王国Misty ミーシーディーティエンディエンワングオ ミスティ		スイーツ	サクサクのシュー皮で作るシュークリームが看板商品。図九份老街バス停から徒歩3分 住基山街29號 ☎02-2496-0706 営9時30分〜18時 休なし	MAP P16A2 P195
九份 郵局前油蔥粿 ヨージュウチエンユーチャングイ		油蔥粿	手間暇かけて作られる油蔥粿は小腹満たしにピッタリ。図九份老街バス停から徒歩5分 住基山街79號 ☎02-2497-6393 営10時30分〜16時30分 休不定休	MAP P16B2 P195
九份 阿柑姨芋圓 アーガンイーユィーユェン		スイーツ	食感がたまらない芋圓。お汁粉かかき氷か選べる。図九份老街バス停から徒歩12分 住豎崎路5號 ☎02-2497-6505 営9〜20時(土・日曜は〜21時) 休なし	MAP P16B1 P195
九份 菓風小舖 Sophisca 九份店 グォフォンシャオプー ソフィスカ ジウフェンディエン		お菓子	 九份限定の炭鉱チョコレートは要チェック！図九份老街バス停から徒歩5分 住基山街68號 ☎02-2406-1067 営9時30分〜18時30分 休なし	MAP P16B2 P196
九份 九份黃媽媽蒟蒻專賣店 ジウフェンファンマーマージュールオジュアンマイディエン		菓子	コンニャクゼリーの専門店。狙うは台湾らしいフルーツフレーバー。図九份老街バス停から徒歩5分 住基山街74號 ☎02-2497-5330 営10時〜18時30分 休なし	MAP P16B2 P196
九份 禮遇 souvenir リーユィー スーベニア		雑貨	 台湾各地の観光スポットをモチーフにしたアイテムも揃う。図九份老街バス停から徒歩5分 住基山街96號 ☎なし 営10時30分〜19時30分 休なし	MAP P16B2 P196

まるでたこ焼の
ようだけど
中はエビ

スープには
魚のつみれが
ゴロゴロ！

ロな見た目に
ずパケ買い!?

エリア名 / 店・スポット名 | 星評価 | ジャンル名 | ひと言コメント | MAP掲載ページ

九份
是誠陶笛
シーチェンタオディー
オカリナ　やさしい音色のオカリナ専門店。かわいいモチーフの商品も。図九份老街バス停から徒歩3分 住基山街8號 ☎02-2406-1721 営9時～19時30分 休なし
MAP P16A2 / P197

九份
安達窯 九份店
アンダーヤオ ジウフェンディエン
陶器　青磁器が有名な器のブランドショップ。図九份老街バス停から徒歩5分 住輕便路83號 ☎02-2496-7610 営10～18時 休水・木曜
MAP P16B2 / P197

九份
九份游記手工牛軋糖
ジウフェンヨウジーショウゴンニウガータン
菓子　ネギ入りクラッカーでサンドしたヌガーはクセになる味！ 図九份老街バス停から徒歩5分 住基山街55號 ☎0931-394-553 営9時～19時30分 休なし
MAP P16A2 / P197

九份
九份花文字書廊
ジウフェンファウェンツーファラン
花文字　縁起のよい言葉や名前を花文字で書いてくれる。図九份老街バス停から徒歩5分 住輕便路129-2號 ☎0972-770-243 営12時～20時30分 休なし
MAP P16B2 / P197

九份
CHIPAO
チイパオ
貸衣装　チャイナドレスで街を散策すれば、気分は映画の主人公！ 図Ⓜ九份老街バス停から徒歩1分 住汽車路34號 ☎0966-246-913 営11～19時 休不定休
MAP P16A3 / P197

十分
吉祥天燈
チーシャンティエントン
ランタン上げ　十分名物のランタン上げが体験できる。図十分駅から徒歩5分 住十分街94號 ☎02-2495-8850 営9～19時 休なし
MAP P16A4 / P198

十分
走味的咖啡
ゾウウェイダカーフェイ
カフェ　賑やかな駅周辺を離れ、十分老街の中でも静かなカフェで休憩を。図十分駅から徒歩6分 住十分街110號 ☎02-2495-8890 営10～20時 休火・水曜
MAP P16B4 / P199

十分
溜哥燒烤雞翅包飯
リゥゴーシャオカオジーチーバオファン
屋台　鶏の手羽先に炒飯を詰め、香ばしく焼いた雞翅包飯が美味！ 図十分駅から徒歩すぐ 住十分街52號 ☎0921-64-058 営10～18時 休なし
MAP P16A4 / P199

十分
十分老街爆漿去骨鶏腿捲
シーフェンラオジエバオチャンチューグーチートゥイチュエン
屋台　鶏皮で巻いた鶏肉を串焼にした、絶品の屋台グルメを味わえる。図平溪線十分駅から徒歩5分 住十分街61號 ☎09-1051-3952 営10～18時 休なし
MAP P164A / P199

十分
十分老街炸冰淇淋
シーフェンラオジエツァービンチーリン
アイスクリーム　アイスをパン生地で包んで揚げたスイーツ。図平溪十分駅から徒歩5分 住十分街90號 ☎09-1131-6373 営11～18時 休月～金曜
MAP P16A4 / P199

十分
十分瀑布公園
シーフェンプーブーゴンユェン
名所　水がダイナミックに落ちる台湾最大級の瀑布。図十分駅から徒歩20分 住乾坑10號 ☎02-2495-8605 営9～17時(6～9月は～18時) 休なし
MAP P16C4 / P199

猴硐
煤之鄉 貓咪鳳梨酥
メイシーシャン マオミーフォンリースー
パイナップルケーキ　猫の形のパイナップルケーキをおみやげに。図猴硐駅から徒歩すぐ 住柴寮路48號 ☎02-2497-1240 営10～18時(土・日曜は9～19時) 休なし
MAP P200 / P200

猴硐
Walk and Taste 漫嚐・咖啡
ウォークアンドテイスト マンチャンカーフェイ
カフェ　看板猫がおもてなしするカフェレストラン。図猴硐駅から徒歩7分 住柴寮路225號 ☎0988-272-642 営11～17時(土・日曜は～18時) 休なし
MAP P200 / P201

猴硐
MEOW MEOW 喵喵
ミャオミャオ
カフェ　猫のラテアートが絵になる！ 図猴硐駅から徒歩8分 住柴寮路261-1號 営12時30分～18時(金曜は13時～、土・日曜は12時～) 休水・木曜
MAP P200 / P201

猴硐
猴硐坑礦業休閒園區
ホウトンカンクァンイエシウシェンユェンチュー
名所　石炭採掘に使っていた洞窟跡。トロッコに乗って探検しよう。図猴硐駅から徒歩5分 住猴硐路158號 ☎02-2497-5757 営9～18時 休なし
MAP P200 / P201

猫空
貓空纜車
マオコンランチャー
ロープウェー　台北の街並みを一望。図Ⓜ動物園駅から徒歩5分 ☎02-8661-8110 営9～21時(土・日曜は～22時) 休第2・3・4月曜 ¥NT$120(猫空駅まで片道)
MAP P202 / P202

猫空
六季香茶坊
リゥジーシャンチャーファン
茶藝館　眼下に茶畑が広がり、お茶の郷を実感。図ロープウェイ猫空駅から徒歩9分 住指南路三段34巷53-1號 ☎02-2936-4371 営10～24時(金・土曜は～翌2時) 休なし
MAP P202 / P203

オカリナは手作業で絵付けされている

ラテアートがかわい過ぎて飲めない!?

茶葉を使った絶品料理も試したい！

エリア名 店・スポット名 ｜ 星評価 ｜ ジャンル名 ｜ ひと言コメント ｜ MAP 掲載ページ

エリア名	店・スポット名	ジャンル名	ひと言コメント	MAP	掲載ページ
猫空	猫空雙橡園茶坊 マオコンシュアンシャンユェンチャーファン	茶藝館	ここから望める台北市内の夜景が素晴らしい。図ロープウェイ猫空駅から徒歩8分 住指南路三段38巷33-6號 ☎02-2234-4917 時11～24時 休月曜	MAP P202	P203
猫空	Café 巷 カフェ シャン	カフェ	猫空名物、包種茶が味わえる。図ロープウェイ猫空駅から徒歩7分 住指南路三段38巷33-5號 ☎02-2234-8637 時11～19時 休月曜	MAP P202	P203
猫空	邀月茶坊 ヤオユエチャーファン	茶藝館	館全体が竹林に囲まれ、癒し度抜群！図バス停・猫空站(小天空歩道)、もしくは涼亭站から徒歩5分 住指南路三段40巷6號 ☎02-2939-2025 時24時間 休なし	MAP P202	P203
新北投	地熱谷 ディーラーグウ	名所	北投温泉の源泉のひとつで、別名「地獄谷」。美しいエメラルドグリーンの湯が印象的。図Ⓜ新北投駅から徒歩20分 住中山路 時9～17時 休月曜 料無料	MAP P205	P204
新北投	新北投車站 シンベイトウチャーザン	名所	駅の隣に、歴史のある駅舎を見事に再現。図Ⓜ新北投駅から徒歩すぐ 住七星街1號 ☎02-2891-5558 時10～18時 休月曜 料無料	MAP P205	P204
新北投	北投温泉博物館 ペイトウウェンチュエンボーウーグアン	名所	建物は日本統治時代に建てられた2階建てのレンガ造り。図Ⓜ新北投駅から徒歩10分 住中山路2號 ☎02-2893-9981 時10～18時 休月曜 料無料	MAP P205	P204
新北投	復興公園泡腳池園 フーシンゴンユェンパオジャオチーユェン	足湯	良質な温泉の湯を張った本格的な足湯。図Ⓜ新北投駅から徒歩3分 住中和街61號對面 ☎0979-148-522 時8～18時 休月曜 料無料	MAP P205	P204
新北投	台北市立図書館 北投分館 タイペイシーリートゥーシューグァン ペイトウフェングァン	名所	緑に囲まれた美しい図書館。図Ⓜ新北投駅から徒歩6分 住光明路251號 ☎02-2897-7682 時8時30分～21時(日・月曜は9～17時) 休第1木曜 料なし	MAP P205	P204
新北投	三二行館 Villa32 サンアールシングァン ヴィラサーティツー	日帰り湯	大人のためのラグジュアリーな温泉リゾート。図Ⓜ新北投駅から徒歩12分 住中山路32號 ☎02-6611-8888 時10～23時 休第2月曜	MAP P205	P205
新北投	瀧乃湯 ロンナイタン	日帰り湯	古きよき湯治場を体験できる貴重な場所。図Ⓜ新北投駅から徒歩10分 住光明路244號 ☎02-2891-2236 時6時30分～11時、12～17時、18～21時 休水曜	MAP P205	P205
新北投	北投公園露天温泉浴池 ペイトウゴンユェンルーティェンウェンチュエンユーチー	日帰り湯	ローカルムード満点な公衆浴場。図Ⓜ新北投駅から徒歩8分 住中山路6號 ☎02-2896-6939 時5時30分～22時(入替制) 休台風などの荒天時	MAP P205	P205
淡水	漁人碼頭 ユーレンマートウ	名所	市の行政が開発した多目的レジャー漁港。図環河道路にある乗船所からフェリーで約15分 住沙崙里観海路199號 料フェリー片道NT$100、往復NT$200	MAP P207	P206
淡水	紅毛城 ホンマオチェン	名所	図Ⓜ淡水駅から徒歩20分 住中正路28巷1號 ☎02-2623-1001 時9時30分～17時(土・日曜は～18時) 休第1月曜 料NT$80	MAP P207	P206
淡水	福佑宮 フクヨウコン	名所	淡水最古の廟。移民たちが無事を感謝して建立した。図Ⓜ淡水信義線淡水駅から徒歩8分 住中正路200號 ☎02-2621-1731 時6時～20時30分 休なし 料無料	MAP P207	P207
淡水	WaterFront at Rong-Ti(榕堤水湾) ウォーターフロント アット ロンティ(ロンティーシュイワン)	創作料理	ウォーターフロントのレストラン。図Ⓜ淡水信義線淡水駅から徒歩15分 住新北市淡水區中正路229-9號 ☎02-2629-0052 時10～20時 休なし	MAP P207	P207
淡水	La Vie Revee Des Anges 天使熱愛的生活 ラヴィリヴィーデザンジュ ティエンシールーアイダシェンフォ	カフェ	2階のテラス席から見える夕日は圧巻。図Ⓜ淡水駅から徒歩15分 住中正路233-1號 ☎02-8631-2928 時14～24時(土・日曜、祝日は13時～) 休なし 	MAP P207	P207
淡水	Ancre café アンクルカフェ	カフェ	自然な風合いの家具を配した、ほっこりカフェ。図Ⓜ淡水駅から徒歩15分 住中正路233-3號2F ☎02-2626-0336 時12～20時 休不定休 	MAP P207	P207

シーン別！ お役立ち！

旅の台湾会話

グルメシーン

日本語メニューをもらう
日本語のメニューはありますか？
有沒有日文菜單?
ヨウメイヨウリーウェンツァイダン?

注文を間違えられたとき
これは私が注文したものではありません。
這個不是我點的
ジェイガプーシーウォーディエンダ

ショッピングシーン

カードで支払いたいとき
クレジットカードは使えますか？
可不可以刷卡?
クーブクーイーシュアカー?

欲しいものを買いたいとき
これをください。
我要這個
ウォーヤオジェイガ

ホテルシーン

Wi-Fiを使いたいとき
Wi-Fiのパスワードを教えてください。
Wi-Fi密碼是多少?
ウワイファイミーマーシードゥオサオ?

チェックインしたいとき
予約した〇〇です。チェックインをお願いします。
我是有訂房的〇〇。要入住
ウォーシーヨウディンファンダ〇〇。ヤオルーズ

トイレが壊れているとき
トイレが流れません。
馬桶壞掉了
マートンファイディアオラ

辛さが気になるとき
あまり辛くしないでください。
不要太辣了
プーヤオタイラーラ

トイレに行きたいとき
トイレはどこですか？
洗手間在哪裡?
シーソウジェンザイナーリー?

服を試着したいとき
試着をしてみてもいいですか？
可以試穿嗎?
クーイーシーチュアンマ?

値段がわからないとき
これはいくらですか？
這個多少錢?
ジェイガドゥオサオチエン?

トラブルシーン

どうしても手伝いが必要なとき
助けてください！
救命啊!
ジュウミンア!

盗難に遭ったとき
ここに置いていた荷物がなくなりました。
放在這邊的行李不見了
ファンザイザビェンダシンリブージィエンラ

パスポートを失くしたとき
パスポートを失くしました。
護照弄丟了
フーザオノンデョーラ

観光シーン

目的地まで徒歩で行けるか知りたいとき
ここから歩いていけますか？
從這邊走得到嗎?
ツォンザビェンゾウダダオマ?

店の開店、閉店時間が知りたいとき
営業時間は何時から何時までですか？
營業時間幾點到幾點?
インイエシージェンジーディエンダオジーディエン？

日本語ガイドによるツアーに参加したいとき
日本語のガイドがつくツアーはありませんか？
我在找日文導遊帶的TOUR
ウォーザイザオリーウェンダオヨウダイダツアー

ツアー中、気になるものがあったとき
あれはなんですか？
那個是什麼?
ナガシーシェンマ?

写真撮影してよいか聞くとき
写真撮影してもかまいませんか？
可不可以拍照?
クブクーイーパイザオ?

写真撮影して欲しいとき
写真を撮ってくれませんか?
請幫我拍照
チンバンウォーパイザオ？

マッサージ店で痛いとき
痛いです。もう少しやさしくお願いします。
有點痛,請輕一點
ヨウディエントン、チンチンイーディエン

マッサージ店で力が足りないとき
もうちょっと強くしてください。
再用力一點
ザイヨンリーイーディエン

移動シーン

行き先を確認したいとき
この列車はどこまで行きますか？
這班車到哪裡?
ゼバンチャーダオナーリー?

駅の場所を尋ねる
ここから一番近いMRTの駅はどこですか?
離這邊最近的捷運站在哪裡?
リーザビェンズイジンダジエユンザンザイナーリー？

タクシーをよんでもらうとき
タクシーをよんでください。
請幫我叫車
チンバンウォージァオチャー

タクシーで行き先を伝えるとき
この住所へ行ってください。
請到這邊
チンダオザビェン

所要時間を知りたいとき
時間はどのくらいかかりますか？
要多久時間?
ヤオドウジョウシージェン?

基本フレーズリスト

	日本語	中国語	読み方	台湾語	読み方
1	こんにちは	你好	ニーハオ	哩厚	リーホー
2	さようなら	再見	ザイジェン	再會	ザイフェ
3	はい／いいえ	對／不對	ドゥイ／ブードゥイ	對／不對	デョー／ンデョー
4	ありがとうございます	謝謝	シィエシィエ	多謝	ドォーシャー
5	ごめんなさい	對不起	ドゥイブチー	拍謝	パイセー
6	おいしい	好吃	ハオチー	好呷	ホッジャ

数字	読み方
1	イー
2	アール
3	サン
4	スー
5	ウー

数字	読み方
6	リウ
7	チー
8	バー
9	ジュウ
10	シー
100	イーバイ

初版印刷　2024年6月15日
初版発行　2024年7月1日

編集人　福本由美香
発行人　盛崎宏行
発行所　JTBパブリッシング
〒135-8165
東京都江東区豊洲5-6-36
豊洲プライムスクエア11階

企画・編集　情報メディア編集部
デスク　矢﨑歩
担当　鷲巣真穂
取材・執筆　アーク・コミュニケーションズ(井上優／加藤亜弥子)／中栞奈
森下実希(台北ナビ)
大田原結梨／石井三紀子／林綾子／大原 扁理
アートディレクション　中嶋デザイン事務所
表紙デザイン　中嶋デザイン事務所
袋とじデザイン　池内綾乃
デザイン　中嶋デザイン事務所／扇谷正昭／山﨑デザイン室(山﨑剛)／和泉真帆／
橋本有希子／滝澤明子／オフィス鐵／エスジェイピー／
BEAM／バクサス／アトリエプラン
撮影・写真協力　張哲倫
K&Bパブリッシャーズ
PMAトライアングル
鈴木伸／西村光司／中田浩資／石沢真実
123RF/gettyimages／Shutterstock
編集協力　周涵薇／王明忠／李宗育／張程凱／陳怡臻／蘇怡蓉／齊藤啟介(台北ナビ)
JTB台湾／ぷれす
イラスト　MASAMI
テライ アリサ
地図　アトリエプラン／大輿出版社
印刷所　TOPPAN

編集内容や、乱丁、落丁のお問合せはこちら
JTBパブリッシング お問合せ
https://jtbpublishing.co.jp/contact/service/

©JTB Publishing 2024
Printed in Japan
244601　762111
ISBN978-4-533-15867-4 C2026
無断転載・複製禁止

●本誌掲載の記事やデータは、特記のない限り2024年3月現在のものです。その後の移転、閉店、料金改定などにより、記載の内容が変更になることや、臨時休業等で利用できない場合があります。●各種データを含めた掲載内容の正確性には万全を期しておりますが、お出かけの際には電話などで事前に確認・予約されることをおすすめいたします。また、各種料金には別途サービス税などが加算される場合があります。●本書に掲載された内容による損害等は、弊社では補償致しかねますので、あらかじめご了承くださいますようお願いいたします。